权威 · 前沿 · 原创

皮书系列为
“十二五”“十三五”国家重点图书出版规划项目

智库成果出版与传播平台

中关村上市公司竞争力报告（2020）

THE COMPETITIVENESS REPORT OF ZHONGGUANCUN LISTED COMPANIES (2020)

中关村上市公司协会
主　编／郭伟琼
副主编／谷耀鹏　冉江平　马红丽　薛笑影

社会科学文献出版社
SOCIAL SCIENCES ACADEMIC PRESS (CHINA)

图书在版编目(CIP)数据

中关村上市公司竞争力报告. 2020 / 郭伟琼主编
. -- 北京：社会科学文献出版社，2020. 12
(中关村企业蓝皮书)
ISBN 978 - 7 - 5201 - 7537 - 1

Ⅰ. ①中… Ⅱ. ①郭… Ⅲ. ①高技术企业 - 上市公司 - 竞争力 - 研究报告 - 北京 - 2018 Ⅳ. ①F279. 244. 4

中国版本图书馆 CIP 数据核字（2020）第 209167 号

中关村企业蓝皮书
中关村上市公司竞争力报告（2020）

主　　编 / 郭伟琼

出 版 人 / 王利民
责任编辑 / 薛铭洁　陈　颖

出　　版 / 社会科学文献出版社 · 皮书出版分社（010）59367127
地址：北京市北三环中路甲 29 号院华龙大厦　邮编：100029
网址：www. ssap. com. cn
发　　行 / 市场营销中心（010）59367081　59367083
印　　装 / 天津千鹤文化传播有限公司

规　　格 / 开 本：787mm × 1092mm　1/16
印 张：23　字 数：344 千字
版　　次 / 2020 年 12 月第 1 版　2020 年 12 月第 1 次印刷
书　　号 / ISBN 978 - 7 - 5201 - 7537 - 1
定　　价 / 128. 00 元

本书如有印装质量问题，请与读者服务中心（010 - 59367028）联系

《中关村上市公司竞争力报告（2020）》
编　委　会

主编简介

郭伟琼　中关村上市公司协会秘书长，美国加州大学圣塔芭芭拉分校传播学硕士，哈佛大学肯尼迪政府学院EMBA。先后创立了三家公司，现任中关村上市公司协会秘书长。2017年当选北京市台商协会理事。2009年起义务担任雁行中国基金会主席，帮助农村贫困大学生通过组织锻炼更好地融入社会。合著有《中关村模式：科技+资本双引擎驱动》。

摘　要

2019 年，在中美贸易摩擦长期化、宏观经济不断承压的背景下，我国资本市场推出了一系列基础制度改革措施，推动和完善了我国资本市场体系建设。从科创板推出、证券法修改到注册制的推广，中国资本市场在科创板块的引领下进一步走强。与此同时，中关村上市公司群体在过去的一年交出了亮眼的成绩单。2019 年中关村上市公司的整体发展状况如下。

新增上市公司数量迎新高，科创板成重头戏。截至 2019 年 12 月 31 日，中关村上市公司数量累计达到 362 家，同比增长 9.7%。中关村新增 30 家上市公司。其中，新增境内上市公司 25 家（科创板上市公司 11 家、主板 5 家、创业板 7 家和中小板 2 家），新增数量超过 2018 年的 3 倍；新增港股和美股上市公司的数量分别为 3 家和 2 家，分别较 2018 年减少 1 家和 4 家。

市值集体走强，中关村上市公司总市值创历史新高。截至 2019 年 12 月 31 日，中关村上市公司总市值为 6.60 万亿元，同比增长 44.02%；持续经营企业总市值为 5.72 万亿元，同比增长 28.43%，说明中关村上市公司总市值的增长离不开存量企业的贡献。从成长性来看，超六成持续经营企业的总市值呈现不同程度的增长态势。其中，46 家公司市值增加 50 亿元以上；34 家公司市值增加超过 100 亿元；6 家公司市值增加超过 500 亿元（美团点评和京东市值超过 1000 亿元）。

持续经营企业业绩稳步增长。2019 年，中关村上市公司营业收入和净利润规模分别为 63489 亿元、2124 亿元，分别同比增长 14.00%、4.27%；持续经营企业营业收入和净利润规模分别达到 60716.06 亿元、2022.79 亿元，分别同比增长 13.16%、-3.15%。可以看出，中关村上市公司总营业收入的增长既有增量企业的贡献，也与存量企业业绩增长有关。同时也要看到，与2018 年相比，净利润下降规模排名前两位的企业的净利润减少405.91 亿元，拉低了中关村上市公司的整体净利润规模。从成长性来看，308 家持续经营企业中，近七成企业营业收入实现增长，营收实现增长的公司中有四成企业的增长率超过 20%；八成公司实现盈利，超七成公司连续两年实现盈利。

研发投入和产出持续增长。2019 年，314 家中关村上市公司披露研发费用，其研发费用总额为 1969 亿元，同比上涨 22.15%；平均研发强度为3.65%，高于全社会研发强度。对 276 家连续两年披露研发费用的中关村上市公司进行具体分析，2019 年，持续披露研发费用的中关村上市公司研发费用为 1857.85 亿元，同比增长 21.76%，而同期营业收入同比增长13.36%，说明研发费用的增长幅度远高于营业收入的增长幅度，中关村上市公司无惧经济下行的压力，持续通过研发打造核心竞争力。

应收账款持续增长，周转率低于全国水平。2019 年，中关村上市公司应收账款总额为 10658.33 亿元，同比增长 9.33%。持续经营企业的应收账款规模为 10045.33 亿元，同比增长 7.00%。持续经营的境内上市公司中，国有企业和民营企业的应收账款分别为 4761.42 亿元、1576.51 亿元，分别同比增长 5.70%、5.58%，说明民营企业应收账款持续增长。从应收账款周转率来看，2019 年，中关村上市公司应收账款周转率为 6.18，明显低于全部 A 股的应收账款周转率 9.92。

融资活动放缓，民营企业融资相对困难。2019 年，中关村上市公司融资活动产生的现金流量金额为 1004.95 亿元，同比下降 56.96%；持续经营企业融资活动产生的现金流量金额为 664.20 亿元，同比下降 70.06%。从定向增发情况来看，2019 年，中关村上市公司通过定向增发和发行公司债募集的资金规模分别为 308.09 亿元、630.33 亿元，分别同比增长 35.00%、22.90%。从企业属性来看，民营企业和国有企业的定向增发融资总额分别为 62.84 亿元、240.04 亿元，分别占比 20.40%、77.91%；民营企业和国有企业通过发债募集资金规模分别为 13.00 亿元、617.33 亿元，分别占比2.06%、97.94%。可以看出，国有企业募集资金总额远远超过民营企业，民营企业融资相对困难。

总的来说，尽管中美经贸摩擦跌宕起伏、宏观经济下行压力加大，在过去的一年，中关村上市公司在各项关键业绩指标中依旧表现亮眼，表现出强大的发展韧性和巨大的潜力。与此同时，中关村民营上市公司融资困难、企业应收账款规模持续增长等问题值得关注。针对中关村上市公司面临的问题，特提出以下建议。

针对中关村民营上市公司融资困难的问题，本书分别从加大企业直接融资比例、改变企业现有评级标准及鼓励企业增加融资渠道几个方面提出政策建议。具体建议为：一是建议相关部门降低企业 IPO 及上市公司再融资门槛，加大企业直接融资比例。科创板的推出为科技创新能力强、成长性高的企业提供了新的融资渠道。然而，从中关村上市公司协会走访调研情况来看，对于生物医药企业来说，科创板上市条件相对较高，因此建议进一步降低科创板上市公司门槛，方便更多科创企业及生物医药企业享受到资本市场改革带来的红利。二是建议规范评级市场、优化评级指标体系并加强市场统一监管。三是建议政府鼓励企业增加融资渠道，通过尝试知识产权质押融资、融资租赁、分拆附属子公司上市等多种方式，逐步拓宽企业融资渠道。

针对应收账款规模增加的问题，本书分别从加大应收账款清欠力度、鼓励供应链融资、推广区块链确权中心建设等方面提出政策建议。一是建议政府加大央企及国企对民营企业，尤其是民营上市公司应收账款的清欠力度，以点带面地盘活整条产业链企业的应收账款。具体措施为：（1）建议中央成立“振兴民营经济”领导小组，由政治局常委任组长，协同发改委、工信部、财政部等相关部门，统一协调解决民营企业发展过程中面临的各种问题；（2）针对地方政府部门对于民营企业的欠款，建议由地方政府发行专项债，专门用于归还拖欠民营企业的账款，并由监管部门严格监督债券募集资金的用途，确保资金能够回到民营企业手中。二是建议北京市政府引导和鼓励企业进行供应链融资，并对进行供应链融资的企业予以相应的补贴，以推动供应链金融生态的搭建，促进产业链上下游的中小企业通过应收账款进行融资，达到盘活资产、保障企业日常经营的目的。三是建议北京市政府加

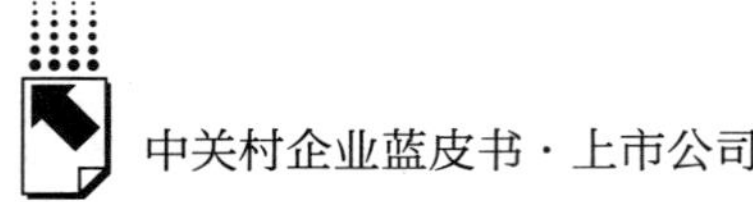

快推广区块链确权中心在全市范围的应用。利用科技手段推动核心企业确权，保障其上游企业及其产业链企业应收账款权益。

此外，建议中关村上市公司抓住资本市场改革机遇重要窗口期，挖掘企业发展先机。具体建议如下：一是建议符合国家战略的高新技术产业和战略性新兴产业相关资产在创业板重组上市，促进中关村优质企业实现资源优化整合和转型升级。二是建议符合一定条件的中关村上市公司附属子公司分拆在境内上市，实现业务聚焦和均衡发展。三是建议部分中关村中概股企业有序回归，分散上市风险。

关键词： 中关村上市公司　经营情况　创新能力　企业竞争力

编写说明

1. 中关村上市公司竞争力报告

《中关村上市公司竞争力报告》是由中关村上市公司协会整理编写的关于中关村上市公司的报告。《中关村上市公司竞争力报告（2020）》是指中关村上市公司协会根据中关村上市公司2019年度报告整理编写并于2020年发布的报告。

2. 研究对象

依据《北京市中关村科技园区企业登记注册管理办法》，在中关村国家自主创新示范区注册，在全球各个资本市场上市，代表新经济、引领战略新兴产业发展的创新型高科技公司。排除其中的注册地外迁、已退市、被借壳、年报未发布等特殊状况的公司以外，本书以2020年6月30日以前公开发布2019年年报的344家公司为研究对象。

3. 主要名词定义

（1）境内上市公司：境内上市公司是指在上海证券交易所（以下简称“上交所”）、深圳证券交易所（以下简称“深交所”）上市的公司。

（2）境外上市公司：境外上市公司是指在纽约证券交易所（以下简称“纽交所”）、纳斯达克证券交易所（以下简称“纳斯达克”）、香港证券交易所（以下简称“港交所”）、新加坡交易所（以下简称“新交所”）等交易所上市的公司。在纽交所和纳斯达克上市的中关村企业，统称为中关村上市公司的“美股”公司；在港交所上市的中关村企业，统称为中关村上市公司的“港股”公司。

（3）持续经营公司：持续经营公司指的是2018～2019年连续两年在资本市场挂牌上市的中关村上市公司。本报告中持续经营公司的数量为308家。

4. 资料来源

本书中引用的财务数据，除特别注明外，均摘自各上市公司发布的2019财年年报。其中，专利部分数据来自中关村知识产权促进局，上市公司股价为2019财年最后交易日的收盘价。部分对比性数据，整理自Wind资讯数据库、东方财富Choice金融终端，以及世界交易所联合会、北京市统计局、深交所、上交所、港交所等网站的公开数据。

5. 分析研究方法

整理中关村上市公司的公开财务数据，形成数据库，进而分析中关村上市公司的总体竞争力状况和各行业状况，并进行横向和纵向对比分析，最后得出报告结论，形成建议。

6. 货币单位

本书中的货币单位均为人民币。年报使用外币的公司，其数据由研究团队折算为人民币，折算汇率为2019财年资产负债表日中国银行外汇牌价的中间折算价。

7. 数据审核

本书引用的各项中关村上市公司财务数据，由项目团队完成核对、汇总工作，专业顾问安永华明会计师事务所（特殊普通合伙）在此过程中给予了指导和帮助。

目　录

Ⅰ　总报告

Ⅱ　经营能力篇

Ⅲ 专题篇

Ⅳ 附录

皮书数据库阅读**使用指南**

总 报 告

General Report

B.1 2019年中关村上市公司发展报告

中关村上市公司协会研究部

摘　要： 2019年，中关村上市公司整体经营状况稳健。具体表现在：新增上市公司数量迎新高，科创板成重头戏；股市集体走强，中关村上市公司总市值创历史新高；业绩稳步增长，境内上市公司表现优于港股和美股；研发投入和产出持续增强，行业特色明显；超七成企业负债为流动负债，偿债能力高于全国水平；现金及现金等价物持续增长，民营企业融资相对困难；应收账款持续增长，周转率低于全国水平；员工人数持续上涨，人均产出表现优异且体现出行业差异。面对上述状况，本报告提出：拓宽融资渠道，增加资本扶持民营企业力度；加大清欠力度，降低应收账款规模；抓住资本市场改革，挖掘企业发展先机。

关键词： 中关村上市公司　市场表现　经营状况

一　2019年中关村上市公司整体发展状况

（一）新增上市公司数量迎新高，科创板成重头戏

1. 资本市场分布状况

据中关村上市公司协会统计，截至 2019 年 12 月 31 日，中关村上市公司数量累计达到 362 家[①]，比 2018 年的 330 家增长 9.70%。本报告排除其中的已退市、年报未发布等特殊状况公司，仅以 2020 年 6 月 30 日以前公开发布 2019 年年报的 344 家公司作为研究对象。

2019 年，中关村上市公司分布在全球各主要资本市场[②]。具体来看，境内上市公司 250 家，其中上海证券交易所 89 家（科创板 11 家、主板 78 家），深圳证券交易所 161 家（创业板 99 家、中小企业板 48 家、主板 14 家）；境外上市公司 94 家（香港交易所 57 家、纳斯达克证券交易所 22 家、纽约证券交易所 15 家）（见图 1）。

2. 新增上市公司状况

中关村境内上市公司数量大幅增长。2019 年，中关村新增上市公司数量为 30 家，同比增长 87.50%（见表 1）。其中，新增境内上市公司 25 家，新增数量超过 2018 年的 3 倍；新增美股和港股上市公司的数量分别为 3 家和 2 家，分别较 2018 年减少 1 家和 4 家（见图 2）。从全球各主要证券交易所的新增数量分布来看，上海证券交易所 16 家（科创板 11 家、主板 5 家）；深圳证券交易所 9 家（创业板 7 家、中小企业板 2 家）；纳斯达克证券交易所 1 家；纽约证券交易所 2 家；香港交易所 2 家。

---

① 本报中中关村上市公司数量未包含公司二次上市情况。

② 本报告中中关村上市公司资本市场分布仅以该公司首次上市地为准。

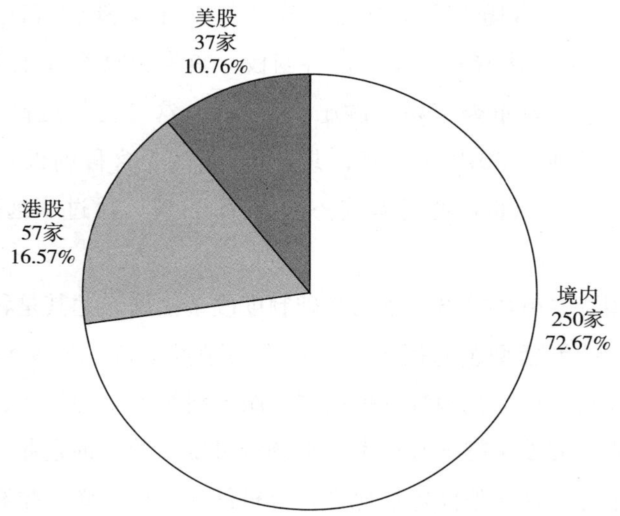

图1　2019 年中关村上市公司资本市场分布状况

资料来源：Wind，中关村上市公司协会整理。

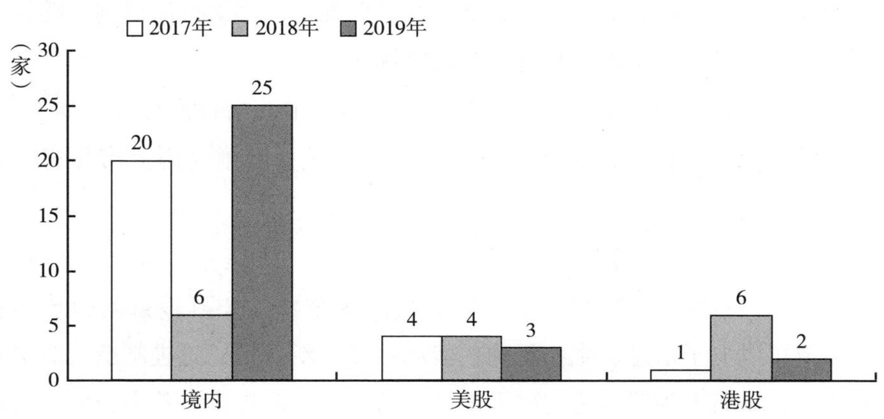

图2　2017～2019 年中关村新增上市公司数量分布情况

资料来源：Wind，中关村上市公司协会整理。

2019 年，中关村新增上市公司数量增多，且新增境内上市公司数量远高于境外。出现这种现象的原因主要包括如下几点。

一是境内 A 股市场 IPO 审核通过率连续四年下降后首次出现反弹①。2019 年，境内 A 股共 161 家（不含科创板）首发 IPO 企业上会，其中 138 家企业通过证监会发审委审核，占比 85.71%，这一比例远高于 2018 年的 57.51%。与之类似，2019 年全年，共有 21 家（不含科创板）中关村企业首发 IPO 上会，18 家企业通过审核，占比 85.71%，通过率远高于 2018 年的 33.33%。

二是我国资本市场推出一系列基础制度改革措施，尤其是科创板的推出为我国的高科技创新型企业提供更为包容的融资平台。2019 年 7 月 22 日，科创板正式开板。作为我国资本市场聚焦服务科技创新的板块，科创板面向符合国家战略、突破关键核心技术、市场认可度高的科创企业，设置了多元包容的上市条件。这些条件包括允许符合科创板定位、尚未盈利或存在累计未弥补亏损的企业在科创板上市；允许符合相关要求的特殊股权结构企业和红筹企业在科创板上市。2019 年中关村新增科创板上市公司 11 家（见表 1），新增数量赶超主板和创业板。此外，2019 年 12 月 28 日，全国人大常委会审议通过了新修订的证券法，此次修订明确将全面推行注册制。随着注册制的推行，我国资本市场将进一步提升影响力。

未来，随着我国资本市场改革的深入，国际主流指数沪伦通、MSCI 等对 A 股市场认可度的提高，无论是 A 股还是中关村新增境内上市公司的数量都会出现大幅度提升。

3. 中关村上市公司行业分布状况

作为中国科技创新的领军者，中关村园区孕育了 2 万多家高新技术企业，形成了以电子信息、生物医药、能源环保、新材料、先进制造、航空航天为代表，以研发和服务为主要形态的高新技术产业集群。其中，上市公司更是该群体中的佼佼者，其发展和壮大不断为中关村经济的持续发展注入新的活力。

鉴于中关村上市公司的上市地分布在全球各主要资本市场，呈现国际化

① 2015～2018 年 A 股审核通过率分别是 90.94%、90.15%、76.92%、57.51%。

表1　2019年中关村新增上市公司情况

单位：万元

序号	证券代码	证券简称	上市日期	上市地点	所属板块	Wind行业	总市值（2019年12月31日）	营业收入	净利润	研发费用
1	688198. SH	佰仁医疗	2019年12月9日	上交所	科创板	医疗保健	404640.00	14603.33	6288.72	1514.94
2	300810. SZ	中科海迅	2019年12月6日	深交所	创业板	信息技术	574510.00	24136.73	8132.72	4147.64
3	KRKR. O	36氪	2019年11月8日	纳斯达克	主板	信息技术	193298.77	65560.60	-2591.10	3580.70
4	DAO. N	有道	2019年10月25日	纽交所	主板	可选消费	1097837.62	130488.30	-60145.50	27536.70
5	GSX. N	跟谁学	2019年6月6日	纽交所	主板	可选消费	3639156.67	211485.50	22663.00	21219.70
6	1797. HK	新东方在线	2019年3月28日	港交所	主板	可选消费	1563681.03	91891.10	-6410.90	14752.00
7	1917. HK	豆盟科技	2019年3月14日	港交所	主板	可选消费	40175.73	18945.00	1091.50	121.50
8	688078. SH	龙软科技	2019年12月30日	上交所	科创板	信息技术	361532.50	15434.00	4708.17	1522.55
9	300803. SZ	指南针	2019年11月18日	深交所	创业板	信息技术	1534140.00	62297.33	12038.46	8009.40
10	688111. SH	金山办公	2019年11月18日	上交所	科创板	信息技术	7555790.00	157952.06	40057.92	59878.57
11	300797. SZ	钢研纳克	2019年11月1日	深交所	创业板	信息技术	529410.60	54642.47	6909.72	4580.83
12	688058. SH	宝兰德	2019年11月1日	上交所	科创板	信息技术	396640.00	14330.23	5850.18	3088.29
13	688369. SH	致远互联	2019年10月31日	上交所	科创板	信息技术	452390.79	69983.60	10194.56	8937.10
14	300799. SZ	左江科技	2019年10月29日	深交所	创业板	信息技术	715088.00	21876.50	8870.83	2986.24
15	002963. SZ	豪尔赛	2019年10月28日	深交所	中小板	工业	515433.84	115700.05	21581.85	2321.28

续表

序号	证券代码	证券简称	上市日期	上市地点	所属板块	Wind 行业	总市值（2019 年 12 月 31 日）	营业收入	净利润	研发费用
16	688068. SH	热景生物	2019 年 9 月 30 日	上交所	科创板	医疗保健	291887. 43	21041. 23	3374. 81	2899. 07
17	603927. SH	中科软	2019 年 9 月 9 日	上交所	主板	信息技术	2858608. 00	549920. 86	38572. 57	61806. 87
18	688168. SH	安博通	2019 年 9 月 6 日	上交所	科创板	信息技术	527205. 18	24873. 18	7306. 87	3777. 31
19	603613. SH	国联股份	2019 年 7 月 30 日	上交所	主板	信息技术	1065547. 11	719768. 01	18660. 57	1729. 01
20	688066. SH	航天宏图	2019 年 7 月 22 日	上交所	科创板	信息技术	635716. 17	60117. 15	8339. 87	8874. 37
21	688033. SH	天宜上佳	2019 年 7 月 22 日	上交所	科创板	工业	1212487. 88	58183. 72	27056. 23	4132. 37
22	688015. SH	交控科技	2019 年 7 月 22 日	上交所	科创板	工业	529600. 00	165177. 51	12516. 08	11317. 39
23	688028. SH	沃尔德	2019 年 7 月 22 日	上交所	科创板	工业	508960. 00	25501. 40	6002. 16	1748. 30
24	300785. SZ	值得买	2019 年 7 月 15 日	深交所	创业板	信息技术	768106. 68	66202. 92	11902. 93	10748. 39
25	601698. SH	中国卫通	2019 年 6 月 28 日	上交所	主板	电信服务	4528000. 00	273419. 26	68983. 99	7453. 28
26	600968. SH	海油发展	2019 年 6 月 26 日	上交所	主板	能源	2978375. 53	3346329. 26	130276. 48	80490. 84
27	002955. SZ	鸿合科技	2019 年 5 月 23 日	深交所	中小板	信息技术	827729. 67	483046. 97	31665. 39	17441. 42
28	603267. SH	鸿远电子	2019 年 5 月 15 日	上交所	主板	信息技术	848359. 54	105445. 93	27866. 88	3204. 84
29	300773. SZ	拉卡拉	2019 年 4 月 25 日	深交所	创业板	信息技术	3138878. 47	489942. 16	81693. 34	25154. 58
30	300759. SZ	康龙化成	2019 年 1 月 28 日	深交所	创业板	医疗保健	3925766. 39	375716. 01	53067. 38	6287. 15

资料来源：Wind，中关村上市公司协会整理。

特征，所以本报告采用符合国际标准的 Wind 行业分类①。数据显示，中关村上市公司行业分布范围广泛、重点突出，符合中关村高新技术产业园的定位。2019 年，中关村上市公司主要分布于信息技术、工业、可选消费和医疗保健四大行业，公司数量合计 303 家，占中关村上市公司总数的 88.08%。同时，中关村还兼顾了材料、能源、公用事业、日常消费、电信服务、房地产、金融等七大行业（见图 3）。

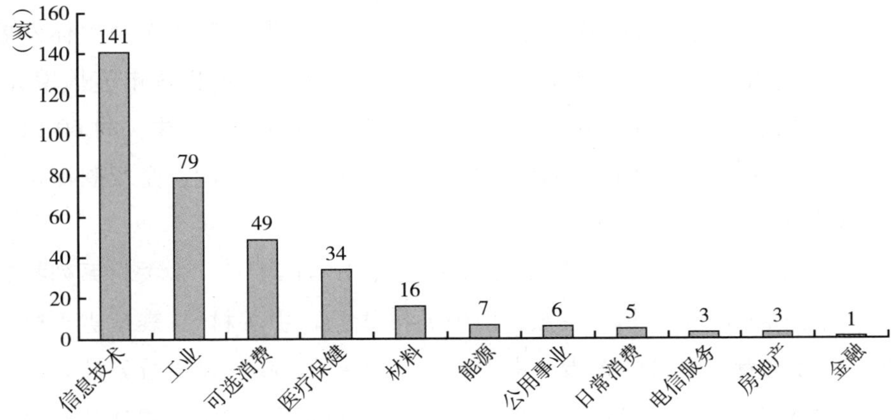

图 3　2019 年中关村上市公司行业分布状况

资料来源：Wind，中关村上市公司协会整理。

（二）股市集体走强，中关村上市公司总市值创历史新高

1. 中关村股票系列指数状况

为更好地表征中关村上市公司的资本市场表现，2014 年初，中关村上

① Wind 行业分类标准的最大特色为全面借鉴了权威的国际标准 GICS（Global Industries Classification Standard）行业分类标准，参照 GICS 四级行业体系，根据中国实际情况进行了微调，最终建立了既符合国际标准又适用于中国市场的行业分类标准，包含 11 个一级行业指标（包括能源、材料、工业、可选消费、日常消费、医疗保健、金融、信息技术、电信服务、公用事业、房地产），24 个二级行业指标，69 个三级行业指标，161 个四级行业指标。

市公司协会与深圳证券交易所发起合作，联合开发中关村系列股票指数。中关村指数定位于代表中国科技创新水平的标杆指数，采取与国际接轨的指数编制方案和逐步开放的方式，先布局 A 股上市公司，再布局境外上市公司，未来将进一步开发中关村主题指数及挂牌企业相关指数。其中，中关村 A 股综合指数（以下简称“中关村 A 指”）和中关村 A 股 50 指数（以下简称“中关村 50”）于 2015 年 2 月 5 日正式发布；中关村民企 60 指数（以下简称“中关村 60”），于 2017 年 1 月 10 日发布。三只指数均以在中关村国家自主创新示范区内注册的 A 股上市公司为样本股，是反映中关村整体发展水平的综合指数。中关村 50 定位于表征中关村示范区可投资市值规模大、流动性好的上市公司的市场表现，突出指数的可投资功能。中关村 60 以深市 A 股中在中关村园区范围内注册的民营企业为样本空间，是反映深市中关村民营上市企业表现的标尺。

根据测算，2008 年 12 月 31 日到 2019 年 12 月 31 日，中关村系列指数表现均优于沪深 300、恒生指数，但中关村 A 指、中关村 50 表现劣于标普 500。具体来看，中关村 A 指、中关村 50、中关村 60 三只指数累计收益率分别为 178.53%、155.23%、275.37%。相比同期沪深 300，累计超额收益率分别达到 53.16%、29.86%、150.00%；相比同期恒生指数，累计超额收益率分别达到 82.59%、59.29%、179.44%；与中关村系列指数大幅领先沪深 300 和恒生指数不同的是，中关村 A 指和中关村 50 的累计收益率低于同期标普 500 近 80 个百分点和 102 个百分点，但中关村 60 的累计收益率仍高于标普 500 近 18 个百分点（见图 4）。

2. 总市值状况

2019 年，在全球经济增长放缓，贸易摩擦和通胀放缓的担忧下，全球掀起了新一轮货币宽松周期，降息潮持续演绎，快速扭转了 2018 年底的流动性紧缩预期。随着中美谈判的深入，中美第一阶段经贸协议签署，对资本市场风险偏好提振作用明显，贸易格局逐渐重塑，不稳定预期边际好转，全球资本市场风险偏好逐步上行。同时，在贸易争端常态化和长期化的趋势下，全球各国更加注重区域多边贸易组织的建立，多边贸易协定相继取得突破性进展。从中国资本市场角度来看，2019 年亦是图改革、谋发展的一年。从科创板推出到证券法修改和注册制推广，中国资本市场在科技板块的引领下进一步走强，中关村上市公司估值修复、市值实现跃增。

截至 2019 年 12 月 31 日，中关村上市公司总市值为 6.60 万亿元，同比增长 44.02%（见图 5）。其中，全国 A 股上市公司总市值 5.93 万亿元，比 2018 年的 4.33 万亿元跃增 36.95%，与此同时，A 股市场整体估值水平继续回升，市盈率从 14.45 倍升至 20.17 倍。对持续经营企业的总市值进行分析，2018～2019 年连续两年持续经营的中关村上市公司总市值由 2018 年的 44570.80 亿元增加到 2019 年的 57243.01 亿元，增幅为 28.43%。此外，2019 年新增 30 家中关村上市公司贡献的总市值为 4421.90 亿元，占中关村上市公司总市值的 6.70%。说明中关村上市公司总市值的增长离不开存量企业的贡献和增量企业市值的增长。

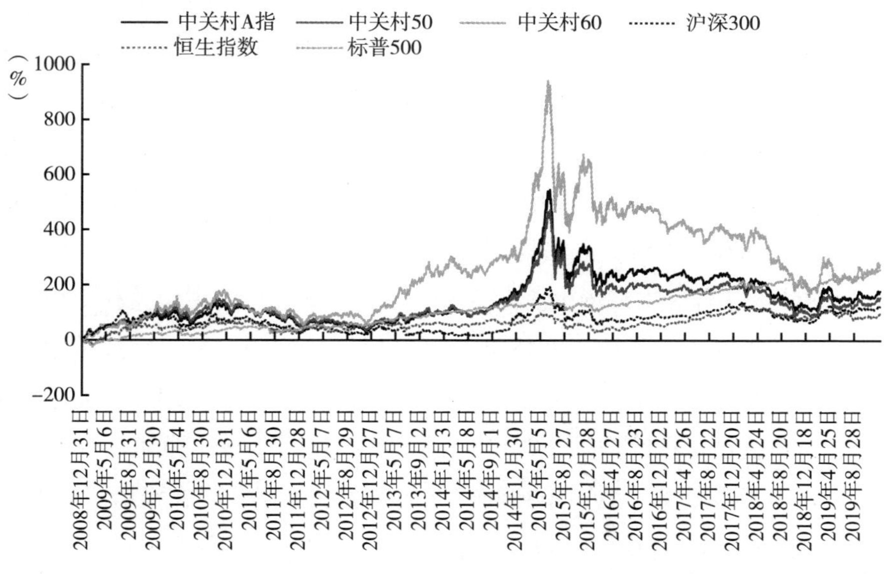

图 4　2008 年 12 月 31 日～2019 年 12 月 31 日中关村指数与各资本市场指数累计收益率趋势

资料来源：Wind，中关村上市公司协会整理。

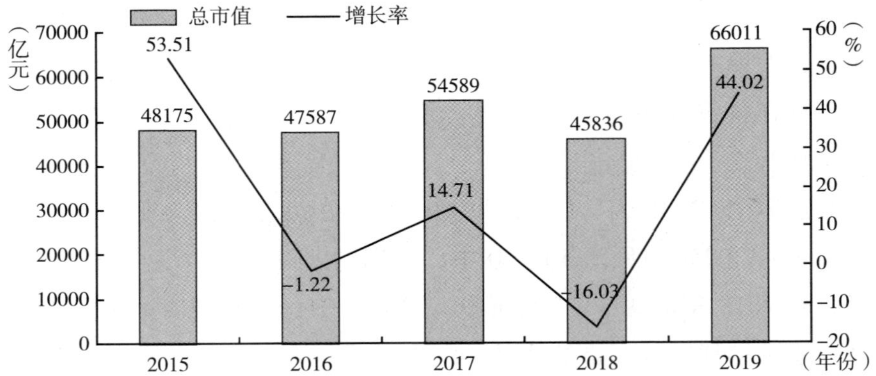

图5 2015～2019年中关村上市公司市值变化情况

资料来源：Wind，中关村上市公司协会整理。

从市值变化幅度来看，超六成连续两年持续经营的上市公司总市值有不同程度上升。具体来看，连续两年持续经营的308家企业中，有192家公司总市值上升，占比62.34%，有116家企业总市值出现下降，占比37.66%。在192家总市值上升的公司中，有46家市值增加50亿元以上；34家公司市值增加在100亿元以上；6家企业市值增加500亿元以上，其中美团点评和京东市值增加均超1000亿元①。

从资本市场角度来看，2019年境内、美股和港股的中关村上市公司总市值均有不同程度上涨，涨幅均超30%，其中港股上市公司市值增幅最大为67.82%。从各资本市场市值占总市值的比重来看，境内中关村上市公司总市值占总体的比例基本与2018年持平，保持在52%左右；美股上市公司总市值占比有所下降，由2018年的26%下降到2019年的24%；而港股上市公司总市值占比持续增加，2019年总市值占比为24%。从近三年各资本市场总市值发展趋势来看，境内和美股的中关村上市公司在经历了2018年的寒冬之后，市值回暖；而港股上市公司总市值则一直保持了较好的增长态势（见图6）。

① 2019年，美团点评市值上升最多，达3189.12亿元；其次为京东，市值增加1514.79亿元。

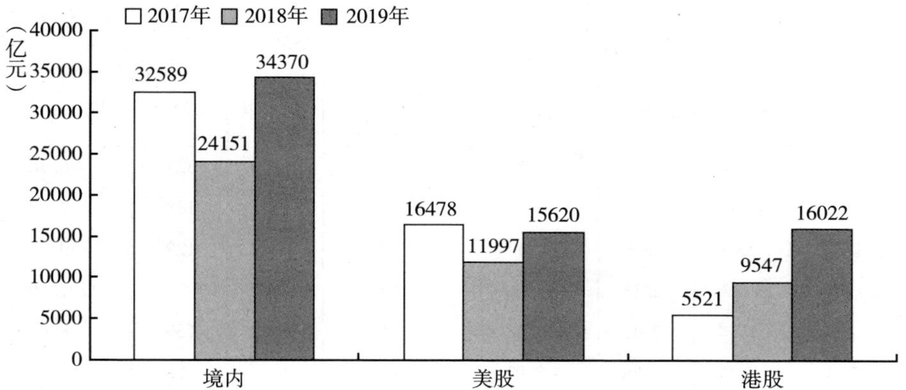

图6　2017～2019年中关村各资本市场上市公司市值变化情况

资料来源：Wind，中关村上市公司协会整理。

分行业来看，无论是行业总市值还是行业平均市值都有较大幅度的增长。但不同行业市值变化幅度差异大。从行业总市值情况来看，随着5G建设进入爆发期，电信服务行业[①]的市值也水涨船高，以7995.00%的增幅成为行业市值涨幅的领头羊；其次为能源行业，市值增长153.40%；其余大多数行业市值增幅在30%～90%；部分行业市值出现下降，其中公用事业行业市值下降5.02%，金融行业（仅一家吉艾科技）市值降幅最大达92.24%。从行业平均市值情况来看，超一半行业的平均市值增长幅度低于整体均值的增长幅度，其中电信服务业的平均市值增长幅度最大（见表2）。

表2　2018～2019年中关村上市公司各行业总市值及平均市值变化情况

单位：亿元，%

行业	总市值				平均市值		
	2018年	2019年	同比增长	2019年行业总市值占比	2018年	2019年	同比增长
信息技术	20827	27155	30.38	41.14	161	193	19.88

① 截至2019年底，电信服务行业共三家企业：中国铁塔、二六三、中国卫通，其中中国卫通为2019年新上市公司，其2019年底市值为452.80亿元，二六三和中国铁塔市值也均有较大增长，增幅分别为81.41%和4.10%。

续表

行业	总市值				平均市值		
	2018 年	2019 年	同比增长	2019 年行业总市值占比	2018 年	2019 年	同比增长
可选消费	8504	16003	88.18	24.24	185	327	76.76
工业	10286	10941	6.37	16.57	134	138	2.99
医疗保健	2603	4376	68.11	6.63	81	129	59.26
电信服务[①]	40	3238	7995.00	4.91	40	1079	2597.50
材料	1714	2545	48.48	3.86	107	159	48.60
公用事业	617	586	-5.02	0.89	103	98	-4.85
能源	206	522	153.40	0.79	34	75	120.59
日常消费	397	498	25.44	0.75	79	100	26.58
房地产	100	105	5.00	0.16	33	35	6.06
金融	541	42	-92.24	0.06	180	42	-76.67
整体	45835	66011	44.02	100.00	141	192	36.17

资料来源：Wind，中关村上市公司协会整理。

（三）业绩稳步增长，境内上市公司表现优于港股和美股

2019 年，中关村上市公司总营业收入和总净利润规模分别为 63489 亿元、2124 亿元，分别同比增长 14.00%、4.27%（见图 7、图 8）。2018～2019 年连续两年持续经营的 308 家中关村上市公司，其 2019 年总营业收入和总净利润规模分别达到 60716.06 亿元、2022.79 亿元，分别同比增长 13.16%、-3.15%。可以看出，中关村上市公司总营业收入的增长既有增量企业的贡献，也与存量企业业绩增长有关；与 2018 年相比，净利润下降规模排名前两位的企业的净利润减少 405.91 亿元[①]，拉低了中关村上市公司的整体净利润规模。此外，有 145 家中关村境内上市公司披露海外营业收

① 两家净利润规模下降最多的企业分别是信威集团（600485.SH）和百度（BIDU.O）。其中，信威集团的净亏损由 2018 年的 29.52 亿元增加到 2019 年的 186.73 亿元；百度的净利润由 2018 年的 225.82 亿元降到 2019 年的 -22.88 亿元。

入，披露规模为3465亿元，占该类企业总营业收入的10.99%，较2018年略有上涨。此组数据说明，在科技创新能力持续增强、高端要素资源集聚的科创氛围中，中关村上市公司不惧经济下行压力加大、全球贸易持续疲软风险，不断突破创新、持续发力、寻求新的业绩增长点。

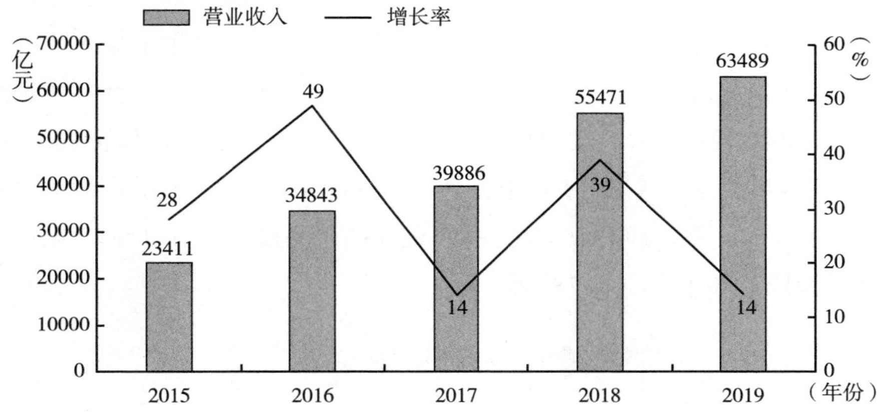

图7　2015~2019年中关村上市公司营业收入及其增长率变化情况

资料来源：Wind，中关村上市公司协会整理。

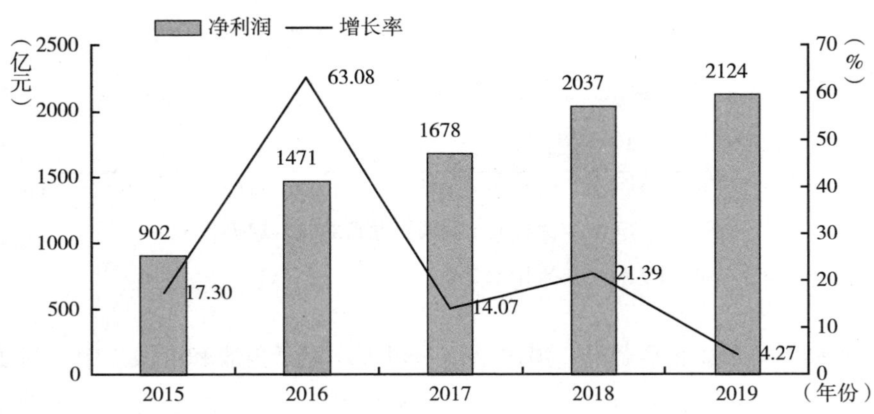

图8　2015~2019年中关村上市公司净利润及其增长率状况

资料来源：Wind，中关村上市公司协会整理。

中关村上市公司整体实力水平不断增强，企业规模差异较大。从成长性来看，308 家连续两年持续经营的中关村上市公司中，近七成企业营业收入实现增长，营收实现增长的企业中有四成企业的增长率超过 20%；八成（277 家）中关村上市公司实现盈利，超七成（221 家）企业连续两年实现盈利。从企业规模来看，中关村上市公司营业收入存在较大差异，数量占比 3.2% 的千亿元及以上营收规模的企业实现接近 70% 的营业收入，占比 72.67% 的 50 亿元及以下营收规模的企业实现不到 7% 的营业收入（见图 9）。从净利润规模来看，在 221 家连续两年盈利的企业中，平均净利润超过 100 亿元的中关村上市公司有 7 家，平均净利润 50 亿 ~100 亿元的中关村上市公司有 5 家，平均净利润 10 亿 ~50 亿元的中关村上市公司有 27 家，平均净利润低于 10 亿元的有 182 家。

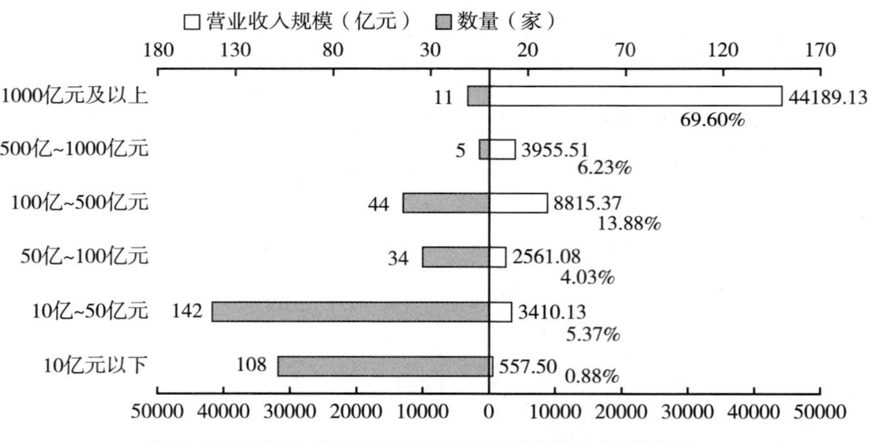

图 9　2019 年中关村上市公司企业营业收入规模分布

资料来源：Wind，中关村上市公司协会整理。

不同资本市场表现各异，境内上市公司表现优于美股和港股。中关村境内上市公司的营业收入和净利润分别为 35671 亿元、1147.09 亿元，分别同比上涨 14.56%、6.40%；美股上市公司的营业收入和净利润分别为 8929 亿元、95.75 亿元，分别同比上涨 17.55%、-56.78%；港股上市公司的营业收入和净利润分别为 18889 亿元、779.96 亿元，分别同比上升 12.85%、-1.13%。

（四）研发投入和产出持续增长，行业特色明显

2019 年，314 家（占比 91.28%）披露研发费用的中关村上市公司研发投入总额为 1969 亿元，同比上涨 22.15%；平均研发强度 3.65%，同比增长 0.26 个百分点，高于 2019 年全社会平均研发强度 2.19%（见图 10）。对 276 家连续两年披露研发费用的中关村上市公司进行具体分析，2019 年，持续披露研发费用的企业营业收入规模为 51833.97 亿元，同比增长 13.36%，研发费用规模为 1857.85 亿元，同比增长 21.76%，研发费用的增长幅度远高于营业收入的增长幅度，表明中关村上市公司无惧经济下行压力，持续地打造内在竞争力。从研发强度来看，超八成公司的研发强度高于 2%，达到国际基本生存标准；超 1/4 的公司研发强度超过 10%，达到国际较高水平（见图 11）。

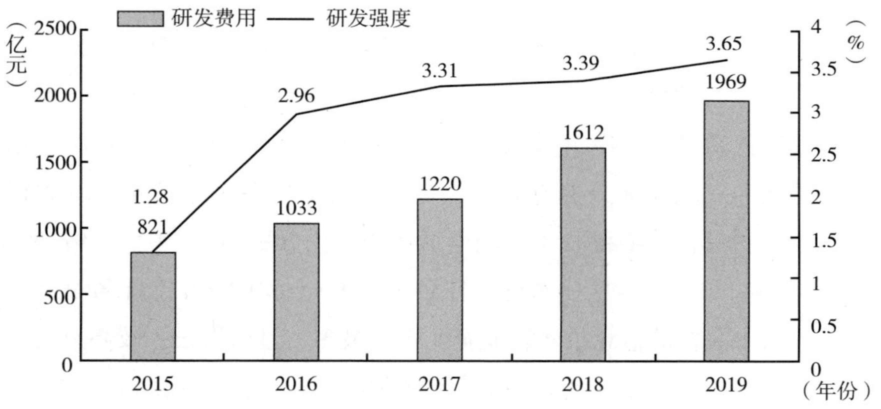

图 10　2015～2019 年中关村上市公司研发投入变化情况

资料来源：Wind，中关村上市公司协会整理。

创新产出持续增长。2019 年，180 家中关村境内上市公司进行了专利申请，申请量合计 9660 件，同比增长 2.90%；有 25 家中关村境内上市公司进行了 PCT 专利申请，申请量为 2005 件，同比增长 6.50%。171 家中关村境内上市公司企业获得了专利授权，专利授权量合计达到 6104 件，同比增长

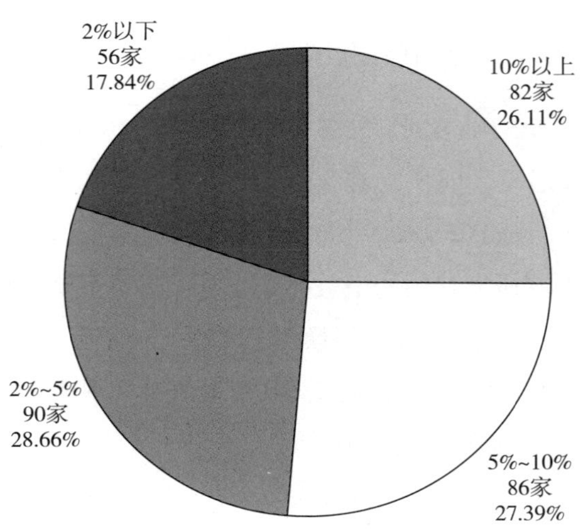

图 11　2019 年中关村上市公司研发强度分布状况

资料来源：Wind，中关村上市公司协会整理。

11.22%。截至 2019 年 12 月 31 日，共 196 家中关村境内上市公司拥有有效发明专利，有效发明专利合计达到 19694 件，同比增长 26.79%。

行业特色明显。2019 年中关村上市公司中，信息技术、工业、可选消费三个行业拥有绝大部分的专利数量，三个行业的专利申请量、专利授权量、有效发明专利数量和 PCT 专利申请量的占比分别为 92.91%、91.59%、92.02%和 98.80%。信息技术行业在各项专利指标中的占比排名第一，一方面是因为中关村的信息技术行业企业占比最多，且研发投入较高；另一方面，信息技术行业的龙头企业京东方在各项专利申请指标中的占比较高，为信息技术行业贡献大部分的专利数量。

（五）超七成企业负债为流动负债，偿债能力高于全国

截至 2019 年 12 月 31 日，中关村上市公司的总资产规模为 99085.70 亿元，同比增幅为 15.75%。其中，总流动资产为 54436.01 亿元，占比 54.94%，同比增长 11.90%。流动资产中，资产变现能力较强的存货、应收账款、现金及现金等价物的总规模为 33881.70 亿元，占比 62.24%。截至

2019年12月31日，中关村上市公司的总负债共计62762.42亿元，平均总负债为182.45亿元（较2018年的169.65亿元增加12.80亿元）。其中，流动负债总额为46806.39亿元，占比74.58%。从中关村上市公司流动负债率的分布来看，273家（占比79%）中关村上市公司流动负债率不低于70%（见图12）。可见，流动负债是中关村上市公司的主要债务资金来源，但如企业存在需长期投资的项目，主要依靠流动负债将增加企业的财务风险。

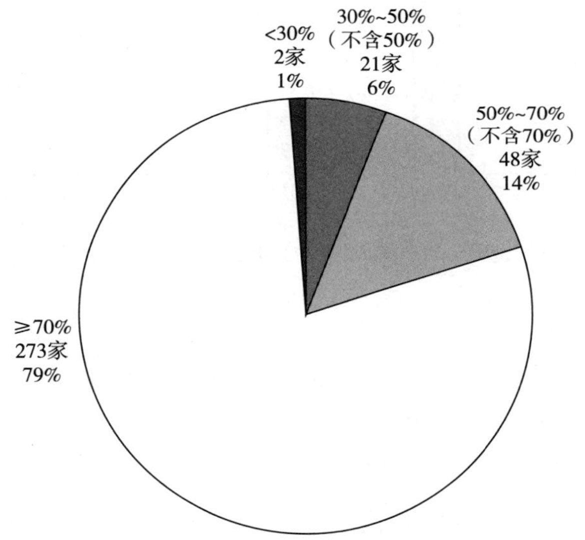

图12　2019年中关村上市公司流动负债率分布情况

资料来源：Wind，中关村上市公司协会整理。

从长期偿债能力情况来看，2019年底，中关村上市公司总体资产负债率为63.34%，比2018年（64.21%）下降0.87个百分点，略高于40%~60%的合理范围（见图13）。整体现金流量债务比为8.51%，同期A股上市公司整体现金流量债务比为1.21%，中关村上市公司企业利用经营活动获得的现金净额偿付全部债务的能力远高于A股上市公司平均水平。从短期偿债能力情况来看，分别剔除流动比率、速动比率及现金比率缺失的数据后，2019年，近半数中关村上市公司流动比率不低于2，说明中关村上市公司流动性相对较强；接近八成速动比率高于1，说明中关村上市公司整体利用速动资产偿还流动负债的能力较强；近八成的企业现金比率高于0.5，说明中关村上市公司现金比率普遍较高，短期偿债能力较强。

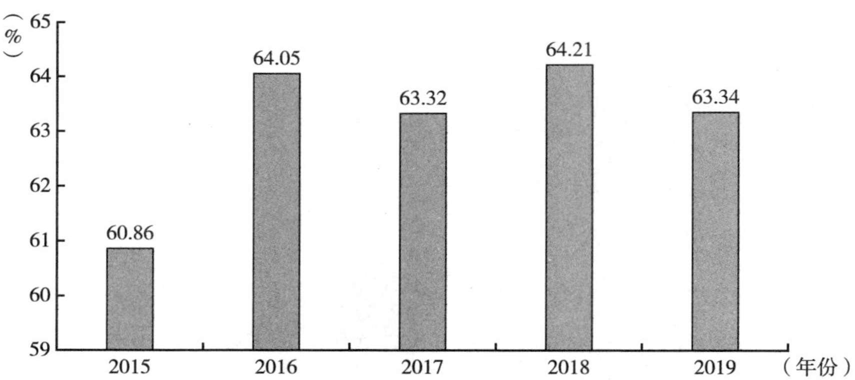

图13　2015～2019年中关村上市公司资产负债率变动情况

资料来源：Wind，中关村上市公司协会整理。

从资本市场角度来看，中关村境内、美股和港股上市公司的平均资产负债率分别为64.58%、50.94%和65.11%；中关村境内、美股和港股上市公司的平均现金流量债务比分别为5.49%、17.61%和11.91%。此组数据说明，美股上市公司整体资产负债率低于其他两个资本市场的整体情况，表明受其行业属性和所处发展阶段的影响，美股公司偏向于股权而非债权融资。

（六）现金及现金等价物持续增长，民营企业融资相对困难

截至2019年底，中关村上市公司现金及现金等价物规模为12497.58亿元，同比上涨8.95%。308家持续经营的企业现金及现金等价物为11600.98亿元，同比上涨6.25%。从近五年的情况来看，中关村上市公司的现金及现金等价物不断上涨，已累积形成一定规模，2019年中关村上市公司现金及现金等价物相较于2015年增长148.24%（见图14）。从各资本市场来看，港股、境内和美股上市公司的现金及现金等价物同比涨幅依次下降，分别为12.04%、10.74%和-4.13%。

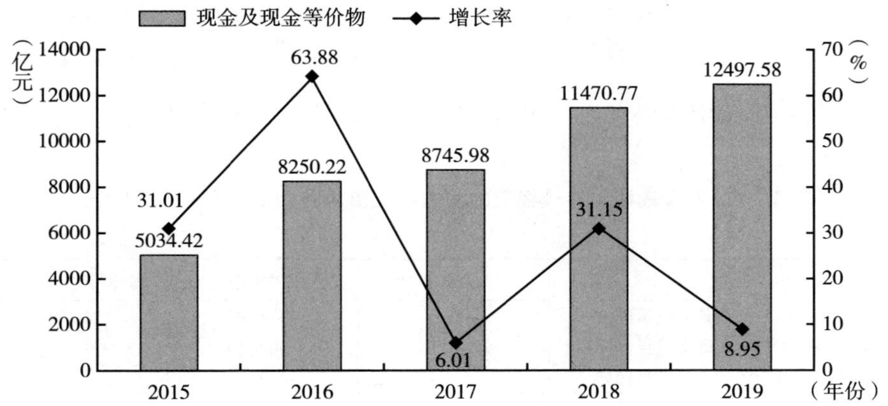

图 14　2015～2019 年中关村上市公司现金及现金等价物等价变化情况

资料来源：Wind，中关村上市公司协会整理。

从企业现金及现金等价物规模来看，三成企业持有近八成现金及现金等价物。其中，有 20 家（占企业总数的 5.81%）企业所持有的现金及现金等价物超过 100 亿元，合计 8270.66 亿元（占现金及现金等价物总额的 66.18%）；20 家企业持有现金及其等价物处于 50 亿～10 亿元（占企业总数的 5.81%），其所持有的现金及现金等价物合计 1443.14 亿元（占现金及现金等价物总额的 11.55%）。此外，本报告将 250 家中关村境内上市公司根据企业属性进行划分并分析得出，中关村境内上市公司拥有近 8000 亿元的现金及现金等价物，但超八成都集中在公司数量约三成国有企业手中，民营企业所拥有的现金及现金等价物依然有限。具体来看，78 家（占比 31.20%）国有企业拥有现金及现金等价物 6315.05 亿元（占比 81.64%），平均每家国有企业拥有 80.96 亿元；而 153 家（占比 61.20%）民营企业所拥有的现金及现金等价物为 1244.07 亿元（占比 16.08%），平均每家民营企业拥有 8.13 亿元。

2019 年，中关村上市公司经营活动产生的现金流量净额、融资活动产生的现金流量净额及投资活动产生的现金流量净额分别为 3067.01 亿元、1004.95 亿元和 4782.54 亿元，分别同比上涨 74.15%、－56.96% 和 12.27%。308 家持续经营企业的经营活动产生的现金流量净额、融资活动产生的现金流量净额和投资活动产生的现金流量净额分别为 4471.97 亿元、664.20 亿元、4413.36 亿元，分别同比上涨 59.54%、-70.06% 和 1.95%（见表 3），说明中关村上市公司投资活动逐渐放缓、融资受阻。

表 3　308 家连续两年持续经营的中关村上市公司现金流净额变化情况

单位：亿元，%

类型	2018 年	2019 年	同比增幅
经营活动产生的现金流量净额	2803.05	4471.97	59.54
融资活动产生的现金流量净额	2218.13	664.20	-70.06
投资活动产生的现金流量净额	4328.83	4413.36	1.95

资料来源：Wind，中关村上市公司协会整理。

从中关村上市公司融资情况来看，2019 年，中关村上市公司 IPO 融资总额为 445.42 亿元。其中，境内、美股和港股的 IPO 融资额分别为 352.47 亿元、28.41 亿元和 65.54 亿元，分别占比 79.13%、6.38% 和 14.71%。此外，境内上市公司 IPO 规模较 2018 年增长 719.70%，这与境内科创板等多项资本市场改革政策的推出有着重要关系。从定向增发情况来看，2019 年，中关村上市公司定向增发募集总额为 308.09 亿元，同比增长 35.00%。从发债情况来看，2019 年，中关村上市公司通过发行公司债募集资金总额达到 630.33 亿元，同比增长 22.90%。从企业属性来看，民营企业和国有企业的定向增发融资总额分别为 62.84 亿元、240.04 亿元，分别占比 20.40%、77.91%；民营企业和国有企业通过发债募集资金规模分别为 13.00 亿元、617.33 亿元，分别占比 2.06%、97.94%（见表 4）。从以上数据可以看出，国有企业募集资金总额远远超过民营企业，民营企业融资相对困难。

表 4　2019 年中关村境内国有企业与民营企业公司债发行情况统计

企业属性	数量(只)	数量占比(%)	融资金额(亿元)	融资金额占比(%)
国有企业	43	91.49	617.33	97.94
民营企业	4	8.51	13.00	2.06
合计	47	100.00	630.33	100.00

资料来源：Wind，中关村上市公司协会整理。

（七）应收账款持续增长，周转率低于全国水平

2019 年，中关村上市公司应收账款总额为 10658.33 亿元，同比增长 9.33%。308 家持续经营的中关村上市公司应收账款规模为 10045.33 亿元，同比增长 7.00%。其中境内上市公司应收账款 6455.53 亿元，占比 64.26%。具体来看，224 家连续两年经营的境内上市公司中，国有企业的应收账款规模为 4761.42 亿元，同比增长 5.70%；民营企业的应收账款规模为 1576.51 亿元，同比增长 5.58%，略低于国有企业的增长率（见表 5）。从应收账款周转率来看，2019 年，中关村上市公司应收账款周转率为 6.18，明显低于 A 股的应收账款周转率 9.92。数据表明，中关村上市公司应收账款规模呈现进一步增长趋势。

表 5　2018～2019 年中关村上市公司中不同属性的持续经营企业应收账款情况

单位：亿元，%

公司属性	应收账款		增长率
	2018 年末	2019 年末	
国有企业	4504.70	4761.42	5.70
公众企业	73.66	75.99	3.16
集体企业	11.08	10.90	-1.62
民营企业	1493.26	1576.51	5.58
其他企业	17.79	19.52	9.72
外资企业	10.60	11.18	5.47

资料来源：Wind，中关村上市公司协会整理。

（八）所得税增速放缓，各行业税负差距加大

近五年，中关村上市公司缴纳的企业所得税逐年增加，但上涨幅度收窄。具体来看，2019 年，中关村上市公司缴纳所得税规模为 784 亿元，同比增长 17.19%，增长幅度低于 2018 年的 18.83%，远低于 2015～2017 年间 40% 以上的增幅（见图 15）。308 家连续两年持续经营企业缴纳的所得税总额由 644.01 亿元增长到 2019 年的 745.40 亿元，增长 15.74%。

分行业来看，工业、信息技术、材料和可选消费四个行业贡献的所得税

占据前四位，这四大行业贡献的所得税总额为677.63亿元，占比86.43%。从行业平均所得税情况来看，中关村四大支柱性行业（信息技术、工业、可选消费和医疗保健）的平均企业所得税相对较低，其中以日常消费和医疗保健行业的平均所得税最低，远低于中关村上市公司整体均值（见表6）。

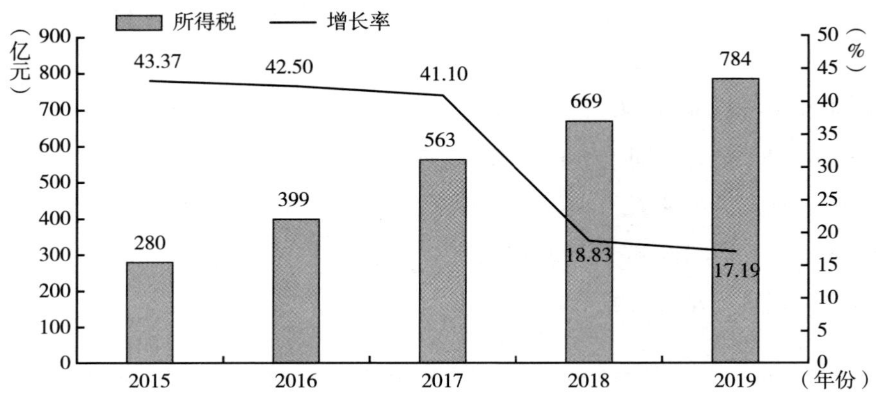

图15　2015～2019年中关村上市公司缴纳所得税情况

资料来源：Wind，中关村上市公司协会整理。

表6　2019年中关村上市公司中各行业所得税缴纳情况

单位：亿元

行业分类	所得税	平均所得税	行业分类	所得税	平均所得税
材料	131.16	8.20	可选消费	127.82	2.61
电信服务	17.52	5.84	能源	9.49	1.36
房地产	25.85	8.62	日常消费	3.64	0.73
工业	235.67	2.98	信息技术	182.98	1.30
公用事业	16.08	2.68	医疗保健	33.95	1.00
金融	-0.63	-0.63			

资料来源：Wind，中关村上市公司协会整理。

从企业实际税费负担①情况来看，2019年，中关村境内上市公司所承担的实际税费负担为1244.85亿元，与2018年相比略有下降。实际税费负担

① 企业实际税费负担＝当期支付的各项税费－当期收到税费返还＋当期应交所得税－上期应交税费。此外，鉴于境外实际税费负担难获取，本文仅分析境内上市公司的实际税费负担。

占营业收入的比重为 3.49%，较 2018 年的 4.00%，降低 0.51 个百分点。持续经营企业的实际税费负担由 2018 年的 1295.20 亿元降低到 2019 年的 1289.79 亿元，同比下降 0.42%；实际税费负担占营业收入的比重由 2018 年的 4.30% 下降到 2019 年的 3.82%，下降 0.48 个百分点，说明中关村上市公司的税负较过去几年有所下降。

分行业来看，工业行业所承受的实际税费负担最重，为 901.16 亿元，占比 72.39%。远超其他行业。从平均实际税费负担情况来看，工业、材料、日常消费和能源的平均实际税费负担超出中关村上市公司整体平均。从实际税费负担占营业收入的比重来看，多数行业的实际税费负担占营业收入的比重在 6% ~7%，而四大支柱性行业（信息技术、工业、可选消费和医疗保健）的实际税费负担占营业收入的比重相对较低，分别为 1.17%、3.53%、2.13% 和 5.81%（见表 7）。整体来看，中关村重点行业实际税费负担占营业收入的比重相对较低。

表 7　2019 年中关村境内上市公司各行业实际税费负担

单位：亿元，%

行业分类	实际税费负担	平均实际税费负担	实际税费负担/营业收入
材料	118.18	9.09	7.17
电信服务	2.27	1.14	6.06
房地产	1.20	1.20	6.55
工业	901.16	13.06	3.53
公用事业	4.52	1.13	6.35
金融	1.37	1.37	11.59
可选消费	40.14	1.61	2.13
能源	25.89	5.18	6.09
日常消费	24.71	6.18	6.58
信息技术	51.90	0.50	1.17
医疗保健	73.51	3.20	5.81

资料来源：Wind，中关村上市公司协会整理。

从连续两年持续经营企业所属行业情况来看，2019 年，除金融行业外，其他行业的实际税费负担占营业收入的比重均呈不同程度的下降（见表 8）。

表 8　2019 年中关村境内持续经营上市公司实际税费负担占营收比重

单位：%

行业分类	实际税费负担占营业收入的比重		
	2018 年	2019 年	变化情况
材料	7.99	7.17	↓
电信服务	4.74	2.15	↓
房地产	54.09	6.55	↓
工业	3.90	3.53	↓
公用事业	6.46	6.35	↓
金融	2.38	11.59	↑
可选消费	2.63	2.13	↓
能源	17.25	13.46	↓
日常消费	7.29	6.58	↓
信息技术	3.96	3.86	↓
医疗保健	7.83	6.03	↓
总计	4.30	3.82	↓

资料来源：Wind，中关村上市公司协会整理。

（九）员工人数持续上涨，人均产出表现优异且体现出行业差异

2019 年，在经济下行压力持续加大的同时，中关村上市公司员工人数持续上涨。具体来看，2019 年，中关村上市公司员工人数达到 275.00 万人，同比上涨 4.68%（见图 16）。

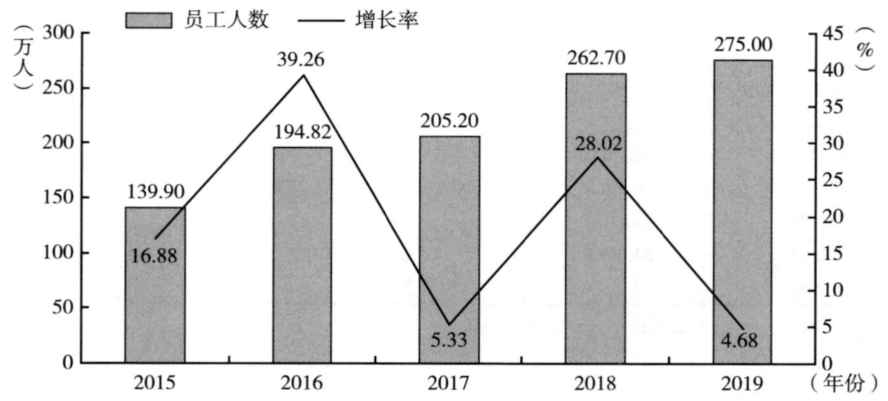

图 16　2015～2019 年中关村上市公司员工人数状况

资料来源：Wind，中关村上市公司协会整理。

分行业来看，信息技术、可选消费、工业和医疗保健四大行业员工人数合计237.24万人，占比86.27%。就行业平均员工人数来看，材料、工业、可选消费和日常消费四个行业的企业平均员工人数均超过万人，最高为材料行业的15583人。

在人均产出方面，2019年，中关村上市公司人均营收、人均净利和人均缴纳所得税分别为230.86万元、7.73万元、2.85万元。其中，房地产行业在人均营收及人均缴纳所得税方面均领先于其他行业，分别为1486.98万元、110.77万元（见表9）。

表9　2019年中关村上市公司人力资源状况

单位：人，万元

行业	员工总数	企业平均员工数	人均营收	人均净利润	人均缴纳所得税
材料	249331	15583	167.87	11.22	5.26
电信服务	24600	8200	325.92	24.77	7.12
房地产	2334	778	1486.98	-38.91	110.77
工业	980833	12416	275.78	10.43	2.40
公用事业	16190	2698	265.46	44.59	9.93
金融	246	246	480.43	-481.54	-25.54
可选消费	581991	11877	194.30	5.38	2.20
能源	32288	4613	148.87	3.77	2.94
日常消费	52650	10530	71.45	1.89	0.69
信息技术	714510	5067	238.87	4.40	2.56
医疗保健	95073	2796	150.51	6.23	3.57
整体	2750046	7994	230.86	7.73	2.85

资料来源：Wind，中关村上市公司协会整理。

二　针对中关村上市公司的发展建议

（一）拓宽融资渠道，增加资本扶持民营企业力度

融资贯穿于企业的整个生命周期，处于不同生命周期的企业，其融资目

的也不尽相同。上市公司融资一般用于项目融资、收购资产、补充流动资金、配套融资、引入战略投资者、股权激励等。融资方式一般来源于定向增发、股权质押、发债及银行信贷等。鉴于中关村民营上市公司多为科技创新型企业，其主体信用评级相对较低，导致其很难通过发债或银行信贷获得资金，加之近两年，金融机构为防范风险收紧股权质押额度，导致企业融资难度进一步增加。

数据显示，2019 年，中关村上市公司融资活动产生的现金流量净额为 1004.95 亿元，同比上涨 -56.96%。从定向增发情况来看，2019 年，中关村境内上市公司定向增发募集总额为 308.09 亿元，同比增长 35.00%；从发债情况来看，2019 年，中关村上市公司通过发行公司债募集资金总额达到 630.33 亿元，同比增长 22.90%。从企业属性来看，民营企业和国有企业的定向增发融资总额分别为 62.84 亿元、240.04 亿元，分别占比 20.40%、77.91%；民营企业和国有企业通过发行公司债募集资金规模分别为 13.00 亿元、617.33 亿元，分别占比 2.06%、97.94%。此组数据说明，国有企业募集资金总额远远超过民营企业，民营企业融资相对困难。基于此，特提出以下建议。

一是建议相关部门降低企业 IPO 及上市公司再融资门槛，加大企业直接融资比例。2019 年，科创板推出吸引大批科技创新能力强、成长性高的科创型企业及生物医药企业，为更多科创企业及生物医药企业提供融资支持。然而，从中关村上市公司协会走访调研情况来看，对于生物医药企业来说，科创板上市条件相对较高，因此建议进一步降低科创板上市公司门槛，方便更多科创企业及生物医药企业享受到资本市场改革带来的红利。

二是建议规范评级市场、优化评级指标体系并加强市场统一监管。在 2020 年 8 月 8 日，证监会公布的《公司债券发行与交易管理办法》的征求意见稿（下称《管理办法》）中删除了原第 19 条“公开发行公司债券，应当委托具有从事证券业务资格的资信评级机构进行信用评级”，意味着新的《管理办法》不再强制要求外部评级并淡化公众投资者对投资债券评级等内容的关注。事实上，早在 2015 年，公司债非公开发行就明确规定“非公开发行公司债券是否进行信用评级由发行人确定，并在债券募集说明书中披露”。但在实际发债过程中，大部分企业仍然会选择披露信用评级，信用评级对债券的重要性不言而喻。但我国信用评级市场面临着资信评级机构没有统一评级标准、评级指标体系也有待优化、多头监管并行导致监管效率低下等一系列问题，因此建议规范评级市场、优化评级指标体系并加强市场统一监管。

三是建议政府鼓励企业拓宽融资渠道。目前，民营企业融资出现两种极端现象，少数不缺钱的企业被各类金融机构追着贷款、发债；大部分企业因企业评级、暂时性经营困难等各种原因导致融资渠道被堵塞。尤其是在2018年《股票质押式回购交易及登记结算业务办法（2018年修订）》公布之后，上市公司股东通过股票质押获取融资的难度加大，导致企业直接融资渠道收窄。因此，建议政府鼓励企业通过尝试知识产权质押融资、融资租赁、分拆附属子公司上市等多种方式，逐步拓宽企业融资渠道。

（二）加大清欠力度，降低应收账款规模

应收账款是指企业在正常的经营过程中因销售商品、产品、提供劳务等业务，向购买单位收取的款项，包括应由购买单位或接受劳务单位负担的税金、代购买方垫付的各种运杂费等。若应收账款管理得当、回收及时，则能弥补企业在生产过程中的各种耗费，企业经营得以持续开展；若不注重应收账款的管理，导致大量赊销金额不能变现而成为坏账，轻则影响企业日常生产经营，重则成为压死企业的最后一根稻草。

数据显示，2019年，中关村上市公司应收账款总额为10658.33亿元，同比增长9.33%。308家持续经营的中关村上市公司应收账款规模为10045.33亿元，同比增长7.00%。从应收账款周转率来看，一般来说，应收账款周转率的社会均值为7.8，良好值为15.2，优秀值为24.3。按照这一标准，75%（258家）的中关村上市公司的应收账款周转率低于社会平均值。结合中关村上市公司协会走访调研的情况来看，多数中关村上市公司，尤其是民营上市公司应收账款集中度较高、应收账款规模较大且呈逐年上涨

趋势。究其原因，一是因为公司为扩大市场占有率采取赊销策略。二是部分民营上市公司的客户为央企/国企等核心企业，在民营企业通过应收账款进行供应链融资时，因金融机构需要对应收账款的真实性进行核实，因此需要核心企业对应收账款进行确权。但核心企业对应收账款确权的审批流程长、条件限制多等原因致使其上游企业的应收账款难以获得确权，因而导致上游企业无法及时回收应收账款、企业正常生产经营受到影响，继而影响整个产业链条上企业的资金回流，引发一系列连锁反应。三是受宏观经济不景气、市场流动性降低的影响，购货方的资金压力进一步加大，导致企业应收账款回款进度低于预期，应收账款回收期变长，导致企业应收账款规模逐年增长而回收金额逐年收窄，应收账款越积越多。

按照党中央、国务院部署，自2018年11月以来，各地区、各有关部门和大型国有企业积极清理拖欠的民营企业、中小企业账款。2019年2月，在国务院新闻办公室举办的吹风会上，工业和信息化部副部长辛国斌介绍，第一阶段清欠取得初步成效，全国政府部门、大型国有企业共清偿民营企业账款超过1600亿元。虽然清欠工作取得了一定程度的进展，但该项工作本身具有复杂性，部分地区民营企业的应收账款占比仍然居高不下。

基于此，一是建议政府加大央企/国企对民营企业，尤其是民营上市公司的应收账款的清欠力度，以点带面地盘活整条产业链企业的应收账款。①建议中央成立“振兴民营经济”领导小组，由政治局常委任组长，协同发改委、工信部、财政部等相关部门，统一协调解决民营企业发展过程中面临的各种问题。其中，针对民营企业应收账款拖欠问题应开展专项治理工作，建议全面普查地方政府、国企、央企拖欠民营企业账款情况，建立专门台账，梳理出每笔应付账款未付原因、预计付款期限及付款进度，并下达应收账款清欠目标任务单，定期将清欠结果汇报给领导小组，对欠款限时清零。同时，建议将对民营企业应收账款的清欠结果纳入地方政府政绩、央企或国企领导业绩考核指标体系当中，形成相应体制保障。通过彻底解决民营企业应收账款的拖欠问题，切实推动民营经济健康发展，进而拉动我国整体经济的稳增长。②针对地方政府部门对于民营企业的欠款，建议由地方政府发行专项债，专门用于归还拖欠民营企业的账款，并由监管部门严格监督债券募集资金的用途，确保资金能够回到民营企业手中。

二是建议北京市政府引导和鼓励企业进行供应链融资，并对进行供应链融资的企业予以相应的补贴，以推动供应链金融生态的搭建，促进产业链上下游的中小企业通过应收账款进行融资，达到盘活资产、保障企业日常经营的目的。目前银行、供应链金融机构等相继推出供应链融资产品，帮助企业进行供应链融资，但因宣传或者成本等原因，实际落地效果不尽如人意。

三是建议北京市政府加快推广区块链确权中心在全市范围的应用。利用科技手段推动核心企业确权，保障其上游企业及其产业链企业应收账款权益。目前，海淀区已上线并开始试点“基于区块链的中小企业金融服务平台”，该平台利用区块链底层技术多方共识、不可篡改的特点，实现政府和国企采购合同及应收账款确权，为企业提供优质信用凭证，方便企业获取通过信用凭证获取融资贷款。从已有的案例来看，获取融资的企业多为小规模企业，贷款数额较低。因此建议：①区块链确权中心能够接入更多央企/国企等核心企业、上市公司群体及金融机构，解决上市公司应收账款“确权难”问题，缓解上市公司融资难问题；②加快区块链确权中心在全市的推广及应用，惠及更多企业。

（三）抓住资本市场改革机遇，挖掘企业发展先机

2019 年，我国持续推进资本市场改革。一方面，通过开通科创板、试点注册制、出台《上市公司附属子公司境内上市试点有关规定》、发布《关于修改〈上市公司重大资产重组管理办法〉的决定》等系列措施，A 股扭转下行趋势、市场估值得以修复；另一方面，MSCI 扩容、A 股纳入富时罗素全球指数、沪伦通开通等加速国内资本市场与国际资本市场接轨。在此背景下，中关村上市公司在过去的一年表现不俗。2019 年，中关村上市公司总市值为 6.60 万亿元，同比增长 44.02%。2020 年至今，新证券法施行、创业板注册制改革、《关于创新试点红筹企业在境内上市相关安排的公告》发布等标志着资本市场改革全面深化。

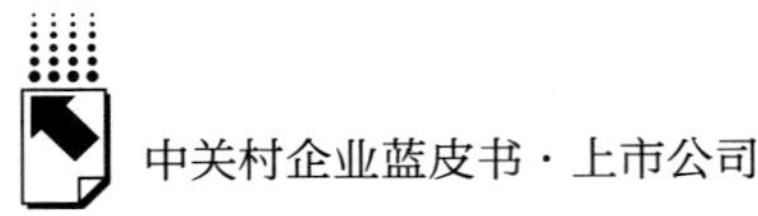

基于此，建议中关村上市公司抓住资本市场改革的重要窗口期，进一步挖掘企业发展先机。具体建议如下：

一是建议符合国家战略的高新技术产业和战略性新兴产业相关资产在创业板重组上市，促进中关村优质企业实现资源优化整合和转型升级。2019年10月18日，证监会正式发布《关于修改〈上市公司重大资产重组管理办法〉的决定》（以下简称“重组办法”），重组办法主要在简化重组上市认定标准、缩短“累计首次原则”计算期间、行业限制、恢复重组上市配套融资及丰富重大资产重组业绩补偿协议和承诺监管措施五大方面进行改革，旨在促进优质企业实现资源优化整合和转型升级。因此，建议中关村创业板企业，尤其是电子、人工智能、5G通信、医药生物等高端新兴产业在创业板重组上市，促进优质企业实现资源优化整合和转型升级。

二是建议符合一定条件的中关村上市公司附属子公司分拆在境内上市，实现业务聚焦和均衡发展。2019年12月13日，证监会正式发布《上市公司分拆所属子公司境内上市试点若干规定》（以下简称“若干规定”），“达到一定规模的上市公司，可以依法分拆其业务独立、符合条件的子公司在科创板上市”。对于上市公司来说，分拆子公司业务后，上市公司可以聚焦主业，提升企业经营效率；对于分拆出去的子公司而言，子公司可以在资本市场获得独立融资及更高的估值溢价。

三是建议部分中关村中概股企业有序回归。一方面，中概股企业因受到美国监管机构的严格审查而面临艰难处境；另一方面，我国资本市场通过资本制度改革极力拥抱中概股回归。因此，建议政治风险、科技风险高的中关村中概股企业回归香港或A股上市。

经营能力篇

Operating Ability Reports

B.2

2019年中关村上市公司盈利能力研究报告

中关村上市公司协会研究部

摘　要： 本章对中关村上市公司的盈利能力进行分析，从营业收入、毛利润、净利润、总资产收益率、净资产收益率5个主要指标描述和分析了中关村上市公司的总体盈利能力状况，并从资本市场和行业等多个维度加以深入研究，以全面、细致地反映企业盈利能力。报告显示，2019年中关村上市公司的营业收入、毛利润、净利润依然保持较高的增速，盈利能力仍较为强劲；与此同时，中关村上市公司的总资产收益率和净资产收益率指标稳中有降，整体资产利用能力有待进一步提升。

关键词： 中关村上市公司　盈利能力　资产利用能力

一　2019年中关村上市公司营业收入状况

（一）营业收入整体状况

2019 年，中关村上市公司总营业收入为 63489 亿元，比 2019 年上涨了 8018 亿元，同比增幅为 14%（见图 1）。其中，2019 年新增①的上市公司总营业收入为 783.40 亿元；持续经营公司在 2019 年营业收入规模达到 60716.06 亿元，较 2018 年的 53653.11 亿元增长 7062.95 亿元，同比增幅为 13.16%，增长幅度与 2018 年基本持平。可以看出，中关村上市公司营业收入的大幅增长除了 2019 年新增公司贡献的营收增长额以外，持续经营公司经营业绩也稳定增长，贡献了 88.09% 的增长额。此外，145 家中关村境内上市公司披露海外营业收入②，披露规模为 3465 亿元，占该类企业总营业收

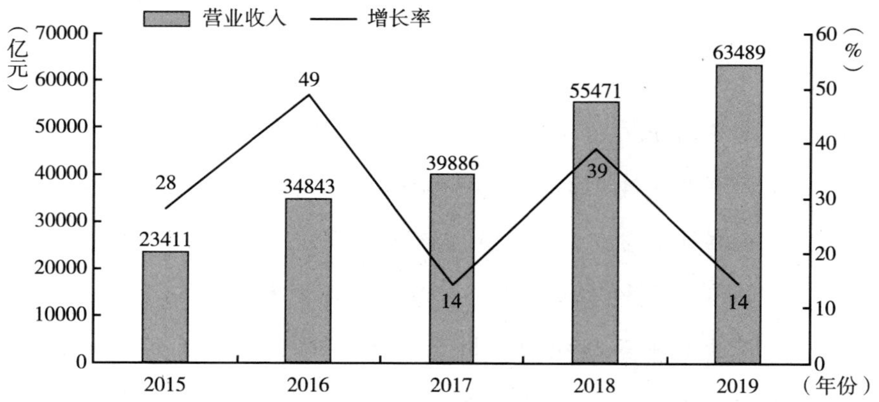

图 1　2015～2019 年中关村上市公司营业收入及增长率变化情况

资料来源：Wind，中关村上市公司协会整理。

---

① 在新增的中关村上市公司中，11 家科创板上市公司的总营业收入为 62.72 亿元，占新入统公司营业收入的 8.01%。

② 由于境内外资本市场上市公司年报的披露准则不同，本报告仅对境内上市公司的海外营业收入状况进行分析。

入的 10.99%，较 2018 年略有上涨。此组数据说明，在科技创新能力持续增强、高端要素资源集聚的科创氛围中，中关村上市公司不惧经济下行压力加大、全球贸易持续疲软风险，不断突破创新、持续发力、寻求新的业绩增长点（见图 2）。

从各资本市场营业收入占比来看，中关村上市公司营业收入的主体是境内上市公司，随后是港股公司、美股公司；在增长幅度方面，美股上市公司的营收增幅最大，随后是境内公司和港股公司。具体来看，境内上市公司营业收入为 35671 亿元，占中关村上市公司总营业收入的 56.18%，同比增长 14.56%；美股公司营业收入为 8929 亿元，占比 14.07%，同比增长 17.55%；港股公司营业收为 18889 亿元，占比 29.75%，同比增长 12.85%（见图 3、图 4）。

从成长性来看，在持续经营的 308 家企业中，2019 年营业收入实现增长的企业有 212 家，占持续经营公司总数的 68.83%。在营业收入实现正增长的企业中，增长率超过 100% 的企业有 9 家，占比 4.25%；增长率在 50% ~100% 的企业有 11 家，占比 5.19%；增长率在 30% ~50% 的企业有 28 家，占比 13.21%；增长率在 20% ~30% 的企业有 36 家，占比 16.98%；增长率在 0 ~20% 的企业有 128 家，占比 60.38%。此组数据表明，接近七成的企业营业收入实现增长，营收实现增长的企业中有四成企业的增长率超过 20%，反映出中关村上市公司整体实力水平在不断增强，且其中不乏高成长性企业。

从营业收入规模来看，344 家中关村上市公司中，营业收入达到千亿元以上的企业 11 家、营业收入规模 44189.13 亿元，分别占中关村上市公司总数、总营业收入规模的 3.20%、69.60%；营业收入在 500 亿 ~1000 亿元的企业 5 家、营业收入规模 3955.51 亿元，分别占比 1.45%、6.23%；营业收入在 100 亿 ~500 亿元的企业 44 家、营业收入规模 8815.37 亿元，分别占比 12.79%、13.88%；营业收入在 50 亿 ~100 亿元的企业 34 家、营业收入规模 2561.08 亿元，分别占比 9.88%、4.03%；营业收入在 10 亿 ~50 亿元的企业 142 家、营业收入规模 3410.13 亿元，

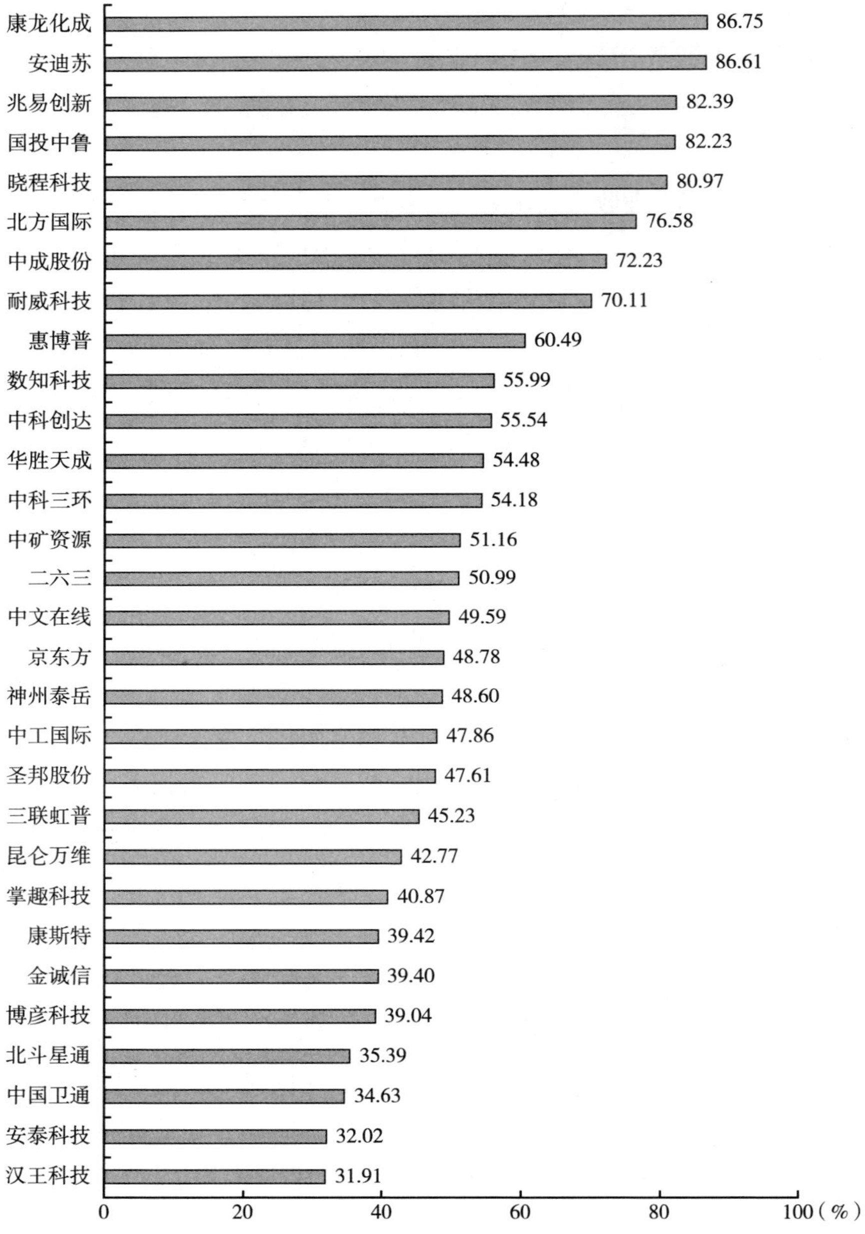

企业	比重（%）
康龙化成	86.75
安迪苏	86.61
兆易创新	82.39
国投中鲁	82.23
晓程科技	80.97
北方国际	76.58
中成股份	72.23
耐威科技	70.11
惠博普	60.49
数知科技	55.99
中科创达	55.54
华胜天成	54.48
中科三环	54.18
中矿资源	51.16
二六三	50.99
中文在线	49.59
京东方	48.78
神州泰岳	48.60
中工国际	47.86
圣邦股份	47.61
三联虹普	45.23
昆仑万维	42.77
掌趣科技	40.87
康斯特	39.42
金诚信	39.40
博彦科技	39.04
北斗星通	35.39
中国卫通	34.63
安泰科技	32.02
汉王科技	31.91

0 20 40 60 80 100（%）

图 2　2019 年海外营业收入占营业收入规模比重排名前 30 企业

资料来源：Wind，中关村上市公司协会整理。

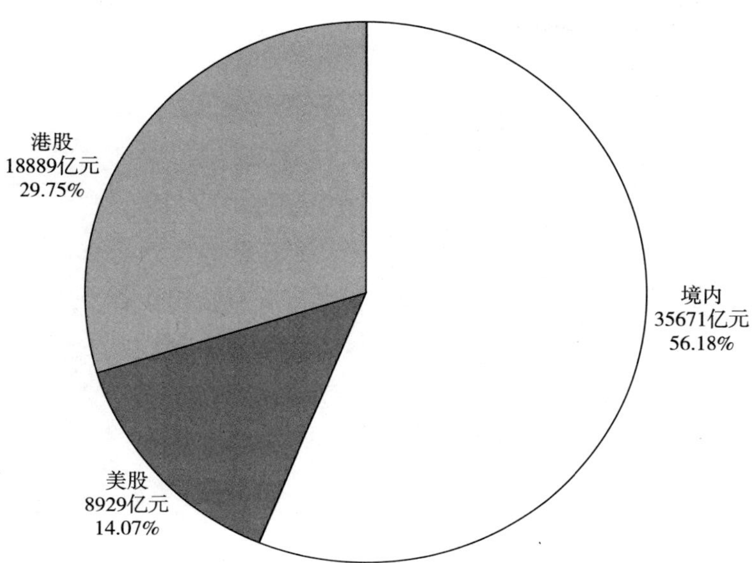

图 3　2019 年中关村上市公司营业收入构成

资料来源：Wind，中关村上市公司协会整理。

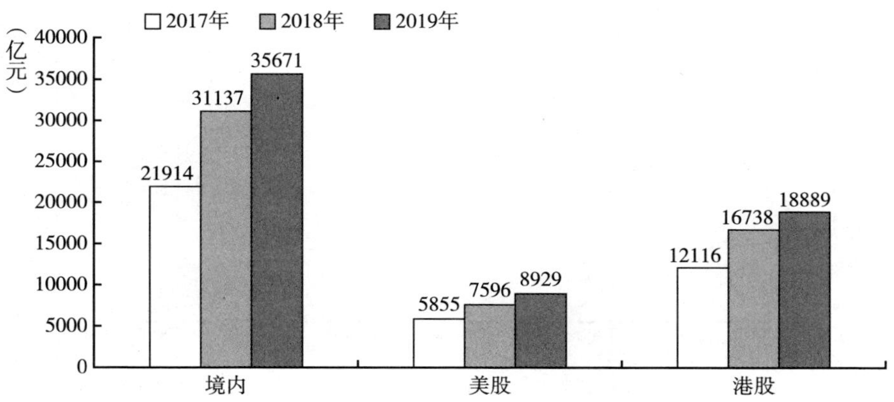

图 4　2017～2019 年中关村上市公司各资本市场营收变化

资料来源：Wind，中关村上市公司协会整理。

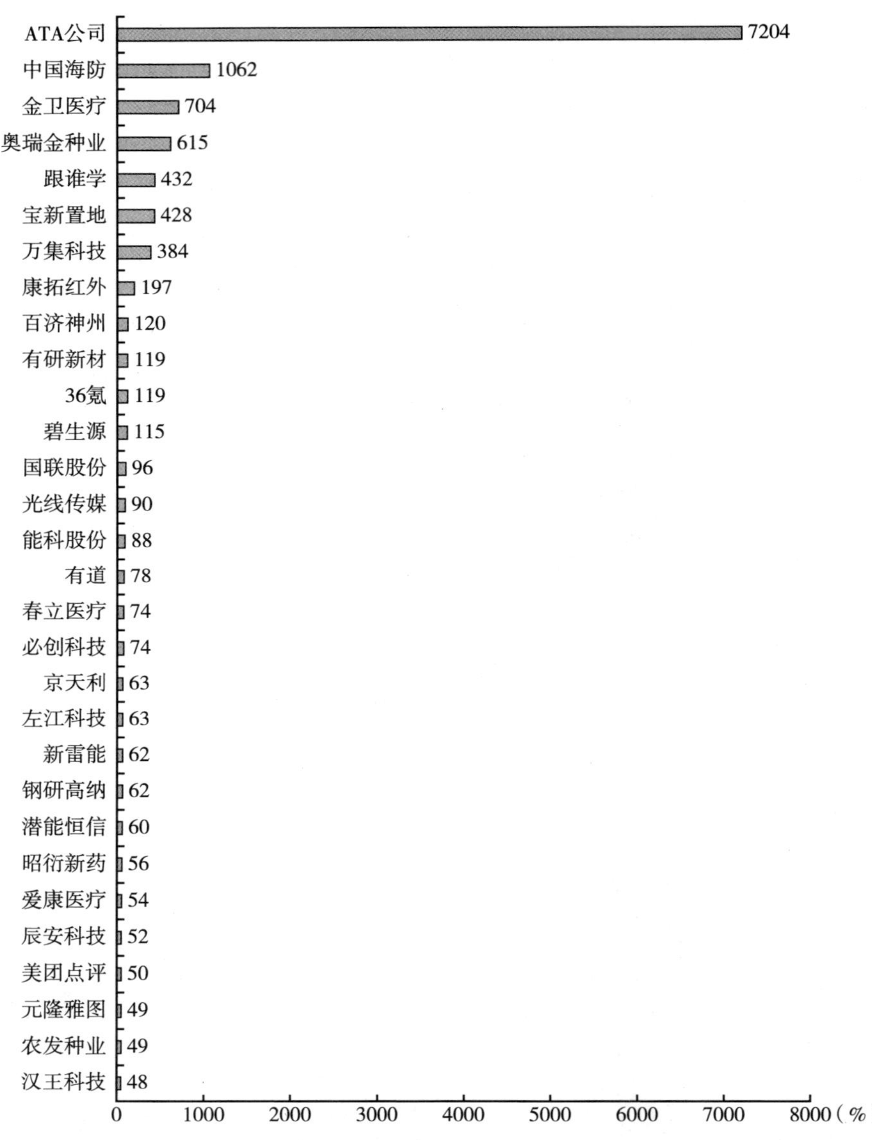

图 5　2019 年中关村上市公司营业收入同比增幅排名前 30 状况

注：ATA 公司（AACG. O）2019 年营业收入 97770167 元，2018 年营业收入 1338592 元，同比增长 7203.96%，为 2019 年营业收入同比增幅最大的企业。主要原因系 ATA 公司 2019 年 8 月收购了环球艺盟，截至 2019 年 12 月 31 日，该部分总收入为人民币 9140 万元。

资料来源：Wind，中关村上市公司协会整理。

分别占比41.28%、5.37%；营业收入在10亿元以下的企业108家、营业收入规模557.50亿元，分别占比31.40%、0.88%。该组数据显示，中关村上市公司内部营业收入存在较大差异，占比3.2%的千亿元及以上营收规模的企业拥有接近70%的营业收入，占比72.67%的50亿元以下营收规模的企业拥有不到7%的营业收入（见图6）。

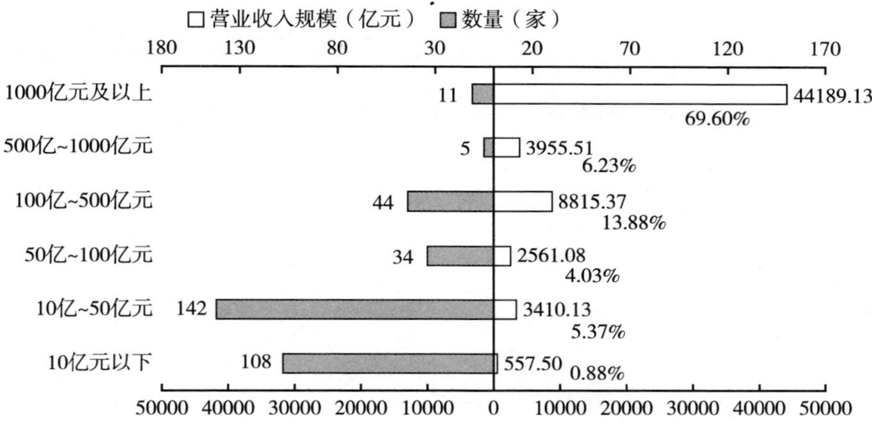

图6　2019年中关村上市公司企业营业收入规模分布

资料来源：Wind，中关村上市公司协会整理。

（二）营业收入行业分布情况

根据Wind一级行业分类标准，2019年，工业、信息技术和可选消费成为中关村上市公司创收的三大支柱行业，营业收入规模分别达到27049.06亿元、17067.74亿元和11308.29亿元，三大行业总营收占据全部上市公司营业收入的87.30%（见图7）。从各行业平均营业收入的角度来看，中关村上市公司中，工业（342.39亿元）、电信服务（267.25亿元）、材料（261.59亿元）、可选消费（230.78亿元）四个行业的平均营业收入高于中关村上市公司整体平均营收（184.56亿元）（见图8）。从各行业平均营收

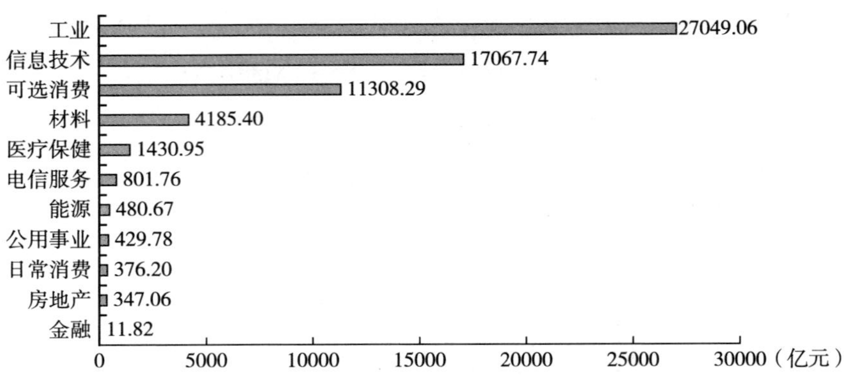

图7　2019 年中关村上市公司不同行业营收情况

资料来源：Wind，中关村上市公司协会整理。

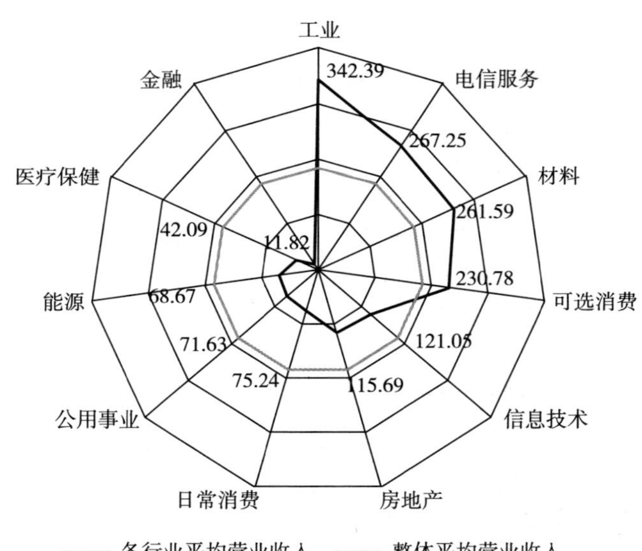

图8　2019 年中关村上市公司各行业平均营收情况（亿元）

资料来源：Wind，中关村上市公司协会整理。

的增长情况看，2019 年营业收入增长幅度较高的前三个行业分别是电信服务（同比增长 2777.6%）、能源（同比增长 205.70%）、信息技术（同比增长25.45%），房地产、材料、可选消费、工业四大行业的平均营业收入增长率也都大于10%，分别为20.19%、15.03%、13.31%和10.2%。

（三）营业收入排名状况

2019年，营业收入排名前30的中关村上市公司营业收入总额达52615.18亿元，占中关村上市公司总营业收入的82.87%，与2018年83%的占比相比，排名前30的企业营收规模占比无明显变化。2019年千亿元以上营业收入规模的上市公司共有11家，相较于2018年增加了1家。与2018年相比，除了中国铁塔、好未来、海油发展替代了大北农、际华科技和冠捷科技进入前30名之外，其余27家排名前30的公司并无特别大的变化，表明中关村上市公司整体尤其是头部领军企业发展情况相对稳定（见图9）。从行业来看，营业收入排名前30的企业主要集中在信息技术（6家）、工业（6家）和可选消费（5家）三个行业。

二　2019年中关村上市公司毛利润状况

（一）毛利润、毛利率整体状况

近五年，中关村上市公司毛利润持续稳步上升。2019年，中关村上市公司毛利润总额为12087亿元，同比增长15.65%；企业平均毛利润为35.14亿元，同比上涨8.93%。其中，持续经营的308家企业毛利润合计为11559.38亿元，相较于2018年10115.56亿元同比上涨了14.27%，持续经营企业维持着较高的毛利润增长率。2019年中关村上市公司的毛利率为19.04%，较2018年毛利率18.84%上升了0.2个百分点。中关村上市公司的整体盈利能力发展平稳良好（见图10）。

在毛利润占比方面，境内上市公司毛利润占比最大，其次为港股、美股

图 9　2019 年中关村上市公司营收排名（前 30 位）

资料来源：Wind，中关村上市公司协会整理。

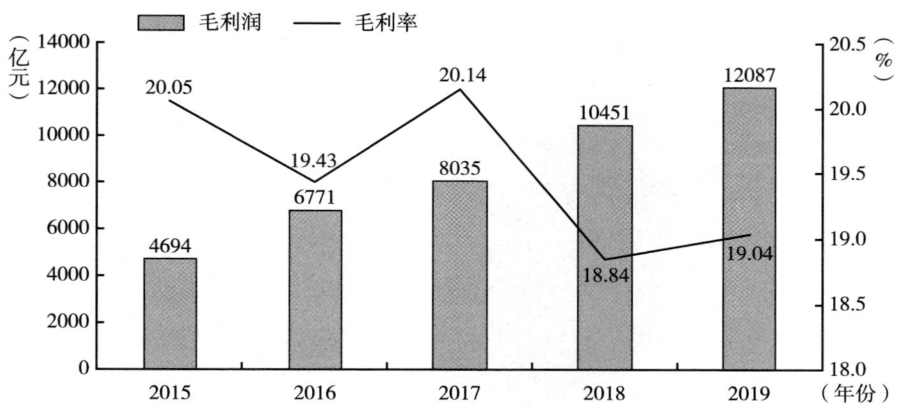

图 10　2015～2019 年中关村上市公司毛利润及毛利率情况

资料来源：Wind，中关村上市公司协会整理。

公司；港股公司毛利润同比增幅最大，其次为境内、美股公司。具体来看，境内上市公司毛利润总额为 5742.40 亿元，占中关村上市公司毛利润总额的 47.51%，较 2018 年 5170 亿元同比上涨 11.07%；美股公司毛利润总额为 2375.89 亿元，占比 19.66%，较 2018 年 2181 亿元同比上涨 8.94%；港股公司毛利润总额为 3968.83 亿元，占比 32.84%，较 2018 年 3100 亿元同比上涨 28.03%（见图 11、图 12）。

在各资本市场毛利率方面，中关村美股上市公司连续五年的平均毛利率显著高于其他资本市场，中关村境内和港股上市公司之间的毛利率差别不大，这一差异主要与美股聚集了大量科技含量高、商业模式新的公司有关。2019 年，中关村境内、美股上市公司的毛利率相较于 2018 年均有小幅度下滑，港股上市公司的毛利率相较于 2018 年增加 2.39 个百分点（见图 13）。

（二）毛利润、毛利率行业分布状况

从行业角度来看，与营业收入的分布情况类似，2019 年中关村上市公司中，信息技术、工业、可选消费和材料四大行业毛利润最高，分别为 4079.97 亿元、3458.05 亿元、2261.99 亿元和 1195.39 亿元，四大行业总体

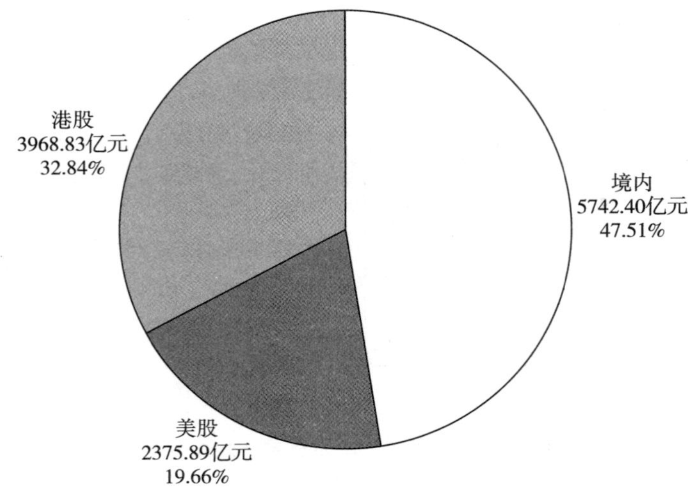

图 11　2019 年中关村上市公司毛利润构成

资料来源：Wind，中关村上市公司协会整理。

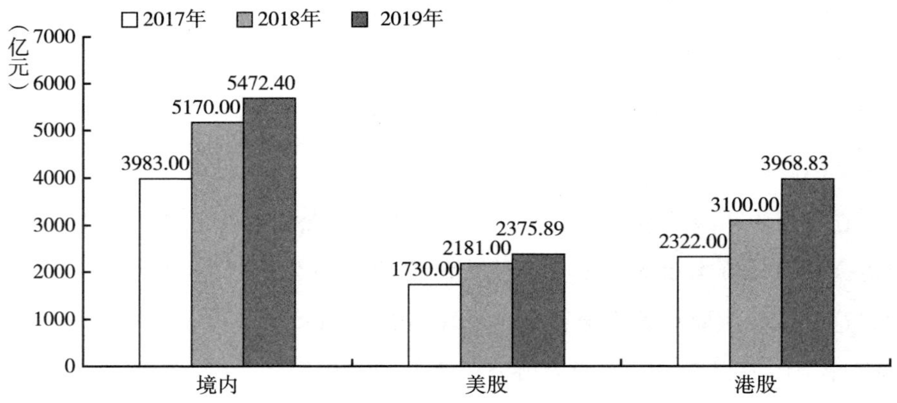

图 12　2017～2019 年中关村各资本市场上市公司毛利润状况

资料来源：Wind，中关村上市公司协会整理。

毛利润为 10995.40 亿元，占中关村总体毛利润（12087.12 亿元）的 90.97%（见图 14）。从各行业平均毛利润来看，材料（74.71 亿元）、可选消费（46.16 亿元）和工业（43.77 亿元）、电信服务（43.13）四大行业的

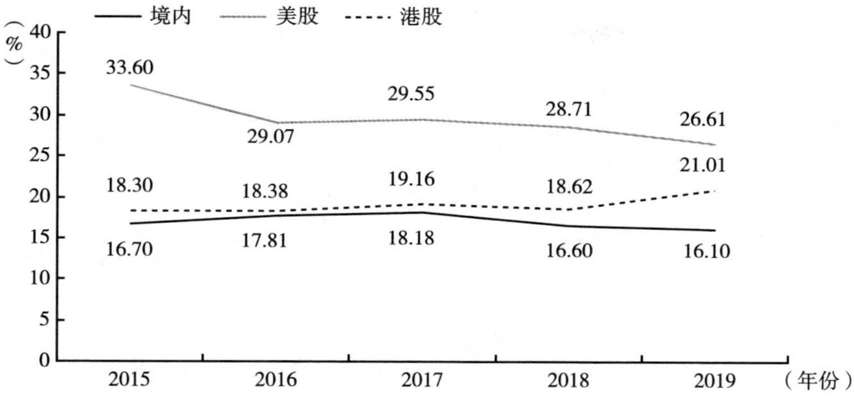

图 13　2015～2019 年中关村各资本市场上市公司毛利率

资料来源：Wind，中关村上市公司协会整理。

平均毛利润高于整体平均毛利润（34.15 亿元）（见图 15）。就各行业平均毛利润增长率看，增长幅度较大的四个行业分别是电信服务、公用事业、能源、可选消费，分别增长689.83%、529.63%、64.04%、18.51%。信息技

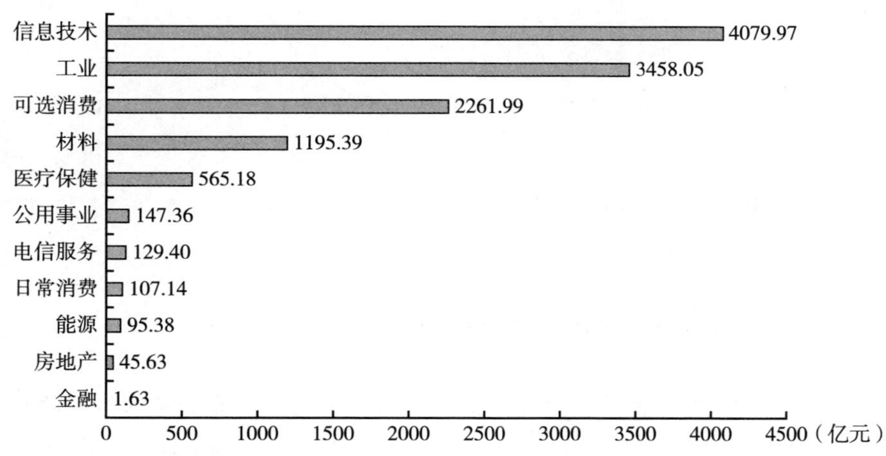

图 14　2019 年中关村上市公司各行业总毛利润

资料来源：Wind，中关村上市公司协会整理。

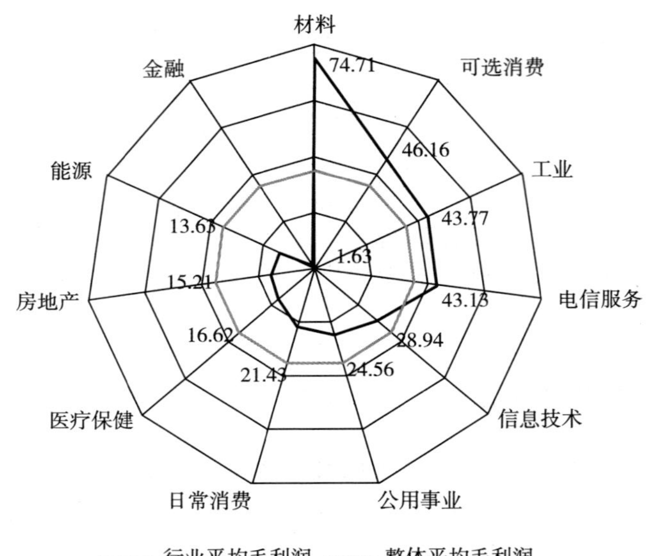

图 15　2019 年中关村上市公司各行业平均毛利润（亿元）

资料来源：Wind，中关村上市公司协会整理。

术和材料两大行业的毛利润增长率仅次于可选消费行业，分别为 17.63% 和 14.87%。

从各行业平均毛利率来看，医疗保健（39.50%）、公用事业（34.29%）、材料（28.56%）、日常消费（28.48%）、信息技术（23.90%）、可选消费（20.00%）和能源（19.84%）的平均毛利率高于整体平均毛利率（19.04%）（见图 16）。

（三）毛利润和毛利率排名状况

2019 年，毛利润排名前 30 的中关村上市公司的毛利润总额为 8846.83 亿元，占中关村上市公司毛利润总额的 73.19%。毛利润达到 100 亿元以上的企业有 21 家。其中东方雨虹、福田汽车、李宁、龙源电力、中国铁塔代替了同仁堂、中国医药、冠捷科技、航天信息、天地科技进入毛利润排名前 30 位，其他并无特别变化，总体排名相对稳定。从行业细分来看，毛利润较高企业主要

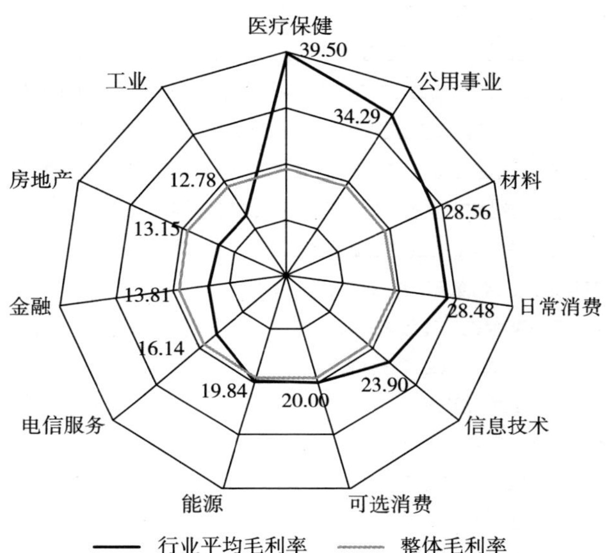

图16　2019 年中关村上市公司各行业平均毛利率（%）

资料来源：Wind，中关村上市公司协会整理。

集中在信息技术（12 家）、可选消费（12 家）和工业（6 家）（见图 17）。

2019 年，毛利率达到 90% 以上的企业有 5 家，分别是宝兰德（96.46%）、康辰药业（94.59%）、奥赛康（92.56%）、佰仁医疗（91.04%）和畅捷通（90.69%）。从行业细分来看，毛利率排名靠前的企业主要集中在信息技术（15 家）和医疗保健行业（10 家），这两大行业的技术门槛相对较高，有一定的技术专利要求，行业核心竞争力较高，所以其毛利率通常较高（见图 18）。

三　2019年中关村上市公司净利润状况

（一）净利润整体状况

近五年来，中关村上市公司净利润呈现稳步上升趋势，盈利企业数量占

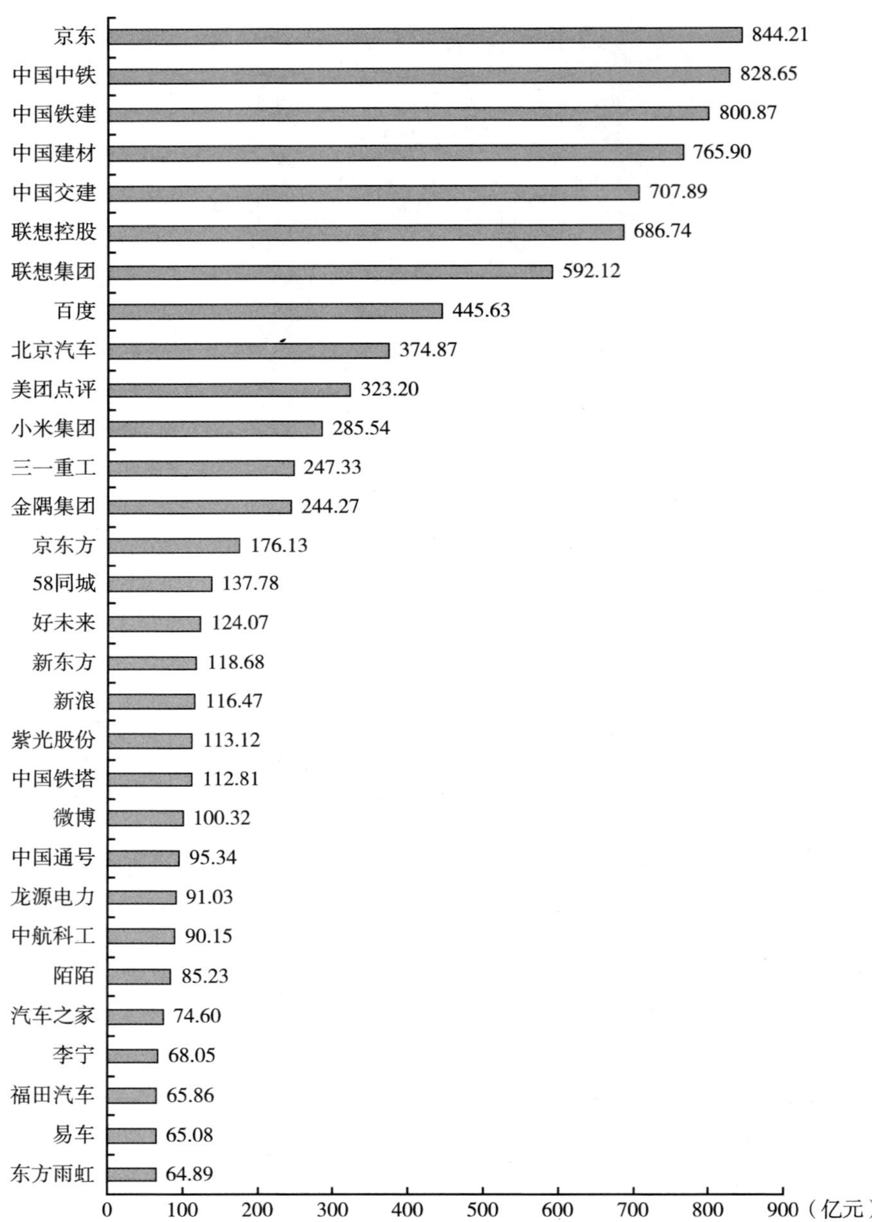

图 17　2019 年中关村上市公司毛利润排名（前 30 位）

资料来源：Wind，中关村上市公司协会整理。

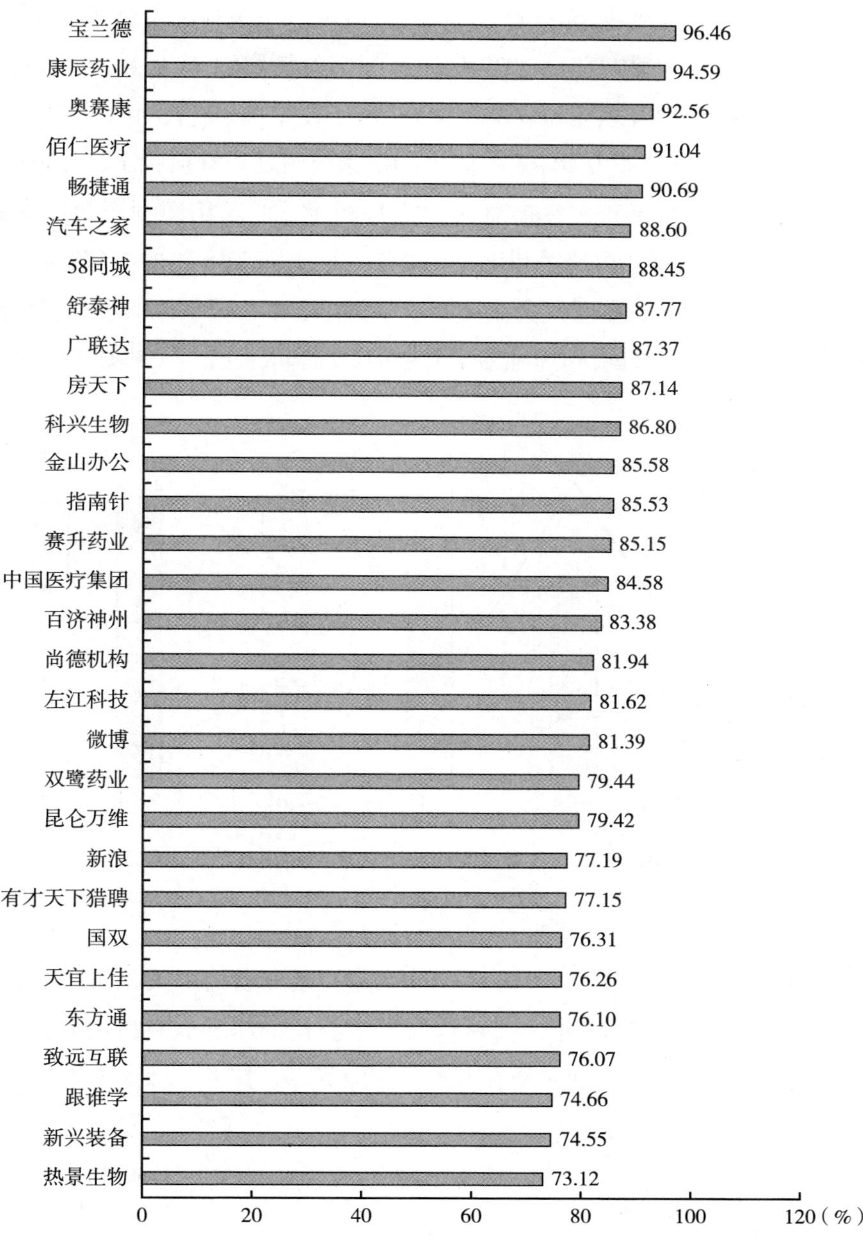

图 18　2019 年中关村上市公司毛利率排名（前 30 位）

资料来源：Wind，中关村上市公司协会整理。

比均超过80%，企业整体盈利能力较强。2019年，中关村上市公司净利润总额为2124亿元，较2018年的2037亿元净利润总额增加87亿元，同比上涨4.27%。其中，2019年实现盈利的企业有277家，占中关村上市公司总量的80.52%，其净利润总额为2843.33亿元；67家公司处于亏损状态，占中关村上市公司总量的19.48%，亏损总额为718.86亿元①。从净利率角度来看，2019年，中关村上市公司的净利率为3.35%，相比较2018年的3.67%有所下降。此组数据说明，少数巨亏企业拉低了中关村上市公司整体的净利润规模。整体来看，中关村科技创新型企业拥有较强的韧性和成长潜力（见图19、表1）。

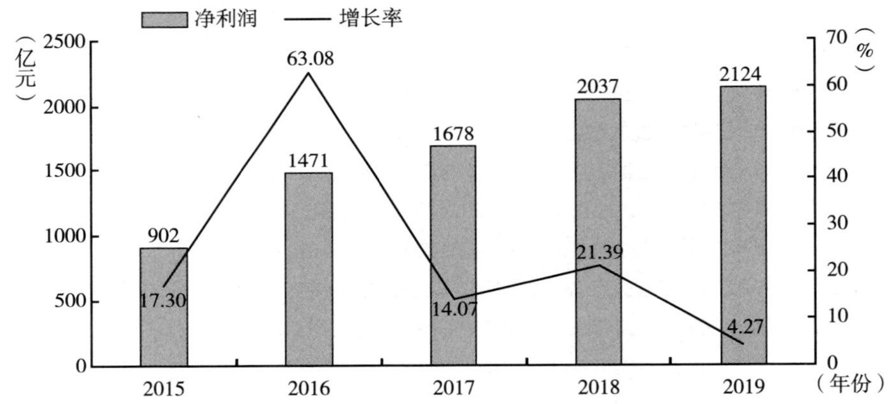

图19　2015～2019年中关村上市公司净利润及其增长率状况

资料来源：Wind，中关村上市公司协会整理。

从不同资本市场2018～2019年连续两年持续经营的中关村上市公司净利润变化情况来看，2019年中关村境内上市公司的净利润有所上升，而美股和港股②上市公司的净利润均有不同程度的下降。其中，境内上市公司的

---

① 67家亏损上市公司中，亏损10亿元及以上的企业有16家，亏损额合计582.71亿元，占67家亏损公司亏损金额的81.06%，其中信威集团亏损186.73亿元、爱奇艺亏损102.77亿元、百济神州亏损66.31亿元。

② 为客观反映2018年中关村上市公司的盈利状况，在计算净利润时，将美团点评（3690.HK）予以剔除。美团点评（3690.HK）2018年亏损额为1155亿元，主要是上市后导致的优先股公允价值变现（1046亿元）所致，并非实际亏损。

表1 2015～2019年中关村上市公司盈亏情况统计

单位：家，%

年份	盈利企业		亏损企业		合计
	数量	占比	数量	占比	
2015	201	84.45	37	15.55	238
2016	247	85.76	41	14.24	288
2017	263	84.29	49	15.71	312
2018	262	80.86	62	19.14	324
2019	277	80.52	67	19.48	344

资料来源：Wind，中关村上市公司协会整理。

净利润总额为1147.09亿元，比2018年增加了68.95亿元，同比上升6.40%；美股上市公司的净利润总额为95.75亿元，比2018年减少了125.78亿元，同比下降了56.78%；港股上市公司的净利润总额为779.96亿元，比2018年减少了8.89亿元，同比下降1.13%（见图20）。进一步分析原因，发现2019年中关村美股上市公司净利润的下降受爱奇艺①、百济神州②两家企业亏损影响较大，两家企业亏损额合计占2018年、2019年连续两年持续经营的中关村美股上市公司亏损企业③亏损额的66.20%，2019

① 爱奇艺（IQ.O）2019年亏损102.77亿元，主要原因系营业成本增加所致，2019年全年爱奇艺的主营业务成本是303.48亿元。爱奇艺在2018年的营业收入为250亿元，成本接近271亿元。

② 百济神州（BGNE.O）2019年亏损66.31亿元，公司是一家全球性的、商业阶段的、以研发为基础的生物科技公司，专注于分子靶向和免疫肿瘤疗法的研发。公司亏损的主要原因是药品开发的投资具高度投机性。这包含大量的前期资本开支，以及候选药物未能获得监管批准或实现商业可行的重大风险。公司绝大部分的经营亏损均因来自有关研发项目产生的费用以及与业务相关的销售、日常及行政开支所致。

③ 2018～2019年两年持续经营的中关村美股公司净利润亏损的企业：爱奇艺（－102.77亿元）、百济神州（－66.31亿元）、百度（－22.88亿元）、优信（－19.90亿元）、易车（－11.83亿元）、好未来（－8.78亿元）、国双（－5.37亿元）、尚德机构（－3.95亿元）、猎豹移动（－3.74亿元）、搜狐（－3.03亿元）、团车（－2.51亿元）、世纪互联（－1.81亿元）、无忧英语（－1.04亿元）、奥瑞金种业（－0.66亿元）、联络智能（－0.31亿元）、UT斯达康（－0.27亿元）、红黄蓝（－0.15亿元）、中网在线（－0.09亿元）。

年，持续经营的中关村美股上市公司共31家，亏损企业有18家（占中关村美股公司的58.06%），其净利润合计为-255.40亿元。

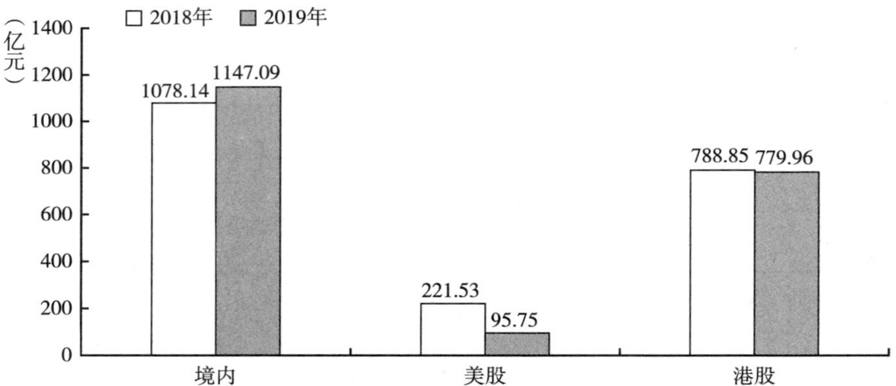

图20　2018～2019年持续经营的中关村上市公司各资本市场净利润变化状况

资料来源：Wind，中关村上市公司协会整理。

从净利润规模和净利率分布状况看，2019年中关村上市公司净利润规模多集中在0～10亿元，共有234家，占比68.02%；净利润在10亿～50亿元、50亿～100亿元、100亿元及以上的企业分别有29家、6家、8家，占比分别为8.43%、1.74%、2.33%；亏损企业67家，占比19.48%。2019年中关村上市公司净利率主要集中在0～10%，共有146家，在10%～20%、20%～100%的企业也分别有80家和50家，说明中关村上市公司绝大部分企业的盈利能力较强。且从净利润和净利率共同情况看，中关村上市公司的盈利状况良好。

表2　2019年中关村上市公司净利润和净利率分布状况

净利润规模分布	数量(家)	净利率规模分布	数量(家)
<0	67	<0	67
0～10亿元	234	0～10%	146
10亿～50亿元	29	10%～20%	80

续表

净利润规模分布	数量(家)	净利率规模分布	数量(家)
50 亿~100 亿元	6	20% ~100%	50
≥100 亿元	8	≥100%	1

资料来源：Wind，中关村上市公司协会整理。

从成长性来看，中关村上市公司中 2018~2019 年连续两年实现盈利的企业有 221 家，占持续经营企业总数的 71.75%，这部分企业经营状况稳健，盈利能力较强，成长潜力大。在 221 家连续两年盈利的企业中，平均净利润超过 100 亿元的中关村上市公司有 7 家，平均净利润为 50 亿~100 亿元的中关村上市公司有 5 家，平均净利润为 10 亿~50 亿元的中关村上市公司有 27 家，平均净利润低于 10 亿元的有 182 家。

（二）净利润行业分布情况

分行业来看，2019 年中关村上市公司中，工业行业上市公司净利润之和最高，为 1023.20 亿元，同比上涨 16.91%；其次为信息技术行业，净利润总额为 314.57 亿元，同比下降 38.69%，可选消费行业净利润总额为 313.37 亿元，同比上升 33.49%（见图 21）。从各行业平均净利润来看，中关村上市公司整体平均净利润为 6.18 亿元，电信服务（20.31 亿元）、材料（17.49 亿元）、工业（12.95）、公用事业（12.03 亿元）、可选消费（6.4 亿元）这五大行业平均净利润高于整体平均值（见图 22）。各行业中平均净利润增长较高的行业有工业、公用事业、信息技术和电信服务，分别同比增长 2412.29%、1750.67%、1178.78% 和 1015.81%。

从行业人均净利润来看，中关村上市公司整体人均净利润为 7.73 万元/人，排名前三的行业分别为公用事业（44.59 万元/人）、电信服务（24.77 万元/人）和材料（11.22 万元/人）（见图 23）。从行业平均净利率来看，

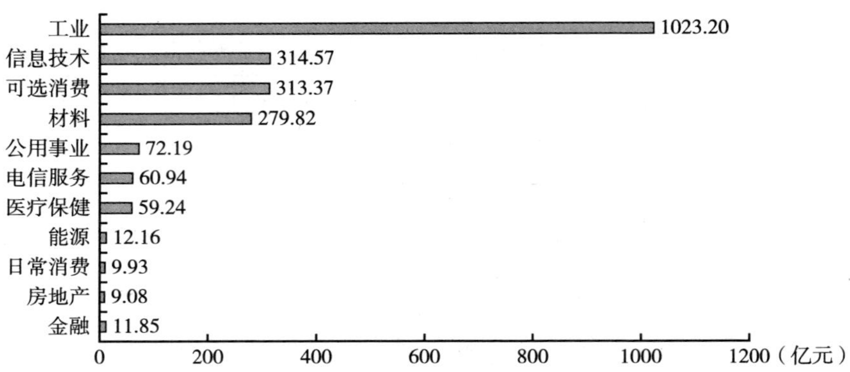

图 21　2019 年中关村上市公司不同行业净利润情况

资料来源：Wind，中关村上市公司协会整理。

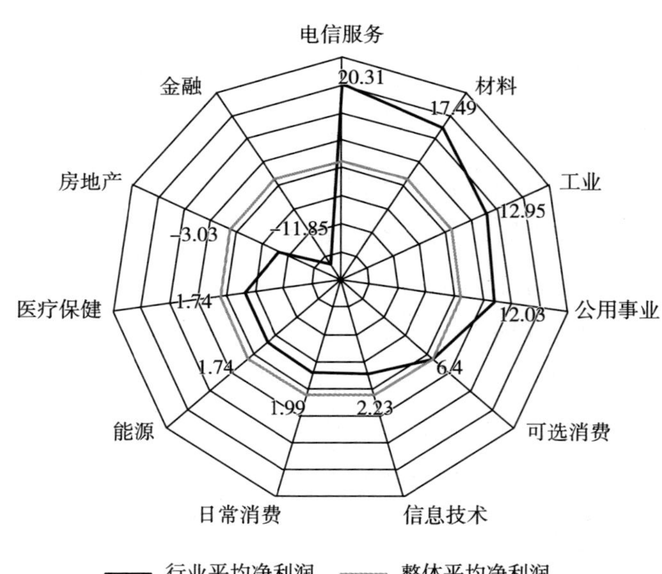

图 22　2019 年中关村上市公司不同行业平均净利润情况（亿元）

资料来源：Wind，中关村上市公司协会整理。

中关村上市公司整体净利率为 3.35%，公用事业行业平均净利率最高，为 16.80%[①]（见图 24）。

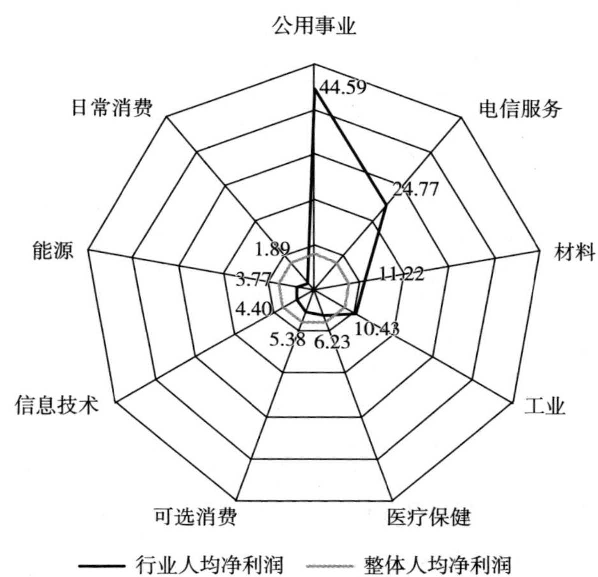

图 23　2019 年中关村上市公司不同行业人均净利润情况（万元/人）

资料来源：Wind，中关村上市公司协会整理。

（三）2019年中关村上市公司净利润和净利率排名

2019 年，净利润排名前 30 的中关村上市公司净利润总和为 2151.18 亿元，比 2018 年前 30 名净利润总和 1963 亿元上涨了 9.59%。其中，净利润在百亿元以上的企业有 8 家，按规模由大到小分别是中国中铁、中国铁建、中国交建、中国建材、北京汽车、京东、三一重工和小米集团。中国中铁、

① 因金融行业、房地产行业 2019 年亏损，且企业数量较少，所以为了图表效果在不同行业人均净利润情况、这两个行业平均净利率情况图中未列入。其中，金融行业企业 1 家，为吉艾科技（净利润 -11.85 亿元）；房地产行业企业 3 家，为电子城（净利润 3.38 亿元）、宝新置地（净利润 4.47 亿元）、北大资源（净利润 -16.93 亿元）。

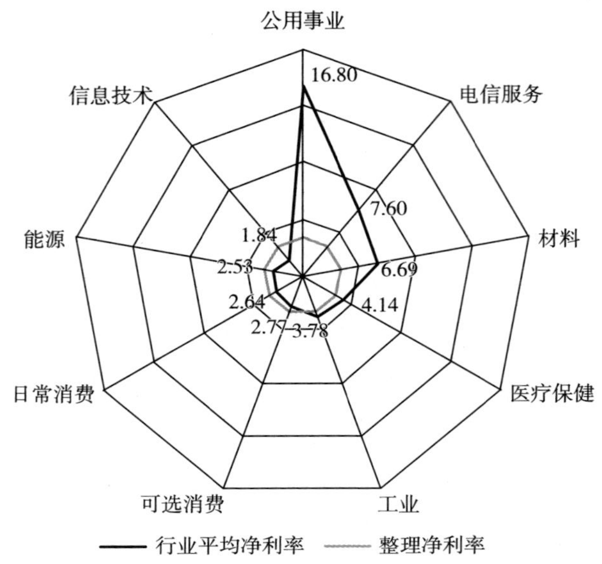

图 24　2019 年中关村上市公司不同行业平均净利率情况（%）

资料来源：Wind，中关村上市公司协会整理。

中国铁建、中国交建三家上市公司在营业收入、毛利润和净利润三个指标均处于前五位置（见图 25）。与 2018 年相比，李宁、东方雨虹、美团点评替代京东方、北新建材、新浪、中信国安进入净利润排名前 30 榜单。2019 年，净利率排名前 30① 的中关村上市公司净利率均在 26% 以上（见图 26）。按照行业划分，净利率排名前 30 的中关村上市公司中，信息技术 17 家，医疗保健 9 家，可选消费 1 家，工业 3 家。

① 净利率排名前 30 的企业当中，排名第一的北大青鸟环宇（8095. HK）净利率为 967. 70%，2019 年净利润增加主要由于公司前附属公司与联营的公司——青鸟消防股份有限公司于深圳证券交易所中小企业板上市。

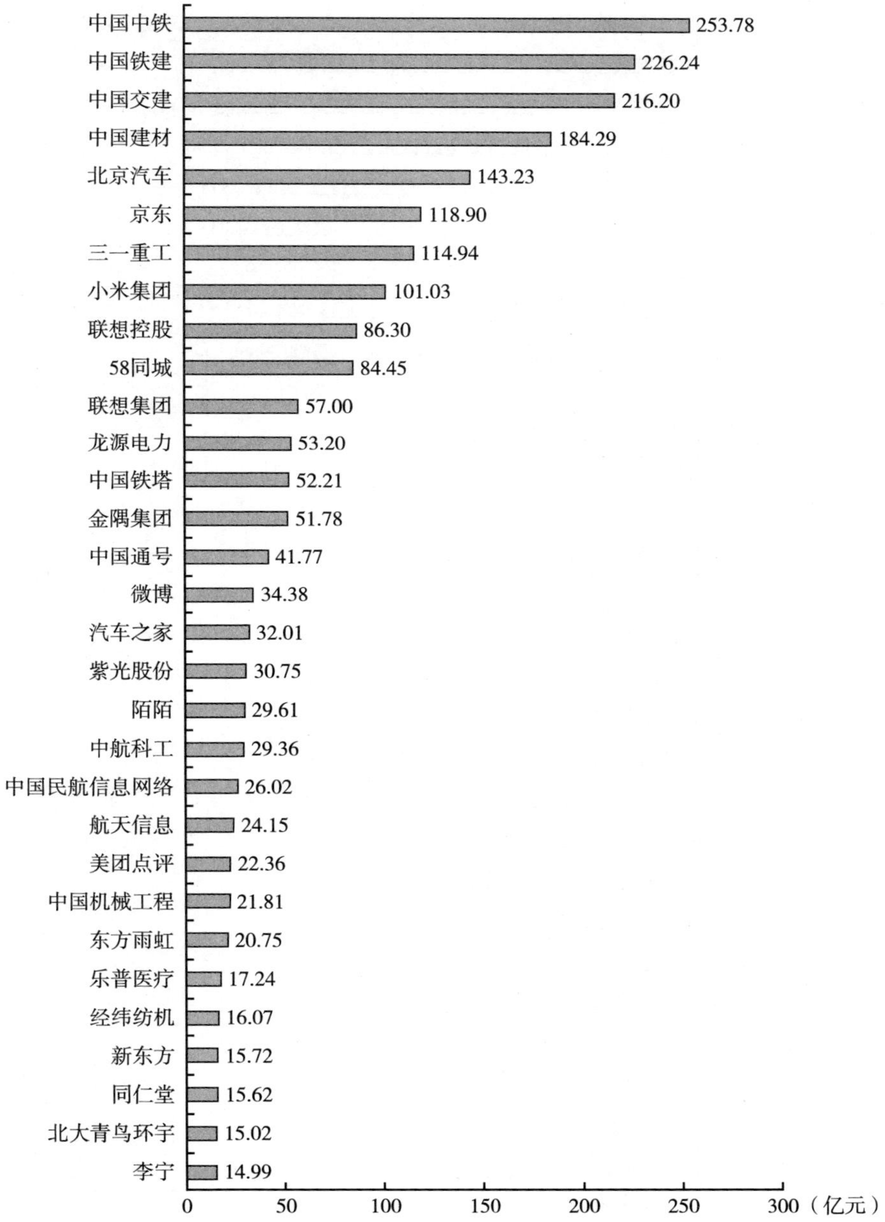

公司	净利润（亿元）
中国中铁	253.78
中国铁建	226.24
中国交建	216.20
中国建材	184.29
北京汽车	143.23
京东	118.90
三一重工	114.94
小米集团	101.03
联想控股	86.30
58同城	84.45
联想集团	57.00
龙源电力	53.20
中国铁塔	52.21
金隅集团	51.78
中国通号	41.77
微博	34.38
汽车之家	32.01
紫光股份	30.75
陌陌	29.61
中航科工	29.36
中国民航信息网络	26.02
航天信息	24.15
美团点评	22.36
中国机械工程	21.81
东方雨虹	20.75
乐普医疗	17.24
经纬纺机	16.07
新东方	15.72
同仁堂	15.62
北大青鸟环宇	15.02
李宁	14.99

0 50 100 150 200 250 300（亿元）

图 25　2019 年中关村上市公司净利润排名情况（前 30 位）

资料来源：Wind，中关村上市公司协会整理。

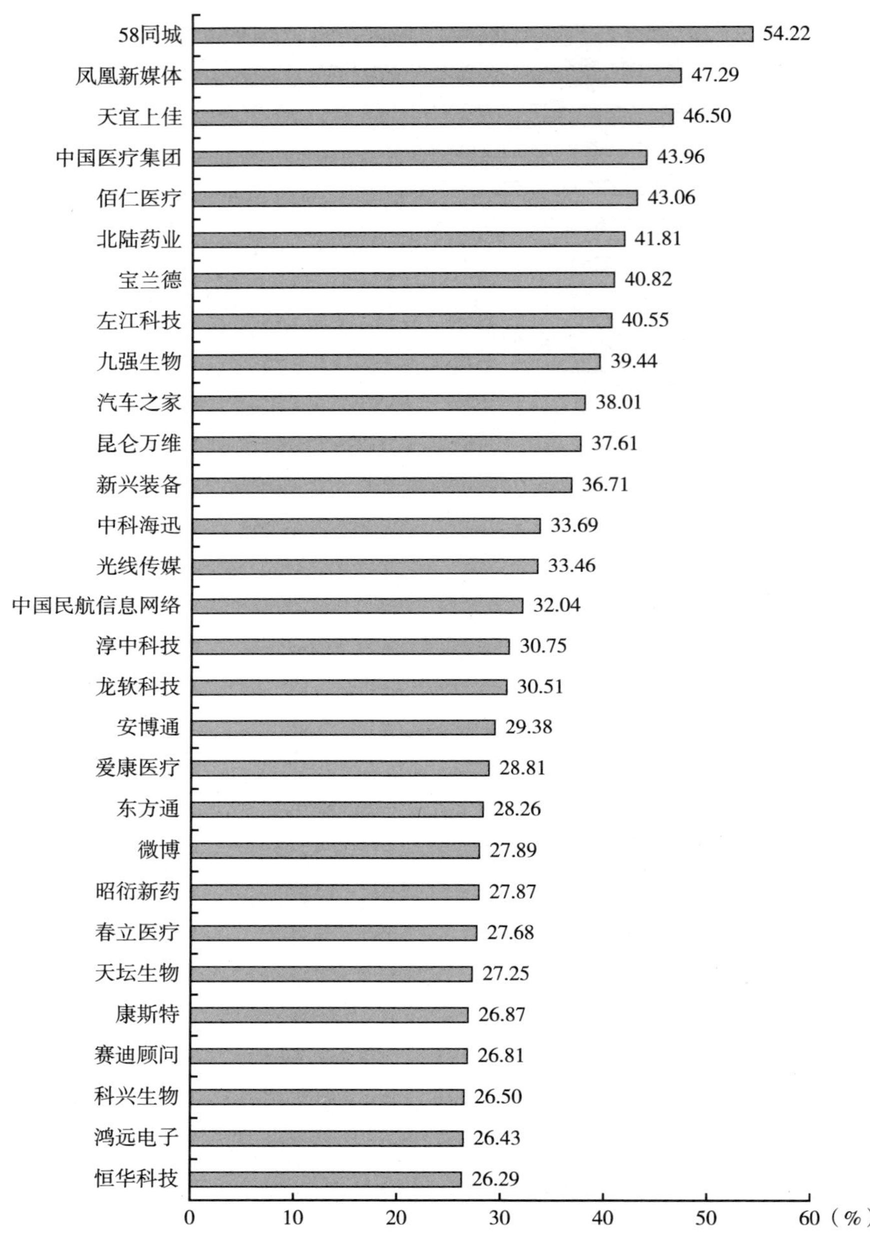

图 26　2019 年中关村上市公司净利率排名情况（前 30 位）

注：为了使图形更直观，作图时没有加入属于极值的北大青鸟环宇，仅包括其余 29 家。
资料来源：Wind，中关村上市公司协会整理。

四 2019年中关村上市公司总资产收益率和净资产收益率状况

（一）总资产收益率

总资产收益率（ROA）[①] 是衡量每单位资产创造多少净利润的指标，表明财务资源的投入产出比。这一指标越高，表明企业资产利用效果越好，说明企业在增加收入和节约资金等方面取得了良好的效果，否则相反。近五年，中关村上市公司的总资产收益率呈现稳中有降的态势，企业资产的利用效率有待进一步提升。2019 年，中关村上市公司的总资产收益率为 2.26%，和 2018 年相比下降了 0.3 个百分点（见图 27）。

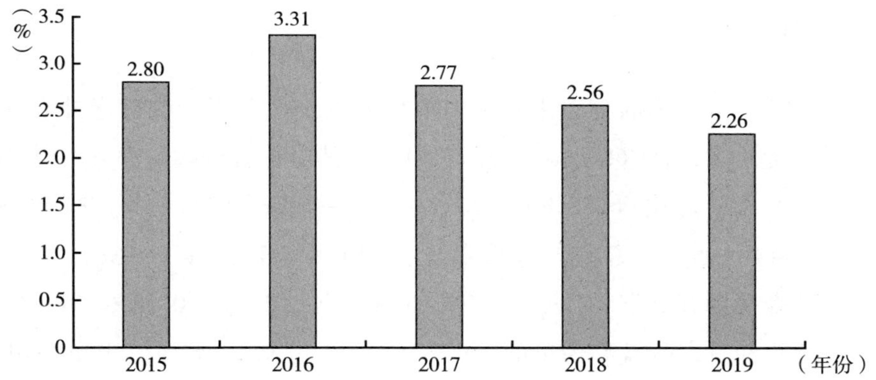

图 27 2015～2019 年中关村上市公司总资产收益率

资料来源：Wind，中关村上市公司协会整理。

从资本市场的角度来看，2019 年中关村境内上市公司的总资产收益率有明显提升，港股上市公司的资产利用效率优于美股和境内上市公司。2019 年，中关村境内上市公司的总资产收益率为 2.18%，同比上升 0.13 个百分

① 总资产收益率（ROA）＝净利润/平均总资产。

点；美股上市公司的总资产收益率为0.82%，同比下降1.88个百分点；港股上市公司的总资产收益率为2.88%，同比下降0.77个百分点（见图28）。

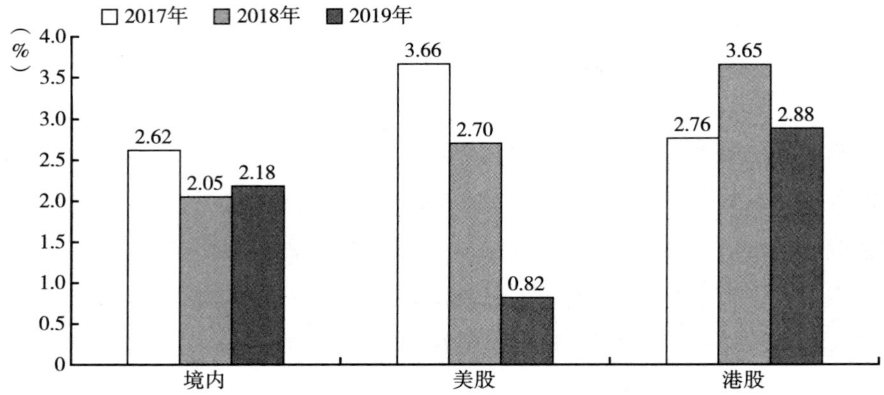

图28　2017～2019年中关村上市公司各资本市场ROA状况

资料来源：Wind，中关村上市公司协会整理。

从总资产收益率的分布来看，中关村上市公司总资产收益率处于0～20%的企业最多，有268家，占比77.91%，其中总资产收益率0～10%的企业有228家（占比66.28%）。其次为处于-20%～0的企业，有49家，占比14.24%。此外，总资产收益率处于20%～40%、高于40%、低于-20%的企业分别有7家、2家、18家，分别占比2.03%、0.58%、5.23%。整体而言，总资产收益率为负的企业有67家，占比19.47%，上市公司企业整体经营状况和盈利能力水平较高（见图29）。

从行业角度来看，2019年中关村材料行业上市公司总资产收益率最高，达到3.45%，材料行业的资产利用效率显著优于其他行业；其次是可选消费行业，总资产收益率达到3.39%；公用事业、工业和医疗保健行业的总资产收益率也高于整体平均总资产收益率[①]（见图30）。

---

① 房地产（总资产收益率-1.31%）、金融行业（总资产收益率-18.27%）两个特殊值行业未列入图中。

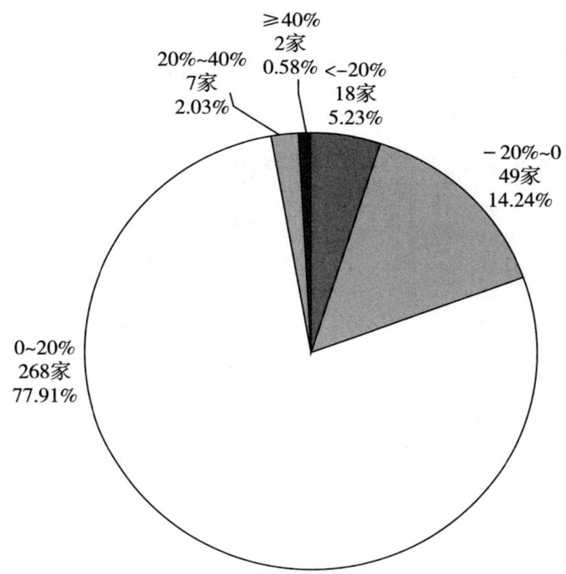

图 29　2019 年中关村上市公司总资产收益率分布状况

资料来源：Wind，中关村上市公司协会整理。

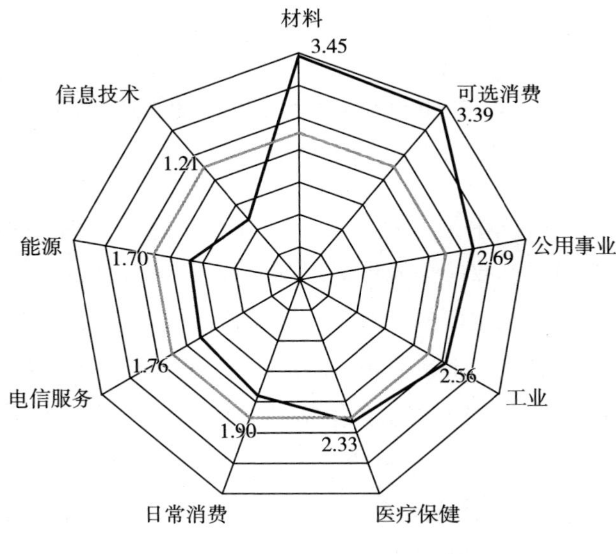

图 30　2019 年中关村上市公司各行业 ROA 与整体 ROA 对比情况（%）

资料来源：Wind，中关村上市公司协会整理。

（二）净资产收益率

净资产收益率（ROE）[①] 是衡量每单位归属母公司的股东权益创造多少归属母公司净利润的指标，反映股东权益的收益水平，用来衡量公司运用自有资本的效率。这一指标越高，表明公司自有资本获得净收益的能力越强。2019 年，中关村上市公司的净资产收益率为 7.18%，同比降低 0.54 个百分点（见图 31）。

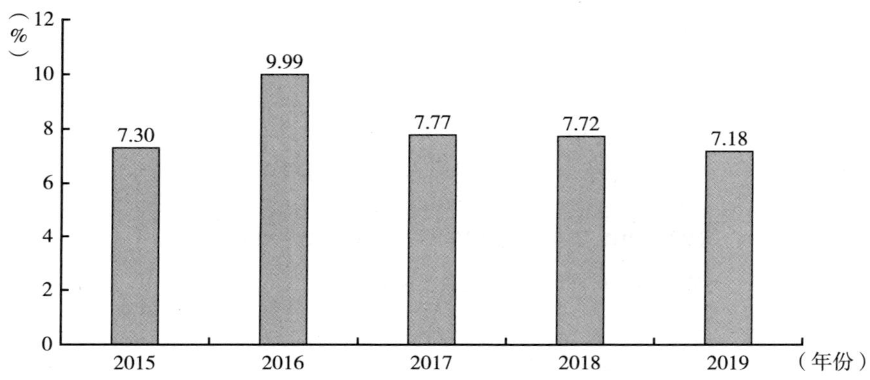

图 31　2015～2019 年中关村上市公司净资产收益率

资料来源：Wind，中关村上市公司协会整理。

从资本市场的角度来看，与总资产收益率的情况一致，2019 年中关村港股上市公司的净资产收益率表现优于境内和美股上市公司。同时从连续三年各资本市场净资产收益率的情况看，中关村港股上市公司的净资产收益率连续三年优于境内和美股上市公司，港股上市公司自有资本获得净收益的能力相对较强。2019 年，中关村境内上市公司的净资产收益率为 7.19%，同比上升 1.04 个百分点；中关村美股上市公司的净资产收益率为 1.87%，同比下降 5.15 个百分点，中关村美股上市公司净资产收益率下降幅度较大的主要原因系爱奇艺和百济神州两家企业亏损，剔除两家企业之后的中关村美

① 净资产收益率（ROE）＝净利润/平均净资产。

股上市公司的净资产收益率为6.20%；中关村港股上市公司的净资产收益率为9.81%，同比下降4.42个百分点（见图32）。可以看出，2019年港股净资产收益率相较于2018年，基本上回到一个比较常规的范围内。

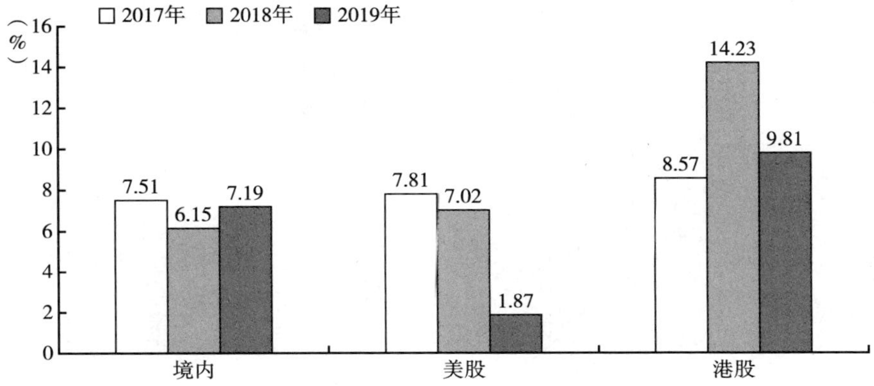

图32 2017~2019年中关村上市公司各资本市场ROE状况

资料来源：Wind，中关村上市公司协会整理。

从净资产收益率的分布来看，剔除2018年、2019年两年净资产均为负的10家企业后，余下的334家企业中，中关村上市公司净资产收益率处于0~20%的企业最多，占比72.16%（241家），其中净资产收益率处于0~10%的企业有147家（占比44.01%）；其次为20%~40%的企业，有32家，占比9.58%。净资产收益率处于小于-40%、-40%~-20%、-20%~0、不低于40%的企业分别有16家、11家、31家、3家，分别占比4.79%、3.29%、9.28%、0.90%。整体来说，中关村上市公司的净资产收益率大于0的企业有276家，占比82.63%，这部分企业的盈利能力、竞争实力和发展能力比较不错（见图33）。

从行业角度来看，2019年中关村材料行业上市公司净资产收益率最高，达到14.91%；工业、公用事业、可选消费行业净资产收益率也高于整体平均净资产收益率，分别达到10.58%、9.49%和7.99%。材料、工业、公用事业、可选消费行业的自有资本获得净收益的能力相对较强（见图34）。

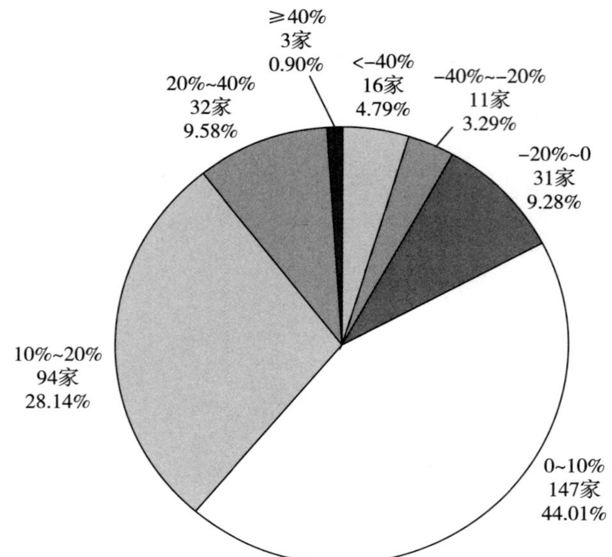

图 33　2019 年中关村上市公司净资产收益率分布状况

资料来源：Wind，中关村上市公司协会整理。

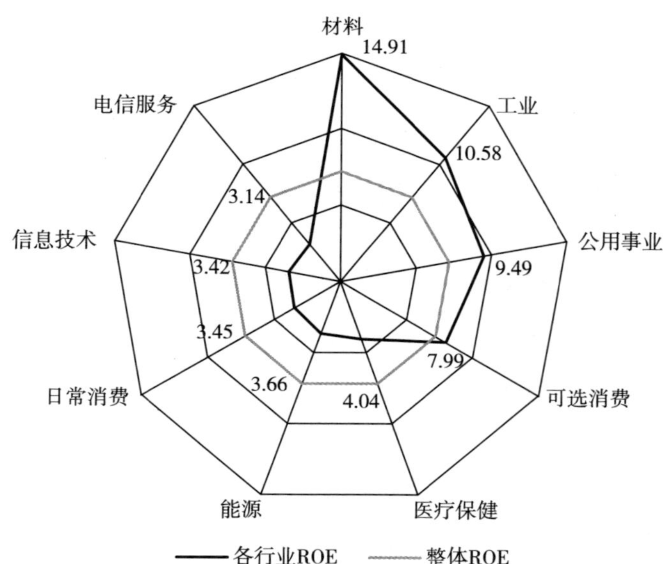

图 34　2019 年中关村上市公司各行业 ROE 与整体 ROE 对比情况（%）

资料来源：Wind，中关村上市公司协会整理。

五　2019年中关村境内各板块上市公司盈利能力对比

2019 年 7 月 22 日，科创板正式步入“交易时间”，首批 25 家科创企业于当天集中上市。科创板的推出标志着我国 A 股市场正式形成主板、中小板、创业板和科创板四大板块。因各个板块之间上市公司分布各有侧重，本文针对中关村境内上市公司不同板块之间的盈利状况对比分析，得出各市场上市公司的盈利状况在同一时期体现出的不同特点。

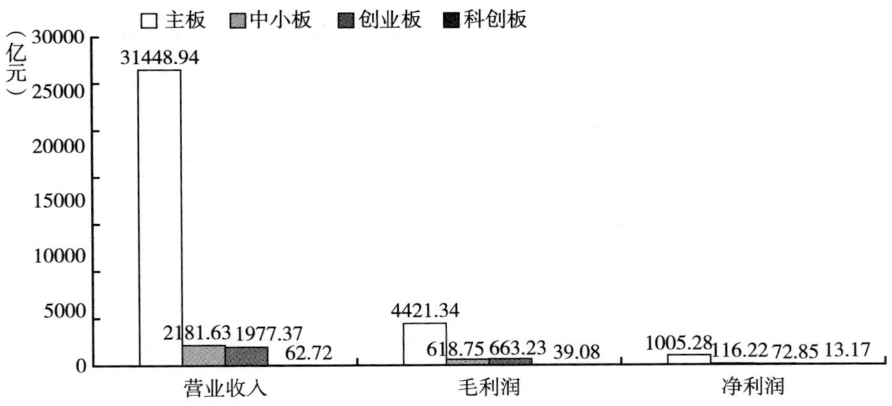

图 35　2019 年中关村境内各板块上市公司经营业绩情况

资料来源：Wind，中关村上市公司协会整理。

境内主板上市公司是中关村境内上市公司盈利的主要来源。从绝对值看，2019 年主板上市公司的营业收入、毛利润、净利润均远远高于中小板、创业板和科创板（见图 35）。就平均营业收入和平均毛利润而言，主板、中小板、创业板和科创板的表现依次递减；就平均净利润而言，科创板的净利润高于创业板，但远低于主板和中小板；就总资产收益率和净资产收益率而言，科创板企业表现远远优于其他三个板块（见表 3）。不同板块之间的业绩表现不同，主要是因为其各板块定位不同。其中，主板市场主要集中了传统行业的大中型上市公司；中小板和创业板则以中小型企业特别是高新技术企业为主要服务对象，创业板市场还吸引了一部分初创企业；而科创板主要聚集了符合国家战略、突破关键核心技术、市场认可度高的科技创新型企业，此类科创企业普遍具有轻资产特征。

表 3　2019 年中关村境内上市公司各板块盈利能力情况

所属板块	平均营收（亿元）	平均毛利润（亿元）	平均净利润（亿元）	ROA（%）	ROE（%）
主　板	341.84	48.06	10.93	2.14	8.13
中小板	45.45	12.89	2.42	3.27	6.67
创业板	19.97	6.70	0.74	1.56	2.81
科创板	5.70	3.55	1.20	8.96	12.20

资料来源：Wind，中关村上市公司协会整理。

科创板企业总资产收益率和净资产收益率远远高于其他三大板块。2019 年，中关村境内上市公司科创板企业的总资产收益率为 8.96%、净资产收益率为 12.20%。科创板企业资产的利用效率非常高的原因主要系科创板主要服务于新一代信息技术、高端装备、新材料、新能源、节能环保以及生物医药等高新技术产业和战略性新兴产业，这些企业凭借其产品的功能、性质、质量的优势及较高的研发投入，从而获得较大的经济效益，因而其盈利能力和资产利用效率较高。

六　小结

中关村上市公司整体盈利能力强劲，持续经营企业稳定增长。2019 年中关村上市公司的营业收入、毛利润、净利润依然保持较高的增速，其中，总营业收入为 63489 亿元，同比增幅为 14%；毛利润总额为 12087 亿元，同比增长 15.65%；净利润总额为 2124 亿元，同比上升 4.27%。从连续五年的营收、毛利、净利情况看，三者均呈现平稳上升的趋势，体现了中关村上市公司较强的盈利能力。从 2018 ~2019 年连续两年持续经营的 308 家中关村上市公司情况看，持续经营企业贡献了 88.09% 的营业收入增长额，毛利率同比上涨了16.14%、净利率同比增长7.05%。持续经营企业表现出持续的经营、盈利能力。

主板公司获利能力较强，科创板公司资产的利用效率相对较高。从营收、毛利、净利的整体情况看，各板块之间依次呈现主板优于中小板、优于创业板、优于科创板的特征，境内主板上市公司盈利能力较强。此外，2019年中关村境内科创板上市公司的总资产收益率为8.96%、净资产收益率为12.20%，远远高于其他板块。

B.3

2019年中关村上市公司偿债能力和营运能力分析报告

中关村上市公司协会研究部

摘　要： 本文具体分析了中关村上市公司资产结构及质量状况，通过资产负债率、现金流量债务比、流动比率等指标衡量其整体偿债能力；通过应收账款周转天数、存货周转天数、总资产周转天数等指标呈现其营运能力。通过相应的研究发现，中关村上市公司整体债务比例较低，偿债能力良好；各类资金周转效率较高，营运能力较强。

关键词： 中关村上市公司　偿债能力　营运能力

一　2019年中关村上市公司资产与负债状况分析

（一）2019年中关村上市公司资产状况分析

对于企业而言，不论是偿债能力还是营运能力，都与其资产状况密不可分。其中，偿债能力主要取决于企业资产的结构，营运能力则主要受到资产质量的影响。因而，本文首先系统分析了中关村上市公司资产状况。

1. 2019年中关村上市公司总资产状况分析

2019 年 12 月 31 日，中关村上市公司的总资产规模为 99085.70 亿元，同比增幅为 15.75%，平均总资产为 288.04 亿元。其中，境内上市公司的总资产为 58550.25 亿元，占比 59.09%；美股上市公司的总资产为

10154.27 亿元，占比 10.25%；港股上市公司的总资产为 30381.18 亿元，占比 30.66%。三个资本市场的中关村上市公司的总资产均有所上升，但各资本市场总资产占中关村上市公司整体总资产的比重变化不大。境内上市公司的平均总资产为 234.20 亿元，美股上市公司的平均总资产为 274.44 亿元，港股上市公司的平均总资产为 533.00 亿元，表明中关村在港股上市的公司规模相对较大，美股次之。

2019 年，进入中关村上市公司总资产排名前 30 的企业总资产为 76885.43 亿元，而 2018 年的总资产为 65972.99 亿元，同比增长 16.54%；进入中关村上市公司总资产排名前 30 的基准值为 438.12 亿元，而 2018 年该值为 390.09 亿元，此组数据表明中关村体量较大的企业总资产持续上涨。前 30 名中，工业企业和信息技术企业各 10 家，可选消费企业 4 家，材料企业和公用事业企业各 2 家，电信服务企业和医疗保健企业各 1 家，表明中关村资产规模排名前 30 的企业均为实业型企业。在前 30 名中，有 15 家企业的总资产超过 1000 亿元，排名前三的均为工业企业，且总资产均超过 10000 亿元，分别是中国交建、中国铁建、中国中铁，总资产分别为 11203.99 亿元、10812.39 亿元、10561.86 亿元，远远高于排名第四的联想控股。从企业性质来看，总资产排名前 30 的企业主要有三类：其一为大型中央国有企业，如中国交建、中国铁建、中国中铁等；其二为优秀的互联网企业，如百度、京东、小米集团、美团点评、新浪等；其三为掌握了核心竞争力、在各自行业中处于龙头地位的民营企业，如三一重工、碧水源、东方园林等。但从整体来看，在总资产排名前 30 的企业中，依然以大型中央国有企业为主（见图 1）。

2. 2019年中关村上市公司流动资产状况分析

（1）2019 年中关村上市公司流动资产结构分析

2019 年 12 月 31 日，中关村上市公司的总流动资产为 54436.01 亿元，较 2018 年（48648.89 亿元）增长 11.90%。其中，境内的中关村上市公司流动资产共计 34310.01 亿元，在中关村上市公司整体流动资产中占比 63.03%；美股上市公司的流动资产共计 5801.64 亿元，占比 10.66%；港股上市公司的流动资产共计 14324.37 亿元，占比 26.31%。从流动资

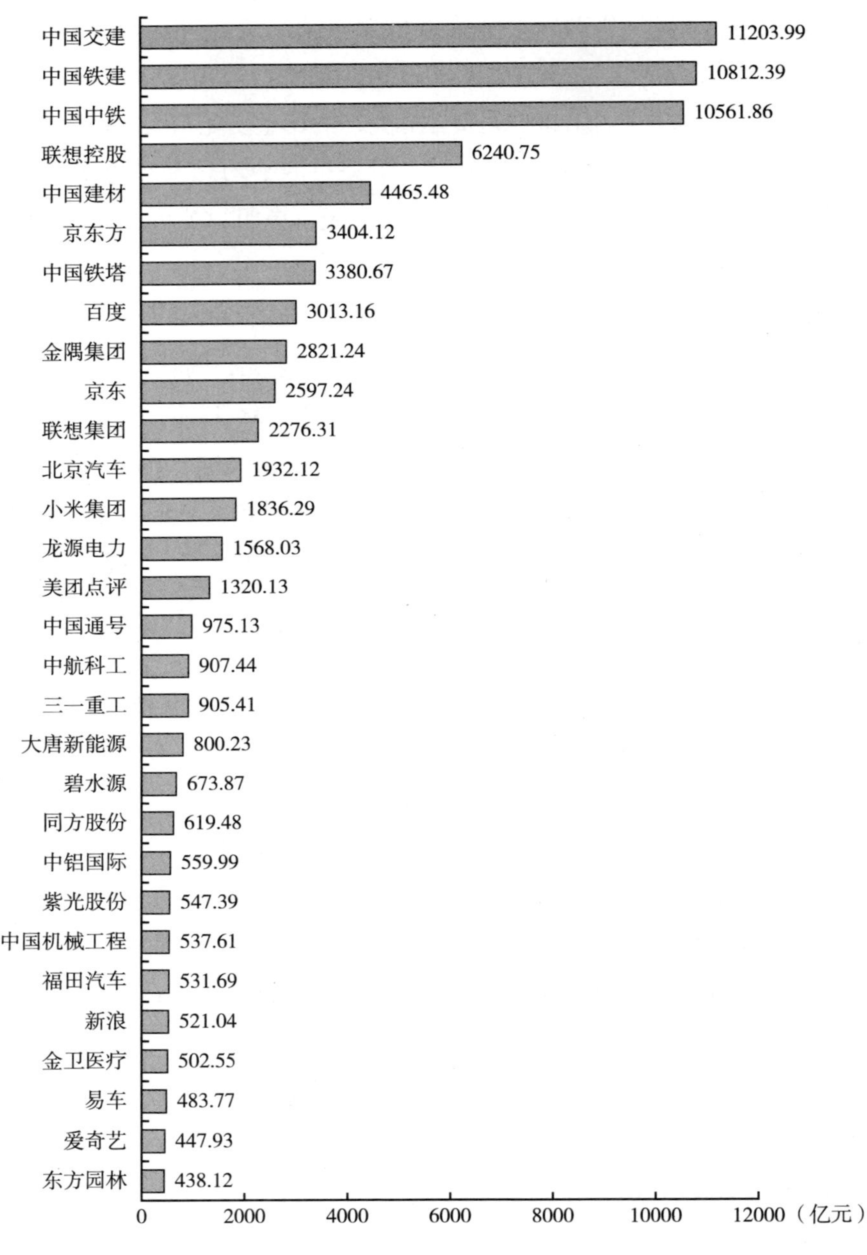

图1　2019 年中关村上市公司总资产排名（前 30 位）

资料来源：Wind，中关村上市公司协会整理。

产在总资产中的比重来看，中关村上市公司整体的比例为 54.94%，较 2018 年（56.83%）略有下降；境内上市公司的该比率为 58.60%，而 2018 年该值为 59.97%；美股上市公司的总流动资产占总资产的比重为 57.13%，而 2018 年该值为 55.30%，出现相应上涨；港股上市公司的总流动资产在总资产中占比 47.15%，较 2018 年（50.76%）有较为明显的下降。横向来看，中关村港股上市公司流动资产在总资产中的占比最少，其次为美股。

在流动资产中，存货、应收账款、现金及现金等价物是最为重要的三种资产，也是流动资产中变现能力较强的资产。2019 年 12 月 31 日，中关村上市公司存货共计 10725.79 亿元，占流动资产总额的 19.70%；应收账款共计 10658.33 亿元，占流动资产总额的 19.58%；现金及其等价物共计 12497.58 亿元，占流动资产总额的 22.96%。分不同资本市场来看，中关村境内上市公司存货、应收账款、现金及其等价物占比分别为 23.88%、19.90% 和 22.55%；美股上市公司存货、应收账款、现金及其等价物占比分别为 10.21%、7.42% 和 26.95%；港股上市公司存货、应收账款、现金及其等价物占比分别为 13.54%、23.74% 和 22.33%（见图 2）。以上数据显示，中关村美股上市公司存货和应收账款在流动资产中的占比远低于其他两个资本市场的占比，这是因为在美股上市的中关村企业多为互联网企业，主营业务也以面向个人消费者的服务为主，自有商品相对较少，收款方式以现销现付为主，所以其存货和应收账款普遍较少。

（2）2019 年中关村上市公司存货分析

2019 年 12 月 31 日，中关村上市公司的存货金额共计 10725.79 亿元，其中，境内的中关村上市公司存货金额共计 8194.39 亿元，在中关村上市公司整体存货资产中占比 76%；美股上市公司的存货资产共计 592.49 亿元，占比 6%；港股上市公司的存货金额共计 1938.90 亿元，占比 18%（见图 3）。

在中关村上市公司中，有 38 家上市公司存货数量为 0，占总上市公司数量的 11.05%。这些企业主要集中在信息技术行业（21 家）、可选消费行

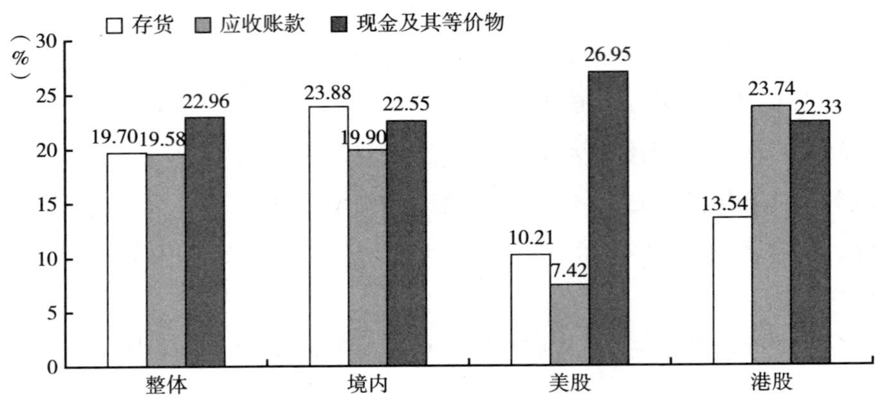

图 2　2019 年中关村上市公司流动资产分布情况

资料来源：Wind，中关村上市公司协会整理。

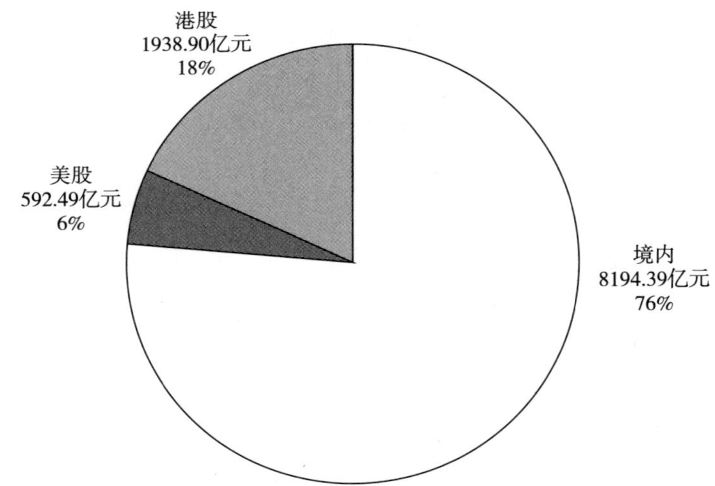

图 3　2019 年中关村上市公司存货资产资本市场分布情况

资料来源：Wind，中关村上市公司协会整理。

业（13 家），上述企业的主营业务不涉及出售商品，仅为提供服务，代表着互联网技术与新兴服务业的结合。从资本市场分布来看，22 家企业在美股上市，港股和境内资本市场各 8 家企业。

（3）2019 年中关村上市公司应收账款分析

2019 年 12 月 31 日，中关村上市公司的应收账款总额为 10658.33 亿元，其中，境内的中关村上市公司应收账款共计 6826.97 亿元，在中关村上市公司整体应收账款中占比 64%；美股上市公司的应收账款共计 430.69 亿元，占比 4%；港股上市公司的流动资产共计 3400.67 亿元，占比 32%（见图 4）。

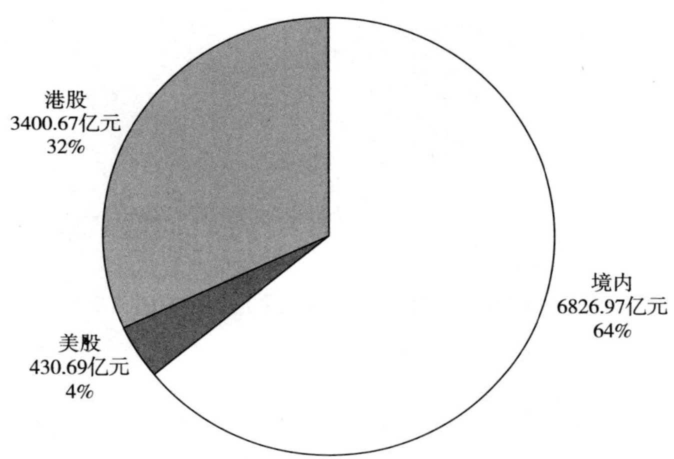

图 4　2019 年中关村上市公司应收账款总额资本市场分布情况

资料来源：Wind，中关村上市公司协会整理。

从各家上市公司应收账款占流动资产的比率分布来看，76 家（占比 22%）中关村上市公司应收账款占流动资产的比率少于 10%；132 家（占比 38%）中关村上市公司应收账款占流动资产的比率处于 10% ~30%；88 家（占比 26%）中关村上市公司应收账款占流动资产的比率处于 30% ~ 50%；48 家（占比 14%）中关村上市公司应收账款占流动资产的比率超过 50%，表明这些企业的应收账款相对较多，产生坏账的可能相对较大，企业资金压力可能偏重（见图 5）。

（4）2019 年中关村上市公司现金及其等价物分析

2019 年 12 月 31 日，中关村上市公司的现金及其等价物合计为

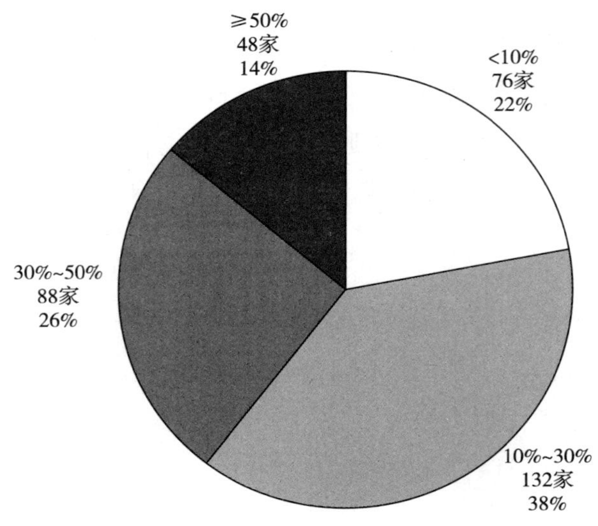

图5　2019年中关村上市公司应收账款占流动资产的比率分布情况

资料来源：Wind，中关村上市公司协会整理。

12497.58亿元，其中，境内的中关村上市公司现金性资产共计7735.47亿元，在中关村上市公司整体现金性资产中占比62%；美股上市公司的现金性资产共计1563.28亿元，占比13%；港股上市公司的现金性资产共计3198.83亿元，占比26%（见图6）。

从现金及其等价物在流动资产中的比重来看，55家（占比16%）中关村上市公司现金性资产占流动资产的比重少于10%；79家（占比23%）中关村上市公司现金及其等价物与流动资产的比重处于10%～20%；62家（占比18%）中关村上市公司现金性资产在流动资产中的比重处于20%～30%；90家（占比26%）中关村上市公司现金性资产在流动资产中的比重处于30%～50%；58家（占比17%）中关村上市公司现金及其等价物在流动资产中的比重超过50%，表明这些企业现金性资产在流动资产中的比重超过一半，具有较为充沛的资金（见图7）。

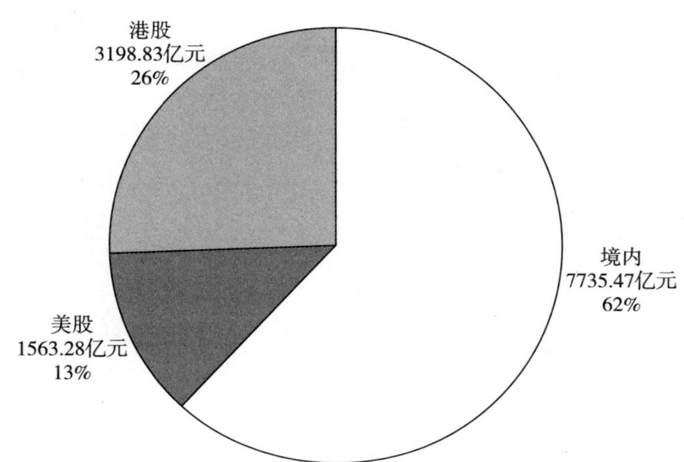

图 6　2019 年中关村上市公司现金及其等价物的资本市场分布情况

资料来源：Wind，中关村上市公司协会整理。

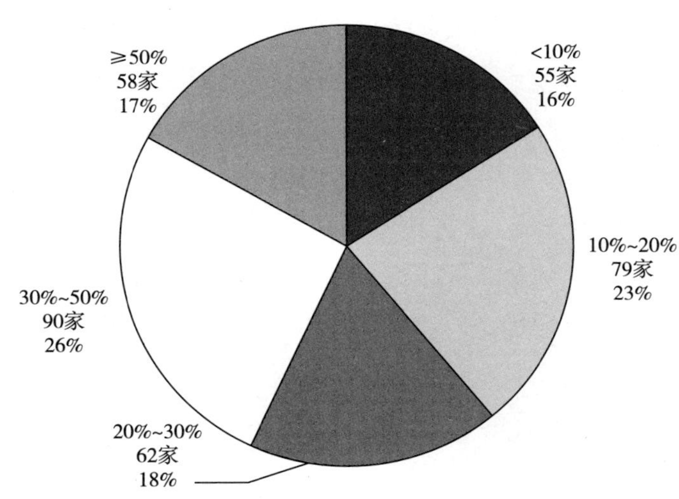

图 7　2019 年中关村上市公司现金及其等价物/流动资产分布情况

资料来源：Wind，中关村上市公司协会整理。

3. 2019年中关村上市公司固定资产状况分析

2019 年 12 月 31 日，中关村上市公司固定资产总额为 14158.21 亿元，总体固定资产比率为 14.29%。其中，境内上市公司的固定资产总额为 5817.93 亿元，固定资产比率为 9.94%；美股上市公司的固定资产总额为 705.40 亿元，固定资产比率为 6.95%；港股上市公司的固定资产总额为 7634.88 亿元，固定资产比率为 25.13%。以上数据显示，总体来看，中关村上市公司固定资产在总资产中的占比较少，尤其美股轻资产特征最为显著，而港股固定资产占比相对较多。

从各上市公司固定资产比率的分布情况来看，固定资产比率在 10% 以下的上市公司有 210 家，占比为 61%；固定资产比率在 10% ~20% 的上市公司有 73 家，占比为 21%；固定资产比率在 20% ~50% 的上市公司有 52 家，占比为 15%；固定资产比率在 50% 以上的上市公司有 9 家，占比为 3%。总体来看，超过六成的中关村上市公司固定资产比率低于 10%，超过八成的中关村上市公司固定资产比率不高于 20%，这说明中关村上市公司普遍在厂房和生产设备等固定资产上的投资较少，生产资料多以智力资本为主，普遍轻资产运营。

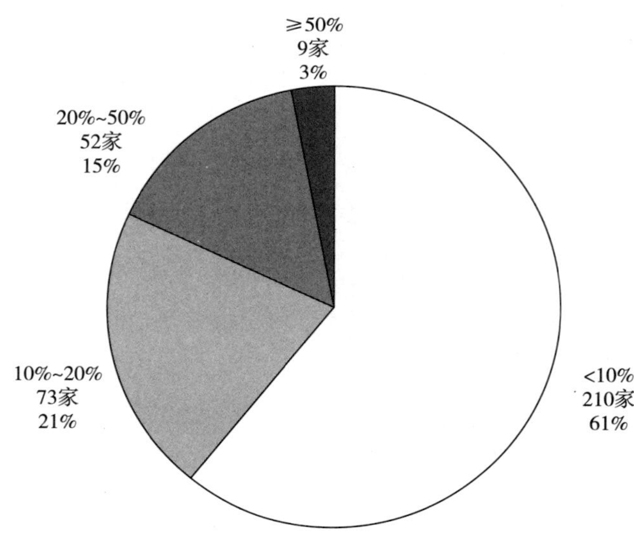

图 8　2019 年中关村上市公司固定资产比率分布情况

资料来源：Wind，中关村上市公司协会整理。

（二）2019年中关村上市公司负债状况分析

2019 年 12 月 31 日，中关村上市公司的总负债共计 62762.42 亿元，平均总负债为 182.45 亿元（较 2018 年的 169.65 亿元增加 12.80 亿元）。其中，中关村境内上市公司的总负债为 37808.90 亿元，占比 60.24%；中关村美股上市公司的总负债为 5173.05 亿元，占比 8.24%；中关村港股上市公司的总负债为 19780.47 亿元，占比 31.52%。境内上市公司平均每家总负债为 151.24 亿元，美股上市公司平均每家总负债为 139.81 亿元，港股上市公司平均每家总负债为 347.03 亿元。

2019 年末，中关村上市公司的流动负债总额为 46806.39 亿元。其中，境内上市公司的流动负债共计 28361.16 亿元，占比为 60.59%；美股公司的流动负债总额为 3456.28 亿元，占比为 7.38%；中关村港股上市公司的流动负债总计 14988.95 亿元，占比为 32.02%。从流动负债率来看，中关村上市公司整体流动负债率为 74.58%，表明企业以流动负债作为主要负债。其中，境内上市公司的平均流动负债率为 75.01%，中关村美股上市公司的平均流动负债率为 66.81%，港股上市公司的平均流动负债率为 75.78%。从数据来看，美股上市公司流动负债率更低，负债结构相对合理。

从中关村上市公司流动负债率的分布来看，中关村上市公司流动负债普遍偏高。从具体数据来看，273 家（占比 79%）中关村上市公司流动负债率不低于 70%，其中有 103 家上市公司流动负债率甚至超过 95%，债权融资以流动负债为主，增加了企业的财务风险；48 家（占比 14%）中关村上市公司流动负债率处于 50% ~70% 流动负债在总负债中的占比相对合理；23 家（占比 7%）中关村上市公司流动负债率低于 50%，非流动负债相对较多。根据经验数据，30% ~70% 为流动负债率的合理范围，但近八成的中关村上市公司流动负债率超过 70%，可见，流动负债是中关村上市公司的主要债务资金来源（见图 9）。

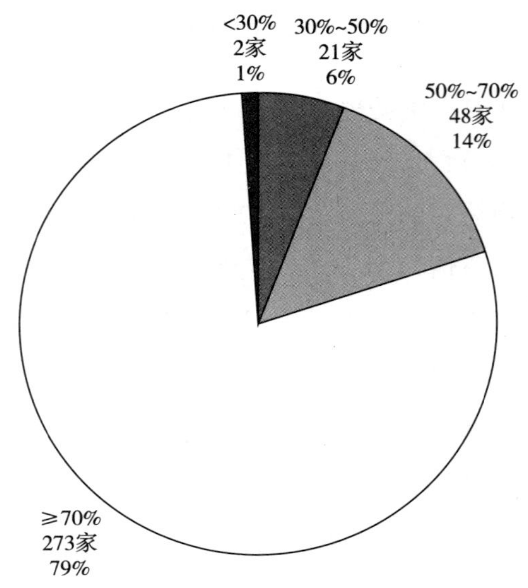

图9　2019年中关村上市公司流动负债率分布情况

资料来源：Wind，中关村上市公司协会整理。

二　2019年中关村上市公司偿债能力分析

（一）偿债能力概述

偿债能力反映了企业偿付债务的能力，虽然并未与企业的盈利增长产生直观的联系，但却是保证企业存续发展的重要能力，是衡量企业能否具有竞争力的必然要求。对于上市公司而言，如果对于偿债能力没有充分的认知，资金营运不当，导致无法按时偿还到期债务，轻者会造成筹资成本增长，财务费用率提升，降低企业的盈利能力，重者可能导致企业信用评级下降，进一步降低企业融资能力，最终陷入财务困境中。

因而，通过对中关村上市公司整体偿债能力的分析，能够反映中关村上市公司上一年度财务状况，发现可能存在的财务风险，为企业调整自身资本结构、合理规划债务融资比重提供参考；为相关政府部门预防企业经营系统性风险提供政策依据。

从财务分析体系的角度来看，偿债能力包括短期偿债能力和长期偿债能力。其中，短期偿债能力通过一系列财务指标评价企业偿还流动负债的能力，而长期偿债能力则从资本结构、现金流与债务总量的关系等角度评价偿还长期债务的能力。按照财务分析的常见思路，本文采用流动比率、速动比率和现金比率等指标评价中关村上市公司短期偿债能力；采用资产负债率、现金流量负债比率对长期偿债能力进行分析。通过这些指标，希望获得中关村上市公司偿债能力整体水平的直观展现，从而为中关村上市公司的可持续健康发展提供建议。

（二）2019年中关村上市公司企业长期偿债能力分析

1. 2019年中关村上市公司企业资产负债率情况

2019 年底，中关村上市公司总体资产负债率为 63.34%，比 2018 年（64.21%）下降 0.87 个百分点，略高于 40% ~60% 的合理范围。近四年来，中关村上市公司整体资产负债率维持在 63% ~65%，基本较为稳定（见图 10）。分资本市场来看，中关村境内上市公司的平均资产负债率为 64.58%；中关村美股上市公司的总体资产负债率为 50.94%，比中关村上市公司整体资产负债率低 12.4 个百分点；而中关村港股上市公司的总体资产负债率为 65.11%。显然，美股上市公司整体资产负债率低于其他两个资本市场的整体情况，这表明在美股资本市场上市的中关村企业获得了更多股权融资，这与其行业属性及所处发展阶段相关。在美上市的中关村企业以互联网企业居多，多数处于成长期，从财务战略的角度，处于此阶段的企业经营风险相对较大，需要较低的财务风险，所以以股权投资为主，故总资产负债率也相对较低。

国务院国资委发布的《企业绩效评价标准值 2019》中，全国国有企业全行业口径下，资产负债率的评价标准值为：49% 为优秀值，54% 为良好值，64% 为平均值，74% 为较低值，89% 为较差值。根据该标准，本文对中

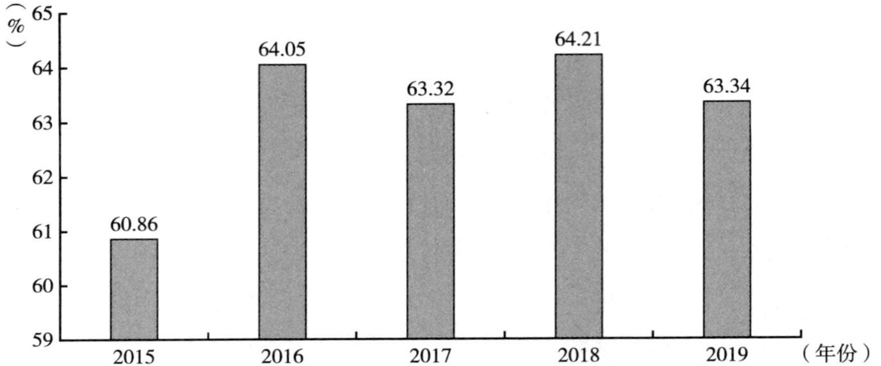

图 10　2015～2019 年中关村上市公司资产负债率变动情况

资料来源：Wind，中关村上市公司协会整理。

关村上市公司资产负债率分布情况进行统计，得到以下数据。

在整个中关村上市公司群体中，资产负债率在 49% 以下的企业有 221 家，占比为 64%；资产负债率在 49%～54% 的企业有 19 家，占比为 6%；资产负债率在 54%～64% 的企业有 42 家，占比为 12%；资产负债率在 64%～74% 的企业有 33 家，占比为 10%；资产负债率在 74%～89% 的企业有 18 家，占比为 5%；资产负债率在 89% 以上的企业有 11 家，占比为 3%（见图 11）。以上数据表明，超过六成的中关村上市公司资产负债率优于 49% 的优秀值，超八成的中关村上市公司资产负债率优于 64% 的平均值。整体来看，中关村上市公司资产负债率状况优于全国平均水平，长期偿债能力比较有保障。但同时也应该注意到，企业利用财务杠杆有助于提升经营绩效，部分企业资产负债率相对较低，也在一定程度上限制了企业的迅速发展，也可能表明企业债权融资能力不足，融资渠道受阻。

2. 2019年中关村上市公司现金流量债务比分析

为了进一步探究中关村上市公司长期偿债能力，本文分析了现金流量债务比这一数据，以评价中关村上市公司利用经营活动获得的现金净额偿付全部债务的能力。经营活动获得现金的能力相当于企业的重要“造血”能力，是企业偿付债务最有价值的资金来源，经营活动获得的现金净额相较于企业

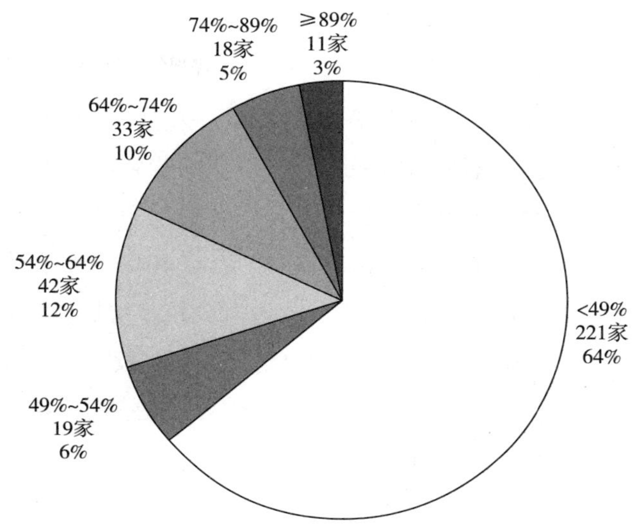

图 11　2019 年中关村上市公司资产负债率分布情况

资料来源：Wind，中关村上市公司协会整理。

债务总额越多，企业偿还债务的能力就越强，因此，从指标含义来说，该指标数值越高，偿还负债总额的能力就越强。

2019 年，中关村上市公司整体现金流量债务比为 8.51%，同期全国 A 股上市公司整体现金流量债务比为 1.21%。这表明，中关村上市公司利用经营活动获得的现金净额偿付全部债务的能力远高于全国 A 股上市公司平均水平。从资本市场分布来看，中关村境内上市公司平均现金流量债务比为 5.49%，美股上市公司平均现金流量债务比为 17.61%，中关村港股上市公司平均现金流量债务比为 11.91%。由此可见，美股上市公司利用经营活动现金流量净额偿还债务总额的能力最强，港股上市公司次之。一方面表明美股上市公司通过经营活动获取资金流入的能力更强，另一方面也与美股普遍债务比重较低相关。

从数据的分布来看，2019 年，86 家中关村上市公司（占比 25.00%）经营活动现金流量净额为负数，导致现金流量债务比的数值也小于零，即这些公司在 2019 年不具备利用经营活动现金净额偿付债务的能力；159 家中关村上市公司（占比 46.22%）现金流量债务比处于 0 ~ 20%；71 家中关村上市公司（占比 20.64%）的该数值处于20%～50%；18 家企业（占比5.23%）现金流量债务比处于 50%～100%，表明其在 2019 年获得的经营活动现金净流入能够偿还至少 1/2 的总负债；另有 10 家中关村上市公司（占比 2.91%）现金流量债务比高于 100%，具有极强的债务偿还能力。

与全国 A 股上市公司数据对比来看，中关村上市公司中不具备以经营活动净现金偿还债务的企业占比相对较多，表明 2019 年部分中关村上市公司在经营上获得资金流入的能力不足，导致财务风险增加；同时，现金流量债务比处于其他统计分段的企业占比均低于全国 A 股。对比以上数据，相较全国 A 股，中关村上市公司现金流量债务比普遍较低，利用经营活动现金流量净额偿还债务的能力相对较弱（见表 1）。结合资产负债率分布优于全国平均水平的情况，导致现金流量债务比相对较低的原因可能是中关村上市公司在 2019 年通过经营活动获取现金净流入的能力不足，上市公司营业收入获取的资金回收可能存在困难。

表 1　2019 年全国 A 股及中关村上市公司现金流量债务比对比情况

单位：家，%

	中关村上市公司		全国 A 股	
	数量	占比	数量	占比
<0	86	25.00	598	15.93
0～20%（不含 20%）	159	46.22	1835	48.88
20%～50%（不含 50%）	71	20.64	877	23.36
50%～100%（不含 100%）	18	5.23	319	8.50
≥100%	10	2.91	125	3.33

资料来源：Wind，中关村上市公司协会整理。

（三）2019年中关村上市公司短期偿债能力分析

1. 2019年中关村上市公司短期债务存量比率分析

（1）流动比率

流动比率是流动资产与流动负债的比值，表示每 1 元流动负债有多少流动资产作为偿债保障。流动比率是相对数，数值过低表明企业短期偿债能力不足，数值过高，企业可能存在资金闲置问题。一般而言，认为生产型企业合理的最低流动比率为2。

2019年，中关村上市公司中，流动比率在1以下的企业有44家，占比为12.79%；流动比率在1~2的企业有135家，占比为39.24%；流动比率在2~5的企业有124家，占比为36.05%；流动比率在5以上的企业有41家，占比为11.92%。以上数据显示，近半数中关村上市公司流动比率不低于2，其流动性相对较强。

与全国A股上市公司流动比率分布情况相对比，可以发现，中关村上市公司中流动比率低于2的企业数量占比远低于全国A股上市公司在此统计阶段的企业数量占比；同时，流动比率高于2的组别中，中关村上市公司数量占比远高于全国A股整体。以上数据对比显示，相较于全国A股整体流动比率分布，中关村上市公司整体流动性表现更高，流动性不足企业占比较低，近半数企业流动性充沛（见表2）。

表2　2019年全国A股及中关村上市公司流动比率对比情况

单位：家，%

	中关村上市公司		全国A股	
	数量	占比	数量	占比
<1	44	12.79	643	17.53
1~2(不含2)	135	39.24	1618	44.10
2~5(不含5)	124	36.05	1078	29.38
≥5	41	11.92	330	8.99

资料来源：Wind，中关村上市公司协会整理。

（2）速动比率

因为构成流动资产的各项目流动性差别很大，其中，存货、预付款项等属于非速动资产，这类资产变现金额和时间具有较大的不确定性，所以，以速动资产作为偿债资产更具可信度。

2019年，中关村上市公司中，速动比率在1以下的企业有80家，占比为23.26%；速动比率在1~2的企业有133家，占比为38.66%；速动比率在2~4的企业有80家，占比为23.26%；速动比率在4以上的企业有51家，占比为14.83%。一般认为，速动比率为1属于最优状态。由以上数据可知，中关村上市公司中，接近八成速动比率高于1，表明中关村上市公司整体利用速动资产偿还流动负债的能力较强。

与全国A股上市公司速动比率分布情况相对比，中关村上市公司速动比率低于1的企业数量占比远低于全国A股上市公司在此统计阶段的企业数量占比；同时，速动比率高于1的其余三个组别中，中关村上市公司数量占比均高于全国A股企业。以上对比结果显示，相较于全国A股上市公司整体速动比率分布，中关村上市公司速动比率普遍较高，以速动资产偿还流动负债的能力相对强于全国A股整体水平（见表3）。

表3　2019年全国A股及中关村上市公司速动比率对比情况

单位：家，%

	中关村上市公司		全国A股	
	数量	占比	数量	占比
<1	80	23.26	1379	37.59
1~2(不含2)	133	38.66	1288	35.10
2~4(不含4)	80	23.26	608	16.57
≥4	51	14.83	394	10.74

资料来源：Wind，中关村上市公司协会整理。

同时，应收账款的变现能力对速动比率可信度有着重要影响。2019年银行贷款持续收紧，商业信用成为许多企业另一条重要的融资渠道，伴随而来的是应收账款的增长，以及其在企业速动资产中的占比不断提升。在中关村上市公司中亦有部分企业应收账款在流动资产中的占比较高，对于这类企业而言，除了关注速动比率的数值，还应该提升应收账款回收率，改善速动资产配置的合理性。

（3）现金比率

速动资产中，流动性最强、可直接用于偿债的资产是现金，本文采用现金比率以进一步衡量中关村上市公司的短期偿债能力。

2019 年，中关村上市公司中，现金比率在0.5 以下的企业有74 家，占比为21.51%；现金比率在0.5～1 的企业有96 家，占比为27.91%；现金比率在1～3 的企业有116 家，占比为33.72%；现金比率在3 以上的企业有58 家，占比为16.86%。可看出中关村上市公司当中近八成的企业现金比率都高于0.5，说明中关村上市公司普遍现金比率较高，短期偿债能力较强。

与全国 A 股上市公司现金比率分布情况相对比，可以发现，中关村上市公司现金比率低于1 的企业数量占比低于全国 A 股上市公司在此统计阶段的企业数量占比；同时，现金比率高于1 的组别中，中关村上市公司数量占比远高于全国 A 股上市公司。以上对比结果显示，相较于全国 A 股上市公司整体现金比率分布，中关村上市公司现金比率整体较高，一方面说明其短期利用现金偿还债务的能力较强，另一方面也说明部分中关村上市公司存在资金闲置状况（见表4）。

表4　2019 年全国 A 股及中关村上市公司现金比率对比情况

单位：家，%

	中关村上市公司		全国 A 股	
	数量	占比	数量	占比
<0.5	74	21.51	1027	27.99
0.5～1	96	27.91	1174	32.00
1～3	116	33.72	1044	28.45
≥3	58	16.86	424	11.56

资料来源：Wind，中关村上市公司协会整理。

2. 2019年中关村上市公司短期债务存量比率行业对比

流动比率、速动比率及现金比率是相对数，不同行业通常有明显差异。为了降低不同行业对数值的影响，本文对中关村上市公司按照 wind 一级行业划分，分别计算了“信息技术”“工业”等主要行业的平均流动比率、速动比率和现金比率，并对主要行业的三项指标与全国 A 股相对应行业的相对应指标进行对比，得到如下结果。

整体来看，中关村上市公司的各主要行业的各项指标与其对应的全国 A 股的相应指标相差均较小。具体来看，对于“信息技术”行业，中关村上市公司在流动比率和速动比率上略低于全国 A 股，但现金比率略高；对于“工业”和“可选消费”行业，中关村上市公司仅在流动比率上略低于全国 A 股，其他两个指标均高于全国 A 股；“医疗保健”行业的三项指标则均高于全国 A 股；“材料”行业则在速动比率、现金比率上低于全国 A 股行业平均水平，但流动比率略高于后者（见表 5）。

表 5　2019 年全国 A 股及中关村上市公司短期债务存量比率主要行业对比

行业	流动比率行业均值		速动比率行业均值		现金比率行业均值	
	中关村	全国 A 股	中关村	全国 A 股	中关村	全国 A 股
信息技术	1. 30	1. 50	1. 16	1. 21	0. 88	0. 76
工业	1. 13	1. 19	0. 93	0. 86	0. 67	0. 62
可选消费	1. 24	1. 26	1. 03	0. 97	0. 83	0. 78
医疗保健	2. 10	1. 70	1. 76	1. 32	1. 27	0. 83
材料	1. 06	1. 01	0. 66	0. 70	0. 45	0. 58

资料来源：Wind，中关村上市公司协会整理。

三　2019年中关村上市公司营运能力分析

（一）营运能力概述

营运能力是衡量公司资产管理效率的财务比率，影响着现代企业的获利能力及偿债能力。中关村上市公司作为日趋成熟的企业，对资产的高效管理将成为其持续提升经营绩效和核心竞争力的重要财务手段，因而，对中关村上市公司营运能力的分析，有助于从企业经营效率的角度评判其财务状况。

营运能力用于评判资产管理效率，所以，衡量营运能力的指标均反映的是企业每 1 元的营业收入需要多少各类资产的投资。本文选取应收账款周转率、存货周转率评价中关村上市公司两项重要的资产——应收账款和存货——的使用效率，用总资产周转率反映中关村上市公司整体资产管理效率。以上指标均是财务分析中评判营运能力的重要指标，本文采取以上指标，以求对中关村上市公司营运能力进行系统评价。

（二）2019年中关村上市公司各类资产周转率整体状况分析

应收账款周转率是指在一年内以应收账款的形式收回营业收入的平均次数，用以衡量企业应收账款流动程度。根据应收账款周转率的定义，该指标越高，表明企业的账期越短，其回款能力也更强。2019 年，中关村上市公司的应收账款周转率为 6. 18 次，明显低于全部 A 股的应收账款周转率 9. 92 次。

存货周转率用来衡量存货对资金的占用情况，进而反映企业对存货的管理能力。根据存货周转率的定义，该指标值越高，企业存货的变现能力就越强。2019 年，中关村上市公司的平均存货周转率为 6. 35 次，高于全国 A 股上市公司的平均存货周转率 4. 08 次。

总资产周转率反映了企业对全部资产的管理能力和利用效率，体现的是企业在经营期内资产从投入到产出的流转速度。根据总资产周转率的定义，该指标值越高，说明总资产的周转速度越快，企业对资产的利用效率也越高。2019 年，中关村上市公司总资产周转率为 0. 68 次，明显高于全国 A 股上市公司的平均总资产周转率 0. 19 次。

通过与全国 A 股上市公司的对比显示，中关村上市公司应收账款周转能力低于全国 A 股平均水平，但对存货的管理能力和对总资产的利用效率均高于全国 A 股平均水平。应收账款周转率偏低，从数据表面来看，中关村上市公司应收账款在营业收入中的比重较大，而从根本原因来说，主要源于近年来企业融资渠道收缩，上游企业加强了对商业信用的依赖，造成下游企业以应收账款的形式确认营业收入的趋势更为明显（见图 12）。

对于应收账款周转率，从资本市场的分布来看，2019 年，中关村境内上市公司应收账款周转率为 5. 37 次，美股上市公司平均应收账款周转率为

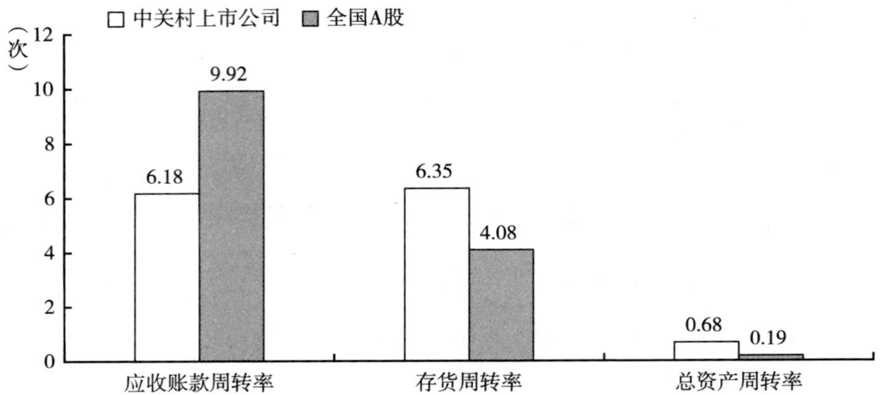

图12 2019年中关村上市公司营运状况与全国A股上市公司营运状况比较

资料来源：Wind，中关村上市公司协会整理。

20.54次，港股应收账款周转率为5.90次。美股应收账款周转率远高于其他两个资本市场，应收账款回收能力更强，在产业链中也有更强的议价能力。

对于存货周转率，从资本市场的分布来看，2019年，中关村境内上市公司存货周转率为4.66次，美股上市公司平均存货周转率为17.06次，港股存货周转率为10.32次。美股存货周转率最高，其次为港股，境内上市公司平均存货周转率较差。美股具有较高的存货周转率也得益于许多中关村美股上市公司以提供服务为主，存货数量较少；而境内上市公司存货周转率较低，则源于多数境内上市公司为实体经济企业，存在必要的存货需要，同时，尽管境内上市公司平均存货周转率低于其他两个资本市场，但仍高于全国A股平均水平。

对于总资产周转率，从资本市场的分布来看，2019年，中关村境内上市公司总资产周转率为0.65次，美股上市公司总资产周转率为0.92次，港股总资产周转率为0.65次。美股上市公司总资产周转率仍高于其他两个资本市场上市公司的平均水平，这也来自其较强的应收账款周转能力和存货周转能力（见表6）。

表 6　2019 年中关村上市公司各资本市场营运状况比较

单位：次

资本市场	应收账款周转率	存货周转率	总资产周转率
境内	5.37	4.66	0.65
美股	20.54	17.06	0.92
港股	5.90	10.32	0.65
整体	6.18	6.35	0.68

资料来源：Wind，中关村上市公司协会整理。

（三）2019年中关村上市公司各类资产周转率分布状况分析

1. 2019年中关村上市公司应收账款周转率分布情况

国务院国资委发布的《企业绩效评价标准值 2019》中，全国国有企业全行业口径下，应收账款周转率的评价标准值为：21.6 为优秀值，12.2 为良好值，7.7 为平均值，3.4 为较低值，1.3 为较差值。根据该标准，本文对中关村上市公司应收账款周转率分布情况进行统计，得到以下数据。

剔除 5 家缺乏应收账款周转率数据的企业后，对余下 339 家中关村上市公司分析。2019 年，中关村上市公司中，应收账款周转率低于 1.3 次的企业有 50 家，占中关村上市公司企业总数的 14.75%，这些企业应收账款回收能力较差，应收账款占用企业资金时间过长，造成企业常面临较大资金压力；应收账款周转率在 1.3～3.4 次的企业有 107 家，占中关村上市公司总数的 31.56%，这些企业应收账款回收能力也相对较弱，应收账款占用资金时间相对较长，可能需要承担较多的财务费用；应收账款周转率在 3.4～7.7 次的企业有 101 家，占中关村上市公司总数的 29.79%；应收账款周转率在 7.7～12.2 次的企业有 33 家，占中关村上市公司企业总数的 9.73%，该类企业与全国一般企业平均水平持平或略高于平均水平，应收账款回收能力正常；应收账款周转率在 12.2～21.6 次（不含 21.6 次）的企业有 16 家，占中关村上市公司企业总数的 4.72%；应收账款周转率不小于 21.6 次的企业有 32 家，占中关村上市公司企业总数的 9.44%，该类企业拥有良好的应收账款管理能力，在产业链中也可能属于议价能力较强的一方。

与全国 A 股上市公司进行对比，可见在“<1.3”和“1.3~3.4”的统计组别中，中关村上市公司符合条件的企业数量占比高于全国 A 股，而在其余的组别中，符合相应条件的中关村上市公司企业数量占比均低于全国 A 股对应组别的企业数量占比。这一数据对比结果显示，相较于全国 A 股上市公司，在中关村上市公司这一群体中，更多企业应收账款周转率较低，应收账款回款能力不足。

同时，就中关村上市公司应收账款周转率分布情况来看，仅略超两成的中关村上市公司应收账款周转率处于7.7次的平均值之上，而其余企业均在此值之下，再次说明中关村上市公司普遍应收账款管理能力较弱（见表7）。

表7　2019年全国 A 股及中关村上市公司应收账款周转率分布情况

单位：家，%

	中关村上市公司		全国 A 股	
	数量	占比	数量	占比
<1.3	50	14.75	225	6.15
1.3~3.4	107	31.56	1004	27.45
3.4~7.7	101	29.79	1200	32.80
7.7~12.2	33	9.73	413	11.29
12.2~21.6	16	4.72	295	8.06
≥21.6	32	9.44	521	14.24

资料来源：Wind，中关村上市公司协会整理。

2. 2019年中关村上市公司存货周转率分布情况

剔除37家缺乏应收账款周转率数据的企业外，对余下307家中关村上市公司进行分析。2019年，中关村上市公司中，存货周转率低于2次的企业有36家，占中关村上市公司企业总数的11.73%，这些企业存货流动性较低，占用企业资金时间过长，还可能存在产品销售数量下降的问题；存货周转率在2~4次（不含4次）的企业有58家，占中关村上市公司总数的18.89%，这些企业存货管理能力也相对较弱，存货占用资金时间相对较长，可能需要承担较多的存货管理费用；存货周转率在4~12次（不含12次）的企业有124家，占中关村上市公司总数的40.39%，这些企业平均每月至每季度可出清一次存货；存货周转率在12～24次（不含24次）的企业有28家，占中关村上市公司企业总数的9.12%，该类企业每半月至每月就可出清一次存货，存货周转效率相对较高；存货周转率在24～52次（不含52次）的企业有21家，占中关村上市公司企业总数的6.84%；存货周转率不小于52次的企业有40家，占中关村上市公司企业总数的13.03%，该类企业拥有良好的存货管理能力，或主营业务以提供服务为主，对存货的依赖性较小。

与全国A股上市公司进行对比，可见在“24～52（不含52）”和“≥52”的统计组别中，中关村上市公司符合条件的企业数量占比高于全国A股，而在其余的组别中，符合相应条件的中关村上市公司企业数量占比均低于全国A股对应组别的企业数量占比。这一数据对比结果显示，相较于全国A股上市公司，在中关村上市公司这一群体中，存货周转率较高的企业占比更多，存货管理能力相对较强（见表8）。

表8　2019年全国A股及中关村上市公司存货周转率分布情况

单位：家，%

	中关村上市公司		全国A股	
	数量	占比	数量	占比
<2	36	11.73	486	13.40
2～4	58	18.89	753	20.76
4～12	124	40.39	1625	44.79
12～24	28	9.12	387	10.67
24～52	21	6.84	151	4.16
≥52	40	13.03	226	6.23

资料来源：Wind，中关村上市公司协会整理。

3. 2019年中关村上市公司总资产周转率分布情况

国务院国资委发布的《企业绩效评价标准值2019》中，全国国有企业全行业口径下，总资产周转率的评价标准值为：1.6为优秀值，1.0为良好值，0.5为平均值，0.3为较低值，0.2为较差值。根据该标准，本文对中关村上市公司总资产周转率分布情况进行统计，得到以下数据：

2019年，中关村上市公司中，总资产周转率低于0.2次的企业有33家，占中关村上市公司企业总数的9.59%，这些企业总资产利用效率较差，反映出企业整体营运能力的不足；总资产周转率在0.2~0.3次的企业有47家，占中关村上市公司总数的13.66%，这些企业利用总资产产生收益的能力也相对较弱，利用营业收入收回总资产投资所需时间相对较长；总资产周转率在0.3~0.5次的企业有98家，占中关村上市公司总数的28.49%；总资产周转率在0.5~1次的企业有128家，占中关村上市公司企业总数的37.21%，该类企业与全国一般企业平均水平持平或略高于平均水平，总资产管理效率正常；总资产周转率在1~1.6次的企业有24家，占中关村上市公司企业总数的6.98%；总资产周转率不小于1.6次的企业有14家，占中关村上市公司企业总数的4.07%，该类企业拥有良好的营运能力，并能依靠较强的资产营运效率增加经营绩效。

与全国A股上市公司进行对比，在"<0.2"、"0.5~1"和"1~1.6"的统计组别中，中关村上市公司符合条件的企业数量占比低于全国A股，而在其余的组别中，符合相应条件的中关村上市公司企业数量占比均高于全国A股对应组别的企业数量占比，但从整体来看，二者分布情况没有较为显著的差别。这一数据对比结果显示，中关村上市公司与全国A股上市公司总资产营运能力基本持平（见表9）。

表9　2019年全国A股及中关村上市公司总资产周转率分布情况

单位：家，%

	中关村上市公司		全国A股	
	数量	占比	数量	占比
<0.2	33	9.59	444	11.82
0.2~0.3	47	13.66	354	9.42
0.3~0.5	98	28.49	934	24.81
0.5~1	128	37.21	1560	41.52
1~1.6	24	6.98	325	8.65
≥1.6	14	4.07	140	3.73

资料来源：Wind，中关村上市公司协会整理。

四　结论与建议

通过对中关村上市公司资产、负债结构的分析，可以发现：（1）中关村上市公司整体存货、应收账款和现金在流动资产中的比率较为适中，但美股上市公司整体存货和应收账款占比较少，现金占比较高，这样的分布规律与美股上市公司以互联网型企业为主相关；（2）中关村上市公司固定资产率较低，呈现显著的轻资产运营的特点，企业普遍在厂房和生产设备等固定资产上的投资较少，生产资料多以智力资本为主；（3）整体流动负债率偏高，多数企业债权融资主要依靠流动负债，受限于融资渠道单一，中关村上市公司负债结构较不合理。

同时，针对中关村上市公司偿债能力的分析表明：（1）近年来，中关村上市公司整体资产负债率较为稳定，优于全国平均水平，长期偿债能力较有保障，但部分企业资产负债率过低，未充分利用财务杠杆提升企业绩效，也可能表明企业债权融资能力不足，融资渠道受阻；（2）相较全国 A 股，中关村上市公司现金流量债务比普遍偏低，结合资产负债率分布情况优于全国平均水平的情况，表明中关村上市公司在 2019 年通过经营活动获取现金净流入的能力不足，上市公司营业收入获取的资金回收可能存在困难，进而增加了财务风险；（3）中关村上市公司各主要行业的各项指标与其对应的全国 A 股的相应指标相差均较小，短期偿债能力适中。

而针对中关村上市公司营运能力的分析则得到以下结论：（1）中关村上市公司应收账款周转能力低于全国 A 股平均水平，主要源于近年来企业融资渠道收缩，上游企业加强了对商业信用的依赖，造成下游企业以应收账款的形式确认营业收入的趋势更为明显；（2）存货周转率和总资产周转率整体均优于全国 A 股，尤其美股上市公司显示出较强的营运能力。

针对上述结论，并结合 2019 年及 2020 年经济发展环境特征，本文提出以下建议。

上市公司及相关部门应扩充企业融资渠道，除完善上市公司股权融资方式外，还应该发展债券市场融资、租赁融资、银行长期贷款产品等长期债券融资渠道，防止企业过度依赖短期银行贷款和商业信用等流动负债，出现过度的短债长用，增加企业乃至金融市场系统性的财务风险。

上市公司应建立长期有效的应收账款管理机制，在经济下行压力增大，企业经营业绩普遍下滑的当下，上市公司不应为了营业收入的增长，盲目扩大商业信用政策，增加应收账款数量，这可能进一步增加上市公司财务压力，损害上市公司的健康发展。

营运资本管理关系企业偿债能力和营运能力，企业管理层应在财务管理中，充分重视对营运资本的管理。采取制定适宜的信用政策、优化存货采购和存储量、合理利用商业信用融资手段等措施，将营运资本数量、应收账款周转效率、存货周转效率等控制在最优水平，保证企业财务状况的充分流动性和安全性，实现营运资本的高效运转，进而提升公司经营绩效。

参考文献

国务院国资委考核分配局：《企业绩效评价标准值 2019》，经济科学出版社，2019。

B.4

2019年中关村境内上市公司治理能力研究报告

中关村上市公司协会研究部

摘　要： 企业的长远发展离不开合理高效的公司治理结构，从公司治理能力的角度探究中关村上市公司的竞争力，将丰富以短期经营绩效为主要依据的评判结果，对中关村上市公司的竞争力做出较为全面的呈现。本文从股权结构、董事会结构和管理层激励三个角度探究中关村上市公司的治理情况，发现以下结论：主板上市公司股权集中度更高，股权制衡度更低，而创业板上市公司则与之相反；机构持股比例较全国A股尚有差距；主板上市公司董事会结构更完善，董事会规模比其他三个板块更大，独立董事人数更多，董事会领导结构相对更成熟。

关键词： 中关村上市公司　公司治理　股权结构　董事会结构

一　引言

自从“公司治理”的概念在《现代公司与私有财产》中被提出以后，学术界及企业界对此展开了长期的研究。由于现代企业的所有权和控制权是分离的，这样的经营模式就将公司治理的研究核心集中在“委托－代理”问题。从现有的研究来看，吴敬琏（1994）提出，基于“委托－代理”问题，股东、董事会和高级经理人员三者组成了公司治理的结构。在此基础上，学者普遍认为与股东有关的股权结构、与决定董事会作用有关的董事会结构及管理层激励是公司治理结构的研究对象。

在公司治理结构的三项组成中，股权结构是公司治理的关键问题，对于股权偏向分散的股权结构，股东参与企业经营管理与监督管理层的意愿较小，可能造成股东与管理层之间的“委托－代理”问题；对于股权略偏集中的股权结构，大股东有更大的可能实现对企业的绝对控制，大股东的权利无法得到有效约束，就难以避免大股东对企业的“掏空”行为，从而出现大股东侵害小股东利益的情况。而董事会在公司治理结构下扮演双重角色，一方面需要代表所有股东，对管理层的工作表现进行考核、激励与监督，另一方面作为企业的核心权力机构，掌握企业实际控制权力，董事会领导结构过于集中，会出现一系列因为专权产生的问题，所以，探究董事会质量、董事会独立性如何提升的研究，将有助于保护中小股东利益、提高企业业绩表现。“委托－代理”问题作为公司治理的核心问题，管理层激励是解决该问题的一大关键，设置激励手段能够在一定程度上缓解股东与管理层的利益冲突，使二者的目标达成一致，有助于实现股东对经理人的监督与制衡，提升企业经营绩效，实现股东利益最大化。

企业的长远发展离不开合理高效的公司治理结构，特别是面向公众的上市公司，面对着更加严格的公司治理结构的要求。探究中关村上市公司的公司治理能力，能够丰富以短期经营所呈现的财务数据为主要依据的研究结果，有助于立体化地呈现中关村上市公司的竞争力。

本文从股权结构、董事会结构和管理层激励三个层面研究中关村上市公司的公司治理情况，并对不同板块的上市公司进行横向对比，探究了不同发展阶段的中关村上市公司治理结构特征，并为促进其公司治理能力提升提出相应建议。

二　2019年中关村上市公司股权结构分析

股权结构奠定公司治理机制基础，股权集中度与股权制衡度可以评判公司股权分布情况，机构持股情况则侧面反映专业性较强的股东对企业经营的参与意愿。

（一）股权集中度分析

股权集中度反映大股东利益在股东整体利益中的占比，能够体现大股东对企业经营的控制程度和“掏空”企业的意愿大小。已有的国内外文献中，通常以第一大股东持股比例、赫芬达尔指数等作为股权集中度的评价指标，本文亦从这两个指标来呈现中关村上市公司股权集中度。

1. 中关村上市公司第一大股东持股比例情况

根据《中华人民共和国公司法》规定，当股东持有超过 34% 的股权，对于影响公司生存的重大事项，该股东就具有了一票否决权，称为否决性控股；而当股东持有超过 50% 的股权时，该股东将对公司中相对重要事宜具有决定性影响；股东达到绝对控制线时，其持股需要超过 67%，该股东将对于需要 2/3 以上票数支持的重大决策具备主导地位。按照以上法律规定进行分段统计，得到以下中关村上市公司第一大股东持股比例情况。

在中关村上市公司中，第一大股东持股比例在 34% 以下的企业有 163 家，占企业总数的 65. 20%；持股比例在 34% ~50% 的企业家数为 59 家，占比 23. 60%；第一大股东持股比例处于 50% ~67% 的企业有 23 家，占比 9. 20%；持股比例不小于 67% 的企业共 5 家，占比 2. 00%。可见，多数中关村上市公司第一大股东持股比例低于 34%。

同时，从不同板块来看，中关村主板上市公司中第一大股东持股比例较低的上市公司占比相对较低，而创业板上市公司第一大股东持股比例低于 34% 的上市公司数量最多。如不考虑数量偏少的中关村科创板上市公司整体状况，从创业板、中小板、主板的第一大股东持股比例的变化情况可以看出，第一大股东股权集中度随着企业规模的变大而逐渐集中化。出现这种情况的原因可能在于：部分中关村主板上市公司为国有企业，这类企业的第一大股东持股比例都相对较高（见表 1）。

2. 中关村上市公司赫芬达尔指数分布情况

根据中关村上市公司赫芬达尔指数的分布情况可知，2019 年，中关村上市公司股权赫芬达尔指数主要集中在小于 0. 2 的区间，占比 78. 00%；其

表1 2019年中关村上市公司第一大股东持股比例对比

单位：家，%

第一大股东持股比例	中关村上市公司		主板		中小板		创业板		科创板	
	数量	占比	数量	占比	数量	占比	数量	占比	数量	占比
<34%	163	65.20	40	43.48	35	72.92	82	82.83	6	54.55
34%~50%	59	23.60	32	34.78	9	18.75	15	15.15	3	27.27
50%~67%	23	9.20	15	16.30	4	8.33	2	2.02	2	18.18
≥67%	5	2.00	5	5.43	0	0.00	0	0.00	0	0.00

资料来源：Wind，中关村上市公司协会整理。

次为“0.2~0.5”，共51家企业，占比20.40%；而处于“0.5~0.8”的中关村上市公司仅4家，占比1.60%；在中关村上市公司中不含有赫芬达尔指数高于0.8的公司。根据赫芬达尔指数的定义，该指数越高表示股权集中度越高，当该数值达到1，为最高。而中关村上市公司的数据表明，多数中关村上市公司前五大股东的股权集中度较低，不存在前五大股东股权集中度极高的情况。

从不同板块的上市公司赫芬达尔指数的分布情况来看，主板相较于中小板和创业板上市公司，其有较高赫芬达尔指数的上市公司占比依然更多，表明主板上市公司前五大股东股权集中度也有偏高的趋势。但对于中小板和创业板的中关村上市公司，均是85%以上的上市公司赫芬达尔指数小于0.2，表明大多数在这两个板块上市的公司股权集中度较低（见表2）。

表2 2019年中关村上市公司赫芬达尔指数对比

单位：家，%

赫芬达尔指数	中关村上市公司		主板		中小板		创业板		科创板	
	数量	占比	数量	占比	数量	占比	数量	占比	数量	占比
<0.2	195	78.00	54	58.70	42	87.50	92	92.93	7	63.64
0.2~0.5	51	20.40	34	36.96	6	12.50	7	7.07	4	36.36
0.5~0.8	4	1.60	4	4.35	0	0.00	0	0.00	0	0.00
≥0.8	0	0.00	0	0.00	0	0.00	0	0.00	0	0.00

资料来源：Wind，中关村上市公司协会整理。

（二）股权制衡度分析

股权制衡是指几个大股东利用各自掌握的股权，实现内部牵制和相互监督。国内外现有文献都以 Z 指数来表示股权制衡度，即将第二到第五大股东持股比例之和与第一大股东持股比例相比较，此指标能够反映企业中其他大股东对第一大股东的制约能力。目前已有研究指出了股权制衡对于企业发展的双向作用。一方面，在缺乏股权制衡的公司中，控股股东一股独大，会存在控股股东侵犯其他股东利益的风险，因而，股权制衡在一定程度上保护了中小股东的利益；另一方面，股权制衡也可能表示企业的股权过度分散，大股东对企业的控制缺失，导致管理层不尽职等问题。

对中关村上市公司股权制衡度的分布情况进行分析，可以发现 34.40% 的中关村上市公司股权制衡度较高，第二至第五大股东对第一大股东的约束力较强；而 31 家（占比 12.40%）中关村上市公司股权制衡度低于 0.2，第二大至第五大股东对第一大股东的权力影响较小。

同时，分不同市场板块来看，主板各股权制衡度统计阶段上市公司数量分布相对均匀，表明中关村主板上市公司各种股权制衡度的企业分布较均匀；中小板和创业板均呈现股权制衡度越高，企业数量占比也就越高的趋势，这表明，在这两个板块中，多数企业股权制衡度相对较高。而对于科创板，由于数量较少，没有明显的分布规律，但数据也显示其中并没有股权制衡度过低的企业，表明目前的股权制衡度整体相对合理（见表 3）。

表 3　2019 年中关村上市公司股权制衡度对比

单位：家，%

股权制衡度	中关村上市公司		主板		中小板		创业板		科创板	
	数量	占比	数量	占比	数量	占比	数量	占比	数量	占比
<0.2	31	12.40	21	22.83	5	10.42	5	5.05	0	0.00
0.2～0.5	57	22.80	25	27.17	6	12.50	22	22.22	4	36.36
0.5～1	76	30.40	26	28.26	16	33.33	31	31.31	3	27.27
≥1	86	34.40	20	21.74	21	43.75	41	41.41	4	36.36

资料来源：Wind，中关村上市公司协会整理。

（三）机构持股比例分析

对于企业而言，机构投资者在带来资金加持的同时，往往也可以凭借其专业性，在企业经营管理方面带来支持资源。研究表明，机构投资者持股有助于构建更为规范的公司治理结构，对于企业的发展是一种积极的存在，且持股比例越高，机构投资者越有意愿参与公司的经营管理和监督董事会，从而有助于提高公司治理水平。

对中关村上市公司与全国 A 股上市公司的机构持股比例分布情况进行对比，可以发现，机构持股比例低于 30% 的中关村上市公司占比较全国 A 股在此阶段的企业占比更高，而机构持股比例高于 30% 的组别中，则是全国 A 股上市公司数量占比更大。这表明中关村上市公司的机构持股比例在整体上略低于全国 A 股的整体水平。因为机构持股比例与其对企业的正向作用之间存在正向相关关系，所以，中关村上市公司应该增加适量的机构持股（见表 4）。

表 4　全国 A 股与中关村上市公司机构持股比例对比

单位：家，%

机构持股比例	中关村上市公司		全国 A 股	
	数量	占比	数量	占比
<10%	61	24.40	674	17.94
10% ~30%	62	24.80	854	22.73
30% ~50%	62	24.80	976	25.98
50% ~70%	45	18.00	892	23.74
≥70%	20	8.00	361	9.61

资料来源：Wind，中关村上市公司协会整理。

三　董事会结构

董事会是执行公司治理的核心与关键。现有研究集中在董事会规模、独立董事制度和董事会领导结构三个方面。其中，董事会规模具有两面性，一方面，董事会规模过大，董事意见就难以统一，其应对市场变化的决策速度相应会受影响；另一方面，董事会规模较大，董事来自不同利益群体，可以为企业带来更多外部资源。董事会领导结构，即公司董事长与总经理是否为同一人，此项亦存在双向影响，领导结构集中能够使董事会更快做出决策，但同时也增加了专制性风险和决策失误风险。独立董事理论上属于外部董事，与公司内部董事不存在利益的瓜葛，具有相对的独立性，因而独立董事的设立有助于监督董事会决策合规性，保护其他利益相关者权益；同时，独立董事通常是企业经营管理领域的资深人士，也能为董事会的决策提供专业指导。综上所述，本文选择董事会规模、董事会领导结构和独立董事制度三个层面呈现中关村上市公司董事会结构情况。

1. 中关村上市公司董事会规模情况分析

本文以董事会人数这一指标代表中关村上市公司的董事会规模。整体来看，13 家（占比 5.20%）中关村上市公司董事会人数少于或等于 5 人；75 家（占比 30.00%）中关村上市公司董事会人数在“5 ~ 7 人”；140 家（占比 56.00%）中关村上市公司董事会人数在“7 ~ 9 人”；22 家（占比 8.80%）中关村上市公司董事会人数高于 9 人。以上数据显示，超过半数中关村上市公司董事会人数在 7 ~ 9 人，董事会规模相对适中。

从不同板块的董事会规模分布来看，主板超过六成的上市公司董事会人数在 7 ~ 9 人，而这一比例在中小板和创业板逐渐降低。同时，“≤5 人”和“5 ~ 7 人”两个组别的上市公司数量占比则在主板、中小板和创业板中依次升高。可见，董事会规模与企业规模也存在一定的正向关系（见表 5）。

2. 中关村上市公司独立董事情况分析

根据《中华人民共和国公司法》的规定，独立董事是指不在公司担任除董事外的其他职务，并与其所受聘的上市公司及其主要股东不存在可能妨碍其进行独立客观判断关系的董事。这一定义预示着独立董事需要在董事会中保持独立性，也预示着由于自身利益不受企业及董事会干涉，独立董事可以保持客观的判断与公正的监督。可见，独立董事制度是一项对董事会的重

表 5　2019 年中关村上市公司董事会规模对比

单位：家，%

董事会人数	中关村上市公司		主板		中小板		创业板		科创板	
	数量	占比	数量	占比	数量	占比	数量	占比	数量	占比
≤5 人	13	5.20	2	2.17	2	4.17	9	9.09	0	0.00
5~7 人	75	30.00	18	19.57	13	27.08	40	40.40	4	36.36
7~9 人	140	56.00	58	63.04	28	58.33	47	47.47	7	63.64
>9 人	22	8.80	14	15.22	5	10.42	3	3.03	0	0.00

资料来源：Wind，中关村上市公司协会整理。

要监督制度，也是完善公司治理结构的重要措施。现有的实证研究也多表明，公司独立董事人数与公司绩效正相关。

从不同板块的中关村上市公司独立董事人数的分布来看，不论是主板、中小板、创业板还是科创板，独立董事人数主要都是 3 人。同时，主板在独立董事人数为不少于 4 人的组别中，企业数量占比更多；而创业板则在独立董事人数为 2 人的组别企业数量占比最多。这一方面显示出创业板上市公司独立董事人数设置较主板上市公司普遍偏少，另一方面也表明，独立董事设立与企业规模和企业实力相关，对于规模更大的主板上市公司，独立董事的人数设置也偏向于更多。

而在设置了独立董事的企业中，独立董事人数多以 3 人为主，这一现象也主要源自我国《公司法》对独立董事应当至少占董事会成员的 1/3 的法律规定。对于成熟的企业，董事会多以 9 人为主，也就预示着独立董事至少为 3 人（见表 6）。

3. 中关村上市公司董事会领导结构分析

董事长和总经理分别代表所有股东意志的代表人和管理层的领导者，二者是否由同一主体担任就决定了董事会的领导结构。在董事长和总经理为同一人的情况下，股东与经理层的利益在董事长的统一管理下实现趋同，便于董事会决策的执行。但在这种情况下，董事长与总经理的权力集中于同一主

表6　2019年分板块中关村上市公司独立董事人数分布情况

单位：家，%

公司独立董事人数	项目	主板	中小板	创业板	科创板
2人	数量	3	3	11	0
	占比	3.26	6.25	11.11	0.00
3人	数量	70	39	82	11
	占比	76.09	81.25	82.83	100.00
4人	数量	15	5	6	0
	占比	16.30	10.42	6.06	0.00
4人以上	数量	4	1	0	0
	占比	4.35	2.08	0.00	0.00

资料来源：Wind，中关村上市公司协会整理。

体，公司的成长与发展依赖于一个人的决策与利益导向，可能发生过度控制、决策失误、利益侵占等问题。以上理论分析表明，董事长与总经理为同一主体对企业的发展是一把双刃剑，企业应该根据自身条件设置适宜于董事会领导结构的监督机制，防止相应风险的发生。

从整体来看，中关村上市公司中有36%的董事长与总经理为同一人，这一占比相对较少，多数上市公司董事会领导结构还是实现了董事长与总经理二职的分离。分板块来看，董事长与总经理为同一人的情况下，主板上市公司数量占比最少，而科创板占比最多，达到81.82%。同时，这一占比的变化也是随着企业的成熟度和企业的规模逐渐变化的，即成熟度越高的上市公司板块，董事长与总经理二权分离的现象越明显（见表7）。

表7　2019年中关村上市公司董事会领导结构对比

单位：家，%

董事长和总经理是否为同一主体	中关村上市公司		主板		中小板		创业板		科创板	
	数量	占比	数量	占比	数量	占比	数量	占比	数量	占比
是	90	36.00	20	21.74	12	25.00	49	49.49	9	81.82
否	160	64.00	72	78.26	36	75.00	50	50.51	2	18.18

资料来源：Wind，中关村上市公司协会整理。

根据两权分离理论，随着企业的不断壮大，聘请专业的经理人对公司进行管理是不可避免的趋势，与之相伴随的便是董事长与总经理两种权利的分离。因此，在中关村上市公司这一群体中，能够观察到，在主板上市的公司普遍达到成熟期，其董事会领导结构的分离情况也就越明显，而对于创业板和科创板这些以成长期上市公司为主的板块，董事长与总经理为同一人的现象则更明显。同时，虽然现阶段董事长与总经理两者合一的董事会领导结构能够满足部分成长期上市公司此阶段的需求，但也应该重视对董事会领导结构的完善与规范，逐步引入专业经理人对公司进行管理。

四　管理层激励

基于“委托－代理”理论，一般认为管理层与股东之间会因为利益不一致，甚至利益矛盾，出现管理层不尽职、管理层侵害股东利益等行为。因此，股东需要通过一系列的激励手段，使管理层的利益能够与股东的利益趋同，避免上述风险的发生。本文从管理层薪酬与营业收入占比的角度，对中关村上市公司管理层激励情况进行了初步分析。

2019 年，中关村上市公司平均管理层薪酬/营业收入为 0.06%，而分板块来看，主板这一比值最小，为 0.03%；科创板这一比值最高，为 1.39%。同时，从主板到科创板，这一比值也在随着上市公司整体生命周期的变化而不断增长。这样的现象，可以初步由以下两方面进行解释：一方面，从主板到科创板，尤其企业所处生命周期不同，企业收入规模也不同，科创板营业收入较低，所以在该比值中更易得到较大的数值；另一方面，成长期的企业更注重人才对企业发展的价值，而成熟期的企业则已经形成较为成熟的管理体系，管理人才对企业的影响相应有所减少，因此，创业板、科创板的上市公司愿意付出更多成本激励公司管理人才，以更好地提升公司业绩（见图 1）。

从管理层薪酬/营业收入的具体数据分布来看，中关村上市公司整体中，73 家（占比 22.60%）该比值小于 0.2%；75 家（占比 23.22%）该比值处于“0.2%～0.5%”；64 家（占比 19.81%）该比值处于“0.5%～1%”；

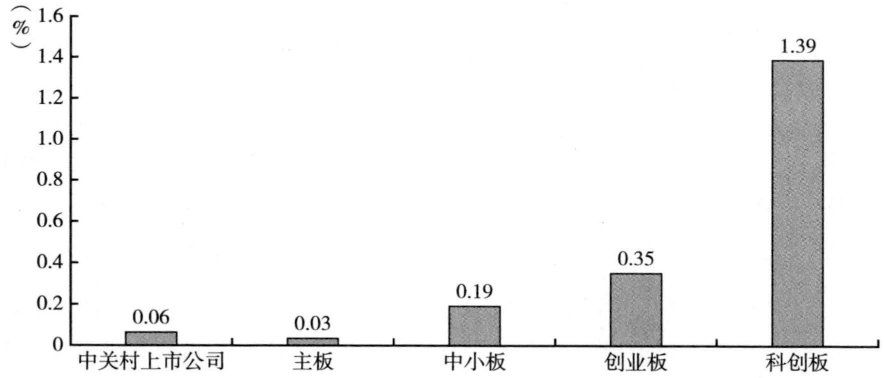

图1　2019年中关村上市公司管理层薪酬占营业收入比值情况

资料来源：Wind，中关村上市公司协会整理。

95家（占比29.41%）该比值处于“1%～2%”；另有16家（占比4.95%）该比值高于2%。以上数据显示，除该比值高于2%的组别外，其余统计组别公司数量占比相对均匀，其中比值在“1%～2%”的较多。从不同板块的分布情况来看，该比值的分布变化亦与板块的变化存在明显关联。主板上市公司管理层薪酬/营业收入的数值主要集中在低于0.5%的阶段，而中小板也集中在低于0.5%的阶段，只是在“0.2%～0.5%”统计组别中数量占比较大，创业板上市公司的该比值则主要集中在“0.2%～1%”（见表8）。

表8　2019年中关村上市公司管理层薪酬与营业收入比值分布情况

单位：家，%

	中关村上市公司		主板		中小板		创业板		科创板	
	数量	占比	数量	占比	数量	占比	数量	占比	数量	占比
<0.2%	73	22.60	42	45.65	18	37.50	12	12.12	1	9.09
0.2%～0.5%	75	23.22	25	27.17	18	37.50	32	32.32	0	0.00
0.5%～1%	64	19.81	18	19.57	8	16.67	36	36.36	2	18.18
1%～2%	95	29.41	5	5.43	2	4.17	12	12.12	3	27.27
≥2%	16	4.95	2	2.17	2	4.17	7	7.07	5	45.45

资料来源：Wind，中关村上市公司协会整理。

五 结论与建议

综合以上分析，针对中关村上市公司治理能力的研究可得出以下结论。

其一，中关村主板上市公司股权集中度更高，股权制衡度更低，而创业板上市公司则与之相反；其二，中关村上市公司机构持股比例整体较全国 A 股尚有差距，机构持股比例相对较低；其三，中关村主板上市公司董事会结构更完善，董事会规模整体比其他三个板块更大，独立董事人数更多，董事会领导结构相对更成熟。

针对上述结论，提出以下相关建议。

首先，坚持股权适度集中，增强大股东责任感。对于创业板和中小板的部分处于成长期的中关村上市公司，为保证大股东积极参与和监督企业经营管理，同时使公司能够迅速决策应对快速变化的环境，应鼓励其适当增加自身股权的集中度。同时也要注意对中小股东利益的保护，增强大股东对企业、对其他利益相关者的责任感，提高大股东理性经营企业的意愿。

其次，增强机构关注度，提升机构持股比例。上述研究结果表明，中关村上市公司在机构持股比例这一数值中整体低于全国 A 股整体情况。而增加机构持股有利于企业引入专业机构相应资源，也有利于避免因投机行为造成的股价大幅波动。因此，中关村上市公司应该加强与机构投资者的交流，与关注企业成长的财务投资者及战略投资者达到深度接触，为企业的进一步发展引入资本市场的助推力。

最后，加强董事会结构的完善，保证治理水平符合发展需要。从董事会规模、独立董事设置情况和董事会领导结构可以看出，中小板、创业板及科创板部分中关村上市公司的董事会结构设置相对不够完善，虽然目前的董事会结构基本可以满足面向公众企业公司治理相关法规要求，满足其自身的发展需要，但更为完善的董事会结构有利于提升董事会决策能力，进而促进企业经营业绩的提升。因此，对于这些中关村上市公司，如想获得更长远的发展，还应当不断完善董事会结构的设置，及时根据企业发展需求的反馈，调整适宜的董事会规模，引入必要的职业经理人，降低因董事会领导权力过于集中形成的个人能力依赖、过度决策等风险。

参考文献

吴敬琏：《现代公司与企业改革》，天津人民出版社，1994。

牛春平：《创业板股权结构和公司绩效相关性实证分析》，《经济师》2012 年第 11 期。

吴格：《创业板上市公司股权结构特征及其与公司绩效关系》，《财会通信》2012 年第 7 期。

何宋勇：《新三板公司股权结构与公司绩效的关系研究》，《中小企业管理与科技》2017 年第 3 期。

B.5
2019年中关村上市公司创新能力研究报告

中关村知识产权促进局

摘　要： 本报告从研发投入和创新产出两个维度对中关村上市公司创新能力进行了分析研究。研究结论显示，中关村近五年的创新投入和创新产出持续增长，企业创新成果丰硕、创新能力攀升且知识产权保护意识增强。2019年中关村上市公司持续激发企业的创新活力，专利授权量稳步提升，中关村上市公司创新能力突出、创新研发水平较高。

关键词： 中关村上市公司　研发投入　创新产出

一　创新投入情况

（一）研发投入变化情况

创新能力作为现代企业核心竞争力之一，研发投入必然使企业产品避免同质化竞争，增强企业的核心竞争力。研发强度的增加牺牲企业的短期利润，但可以起到加固企业护城河的作用。研究表明，研发的平均强度达到2%才具备基本生存的条件。而通过对10余家研发强度较高的世界级企业近些年的研发数据分析得出，全球范围内相对较高的研发强度是处于10%以上。

2019年，披露研发费用的中关村上市公司有314家（占中关村上市公司总量的91.28%），这314家上市公司研发费用合计1969亿元，同比上涨22.15%；平均研发强度3.65%，同比增长0.26个百分点，远高于2019年全社会平均研发强度2.19%。对276家连续两年披露研发费用的中关村上市公司进行具体分析，2019年，持续披露研发费用的企业营业收入规模为51833.97亿元，同比增长13.36%，研发费用规模为1857.85亿元，同比增长21.76%，研发费用的增长幅度远高于营业收入的增长幅度，表明中关村上市公司无惧经济下行的压力，持续打造内在竞争力（见图1）。

图1　2015～2019年中关村上市公司研发投入变化情况

资料来源：Wind，中关村上市公司协会整理。

披露研发费用的314家中关村上市公司中，82家公司（占比26.11%）的研发强度在10%以上；86家公司（占比27.39%）的研发强度在5%～10%；90家企业（28.66%）的研发强度处在2%～5%；56家企业（占比17.83%）的研发强度处在2%以下。可以看出，中关村上市公司整体保持较高的研发投入力度，其中80%的公司能达到国际基本生存的标准，25%的上市公司研发投入力度达到国际较高的水平（见图2）。

（二）研发费用和研发强度排名状况

2019年研发费用排名前30的中关村上市公司的研发费用总和达到

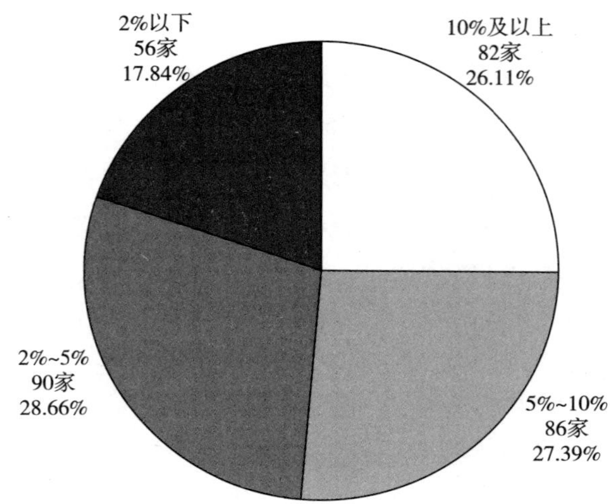

图2　2019 年中关村上市公司研发强度分布状况

资料来源：Wind，中关村上市公司协会整理。

1577.02 亿元，占中关村上市公司总研发费用的 80.09%。其中，研发费用超过百亿元的企业有 5 家，分别是百度（183.46 亿元）、中国铁建（165.28 亿元）、中国中铁（165.11 亿元）、京东（146.19 亿元）、中国交建（125.92 亿元）。从行业分布来看，研发费用进入前 30 名的企业主要聚集在信息技术行业（18 家），其余分散在工业行业（7 家）、可选消费行业（4 家）、医疗保健行业（1 家）。

2019 年研发强度排名前 30 的中关村上市公司的研发强度均超过 18%，其中，研发强度超过 30% 的企业有 8 家，分别是百济神州（216.56%）、国双（98.12%）、东方网力（83.23%）、四维图新（51.50%）、信威集团（47.70%）、金山办公（37.91%）、北大青鸟环宇（36.35%）、宝宝树集团（31.23%）。

从行业分布来看，研发强度进入前 30 名的企业主要集中在信息技术行业（25 家），其余分散在医疗保健行业（2 家），工业行业（1 家），可选消费行业（2 家）。相比研发费用排名和研发强度排名两个榜单，可看出，研发费用和研发强度较高的企业主要集中在信息技术行业，主要原因系技术壁垒是信息技术行业的主要竞争力之一。此外，百济神州、搜狐、金山软件、用友网络、四维图新、中国软件这 6 家上市公司同时位列研发投入和研发强度排名前 30（见图 3、图 4）。

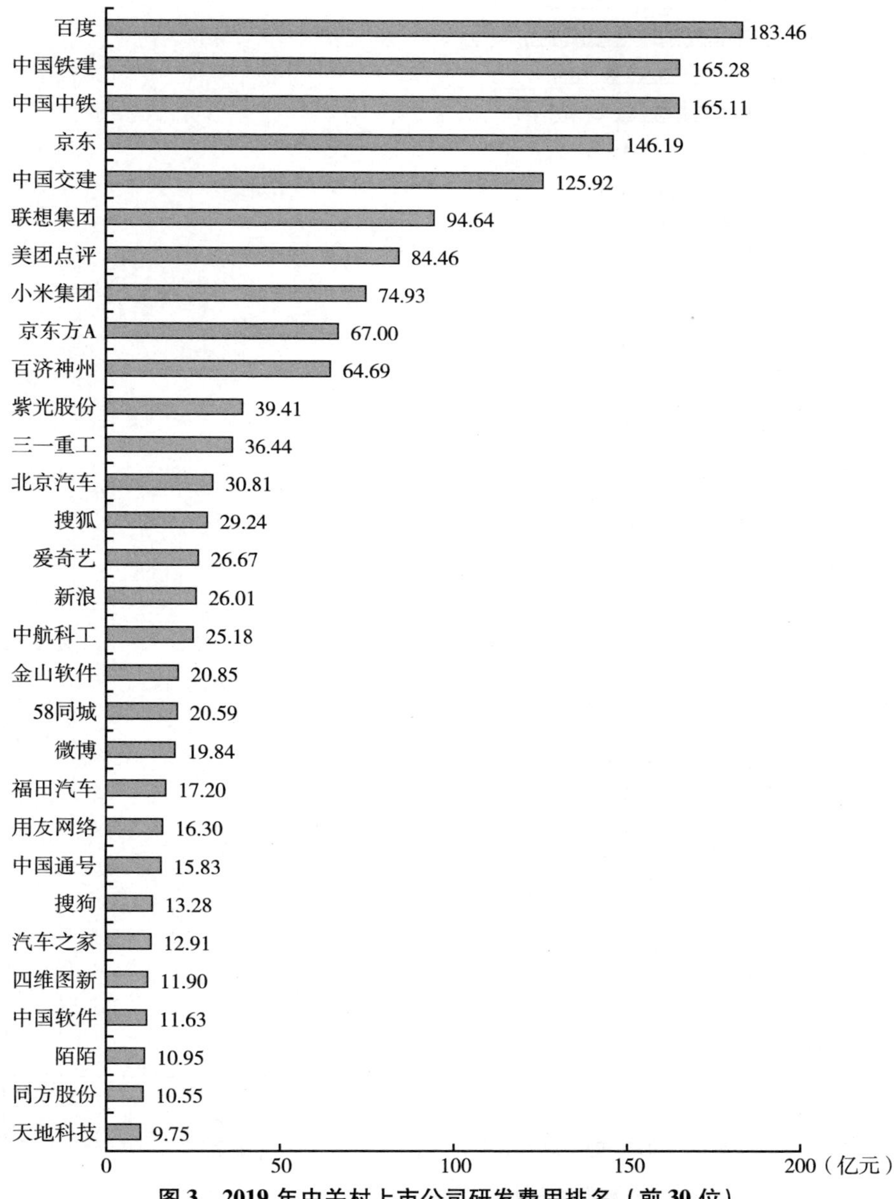

图 3　2019 年中关村上市公司研发费用排名（前 30 位）

资料来源：Wind，中关村上市公司协会整理。

图4　2019年中关村上市公司研发强度排名（前30位）

资料来源：Wind，中关村上市公司协会整理。

（三）研发费用和研发强度行业分布状况

根据 Wind 行业分类，2019 年中关村上市公司中，研发费用最多的三大行业为信息技术、工业和可选消费行业，分别是 905.59 亿元、616.72 亿元、309.48 亿元。这三大行业的研发费用合计为 1831.79 亿元，占总研发费用的 93.05%。从各行业的平均研发费用情况来看，可选消费、工业、信息技术三大行业的平均研发费用显著高于其他行业。从各行业的平均研发强度来看，医疗保健、信息技术、电信服务三大行业平均研发强度明显高于其他行业，其研发强度依次为 8.22%、6.97%、5.13%。平均研发强度比较高的三个行业中，电信服务只有 2 家，因此电信行业受个别企业研发强度影响过大。所以整体讲，医疗保健和信息技术两个行业平均研发强度较大且具有参考性，这两个行业技术壁垒较高、对技术积累有一定的要求（见表 1、图 5、图 6）。

表 1　2019 年中关村上市公司各行业研发费用及研发强度状况

行业	研发费用(亿元)	平均研发费用(亿元)	平均研发强度(%)	企业数量(家)
信息技术	905.59	6.66	6.97	136
工业	616.72	8.11	2.32	76
可选消费	309.48	8.14	2.96	38
医疗保健	97.56	3.25	8.22	30
材料	20.44	1.36	1.24	15
能源	9.85	1.97	2.14	5
日常消费	6.25	1.25	1.66	5
电信服务	1.92	0.96	5.13	2
公用事业	0.81	0.16	0.52	5
房地产	0.04	0.04	0.22	1
金融	0.01	0.01	0.09	1
整体	1968.68	6.27	3.65	314

资料来源：Wind，中关村上市公司协会整理。

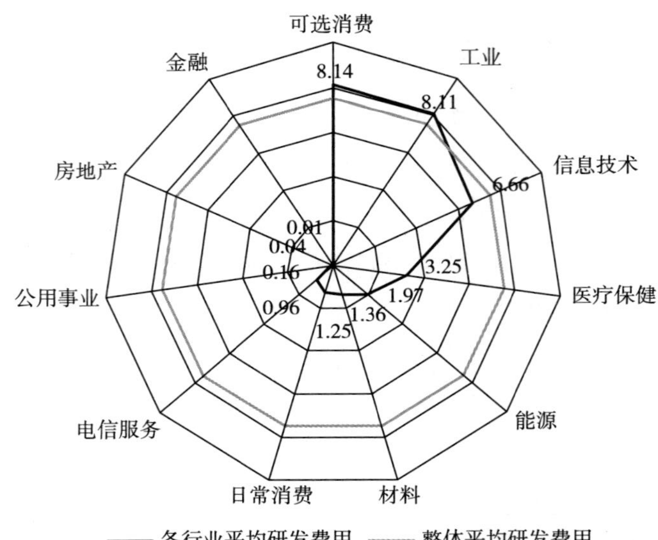

图 5　2019 年中关村上市公司各行业平均研发费用状况（亿元）

资料来源：Wind，中关村上市公司协会整理。

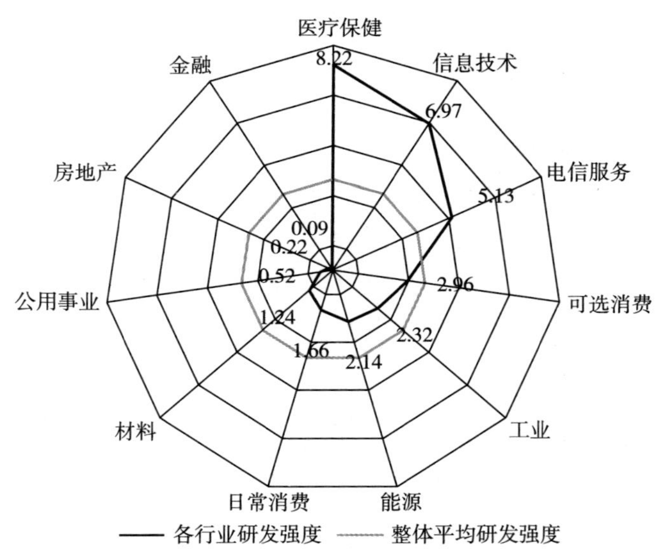

图 6　2019 年中关村上市公司各行业平均研发强度状况（%）

资料来源：Wind，中关村上市公司协会整理。

（四）研发投入与盈利能力的关系分析

通过研究中关村上市公司的研发强度与盈利能力之间的联系，显示出企业的毛利率随着研发强度的增加而提升，表明在合理研发强度的情况下，企业毛利率与研发强度呈明显的正相关关系。从不同研发强度下的中关村上市公司连续五年的毛利率水平来看，研发强度处于2%以下的企业毛利率整体相对较低，研发强度大于10%的企业对应的毛利率整体高于其他组别。以上变化表明，合理的研发投入是决定企业盈利能力的关键因素，企业应当结合自身情况做出合理的研发决策，适当地增加研发投入，使研发投入所带来的价值贡献最大化（见图7）。

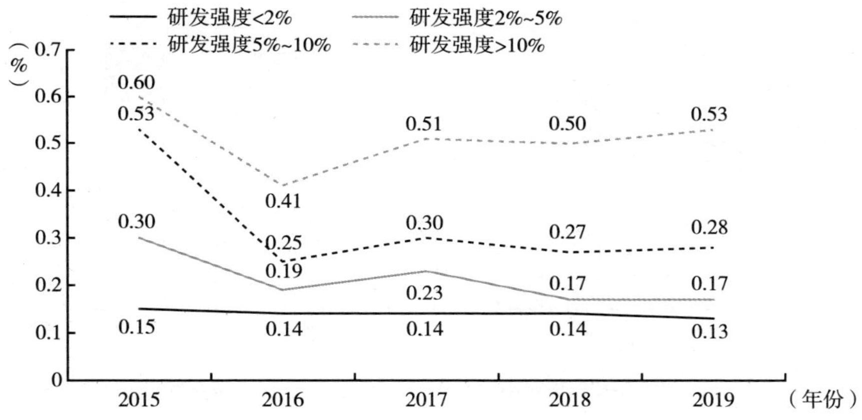

图7　2015～2019年中关村上市公司研发强度与毛利率的关系

资料来源：Wind，中关村上市公司协会整理。

二　创新产出情况

（一）专利申请及排名状况

专利申请量是指被专利机构所受理的专利数量，是发明专利申请量、实用新型专利申请量和外观设计专利申请量之和。其中，发明专利在三类专利当中审查周期和保护年限最长。企业专利申请数量越多，反映企业的创新能力越高，技术发展活动越活跃。2019 年，180 家中关村境内上市公司进行了专利申请，专利申请量合计 9660 件，同比增长 2.90%。平均每家企业的专利申请量为 53.67 件，较 2018 年的 52.98 件，增加 0.69 件，其中有 24 家企业专利申请量高于平均值。共 165 家企业申请了 7030 件发明专利（占专利申请量的 72.77%）。平均每家企业申请了 42.60 件发明专利。该组数据表明 2019 年中关村境内上市公司寻求专利保护的积极性持续提高（见图 8）。

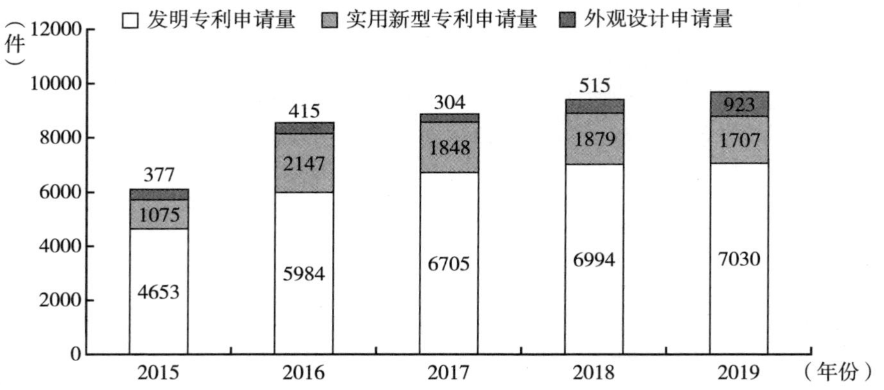

图 8　2015～2019 年中关村境内上市公司专利申请量状况

资料来源：中关村知识产权促进局、中关村上市公司协会整理。

2019 年中关村境内上市公司专利申请量排名前 10 的企业共申请 6408 件专利，占当年总申请量的 66.34%。这 10 家企业分别是京东方、福田汽车、航天信息、大豪科技、交控科技、广联达、华电重工、兆易创新、掌阅科技、万集科技。

其中京东方专利申请量为 4589 件，占中关村境内上市公司专利申请总量的 47.51%，远远领先福田汽车、航天信息等排名其后的企业专利申请量。专利申请量的分布方式呈现显著的集中化，也说明中关村的个别上市公司拥有卓越的科技创新能力，不仅是各自细分领域的龙头，对整个中关村区域科技创新水平起到示范作用（见图9）。

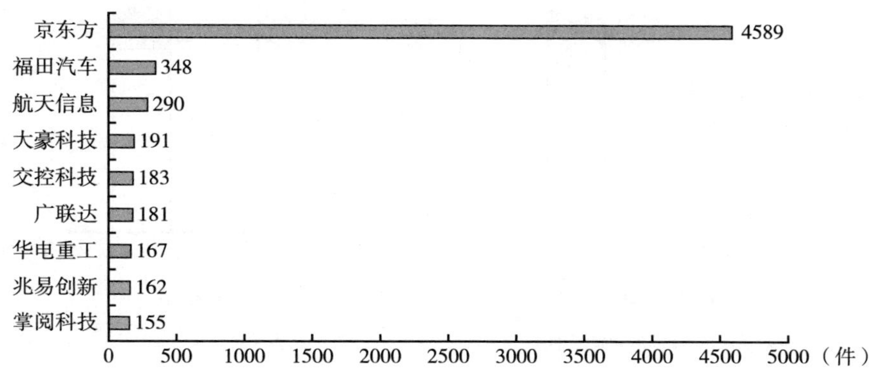

图9　2019 年中关村境内上市专利申请量排名（前 10 位）

资料来源：中关村知识产权促进局、中关村上市公司协会整理。

（二）专利授权量

企业专利授权量指由专利行政部门授予专利权的件数，是发明、实用新型、外观设计三种专利当年授权数之和。企业专利授权数量是测量企业在技术研发、技术创新方面的能力、水平和质量的重要指标。2019 年，共 171 家中关村境内上市公司企业获得了专利授权，专利授权量合计达到 6104 件，同比增长 11.22%。平均每家企业拥有 35.70 件专利授权，13 家企业专利授权量高于平均值。其中，共 126 家企业获得了 3894 件发明专利授权（占专利授权总量的 63.79%），平均每家企业获得 30.90 件发明专利。实用新型专利授权较上年小幅下降，外观设计专利授权显著增加（见图 10）。

2019 年，中关村境内上市公司企业专利授权量排名前 10 的企业共拥有 4086 件专利，占当年总申请数的 66.94%。这 10 家企业分别为京东方、福田汽车、飞天诚信、北新建材、大豪科技、掌阅科技、航天信息、万集科技、华电重工、海油发展。其中京东方专利授权量 2863 件，远远领先其他企业的专利授权量（见图 11）。

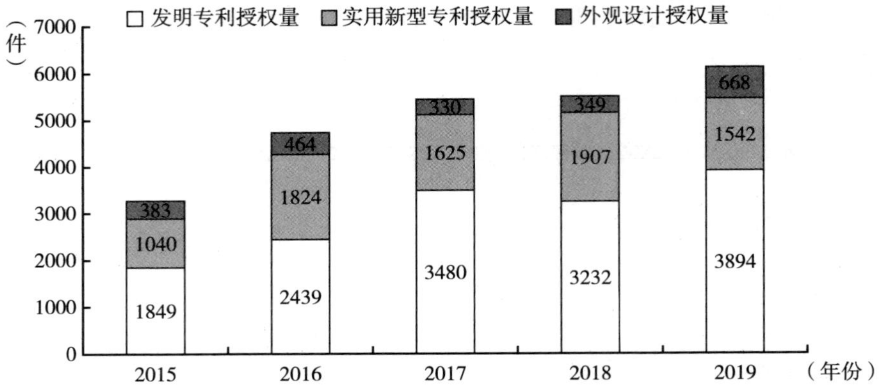

图 10　2015～2019 年中关村境内上市公司专利授权量

资料来源：中关村知识产权促进局、中关村上市公司协会整理。

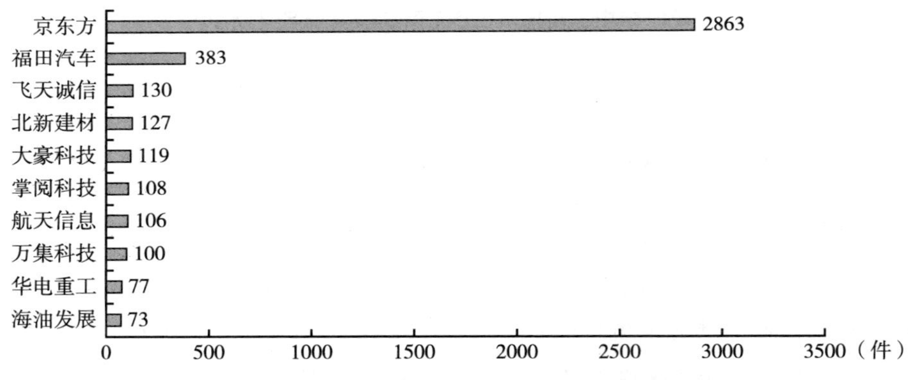

图 11　2019 年中关村境内上市公司专利授权量排名（前 10 位）

资料来源：中关村知识产权促进局、中关村上市公司协会整理。

（三）有效发明专利数量及排名情况

截至 2019 年 12 月 31 日，共 196 家中关村境内上市公司拥有有效发明专利，有效发明专利合计达到 19694 件，同比增长 26.79%，平均每家企业拥有 100.48 件有效发明专利，较 2018 年增加近 10 件。2019 年中关村境内上市公司企业持有有效发明专利数量稳定增加，创新能力不断上升（见图 12）。

2019 年中关村境内上市公司有效发明专利拥有量排名前 10 的企业共有

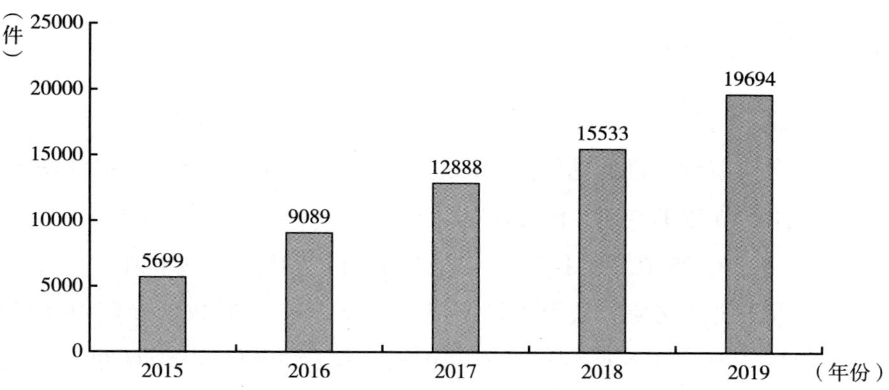

图 12　2015～2019 年中关村上市公司有效发明专利拥有量情况

资料来源：中关村知识产权促进局、中关村上市公司协会整理。

13823 件专利，占当年发明专利拥有量的 70.19%，排名前 10 的企业分别是京东方、福田汽车、飞天诚信、兆易创新、航天信息、汉王科技、四方股份、用友网络、瑞斯康达，思特奇，这 10 家企业有效专利拥有量较高的同时其研发投入也相对较高。信息技术类公司的专利拥有量较多，为首的京东方有效专利拥有量为 9947 件，远超过福田汽车、飞天诚信等企业的有效专利拥有量，与专利申请量和专利授权量的分布方式相同，京东方依然拥有远超其他上市公司的有效发明专利，占总数的 50.51%（见图 13）。

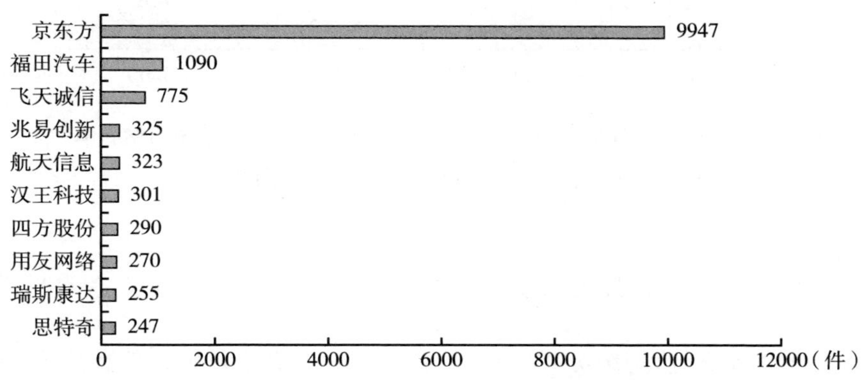

图 13　2019 年中关村境内上市公司有效发明拥有量排名（前 10 位）

资料来源：中关村知识产权促进局、中关村上市公司协会整理。

（四）企业 PCT 专利申请量

PCT 即专利和合作条约（patent coorperation treaty），是知识产权领域的一项国际合作条约，目的是保护知识产权拥有人可以更经济地取得知识产权保护。企业申请 PCT 专利，代表其对自主知识产权拥有国际化布局。

2019 年，有 25 家中关村境内上市公司进行了 PCT 专利申请，申请量为 2005 件，同比增长 6%。从中关村境内上市企业近 5 年 PCT 专利申请量来看，中关村境内上市企业的 PCT 专利申请处于稳定增长中（见图 14）。25 家拥有 PCT 专利申请的企业中，京东方拥有 1905 件，占总量的 95.01%，可见中关村上市公司目前 PCT 专利申请量高度集中，除京东方外，其他企业申请量仍处于较低的状态，未来知识产权的国际化进程有待提高。

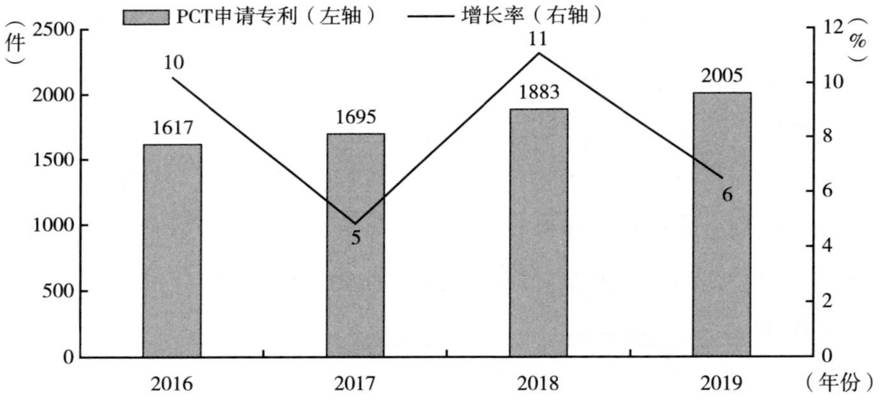

图 14　2016～2019 年中关村境内上市公司 PCT 专利申请量与增长率

资料来源：中关村知识产权促进局、中关村上市公司协会整理。

（五）专利行业分布状况

根据 Wind 行业一级分类，2019 年中关村上市公司中，信息技术、工业、可选消费三个行业占据绝大部分的专利数量，三个行业占专利申请量的 92.91%、专利授权量的 91.59%。拥有有效发明专利数量的 92.02% 和 PCT

专利申请量的98.80%。信息技术行业在各项专利指标中的占比排名第一，一方面是中关村的信息技术行业企业占比最多，且创新研发投入较高；另一方面，信息技术行业的龙头企业京东方在各项专利申请指标中的占比较高，为信息技术行业贡献了大部分的专利数量。最后对比表1（2019年中关村上市公司各行业研发费用及研发强度状况）可知，可选消费、工业、信息技术三个行业研发费用是最多的，信息技术行业的行业特性决定了研发费用、研发强度以及专利申请量三方面都排名第一（见表2）。

表2　2019年中关村上市公司各行业专利分布状况

单位：家，件

行业	专利申请量		专利授权量		拥有有效专利量		PCT专利申请量	
	企业家数	数量	企业家数	数量	企业家数	数量	企业家数	数量
信息技术	76	6740	70	4082	83	14877	2	1938
工业	56	1584	53	892	59	1980	0	17
可选消费	9	651	12	588	11	1265	5	26
材料	12	299	11	261	11	762	0	16
能源	4	214	5	125	6	159	1	0
医疗保健	15	106	11	62	17	390	0	3
公用事业	3	10	2	9	3	11	2	0
日常消费	4	55	4	54	4	247	12	5
电信服务	1	1	0	0	2	3	3	0
总计	180	9660	168	6073	196	19694	25	2005

资料来源：中关村知识产权促进局、中关村上市公司协会整理。

参考文献

中关村上市公司协会：《中关村新三板企业成长力报告（2018）》，社会科学文献出版社，2018。

中关村上市公司协会：《中关村新三板企业成长力报告（2019）》，社会科学文献出版社，2019。

中关村上市公司协会：《中关村上市公司竞争力报告（2019）》，社会科学文献出版社，2019。

B.6
2019年中关村上市公司现金及投融资能力研究报告

中关村上市公司协会研究部

摘　要：　本报告以中关村上市公司现金及投融资能力为主要研究内容，从现金及其等价物、现金流变动、融资情况三个维度进行详尽分析。研究结果显示，中关村上市公司现金及现金等价物逐年上升，已累积形成较大规模，但主要集中在国有企业手中，民营企业拥有的现金相对较少。另外，2019 年中关村上市公司经营性现金流净额及投资性现金流净额均有一定程度的上升，但融资性现金流净额有所下降。与此同时，由于科创板制度的推出及境内资本市场改革，中关村企业更倾向于在境内上市。

关键词：　中关村上市公司　现金含量　现金流　融资情况

一　2019年中关村上市公司现金含量分析

截止到 2019 年底，中关村上市公司现金及现金等价物为 12497. 58 亿元，较 2018 年 11470. 77 亿元上涨 8. 95% 。308 家持续经营的企业现金及其等价物为 11600. 98 亿元，较 2018 年 10918. 35 亿元上涨 6. 25% 。该数据表明，中关村上市公司现金及其等价物的大幅上涨，既与新上市公司的增量贡献有关，也与持续经营企业的现金及现金等价物不断上升有关。近五年来，中关村上市公司的现金及现金等价物不断上涨，已累积形成一定规模，2019年中关村上市公司现金及现金等价物相较于2015年增长148.24%（见图1）。

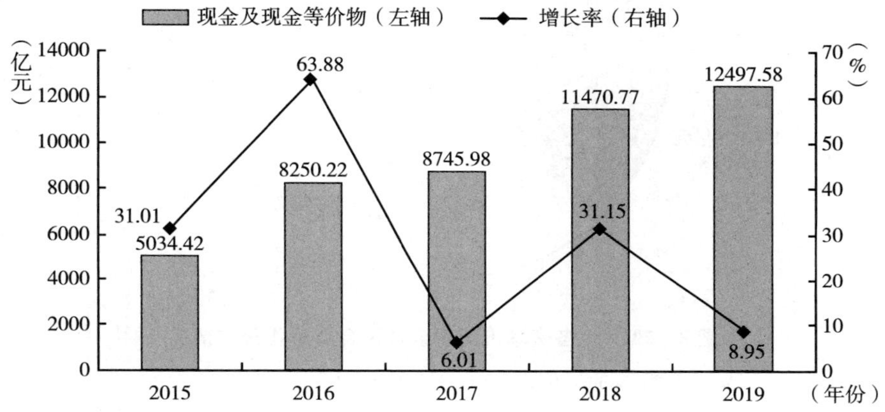

图1　2015～2019年中关村上市公司现金及现金等价物等价变化情况

资料来源：Wind，中关村上市公司协会整理。

从资本市场分布来看，中关村境内上市公司现金及现金等价物高达7735.47亿元（占比61.90%），超过港股及美股市场之和（4762.11亿元），这与中关村境内上市公司数量较多也有一定关系（见图2）。

从各资本市场来看，港股上市公司的现金及现金等价物同比增幅最大，为12.04%，超过境内上市公司增幅（10.74%）。另外，美股上市公司的现金及现金等价物同比下降4.13%，主要是因为在连续披露年报的31家美股企业中，超六成企业现金及现金等价物较2018年均有所下降（见图3）。

从各上市公司期末现金及现金等价物来看，少数大体量的公司拥有大量现金及现金等价物，一成企业持有近八成现金及现金等价物。具体来看，2019年，共有20家（占企业总数的5.81%）企业所持有的现金及现金等价物超过100亿元，合计8270.66亿元（占现金及现金等价物总额的66.18%）；另外，现金及现金等价物处于50亿～100亿元的企业有20家（占企业总数的5.81%），其所持有的现金及现金等价物合计1443.14亿元

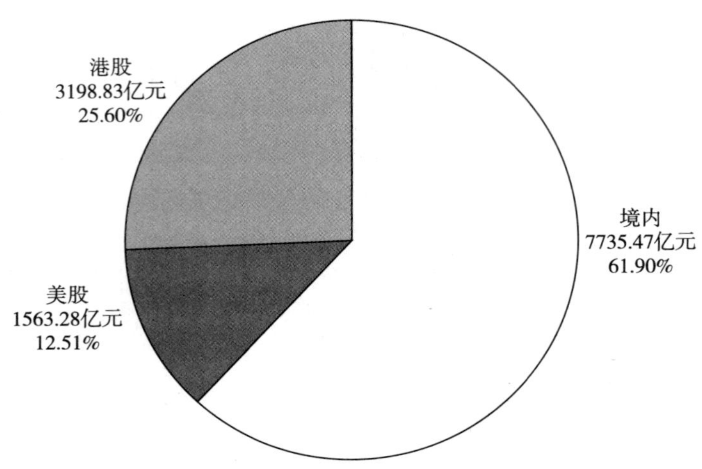

图2　2019年各资本市场现金及现金等价物分布情况

资料来源：Wind，中关村上市公司协会整理。

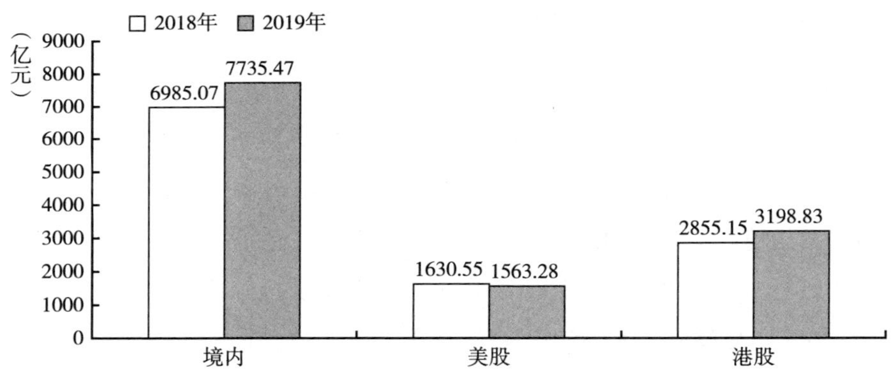

图3　2018～2019年中关村上市公司现金及现金等价物变化情况

资料来源：Wind，中关村上市公司协会整理。

（占现金及现金等价物总额的11.55%）（见图4）。

从行业角度来看，根据Wind一级行业划分标准，工业行业的平均期末现金及现金等价物最高，为69.22亿元，远远高于其他行业。另外，工业及可选消费两个行业的平均现金及现金等价物超过整体均值（36.33亿），其余行业平均现金及现金等价物都低于整体均值（见图5）。

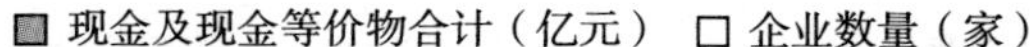

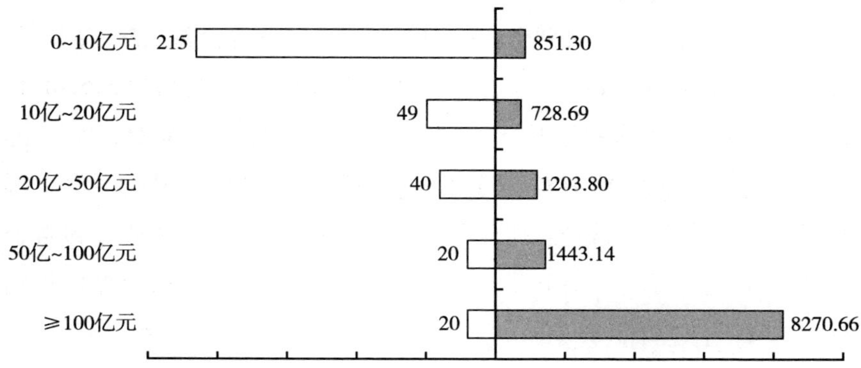

图4 2019年中关村上市公司现金及现金等价物分布状况

资料来源：Wind，中关村上市公司协会整理。

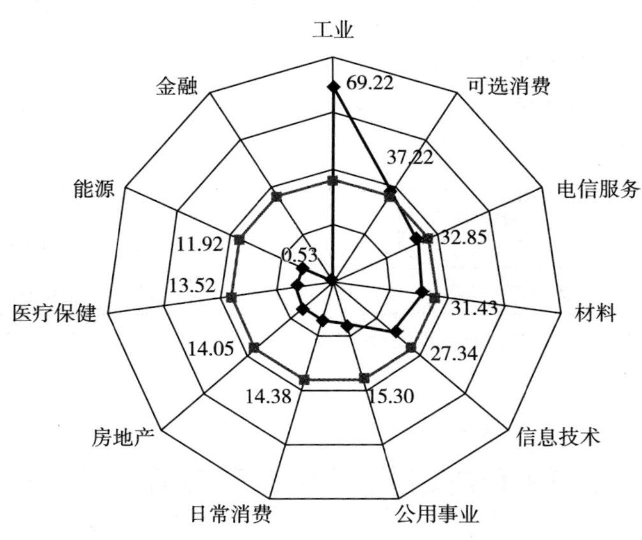

图5 2019年中关村上市公司各行业期末现金及现金等价物均值分布情况

资料来源：Wind，中关村上市公司协会整理。

此外，本报告将250家中关村境内上市公司根据企业属性进行划分，并分析得出，中关村境内上市公司拥有近8000亿元的现金，但近八成都集中在约三成国有企业手中，民营企业所拥有的现金及其等价物依然有限。具体来看，78家（占比31.20%）国有企业拥有现金及现金等价物6315.05亿元（占比81.64%），平均每家国有企业拥有80.96亿元；而153家（占比61.20%）民营企业所拥有的现金及现金等价物为1244.07亿元（占比16.08%），平均每家民营企业拥有8.13亿元；其余属性的企业（包含公众企业、其他企业、外资企业和集体企业）所拥有的现金及现金等价物则不到3%（见表1）。

表1　2019年不同属性的中关村境内上市公司现金及现金等价物状况

企业属性	现金及现金等价物（亿元）	现金及现金等价物占比（%）	家数（家）	家数占比（%）	平均值
国有企业	6315.05	81.64	78	31.20	80.96
民营企业	1244.07	16.08	153	61.20	8.13
公众企业	119.50	1.54	12	4.80	9.96
其他企业	49.70	0.64	4	1.60	12.43
集体企业	4.64	0.06	2	0.80	2.32
外资企业	2.51	0.03	1	0.40	2.51
合计	7737.47	100.00	250	100.00	30.94

资料来源：Wind，中关村上市公司协会整理。

二　2019年中关村上市公司现金流量变动分析

2019年，中关村上市公司经营性现金流量净额为5341.10亿元，较2018年3067.01亿元上涨74.15%，整体上看，近三年经营性现金流量净额不断增加。另外，308家持续经营企业的经营性现金流量净额为4471.97亿元，较2018年2803.05亿元上涨59.54%。以上数据说明，中关村上市公司

经营性现金流量净额的增加既与上市公司新增有关，也与持续经营企业的经营性现金流量净额增加有关。

2019 年，中关村上市公司融资活动产生的现金流量净额为 1004.95 亿元，较 2018 年 2335.04 亿元下降 56.96%。308 家持续经营企业的融资性现金流量净额为 664.20 亿元，同比下降 70.06%。

2019 年，中关村上市公司投资活动产生的现金流量净额为 5369.39 亿元，较 2018 年 4782.54 亿元增加 12.27%（见图 6）。另外，308 家持续经营企业的投资性现金流量净额为 4413.36 亿元，同比上涨 1.95%（见表 2）。从以上数据可以看出，中关村上市公司投资性现金流量净额的增加既与上市公司新增有关，也与持续经营企业的投资性现金流量净额增加有关（见图 6、表 2）。

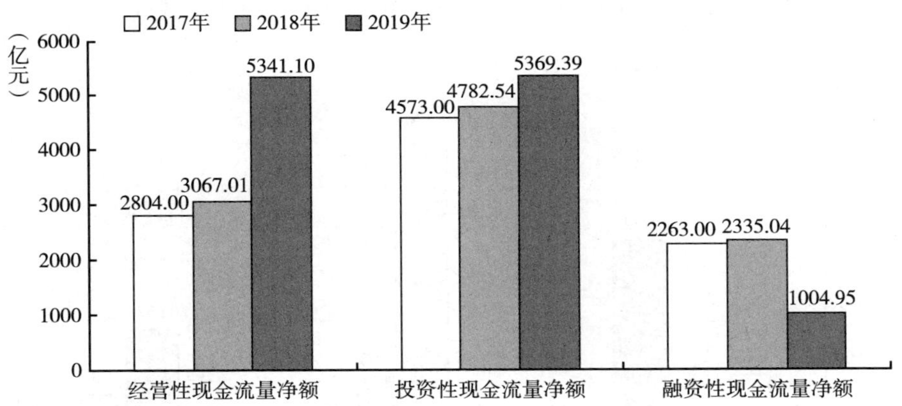

图 6　2017～2019 年中关村上市公司经营性、投资性和融资性现金流量净额变化情况

资料来源：Wind，中关村上市公司协会整理。

表 2　308 家连续两年持续经营的中关村上市公司现金流量净额变化情况

类型	2018 年(亿元)	2019 年(亿元)	同比增幅(%)
经营活动产生的现金流量净额	2803.05	4471.97	59.54
融资活动产生的现金流量净额	2218.13	664.20	-70.06
投资活动产生的现金流量净额	4328.83	4413.36	1.95

资料来源：Wind，中关村上市公司协会整理。

三　2019年中关村上市公司融资情况分析

（一）2019年中关村上市公司 IPO 融资情况

2019 年，共有 32 家公司进行 IPO 融资 33 次（康龙化成在 2019 年先后在港股和 A 股上市），其 IPO 融资总额为 445.42 亿元。具体来看，境内上市公司有 26 家，融资总额为 352 亿元（占比 79.03%），同比增长 719.60%；美股 4 家，融资总额为 28 亿元（占比 6.29%）；港股 3 家，融资总额为 65 亿元（占比 14.59%）。整体上看，境内资本市场发展向好，这与境内科创板等多项资本市场改革政策的推出有着重要关系（见图 7）。

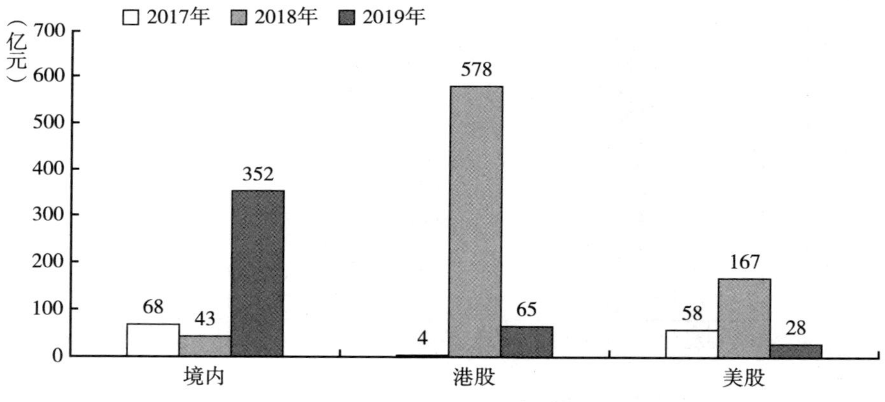

图 7　2019 年中关村 IPO 融资额对比

资料来源：Wind，中关村上市公司协会整理。

从企业属性来看，2019 年新增上市公司中，民营企业 24 家 IPO 融资 25 次；国有企业 4 家；公众企业和其他企业各两家。可以看出，科创板的推出很大程度上利于科技型民营企业的融资（见表 3）。

（二）2019年中关村 A 股上市公司定向增发融资情况

以发行日期作为统计口径，2019 年中关村共有 20 家 A 股上市公司定向

表 3　2019 年新增中关村上市公司 IPO 融资情况

序号	证券代码	证券简称	上市时间	上市地点	上市板	企业属性	wind 行业	募集资金总额（亿元）
1	300759. SZ	康龙化成	2019 年 1 月 28 日	深圳	创业板	民营企业	医疗保健	5. 0273
2	1917. HK	豆盟科技	2019 年 3 月 14 日	香港交易所	主板	民营企业	可选消费	0. 6923
3	1797. HK	新东方在线	2019 年 3 月 28 日	香港交易所	主板	其他企业	可选消费	16. 3347
4	300773. SZ	拉卡拉	2019 年 4 月 25 日	深圳	创业板	公众企业	信息技术	13. 3153
5	603267. SH	鸿远电子	2019 年 5 月 15 日	上海	主板	民营企业	信息技术	8. 3672
6	002955. SZ	鸿合科技	2019 年 5 月 23 日	深圳	中小企业板	民营企业	信息技术	17. 9819
7	GSX. N	跟谁学	2019 年 6 月 6 日	纽约证券交易所	主板	民营企业	可选消费	14. 3337
8	600968. SH	海油发展	2019 年 6 月 26 日	上海	主板	中央国有企业	能源	38. 0481
9	601698. SH	中国卫通	2019 年 6 月 28 日	上海	主板	中央国有企业	电信服务	10. 8800
10	300785. SZ	值得买	2019 年 7 月 15 日	深圳	创业板	民营企业	信息技术	3. 7893
11	688066. SH	航天宏图	2019 年 7 月 22 日	上海	科创板	民营企业	信息技术	7. 1588
12	688015. SH	交控科技	2019 年 7 月 22 日	上海	科创板	公众企业	工业	6. 4720
13	688033. SH	天宜上佳	2019 年 7 月 22 日	上海	科创板	民营企业	工业	9. 7532
14	688028. SH	沃尔德	2019 年 7 月 22 日	上海	科创板	民营企业	工业	5. 3360
15	688009. SH	中国通号	2019 年 7 月 22 日	上海	科创板	国有企业	工业	105. 3000
16	603613. SH	国联股份	2019 年 7 月 30 日	上海	主板	民营企业	信息技术	5. 3273
17	JFU. O	玖富	2019 年 8 月 15 日	纳斯达克	主板	民营企业	金融	5. 9412
18	688168. SH	安博通	2019 年 9 月 6 日	上海	科创板	民营企业	信息技术	7. 2778
19	603927. SH	中科软	2019 年 9 月 9 日	上海	主板	其他企业	信息技术	6. 8603
20	688068. SH	热景生物	2019 年 9 月 30 日	上海	科创板	民营企业	医疗保健	4. 5810
21	DAO. N	有道	2019 年 10 月 25 日	纽约证券交易所	主板	民营企业	可选消费	6. 7353

续表

序号	证券代码	证券简称	上市时间	上市地点	上市板	企业属性	wind 行业	募集资金总额（亿元）
22	002963. SZ	豪尔赛	2019 年 10 月 28 日	深圳	中小企业板	民营企业	工业	8. 8938
23	300799. SZ	左江科技	2019 年 10 月 29 日	深圳	创业板	民营企业	信息技术	3. 6516
24	688369. SH	致远互联	2019 年 10 月 31 日	上海	科创板	民营企业	信息技术	9. 5076
25	300797. SZ	钢研纳克	2019 年 11 月 1 日	深圳	创业板	中央国有企业	信息技术	2. 7923
26	688058. SH	宝兰德	2019 年 11 月 1 日	上海	科创板	民营企业	信息技术	7. 9300
27	KRKR. O	36 氪	2019 年 11 月 8 日	纳斯达克	主板	民营企业	信息技术	1. 3996
28	688111. SH	金山办公	2019 年 11 月 18 日	上海	科创板	民营企业	信息技术	46. 3186
29	300803. SZ	指南针	2019 年 11 月 18 日	深圳	创业板	民营企业	信息技术	3. 5563
30	3759. HK	康龙化成	2019 年 11 月 28 日	香港交易所	主板	民营企业	医疗保健	47. 5174
31	300810. SZ	中科海迅	2019 年 12 月 6 日	深圳	创业板	民营企业	信息技术	4. 8462
32	688198. SH	佰仁医疗	2019 年 12 月 9 日	上海	科创板	民营企业	医疗保健	5. 6832
33	688078. SH	龙软科技	2019 年 12 月 30 日	上海	科创板	民营企业	信息技术	3. 8193

资料来源：Wind，中关村上市公司协会整理。

增发 23 次，较 2018 年 21 次增长 9. 52%，占 A 股增发总数的 9. 66%；增发募集资金总额为 308. 09 亿元，较 2018 年 228. 22 亿元增长 35. 00%，占 A 股募集资金总额的 4. 61%（见表 4、表 5）。2019 年，中关村 A 股上市公司定向增发的主要原因为融资收购其他资产，占比 43. 48%；其次为配套融资，占比为 39. 13%。

从企业属性来看，绝大部分定向增发融资集中在民营企业（11 家，占比 47. 83%）及国有企业（10 家，43. 48%）。其中，民营企业募集资金总额为 62. 84 亿元（占比 20. 40%），国有企业募集资金总额为 240. 04 亿元（占比 77. 91%）。国有企业募集资金总额远远超过民营企业。

表 4　2018～2019 年中关村上市公司定向增发融资状况

上市地	增发次数			增发募集资金		
	2018 年(次)	2019 年(次)	同比增长(%)	2018 年(亿元)	2019 年(亿元)	同比增长(%)
沪　　市	3	7	133.33	6.04	212.52	3418.54
深市合计	18	16	-11.11	222.18	95.57	-56.99
－中小板	5	6	20.00	89.12	46.32	-48.03
－创业板	13	10	-23.08	133.06	49.25	-62.99
合　　计	21	23	9.52	228.22	308.09	35.00

资料来源：Wind，中关村上市公司协会整理。

表 5　2019 年 A 股与中关村定向增发融资状况

上市地	增发次数			增发募集资金		
	A 股（次）	中关村（次）	中关村占比（%）	A 股金额（亿元）	中关村金额（亿元）	中关村占比（%）
沪　　市	96	7	7.29	2449.11	212.52	8.68
深市合计	142	16	11.27	4227.71	95.57	2.26
－深主板	26	0	0.00	2209.67	0	0.00
－中小板	53	6	11.32	1526.84	46.32	3.03
－创业板	63	10	15.87	491.20	49.25	10.03
合　　计	238	23	9.66	6676.83	308.09	4.61

资料来源：Wind，中关村上市公司协会整理。

（三）2019年中关村上市公司发债融资状况

2019 年，中关村共有 17 家境内上市公司发行交易所公司债 47 只，债券发行数量较 2018 年 50 只下降 6.00%；募集资金总额达到 630.33 亿元，较 2018 年 512.90 亿元上升 22.90%（见表 6）。

表 6　2018～2019 年中关村上市公司发债融资情况

债券类别	债券数量			发债募集资金		
	2018 年数量（只）	2019 年数量（只）	同比增幅（%）	2018 年金额（亿元）	2019 年金额（亿元）	同比增幅（%）
公募公司债券	49	43	-12.24	512.20	613.33	19.74
私募公司债券	1	4	300.00	0.70	17.00	2328.57
合计	50	47	-6.00	512.90	630.33	22.90

资料来源：Wind，中关村上市公司协会整理。

从公司债券分类来看，2019 年，中关村境内上市公司发行了 43 只公募公司债，占全部 A 股公募公司债券数量的 4.83%，募集资金总额为 613.33 亿元，占全部 A 股公募公司债券融资总额的 5.61%；私募公司债券 4 只，占全部 A 股发行公募公司债券数量的 0.25%，募集资金 17.00 亿元，占全部 A 股发行私募公司债券融资金额的 0.12%（见表7）。

表 7　2019 年全国公司债市场与中关村发债融资情况对比

债券类别	债券数量			发债募集资金		
	全国（只）	中关村（只）	中关村占比（%）	全国（亿元）	中关村（亿元）	中关村占比（%）
公募公司债	891	43	4.83	10937.11	613.33	5.61
私募公司债	1572	4	0.25	14564.73	17.00	0.12
合计	2463	47	1.91	25501.84	630.33	2.47

资料来源：Wind，中关村上市公司协会整理。

从企业属性来看，2019 年中关村境内上市公司发行的 47 只公司债中，国有企业发行了 43 只，占中关村境内上市公司发行债券数量的 91.49%；募集资金总额为 617.33 亿元，占中关村上市公司发债募集资金总额的 97.94%；而民营企业在 2019 年仅发行 4 只债券，募集资金总额为 13.00 亿元，占中关村境内上市公司发债募集资金总额的 2.06%。相对来说，能够通过发债募集资金的企业主要聚集在国有企业，民营企业因征信评级等原因，通过发债募集资金的难度相对较大（见表 8、表 9）。

表 8　2019 年中关村境内国有企业与民营企业发债情况统计

企业属性	数量（只）	数量占比（%）	融资金额（亿元）	融资金额占比（%）
国有企业	43	91.49	617.33	97.94
民营企业	4	8.51	13.00	2.06
合计	47	100.00	630.33	100.00

资料来源：Wind，中关村上市公司协会整理。

表 9　2019 年中关村境内上市公司发债情况统计

序号	交易代码	债券简称	发行规模(亿元)	发行人简称	发行人企业性质	发行方式
1	163976. SH	19 交建 Y3	20. 0000	中国交建	中央国有企业	公募
2	163969. SH	19 铁建 Y5	20. 0000	中国铁建	中央国有企业	公募
3	163970. SH	19 铁建 Y6	10. 0000	中国铁建	中央国有企业	公募
4	163074. SH	19 同辐债	5. 0000	中国同辐	中央国有企业	公募
5	163070. SH	G19 唐环 1	6. 0000	大唐环境	中央国有企业	公募
6	155855. SH	19 铁建 Y3	35. 0000	中国铁建	中央国有企业	公募
7	155856. SH	19 铁建 Y4	15. 0000	中国铁建	中央国有企业	公募
8	155853. SH	19 交建 Y1	50. 0000	中国交建	中央国有企业	公募
9	155867. SH	19 中工 Y1	15. 0000	中铝国际	中央国有企业	公募
10	155868. SH	19 铁建 Y1	35. 0000	中国铁建	中央国有企业	公募
11	155869. SH	19 铁建 Y2	5. 0000	中国铁建	中央国有企业	公募
12	155782. SH	19 同方 01	5. 0000	同方股份	中央国有企业	公募
13	155778. SH	19 联想 04	16. 0000	联想控股	中央国有企业	公募
14	155756. SH	19 唐新 01	12. 0000	大唐新能源	中央国有企业	公募
15	155702. SH	G19 科环	9. 0000	国电科环	中央国有企业	公募
16	155706. SH	19 建材 12	8. 0000	中国建材	中央国有企业	公募
17	155708. SH	19 建材 14	7. 0000	中国建材	中央国有企业	公募
18	114555. SZ	19 金一 01	5. 0000	金一文化	地方国有企业	私募
19	162041. SH	G19 高能 3	4. 1000	高能环境	民营企业	私募
20	162040. SH	G19 高能 2	1. 9000	高能环境	民营企业	私募
21	155629. SH	19 建材 11	8. 0000	中国建材	中央国有企业	公募
22	155605. SH	19 中交 G3	20. 0000	中国交建	中央国有企业	公募
23	155606. SH	19 中交 G4	20. 0000	中国交建	中央国有企业	公募
24	155585. SH	19 建材 09	23. 0000	中国建材	中央国有企业	公募
25	155574. SH	19 江河 01	1. 0000	江河集团	民营企业	公募
26	155565. SH	19 中交 G1	30. 0000	中国交建	中央国有企业	公募
27	155566. SH	19 中交 G2	10. 0000	中国交建	中央国有企业	公募
28	155512. SH	19 铁工 05	19. 0000	中国中铁	中央国有企业	公募
29	155513. SH	19 铁工 06	11. 0000	中国中铁	中央国有企业	公募
30	155477. SH	19 联想 03	20. 0000	联想控股	中央国有企业	公募
31	155342. SH	19 建材 07	12. 0000	中国建材	中央国有企业	公募
32	112899. SZ	19 三聚 Y1	3. 3300	三聚环保	地方国有企业	公募
33	155331. SH	19 铁工 03	13. 0000	中国中铁	中央国有企业	公募
34	155332. SH	19 铁工 04	22. 0000	中国中铁	中央国有企业	公募

续表

序号	交易代码	债券简称	发行规模(亿元)	发行人简称	发行人企业性质	发行方式
35	155307. SH	19 建材 05	5. 0000	中国建材	中央国有企业	公募
36	151287. SH	G19 高能 1	6. 0000	高能环境	民营企业	私募
37	155211. SH	19 建材 03	10. 0000	中国建材	中央国有企业	公募
38	112829. SZ	19 东林 02	7. 8000	东方园林	地方国有企业	公募
39	155962. SH	19 建材 Y1	15. 0000	中国建材	中央国有企业	公募
40	155164. SH	19 建材 01	5. 0000	中国建材	中央国有企业	公募
41	155165. SH	19 建材 02	5. 0000	中国建材	中央国有企业	公募
42	155127. SH	19 铁工 01	25. 0000	中国中铁	中央国有企业	公募
43	112842. SZ	19 东林 01	5. 2000	东方园林	地方国有企业	公募
44	155138. SH	19 联想 01	20. 0000	联想控股	中央国有企业	公募
45	155139. SH	19 联想 02	10. 0000	联想控股	中央国有企业	公募
46	155133. SH	19 金隅 01	5. 0000	金隅集团	地方国有企业	公募
47	155134. SH	19 金隅 02	15. 0000	金隅集团	地方国有企业	公募

资料来源：Wind，中关村上市公司协会整理。

专 题 篇

Special Topics

B.7

新冠肺炎疫情下的中关村上市公司

中关村上市公司协会研究部

摘 要： 2020年初，新冠肺炎疫情突如其来，给我国和全球经济社会发展带来巨大冲击，中关村上市公司经营业绩也因此受到影响，但其不惧困难，依靠自身资源和技术优势，积极抗击疫情，体现了极大的社会责任感。数据显示，2020年第一季度，中关村境内上市公司整体业绩出现下滑，但仍有以科创板、医疗保健行业为主的三成企业实现逆势增长；九成公司资产负债率处于合理水平，民营企业[①]资产负债率明显低于国

① 本报告中的民营企业以Wind数据库中企业属性为“民营企业”为准。中关村境内上市公司民营企业数量占比超六成。分企业属性来看，民营企业数量为159家，占比62.11%；中央和地方国有企业数量为79家，占比30.86%；公众企业、集体企业、外资企业及其他企业共18家，占比7.03%。

有企业；研发支出稳中有增，龙头企业研发优势明显，高新技术行业重视研发；现金流状况受损，投资意愿降低，筹资金额大涨；股权质押风险依然存在。

关键词： 中关村上市公司　新冠肺炎疫情　经营业绩

一　中关村境内上市公司经营概况

截至2020年4月30日，中关村境内上市公司共258家。其中，主板92家，占比35.66%；创业板102家，占比39.53%；中小板48家，占比18.60%；科创板16家，占比6.21%。截至4月30日，除两家创业板上市公司暴风集团（300431.SZ）和神雾环保（300156.SZ）未按时披露2020年第一季度季报外，其他256家上市公司均已完成2020年第一季度季报数据披露工作。本报告以256家披露2020年第一季度季报的上市公司作为分析对象。

（一）业绩概况

1. 整体业绩出现下滑，三成公司逆势增长

2020年第一季度，中关村境内上市公司实现营业收入6343.47亿元，同比下降10.07%，占全国A股上市公司营业收入总额的5.98%；实现净利润148.48亿元，同比下降54.74%，占全国A股上市公司净利润总额的1.69%。全国A股上市公司营业收入同比下降7.84%，净利润同比下降24.28%，中关村境内上市公司营业收入和净利润降幅超全国整体水平。

150家（58.59%）中关村境内上市公司实现盈利，81家（31.64%）利润同比增长。其中，大北农、万集科技、京运通由亏损转为大幅盈利①；

① 2020年第一季度，大北农盈利5.70亿元，而上年同期亏损5443.95万元，主要系养猪业务大幅增长；万集科技盈利8102.44万元，而上年同期亏损1625.44万元，主要系ETC业务大幅增长；京运通盈利8857.90万元，去年同期亏损1868.40万元，主要系高端设备和新材料销售增加。

金山办公、海油发展、兆易创新、华胜天成盈利均超1亿元，且同比增长超100%①。42家公司净利润同比减少超1亿元，其中，5家公司净利润同比减少超10亿元。分行业来看，线下消费类、建筑类、铁路运输类及工业制造类企业受疫情影响最大，例如，线下消费类企业中国电影、立思辰、华联股份、中青旅、金一文化、众信旅游皆大幅亏损②；建筑与工程类企业中铝国际、东易日盛、中国交建、中国铁建、中国中铁、中工国际利润较同期减少超1亿元，其中中国交建净利润较同期减少13.60亿元；铁路运输类企业京沪高铁净利润较同期减少21.54亿元（见图1、图2）。

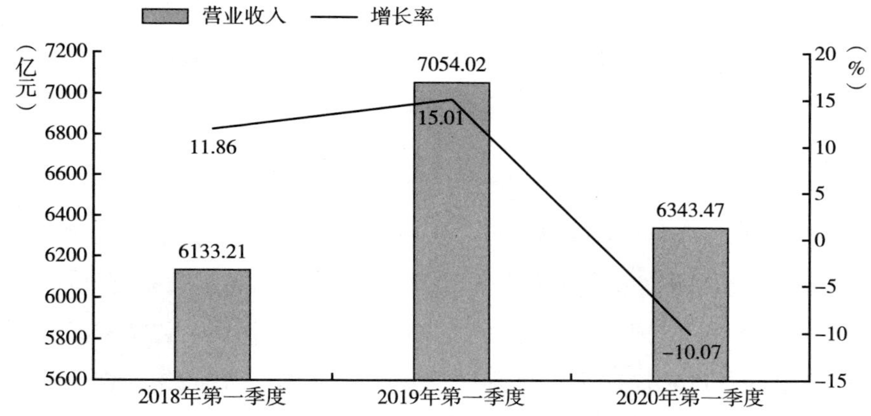

图1　中关村境内上市公司近三年第一季度收入波动情况

资料来源：wind，中关村上市公司协会整理。

① 金山办公第一季度盈利1.1亿元，2019年同期盈利0.48亿元，同比增长129%，主要系办公服务订阅业务持续增长及2019年底募集资金到账，理财收益增加所致；海油发展第一季度净利润1.43亿元，去年同期盈利0.55亿元，同比增长160%；兆易创新第一季度盈利1.68亿元，2019年同期盈利0.40亿元，同比增长320%，主要系本季度消费类、物联网市场同期对比需求增加，而2019年第一季度受中美贸易摩擦影响市场需求疲软；此外，第一季度公司收回部分投资以及银行理财产品赎回，也是公司盈利大增的原因；华胜天成第一季度盈利5.36亿元，去年同期盈利1.94亿元，同比增长176%，主要系控股子公司所属的GD公司分拆上市确认相关投资收益所致。

② 2020年第一季度，中国电影主营电影拍摄、发行与制作，亏损1.92亿元，去年同期盈利3.90亿元；立思辰主营课外教育，亏损1.40亿元，而上年同期盈利2900.36万元；华联股份主营百货商店，亏损1.10亿元，去年同期盈利1515万元；中青旅主营旅游度假，亏损2.91亿元，去年同期亏损9307万元；金一文化主营黄金饰品销售，亏损7583.55万元，而上年同期盈利4126.57万元；众信旅游主营境外旅游，亏损3265.38万元，而上年同期盈利6291.23万元。

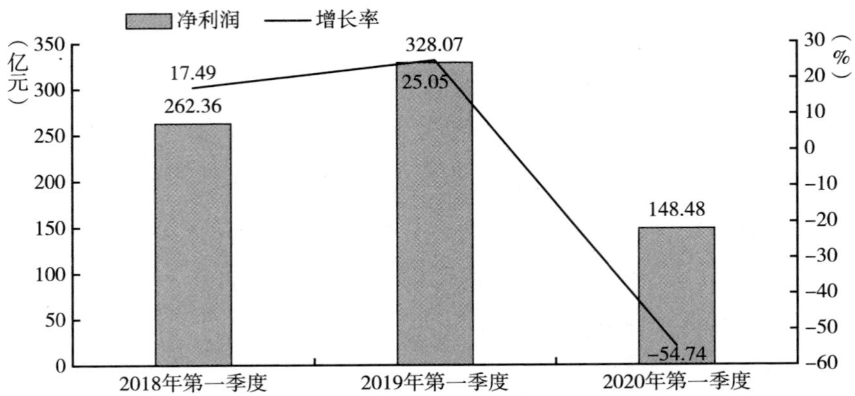

图2　中关村境内上市司近三年第一季度净利润波动情况

资料来源：Wind，中关村上市公司协会整理。

2. 科创板业绩逆势上涨，主板营收和净利下降幅度相对较小

2020 年第一季度，科创板公司的营业收入和净利润分别为 19. 76 亿元、3. 60 亿元，分别同比增长 0. 30%、30. 91%，其净利润增长幅度远超全国，科创板企业表现出较强的发展韧性。主板公司的营业收入和净利润分别为 5623. 39 亿元、126. 47 亿元，分别同比下降 9. 26%、52. 52%；创业板公司的营业收入和净利润分别为 345. 14 亿元、11. 77 亿元，分别同比下降 12. 25%、68. 88%；中小板公司的营业收入和净利润分别为 355. 19 亿元、6. 64 亿元，分别同比下降 20. 01%、68. 55%（见表 1）。

表1　2020 年 Q1 中关村境内上市公司和全国 A 股上市公司营业收入和净利润状况

单位：%

板块	营业收入增长率		净利润增长率	
	中关村	全国	中关村	全国
科创板	0. 30	10. 44	30. 91	16. 87
主板	-9. 26	-7. 99	-52. 52	-25. 04
创业板	-12. 25	-10. 66	-68. 88	-25. 58
中小企业板	-20. 01	-6. 10	-68. 55	-14. 55

资料来源：Wind，中关村上市公司协会整理。

3. 行业分布集中，主要行业利润皆下滑，可选消费行业影响相对较大

中关村境内上市公司近九成分布在信息技术、工业、可选消费和医疗保健行业①。由于上下游产业链均受到不同程度影响、复工及项目建设进度延迟、招投标及订单交付下降等，主要行业经营业绩均有所下降。具体来看，2020 年第一季度 108 家信息技术行业营业收入为 788.92 亿元，同比下降 9.45%；净利润规模为 2.29 亿元，同比下降 95.77%。68 家工业行业公司营业收入规模为 4503.45 亿元，同比下降 8.42%；净利润规模为 118.2 亿元，同比下降 40.35%。26 家可选消费行业公司营业收入规模为 319.77 亿元，同比下降 28.98%；净利润规模为 -7.63 亿元，同比下降 150.26%，营业收入和净利润下降幅度均高于其他行业。23 家医疗保健行业公司营业收入规模为 264.73 亿元，同比下降 11.74%；净利润规模为 24.64 亿元，同比下降 29.56%（见表 2）。

表 2　2019 年 Q1 ~ 2020 年 Q1 中关村境内上市公司主要行业营业收入和净利润情况

单位：亿元，%

行业	营业收入			净利润		
	2019Q1	2020Q1	增长率	2019Q1	2020Q1	增长率
工业	4917.6	4503.45	-8.42	198.16	118.2	-40.35
可选消费	450.24	319.77	-28.98	15.18	-7.63	-150.26
信息技术	871.24	788.92	-9.45	54.14	2.29	-95.77
医疗保健	299.95	264.73	-11.74	34.98	24.64	-29.56

资料来源：Wind，中关村上市公司协会整理。

从重点行业②细分情况来看，除信息技术行业中的半导体和半导体生产设备行业的营业收入和净利润实现逆势增长外，其他细分行业营业收入和净

① 根据 Wind 行业分类，近 9 成的中关村境内上市公司集中分布在信息技术（108 家，占比 42.19%）和工业（68 家，占比 26.56%）、可选消费（26 家，10.16%）及医疗保健（23 家，8.98%）四大行业。

② 此处的重点行业指的是信息技术、工业、可选消费和医疗保健四大行业。

利润均呈现不同程度的下降。2020 年第一季度，半导体和半导体设备行业营业收入 22.79 亿元，同比增长 48.26%；净利润为 2.83 亿元，同比增长 132.56%。

（二）资产结构

1. 九成公司资产负债率处于合理水平

中关村境内上市公司整体资产负债率为 63.12%，同比减少 1.55 个百分点，低于全国 A 股上市公司 83.90% 的整体水平。233 家公司资产负债率低于 70% 的预警线，占中关村境内上市公司总数的 91.02%，整体资产结构良好。从行业来看，工业行业整体资产负债率为 68.92%，同比下降 3.43 个百分点；可选消费行业整体资产负债率为 46.13%，同比下降 1.8 个百分点；医疗保健行业整体资产负债率为 35.37%，同比下降 0.37 个百分点；信息技术行业整体资产负债率为 49.77%，同比增长 0.93 个百分点，主要因为乐视网和京东方①总负债大幅增加所致。剔除乐视网和京东方的影响，行业整体资产负债率为 47.82%。

2. 民营企业资产负债率明显低于国有企业，央企资产负债率呈下降趋势

受传统产权制度、“拨改贷”资金制度、企业承担社会负担过重等因素的影响，国有企业资产负债率一般高于民营企业。第一季度，中央国有企业和地方国有企业的资产负债率分别为 67.57%、60.58%，远高于民营企业资产负债率（46.18%）。随着 2018 年下半年国务院办公厅印发《关于加强国有企业资产负债约束的指导意见》，并指出要通过建立和完善国有企业资产负债约束机制，强化监督管理，促使高负债国有企业资产负债率尽快回归合理水平，国有企业资产负债率出现下滑。第一季度，中央国有企业资产负债率较 2019 年同期下降 3.14 个百分点，体现了国有企业降杠杆初见成效。

---

① 乐视网 2020 年第一季度总负债较去年同期增加 89.92 亿元，其中，计提乐视体育案件负债约 74.84 亿余元；第一季度，京东方总负债增加 110 亿。

表 3　2019 年 Q1～2020 年 Q1 中关村境内不同属性上市公司的资产负债率情况

单位：%

企业属性	2019 年 Q1 资产负债率	2020 年 Q1 资产负债率
地方国有企业	60.68	60.58
公众企业	35.86	35.68
集体企业	65.03	69.45
民营企业	45.22	46.18
其他企业	49.74	51.10
外资企业	45.25	46.10
中央国有企业	70.71	67.57

资料来源：wind，中关村上市公司协会整理。

3. 以流动负债为主，债务规模较集中

中关村境内上市公司总负债 39667 亿元，同比增长 15.52%。其中，流动负债合计 28817 亿元，占比 72.65%，反映出公司超七成债务需承担 1 年内偿付的义务。债务规模超千亿元的企业有 6 家，总负债规模为 30292 亿元，占比 76.37%。

（三）研发投入

1. 龙头企业研发优势明显，民营企业研发强度高于国有企业但研发费用相对较低

2020 年第一季度，共有 245 家中关村境内上市公司披露研发费用，研发投入合计 160.68 亿元。研发费用排名前十的公司研发投入合计 95.83 亿元，说明约 4% 的公司贡献了近六成的研发费用，龙头企业研发优势明显。同时，中关村境内上市公司的研发投入情况与公司体量及公司属性也具有一定的关联性。中关村境内民营上市公司大多属于科技型企业且规模相对较小，研发强度较高；而国有企业由于规模较大、发展成熟，在研发费用的绝对值上占有绝对优势，研发更具稳定性。具体来看，153 家连续披露研发费用的民营企业研发投入合计 48.60 亿元，同比增加 9.04%，平均研发费用

0.32 亿元；72 家披露研发费用的国有企业①，其研发费用合计 103.36 亿元，同比降低 3.62%，平均研发费用 1.44 亿元，约为民营企业的 3 倍。但从研发强度来看，2020 年第一季度②民营企业研发强度为 5.78%，远高于国有企业的 1.94%（见表 5）。

2. 研发支出稳中有增，不同行业研发强度差异大，高新技术行业重视研发

2020 年第一季度中关村境内上市公司营业收入的下降并未影响其研发投入。2020 年第一季度，241 家连续两年披露研发费用的中关村境内上市公司研发费用合计 160.18 亿元，相较于 2019 年第一季度的 158.72 亿元稳中有增，平均研发费用与 2019 年持平，约为 0.66 亿元。分行业来看，工业、信息技术行业平均研发费用明显高于其他行业，分别为 1.10 亿元和 0.65 亿元。在以上两个行业中，19 家公司研发费用高于 1 亿元，其中 6 家高于 5 亿元；研发费用高于 15 亿元的有 4 家，分别是中国交建、中国铁建、京东方、中国中铁（见表 4）。

表 4　2020 年第一季度各行业研发投入情况

行业	研发费用(亿元)	增长率(%)	平均研发费用(亿元)	研发强度(%)
材料	3.56	-4.30	0.27	1.32
电信服务	0.37	-9.76	0.19	4.32
工业	70.21	-9.09	1.10	1.56
公用事业	0.36	56.52	0.07	1.31
可选消费	7.2	47.84	0.36	2.52
能源	0.86	2.38	0.29	1.37
日常消费	1.28	5.79	0.32	1.63
信息技术	70.65	8.89	0.65	8.96
医疗保健	5.7	6.94	0.26	2.54

资料来源：wind，中关村上市公司协会整理。

① 本报告中的国有企业数量为 wind 数据库中企业属性为“中央国有企业”和“地方国有企业”的企业数量加总。

② 2020 年第一季度受疫情影响，营业收入明显降低，研发强度偏高，2019 年第一季度民营企业平均研发强度为 4.76%，远高于国有企业的 1.82%。

表5　2019 年 Q1～2020 年 Q1 持续披露研发的不同属性公司研发费用情况

公司属性	数量（家）	2019 年 Q1（亿元）	2020 年 Q1（亿元）	增长率（%）	平均研发费用（亿元）	研发强度（%）
国有企业	72	107. 24	103. 36	－3. 62	1. 44	1. 94
民营企业	153	44. 57	48. 60	9. 04	0. 32	5. 78

资料来源：wind，中关村上市公司协会整理。

（四）现金流状况

1. 经营活动受损，近七成公司经营性现金流量净额为负，医疗保健行业逆势上扬

近三年，中关村境内上市公司经营性现金流量净额均为负值且缺口在不断扩大。2020 年第一季度，受疫情影响，中关村境内上市公司经营活动放缓，经营活动现金流入 7081. 57 亿元，同比降低 8. 94%；经营活动现金流出 8626. 53 亿元，同比降低 5. 56%；经营性现金流量净额为 －1544. 96 亿元，降幅为 13. 80%。其中，177 家（占比 69. 14%）公司经营性现金流量净额为负，仍有 79 家（占比 30. 86%）公司经营性现金流量净额为正，说明这 79 家企业抗风险能力较强（见图 3）。

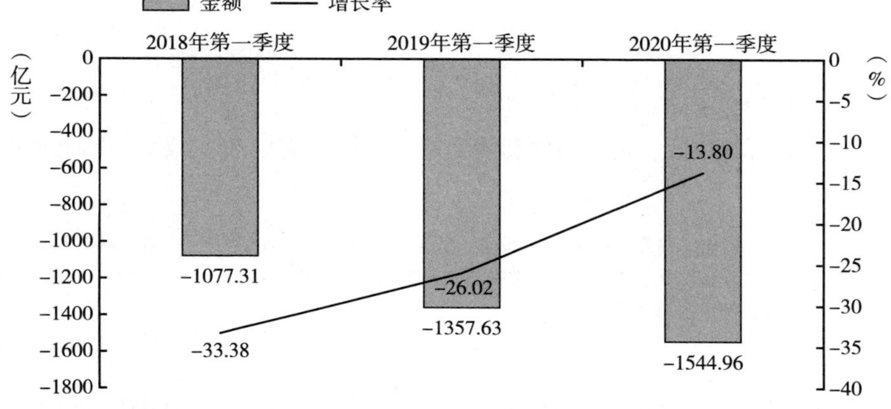

图3　中关村境内上市公司近三年第一季度经营性现金流量净额波动情况

资料来源：wind，中关村上市公司协会整理。

分板块情况来看，创业板和科创板上市公司因其科技属性较强、重资产及制造业公司较少而受新冠肺炎疫情影响较小；主板上市公司由于运输类、电影娱乐业、机械和制造业类等受疫情影响较大的行业占比相对较大等，2020年第一季度经营活动现金流量受损也较为严重，其中有9家公司经营活动现金流量净额减少10亿元以上①；而中小板由于企业规模相对较小且科创能力有限，抗风险能力弱等，经营活动产生的现金流入和流出降幅均达10%②以上，降幅高于其他板块（见表6）。分行业情况来看，医疗保健行业2020年第一季度经营活动产生的现金流量净额大幅增长，增幅高达134.02%。8家（34.78%）医疗保健行业企业经营性现金流量净额实现了增长，其中，嘉事堂、康龙化成、安迪苏、昭衍新药4家公司经营性现金流量净额增幅均超过100%③。

表6　不同板块上市公司2020年第一季度经营活动现金流量情况

单位：亿元，%

上市板块	经营活动现金流入金额	增长率	经营活动现金流出金额	增长率	经营活动现金流量净额	增长率
创业板	432.91	-3.09	484.25	-4.55	-51.34	15.30
科创板	25.87	-2.43	26.50	-2.31	-0.63	-2.90
中小企业板	419.65	-13.71	496.09	-14.26	-76.44	17.21
主板	6203.14	-9.01	7619.69	-5.01	-1416.55	-17.65
总计	7081.57	-8.94	8626.53	-5.56	-1544.96	-13.80

资料来源：wind，中关村上市公司协会整理。

2. 投资意愿降低，投资收益减少

受企业开工延后、收入和盈利能力下滑、市场需求前景减弱等因素影响，

① 经营活动现金流量净额减少10亿元以上的主板上市公司分别为：三一重工、中国交建、福田汽车、中国铁建、中国电影、北新建材、京沪高铁、中国中铁、经纬纺机，其中三一重工减少金额最多，达47.18亿元。

② 2020年第一季度，中小企业板上市公司经营活动现金流入降幅为13.71%，经营活动现金流出降幅为14.26%。

③ 嘉事堂（002462.SZ）、康龙化成（300759.SZ）、安迪苏（600299.SH）、昭衍新药（603127.SH）2020年第一季度经营性现金流量净额增长率分别为298.45%、174.12%、114.72%、111.22%。

企业的投资意愿和能力削弱，投资活动放缓。中关村境内上市公司2020年第一季度投资活动产生的现金流量净额为-806.02亿元，同比下降7.41%（见图4）。

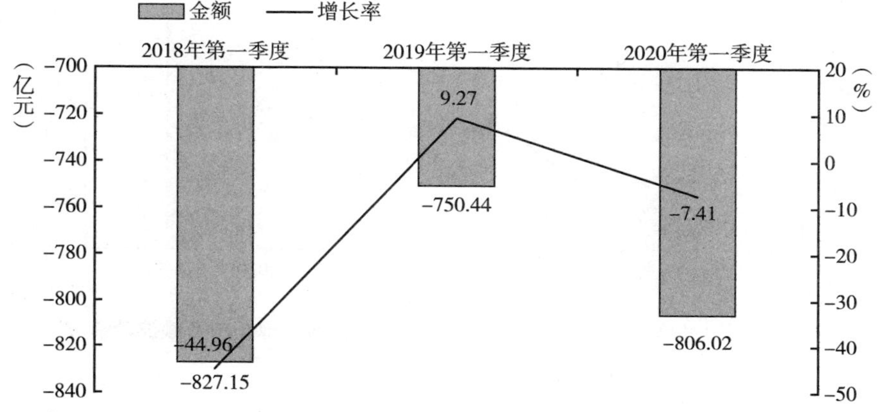

图4　中关村境内上市公司近三年第一季度投资活动现金流量净额波动情况

资料来源：wind，中关村上市公司协会整理。

3. 筹资金额大涨，科创板企业筹资能力较强

2020年第一季度，为缓解疫情给企业造成的影响，各银行纷纷响应国家号召，推出专项产品为企业提供低成本、普惠性的资金支持，切实解决企业复工复产面临的债务偿还、资金周转和扩大融资等迫切问题，企业为维持经营也积极寻求外部融资。2020年第一季度，中关村境内上市公司筹资活动产生的现金流量净额为1736.71亿元，同比增幅高达132.12%。分板块来看，除了创业板筹资活动现金流量净额呈下降趋势外，其余板块筹资产生的现金流量净额均有较大幅度增长（见图5）。

从具体融资方式来看，2020年第一季度，在IPO方面，中关村境内共有7家新上市公司，募集资金397.10亿元，其中科创板5家，募资合计85.67亿元（占比21.57%）；主板1家（京沪高铁）募资306.74亿元（占比77.25%）；创业板1家（阿尔特）募资4.69亿元（占比1.18%）。发债方面①，中关村境内上市公司共发行4支公司债，共募集资金76亿元，平

① 本报告以起息日为基准统计2020年第1季度发债情况。

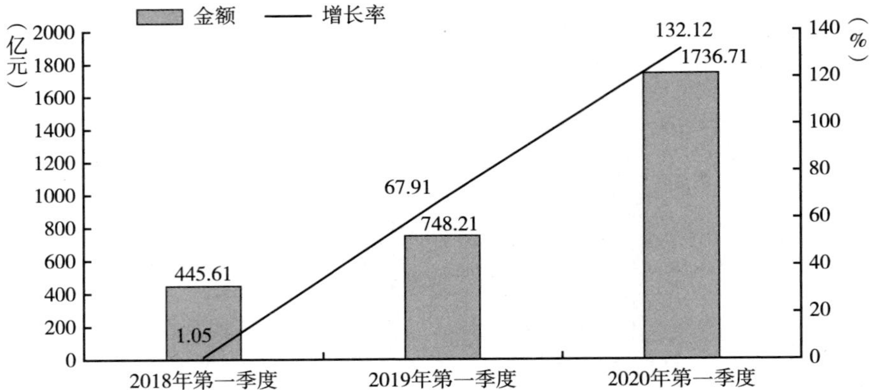

图5　中关村境内上市公司近三年第一季度筹资活动现金流净额波动情况

资料来源：wind，中关村上市公司协会整理。

均票面利率3.35%，均为国企发行。定向增发方面，中关村共2家境内上市公司通过定向增发募集资金21.63亿元，其中1家中小板公司（朗姿股份）募集资金0.5亿元，1家主板上市公司（中国海防）募集资金21.13亿元。证监会再融资规则修订后，中关村境内上市公司融资意愿强烈，2020年第一季度，中关村境内共13家上市公司披露15次非公开发行预案，预计募集资金203亿元，说明企业通过资本市场融资意愿较强。

4. 股票质押风险仍然较大，民营企业质押风险高于国有企业

截至2020年3月31日，中关村境内共有199家上市公司存在股票质押，占中关村境内上市公司的（77.73%），质押股票总市值为2638.38亿元，占中关村境内市场总市值的比例为6.89%。从大股东质押率来看，在存在大股东质押的115家中关村境内上市公司中，有64家（55.65%）大股东质押率高于50%，37家（32.17%）大股东质押率高于70%，19家（16.52%）大股东质押率高达90%及以上。实际意义上，股票质押率在50%以上意味着已无个人融资能力（银行、券商、证券已明确拒绝质押率超过50%以上的大股东质押借款），70%以上意味着个人基本信用丧失且已丧失自救能力，超过90%意味着个人信用爆仓。此组数据说明中关村境内上市公司股票质押风险仍然较大（见图6）。

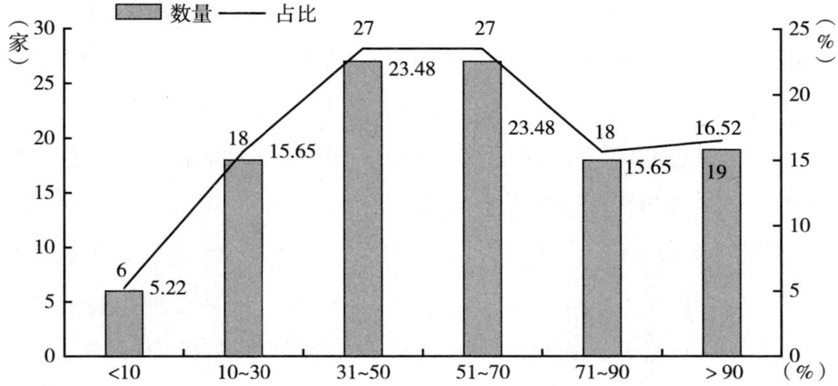

图 6　存在大股东质押的中关村境内上市公司质押比例分布情况

资料来源：wind，中关村上市公司协会整理。

2020 年第一季度，共有 115 家中关村上市公司存在大股东股权质押行为，其中民营企业共 98 家，占比 85.22%；国有企业 10 家，占比 8.70%，同时，民营企业大股东质押率在 50% 及以上的共有 52 家，说明民营企业的股票质押风险明显高于国有企业（见图 7）。

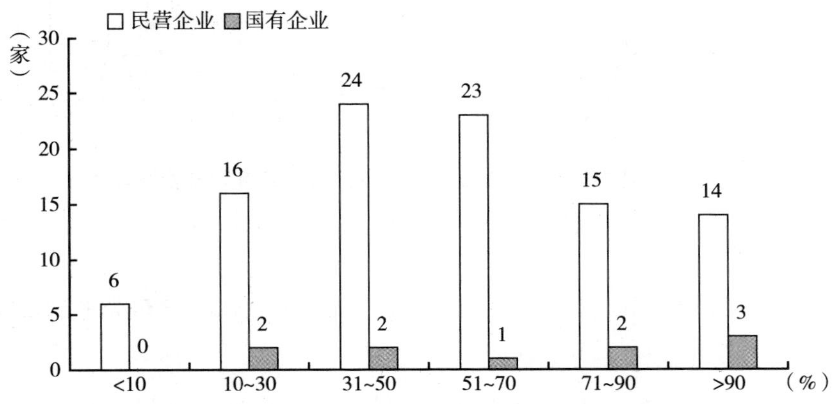

图 7　2020 年 Q1 不同属性公司大股东质押情况

资料来源：wind，中关村上市公司协会整理。

5. 现金持有量增长，集中于头部企业

2020 年第一季度，中关村境内上市公司共持有现金及其等价物 7251. 32

亿元，同比增长 23.98%，每家公司平均持有现金及其等价物 28.33 亿元，反映出受疫情影响特殊时期，公司更加重视现金管理。持有现金及其等价物数量排名前 10 位的公司，其现金及其等价物持有量高达 4792.17 亿元，占中关村境内上市公司现金总量的 66.09%。同时，2020 年第一季度，79 家（30.86%）国有企业[①]共持有现金及其等价物 5992.49 亿元，占现金及其等价物持有总量的 82.64%；平均每家公司持有量为 75.85 亿元，远高于中关村境内上市公司的平均持有量。161 家（62.89%）民营企业仅持有现金及其等价物 1101.26 亿元，占现金及其等价物持有总量的 15.19%，平均每家公司持有量为 6.84 亿元（见图 8）。

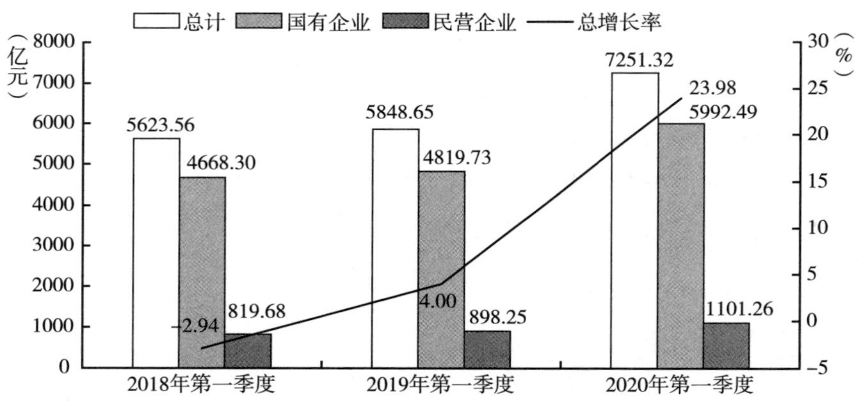

图 8　中关村境内上市公司近三年第一季度现金及其等价物持有情况

资料来源：wind，中关村上市公司协会整理。

6. 应收账款出现首次下降，清欠工作初见成效，账款分布集中于建筑等行业

2020 年第一季度，中关村境内上市公司总应收账款规模为 6633.60 亿元，同比下降 0.12%，为近三年首次下降。分公司属性来看，国有企业应收账款同比略有增加，增幅为 0.58%；民营企业应收账款降幅为 2.39%，

① 国有企业包括中央国有企业和地方国有企业。

相比于2019年第一季度10.40%的增幅，有显著下降，说明近两年民营企业应收账款的清欠工作初见成效。从应收账款规模来看，有7家公司应收账款余额超100亿元，集中于建筑行业，其中应收账款金额排名前三的依次为中国铁建、中国中铁、中国交建，其应收账款合计达3099.87亿元，接近中关村境内上市公司应收账款总额的一半（见图9）。

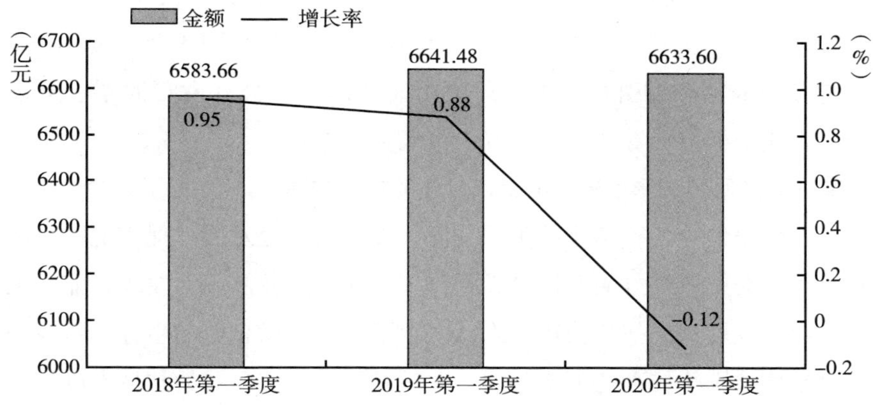

图9　中关村境内上市公司近三年第一季度应收账款波动情况

资料来源：wind，中关村上市公司协会整理。

二　政策建议

1. 建议紧抓资本市场改革机遇，加大对科技型企业的扶持力度

新冠肺炎疫情对各行业运营和企业盈利产生重大影响，但不管从国内还是全球来看，科技和互联网企业疫情期间反而迎来了逆势增长机遇，科技股成为疫情期间推动市场经济发展的领头羊。因此建议紧抓资本市场改革，加大对科技股、高科技企业的扶持力度，支持符合国家战略、突破关键核心技术、市场认可度高的科技创新企业的上市培育工作。

2. 加强金融风险监测，加大对民营上市公司的融资支持力度

近两年，由于融资渠道受阻、应收账款回收困难等，民营企业通过股票

质押融资占比大大提高。截至2020年第一季度末，有19家企业大股东质押率甚至高达90%以上，疫情的出现和蔓延对举步维艰的民营企业来说无疑是雪上加霜。建议（1）加强对上市公司发展情况监测分析，对股票质押率高、流动性风险大的企业加强跟踪监测和风险预警。（2）金融监管部门出面组织协调银行、金融机构等制定针对上市公司（尤其是民营上市公司）的确切可行方案并明确落实时间，对疫情因素导致到期续贷、质押延期、各种资管延期等，银行、证券公司等金融机构与企业共同承担一定的风险。（3）建议政府鼓励和引导上市公司利用向特定对象公开发行股票、上市公司所属企业分拆上市等方式通过资本市场直接融资。

3. 加大对受疫情影响较大的上市公司的扶持力度

上市公司作为各行各业的头部企业，在带动行业发展、促进地区经济发展及解决社会就业等方面发挥着重要作用。作为产业链中的龙头企业，上市公司的运营发展状况往往会影响到众多上下游中小微企业的生存。建议国家加大对受疫情影响较大的上市公司，尤其是民营上市公司的扶持力度，如设立抗疫专项基金，对受影响较大的上市公司实施政府的托底政策，补充困难企业的流动资金，帮助企业渡过困难。

4. 建议政府采购项目向民营上市公司倾斜，帮助企业拓展市场，实现自我造血

目前国家大力部署以5G、人工智能、工业互联网、物联网为代表的新型基础设施，“新基建”的市场投资规模在25万亿元左右。民营企业因其天然的竞争属性、高效的投资管理能力及经营效率而不断引领新科技浪潮的兴起，对科技的发展起着重要的引领作用。因此，建议各地政府为民营企业参与“新基建”相关项目提供渠道和条件，适当增加民营企业在“新基建”项目中的参与比例。同时建议国企尽量逐步退出充分竞争行业（不与民企争利）。

5. 加大各级地方政府及国有企业对民营企业应收账款的清欠力度

2020年第一季度，应收账款规模出现首次下降，在一定程度上说明账款清欠工作取得一定成效。但据中关村上市公司协会实际走访调研过程中的

了解，部分中关村民营上市公司的客户集中度较高且其客户多为政府或国有企业，民营上市公司出于长期维护客户关系的原因并不敢追账，导致企业资金流出现问题，企业经营也因此陷入困境。因此建议政府从企业资产负债表入手、严控国有企业应收账款增长规模，并加大各级地方政府及国有企业对民营上市公司应收账款的清欠力度。

三　中关村上市公司众志成城、共抗疫情

2020 年初，新冠肺炎疫情暴发，这是新中国成立以来发生的传播速度最快、感染范围最广、防控难度最大的一次重大突发公共卫生事件。面对来势汹汹的疫情，在以习近平同志为核心的中共中央坚强领导下，全中国人民齐心协力采取了最全面、最严格、最彻底的防控举措，同疫情展开顽强斗争，付出巨大代价和牺牲。在全国人民共同努力下，中国疫情防控形势持续向好、生产生活秩序加快恢复的态势不断巩固和拓展。

中关村上市公司植根于中关村国家自主创新示范区，在中央政府和全国各地人民的坚强支持下才得以成长、壮大，尽管此次疫情来势凶猛，对中关村上市公司的经营发展都产生了较大打击，但其依然不忘初心，积极加入抗击疫情的战斗之中，众志成城、共抗疫情！据不完全统计，截至 2020 年 7 月底，百度、小米、联想集团、京东方、京东、利亚德、东华软件、创业黑马、佳讯飞鸿、高能环境、碧水源、值得买、东方雨虹、搜狗、荣之联、乐普医疗、北陆药业、康辰药业、好未来、鸿远电子、美团、58 同城、用友网络、蓝色光标、拉卡拉、新浪、新东方、热景生物等百余家中关村上市公司参与到抗击新冠肺炎疫情中。中关村上市公司依托自身技术、产品、渠道等优势，在应急医院生产及信息化建设、医药医疗技术及药品设备支援、资金及防护物资供应、疫情防控服务支持等多方面献计出力。同时，随着疫情全球化趋势扩展，一大批中关村上市公司更是密切关心全球同胞生命健康，为全球抗疫贡献着自己的力量，彰显着中关村上市公司的社会责任感。

中关村上市公司协会作为扎根于中关村企业的全国性社会团体，自疫情暴发以来，在中关村科技园区管理委员会的指导下积极贡献力量。一是第一时间响应号召，收集中关村企业抗疫的技术和项目并向中关村管委会等政府单位进行推荐，协助发布三批中关村新技术新产品新服务清单；二是协助“中关村企业抗疫发展贷”① 的推行和落地，组织开展“中关村企业抗疫发展贷解读对接”线上会议；三是组织梳理了疫情防控重点保障企业名单，报送至人民银行有关部门，协会共报送 2 批名单 20 余家企业，依照第一批北京地区入选名单，中关村共有 70 多家公司入围；四是密切关注和了解中关村上市公司开复工及经营困难方面的相关建议，汇总上报至相关政府部门；五是关注中关村企业抗疫产品及在疫情期间做出的贡献，每日整理、归类、上报至相关政府部门，宣传中关村企业特色抗疫产品。疫情面前，每个社会群体和个人都在以独特的方式贡献着自己的一分力量，据不完全统计，截至 2020 年 7 月底，已有 5 个新冠疫苗获批进入临床研究，其中 2 个已进入Ⅲ期临床试验，4 个中和抗体药物获批临床试验。相信在大家的共同努力下，全球抗疫的胜利指日可待。以下是抗疫期间，中关村上市公司做出的贡献（据不完全统计）。

（一）应急医院生产建设及信息化建设保障方面

高能环境联合东方雨虹及其旗下天鼎丰紧急召开助力武汉蔡甸火神山医院建设线上专项会议，董事长李卫国亲自挂帅部署，要求三家兄弟公司并肩作战，火速驰援总计 50 余名人员参与项目建设。

北新建材向火神山医院等所有全国抗击病毒医院无偿提供医院建设所需要的防水材料、石膏板等建材。同时，以龙牌石膏板和北新蜀羊防水材料驰

① “中关村企业抗疫发展贷”是中关村管委会为加快实施中关村“战疫十条”，联合 8 家金融机构推出的助力中关村企业渡过疫情困难期的 200 亿元信贷额度，通过设置优惠利率，建立绿色通道，给予政策支持，进一步降低融资成本，助力企业复工复产和平稳健康发展。截至 2020 年 6 月 30 日，7 家银行累计发放抗疫发展贷 233.15 亿元，超额完成了 200 亿元的发放任务。为加大对科技企业信贷融资支持作用，拓展提供服务机构规模，“抗疫发展贷”产品期限至 2020 年 9 月 30 日，新增 180 亿元信贷额度。

援重庆巫山县人民医院和广西都安县中医院。

中国中铁筹集人员、物资驰援雷神山医院建设，保障湖北省各地市通信基站正常运行，确保各区域通信网络畅通。

中国铁建筹集物资紧急驰援雷神山医院建设。

东华软件子公司东华医为积极驰援武汉火神山医院信息化建设，公司成立了 30 人总指挥部协调相关项目建设工作，78 名东华医为员工主动请缨参与此次火神山医院 IT 建设工作，助力武汉火神山医院尽快建成并投入使用。

联想集团无偿提供武汉火神山医院所有 IT 设备已全部送达（包含电脑 520 台、平板电脑 120 台、打印机 285 台、桌面 IDV 软件 450 套，服务器 2 台，另有其他设备 100 个），并派出专业 IT 服务团队进驻现场，深入疫情第一线，为医院提供 IT 设备运维和现场技术支持。此外联想还将向雷神山医院无偿提供所有所需 IT 设备（包含电脑 700 台、平板电脑 160 台、打印机 375 台，以及配套软件和桌面系统等），并配备专业服务团队。

紫光股份向武汉火神山医院无偿提供价值人民币 3000 余万元网络通信与信息安全设备。

际华集团加班加点生产防护产品及原材料，际华 3503 公司在除夕将 1300 床被子和枕头、床单，第一时间交付疫情一线；际华 3542 公司紧急筹集 100 多套棉絮、枕芯，迅速送达襄阳市中心医院三个分区；际华 3517 公司从武汉仓库发货 960 双雨鞋至疫情一线，并在获悉参与火神山医院建设的装备需求后，主动联系，紧急备货防疫建筑工地用雨衣 10000 多件、雨鞋 20000 多双，高腰胶鞋几十万双。

碧水源将 CWT “旋风式” 膜技术装备交付武汉方舱医院，保障医疗污水的高标准安全处理。此次应用到武汉方舱医院的膜技术是目前世界上最先进的污水处理工艺之一，膜技术在污水处理尤其是在医疗污水的处理中有着独特优势。考虑到方舱医院污水中可能含有细菌、病毒的特点，碧水源采用了 “预消毒 + 化粪池预处理 + 一体化处理设备 + 紫外/次氯酸钠复合消毒” 的处理路线。

（二）医药医疗技术及药品设备支援方面

百度2020年1月26日宣布成立总规模3亿元的疫情及公共卫生安全攻坚专项基金用以驰援武汉疫情，同时针对支持新型冠状病毒等新疾病的治愈药物筛选、研发等一系列抗击疫情工作，百度将提供人工智能技术支持，配套亿级计算资源，助力疾控机构、科研院所等研究单位进行研发提速；2020年1月30日百度研究院宣布，将向各基因检测机构、防疫中心及全世界科学研究中心免费开放线性时间算法LinearFold以及世界上现有最快的RNA结构预测网站，以提升新型冠状病毒RNA空间结构预测速度，从而助力疫情防控。

昆仑万维联合旗下六家企业，成立2000万元人民币的专项基金，由科亚医疗集团牵头，组织世界顶尖疫苗专家联手研制新型冠状病毒疫苗，科亚医疗是中国首家获得国家药品监督管理局（NMPA）人工智能产品（医疗AI）三类医疗器械注册证的企业，旗下的新合生物拥有全球领先的AI病毒靶点筛选平台和免疫疫苗研发平台，公司计划在1个月内完成病毒疫苗初步研发、2个月内进入疫苗有效性测试阶段。

热景生物基于荧光定量PCR技术于完成了新型冠状病毒（2019－nCoV）核酸检测试剂盒（PCR－荧光探针法）的开发，并于2020年2月22日前面向全国临床医疗机构检验科紧急无偿供应1000盒新型冠状病毒（2019－nCoV）核酸检测试剂（PCR－荧光探针法），该试剂用于定性检测呼吸道样本中的新型冠状病毒（2019－nCoV）。

荣之联2020年1月26日收到中国疾控中心的支援请求，董事长王东辉亲自牵头，选派在京技术人员及时抵达公司做好以满足疫情需求的全力调配，公司于当晚完成计算、存储环境安装部署等工作，全面助力病毒测序工作的顺利完成，此外，公司还助力中科院微生物研究所迅速搭建病毒基因组进化关系的分析流程。

乐普医疗2020年1月23日公告将向湖北省武汉市、随州市、孝感市等疫情严重的地区医院首批捐助价值100余万元的急需物资（2000支电子体温计与700台指夹血氧仪），1月25日，乐普医疗团队顺利完成生产工作。

万东医疗在全国各地移动 DR 需求激增的情况下，立即开启应急预案，DR 生产线、商务部和一线安装工程师放弃春节休假，全力备战，迅速形成一条从生产、包装、运输到安装服务的高效支援团队。

双鹭药业首批无偿提供的药品已发往武汉，将配送至武汉市九家重点医院。同时，公司积极储备防控药物并联系外购防控物资，按照布置积极参与北京地区疫情防控任务，公司及部分参股公司，北京立生慈善基金会等也积极参与疫情防控工作，上海信忠医药有限公司无偿提供了 1000 台便携压电雾化器。

航天长峰加班生产应急及治疗呼吸机等防护设备及材料。公司制造的 Elisa 重症呼吸机、ACM812A 急救呼吸机和 TNI 经鼻高流量呼吸湿化治疗仪等 70 台呼吸机被送往武汉疫情防控一线。

福田汽车加班加点攻坚生产负压救护车，全力以赴驰援防疫前线。

同仁堂科技捐赠价值不超过 500 万元的中成药，用于支持抗击新冠肺炎疫情。上述药品将赠予北京市慈善协会、北京市温暖基金会，由上述单位再行分派。

联想集团携手北京 - 英特尔及华大基因加快新冠病毒基因分析。来自英特尔及联想的大数据分析和健康与生命科学方面的专家将与华大基因通力合作，为华大基因的研究人员提供全新的大数据分析技术和计算资源，进一步提升其基因测序工具的分析能力，更高效地研究新型冠状病毒的基因组特性。

乐普医疗新型冠状病毒抗体检测试剂盒（胶体金免疫层析法）取得欧盟 CE 认证。乐普医疗全资子公司北京乐普医疗科技有限责任公司自主研发的新型冠状病毒（SARS - CoV - 2）抗体检测试剂盒（胶体金免疫层析法）获得欧盟 CE 准入，取得欧盟市场准入资格。该产品运用胶体金免疫层析技术，定性检测临床样本（血清/血浆/全血）中新型冠状病毒（SARS - CoV - 2）抗体含量，为新冠肺炎疑似患者、隔离或医学观察和其他需要进行病毒感染诊断或鉴别诊断提供现场检测手段。

豪迈生物成功开发新型冠状病毒（COVID - 19）IgM/IgG 抗体测定试剂

盒，获欧盟 CE 准入。豪迈生物自 2020 年 1 月初开始启动新冠病毒 IgG/IgM 抗体测定试剂盒应急科研攻关，成功开发新型冠状病毒 IgM/IgG 抗体测定试剂盒（胶体金免疫层析法），并于 2020 年 3 月 23 日获欧盟 CE 准入。该试剂盒采用胶体金免疫层析技术，经临床验证产品具有很高的灵敏度和特异性，可用于体外定性检测血浆、血清、全血样本中的 COVID－19 冠状病毒 IgG/IgM 抗体。15 分钟内出检测结果，一卡同时出新冠病毒 IgM、IgG 抗体两大检测结果，有助于判断患者处于病毒感染的不同时期，避免漏检，精准发现各期感染者。

热景生物与生物应急与临床 POCT（北京市）重点实验室研发的全组分冻干粉型新型冠状病毒（2019－nCoV）核酸检测试剂盒（PCR－荧光探针法），可以常温存储、常温运输，解决了常规新冠核酸检测试剂需要－20℃储存，导致运输困难、运输成本高的障碍。

利亚德与深圳奥拦科技共同合作，利用纳米疏水镀膜技术，将特定的非医用口罩升级为医用口罩的创新研究。首批经过纳米疏水镀膜技术处理过的非医用口罩，已经顺利通过第一轮医用防护口罩技术专业测试。此款口罩的优势既达到普通医用口罩疏水性的要求，还具备了独特的疏油性。此外，纳米镀膜技术可以在对非医用口罩镀膜的过程中，同步完成高能等离子轰击对口罩的消毒灭菌过程，将口罩消毒灭菌时间由两个周缩短到 30～60 分钟。

千方科技子公司宇视科技生产的新一代热影额温＋腕温双测温一体机已递进为额温、腕温双测温模式，可严格筛选高温病例。在额温模式下，出现异常热源或存在热源干扰时，测出体温异常，则自动切换为腕温，对人员进行腕温复测，双重确认，有效避免高温误报，确保对温度异常人员的精准筛选。

（三）资金及物资供应方面

利亚德旗下的繁星教育基金向武汉无偿提供 1 万只 N95 口罩，此外基金还将向北京市提供 20000 只口罩用以防控疫情；为武汉旅发投集团提供医用一次性普通口罩 5000 个；医用手套 5000 双，医用防护服 1000 套；提供应急防控疫情用消毒粉 7.2 吨（价值约 100 万元）给海淀区政府、海淀教委、中关村上市公司协会会员等部门用于疫情防控。

奥赛康将 100 万元现金与价值 100 多万元的药品和消毒液无偿提供至湖北各相关医疗机构，精准助力湖北各个地区疫情控制，其中药品主要为用于抗深度感染、社区获得性肺炎的注射用替加环素（奥替加）和适用于伴有痰液分泌不正常及排痰功能不良的急性、慢性呼吸道疾病注射用盐酸氨溴索（奥古丽）等。

中国医药协调联动内外资源，多方筹措急需医用物资，无偿提供口罩等防疫物资 100 万元，向疫区配送紧急防疫物资 5500 万元。

京东宣布向武汉市分批无偿提供 100 万只医用口罩及 6 万件医疗物资，其中包括紧急从全国各地调货分批驰援武汉 100 万只医用口罩，以及从武汉本地仓库就近捐出的包括洗手液、消毒液、阿莫西林、奥司他韦等在内的 6 万件药品和医疗物资以缓解当地医疗物资短缺的局面。

小米集团无偿提供价值超过 30 万元的医疗防护物资（N95 口罩、医疗口罩和体温计）及超千万元的资金继续支持武汉抗击肺炎疫情。除了物资，小米还发挥自身物流、仓储等综合优势协助武汉大学校友，安排将无偿提供的 1500 件防护服送达武汉大学人民医院。

搜狗为抗击疫情捐赠 7000 万元的现金及物资。1000 万元物资捐助，驰援疫情严重地区；1000 万元关爱基金，致敬逆行者，为在新冠肺炎疫情期间北京赴鄂医护人员提供家庭生活补助；5000 万元健康基金，扶持基层医疗智能化。

百济神州捐献逾百万元物资支持疫区一线医护工作者，支援周边地市抗击疫情的工作。

佳讯飞鸿员工及各分子公司捐款 200 余万元汇至湖北慈善总会，为抗击疫情提供帮助。

北陆药业采购价值 100 万元的医疗物资（包括医用橡胶手套以及防护服），驰援武汉及周边医院。

三聚环保联手江油市万利化工有限责任公司分别向绵阳市政府、江油市政府捐献 100 吨、60 吨双氧水用于环境消毒。

康辰药业向中国红十字基金会捐赠人民币 100 万元，用于支援新冠肺炎疫情的防控，根据医院相关科室一线医护人员的需求采购防护服、口罩、护目镜、呼吸机、消毒液等医疗物资。

鸿远电子累计捐款 150 万元抗击疫情。

千方科技捐赠 2000 万元的现金和医疗物资。

京东方向武汉市红十字会捐赠现金 1000 万元。

创业黑马联合黑马导师、学员募集 385 万元助力疫情防控，其中创业黑马公司捐资 50 万元。

爱奇艺通过湖北省慈善总会向武汉市等疫情严重地区捐赠 1000 万元用于疫情防控工作。

新东方向湖北捐款 2000 万元并向中小学教师及家长提供免费线上心理疏导。

美团公益基金会宣布捐赠 2 亿元人民币，设立全国医护人员支持关怀专项基金。

用友网络通过用友基金会定向捐款 1000 万元人民币，用于资助参与湖北疫区肺炎患者救治的医务人员。

蓝色光标、拉卡拉分别捐赠 1000 万元、1200 万元参与联合发起白衣天使守护基金。

新浪设立 1 亿元抗击肺炎专项基金。

搜狗、搜狐联合无偿提供 2000 万元物资用于疫情防控。

天宜上佳捐款 200 万元用于抗击疫情物资资金。

旋极信息捐款 20 万元，为疫区购置相关物资。

元隆雅图向黄冈市慈善总会捐赠 100 万元。

东易日盛向中华思源工程扶贫基金会捐赠 110 万元人民币，用于疫情一线医务人员医疗物资采购。

值得买采购医用防护口罩 110 万个，将分批次无偿发放至抗击疫情第一线的工作人员手中。

掌阅科技向湖北省人民医院、武汉大学中南医院累计捐款 200 万元现金及为武汉读者无偿提供 100 万份掌阅 App 月卡 VIP（约合计价值 1800 万元）。

启明星辰向湖北省红十字会和华中科技大学同济医学院附属同济医院捐款 45 万元。

58 同城宣布通过 58 公益基金会无偿提供价值百万元以上的医疗物资驰援武汉，首批援助物资 10 万只口罩和 1000 套防护服已经运抵武汉，物品交由武汉市红十字会进行分发，用于当地疫情救助。

中国铝业捐款 3000 万元助力抗击疫情。

探路者向武汉市武昌慈善总会无偿提供价值 500 万元冲锋衣等物资。

安达维尔通过湖北省慈善总会向新型冠状病毒肺炎湖北疫区一次性资金捐助 150 万元人民币，主要用于湖北疫区前线抗击及防治工作。

拉卡拉支付协调法国供应商紧急定制 4 万只 FFP2 口罩（欧洲标准口罩，相当于 N95）并捐赠给北京海淀区卫健委，此批口罩将分配至医疗前线，用于抗击新冠肺炎疫情。

东方通向湖北省人民医院、武汉市中心医院等 24 个医院和院区捐赠救治新型冠状病毒重症患者所需的呼吸机。同时，东方通开启合作伙伴线上培训计划，并出台多项优惠措施，联合社会各界共克时艰。

森特股份通过北京市光彩事业促进会为疫区捐款 200 万元，用于配置护目镜、N95 口罩、外科口罩、防护服、手术衣等紧缺防护物资，也重点用于湖北省相关医院防护设备设施更新改造等。

大豪科技向湖北省新冠病毒定点医院——武汉市第一医院、襄阳市枣阳第一人民医院汇集驰援 1000 桶消毒液、500 套医院病房床上用品、30 台套注射泵、输液泵等。

中科创达向重庆捐赠 200 套“智能门卫士”助力社区智能防疫。智能门卫士可及时感知开门事件并上报社区管理人员手机端，整个过程 5 秒即可完成，这大大提高了社区管理的效率。同时，智能门卫士功耗极低，基于运营商网络通信，零配置开机即用，确认电量、通信情况后，5 分钟即完成部署。

飞利信累计为西藏那曲筹集捐赠医用口罩3万个、体温枪200支，物资总价值22万元，有效缓解了西藏防疫物资不足的燃眉之急。

（四）疫情防控服务支持方面

中科软按照中国疾控中心要求迅速研发“新型冠状病毒肺炎的流行病学调查及密切接触者追踪系统”并在除夕前上线，实现新冠肺炎疫情信息的实时报告，确保国家第一时间获得最准确的数据，为疫情的防控和指挥工作提供可靠的数据支撑，疫情期间开启7×24小时值守模式及时应对各处战“疫”需要。

搜狗公司迅速组织投入大量的技术产品研发力量，公司已投入超过1000人/天的研发力量，相继推出了新冠肺炎疫情实时动态、科学防护、在线问诊、发热门诊地图查询、交通管制查询、确诊患者同程查询等便民免费服务，为疫情时期民众及时便捷获取权威信息不懈努力。

用友网络启动了“友云采”抗击肺炎专项采购供应云服务，为医护用品供应商和医疗机构之间建立供应服务平台，以科技助力解决疫区医护用品的供应与管理问题。

利亚德为相关政府部门、医疗机构和事业单位，免费提供价值超过300万元的云视频会议产品及服务。

真视通向中国用户免费开放云视频协作平台，直至疫情结束，满足办公协同，应急指挥视频会议需要。

金山办公在疫情期间，专门推出免费金山文档统计模版，帮助各个机构组织统计人员健康情况，通过协作填报提高统计效率，保护隐私信息，线上快速搜集数据，方便及时更新。

佳讯飞鸿启动疫情防控应急指挥调度系统，为北京市海淀区政府、卫健委、医疗机构及监督所、监督站等四级机构之间建立通信平台，各级指挥者不仅可以与一线医护人员便捷高效的沟通，而且能将指挥调度命令快速下达给所有人。

久其软件旗下久其格格产品云端服务在疫情期间完全免费向社会开放，

不限填报人数、不限使用次数，并为健康统计工作定制了 6 个信息采集模板，助力健康信息统计，方便企事业单位、大中小学、幼儿园对职工、学生健康信息的采集、汇总统计。

致远互联上线疫情实时在线报备工具，向社会免费开放，帮助企事业单位以最快的速度，响应疫情防控工作。

值得买网站和 App 上线“守望相助防疫专题”，用户可及时获取防护实用信息、互助信息、防护用品购买信息。

京东与中华慈善总会联合在京东暖东公益平台上线“战胜新型冠状病毒感染的肺炎疫情”募捐行动，募捐款项将用于支持武汉市各社区卫生机构开展疫情防控工作，中华慈善总会将各界捐赠及捐助的物资通过京东物流及时尽快地运往疫区。

美团公益平台为中国红十字基金会等慈善组织开通线上筹款通道，为美团用户、合作商户的热心捐助提供便利通道，除 2 亿专项基金的援助外，美团各个业务全线为湖北地区医护人员和百姓生活提供保障，启动一系列措施；此外美团旗下餐饮供应链平台快驴进货已开通“医疗机构合作”绿色服务通道，服务范围覆盖快驴进货已开城的 34 座城市内，包括武汉，全力保障一线防疫人员的餐饮需求。

58 同城发挥平台优势，通过社区内容产品 58 部落，以话题 banner、热议、公告以及直播等形式，开展新冠肺炎疫情防护宣传，向大家普及防疫知识。此外，58 金融、安居客等产品，通过制作科普长图，发布 App 推送等形式，向广大用户发布疫情最新进展，宣讲防护措施。

好未来设立 1 亿元专项基金，为疫区不能开学的中小学开通网络直播课。

神州优车无偿向全国参加医疗救援的机构和媒体提供用车，全力保障疫情的防控和医疗救援的及时，此外，公司为神州优车司机做好疫情的知识普及并发放口罩和消毒液。

万邦达所属危固废处理公司积极参与疫情防控，及时优先处理医疗废物。

爱奇艺充分发挥媒体平台作用，无偿提供精品电视剧播出版权，陪伴湖北省武汉市等地区共克时艰。

新浪微博微公益第一时间面向公益机构开放捐赠通道，并打通物资求助信息传递“生命线”，与医院、医务人员、政务机构、各地媒体保持 24 小时紧密沟通、核实信息、对接服务。

搜狐充分发挥媒体传播综合优势，上线“抗肺炎 24 小时”专题、“新型病毒肺炎在线问医生”功能及新型肺炎确诊“患者同程查询”功能，让用户获取到准确可靠的疫情信息及防控知识，同时，搜狐与各大医院、医务人员、政务机构、各地媒体保持 24 小时紧密沟通、核实信息、对接服务，为广大用户提供防控疫情的延伸服务。

新华网、人民网启动应急报道机制，及时准确报道，全面权威发声。

歌华有线全力配合北京市卫生健康委员会、北京市疾病预防控制中心、北京市健康教育所，在高清互动媒体平台发布宣传“严防新型冠状病毒感染的肺炎”主题内容，同时在点播、回看、综艺片前片尾图片广告位置宣传主题防控知识，及时、有效地向北京市民普及官方疫情防控内容。

太极股份全力保障的国家网络云课堂开发完成并如期上线，该课堂以“一师一优课、一课一名师”项目获得部级奖的课程资源为基础，吸收了其他优质网络课程教学资源，供各地学校组织学生开展网上学习，全力服务国家教育系统“停课不停学”。

亚信科技在贵州联通领导下，紧急研发并上线了“疫情管控微登记系统”，免费供各社区使用。该系统主要用于疫情时期各大街道、社区和大型商场等敏感场所的流动人员管控。系统内嵌微信轻应用，所有人员可打开微信轻松实施管理或登记。通过本系统，区域管控单位可实时掌握本区域人员的进出流动轨迹，定向溯源疫情接触者，实现“最后一公里”精准管控，也能够将本社区数据实行实时汇总。

绿盟科技面向全行业发布“绿盟非接触网络安全监控与防护方案”，远程为客户提供端到端的网络安全运营服务。绿盟非接触网络安全监控与防护方案集中绿盟科技的优势力量，包含威胁情报预警服务、网站安全监测服务、网站安全云防护、黑洞云清洗服务、网络威胁管理在内的五个方案。

东方网力迅速研发了社区疫情防控平台和多场景下的进出口体温探测系统，针对社区、办公楼宇、商业场所等多场景下，提高防疫排查工作效率及准确性，切实做到社区等场景下的科学防控、精准防控、精准施策，助力城市打赢这场没有硝烟的“战疫”。

数字政通联合易联众开发融合健康卡（码）的网格化疫情防控解决方案和融合公共卫生管理功能的“多网合一”平台，基于双方联合研发的“多网合一”平台为国家重大疫情管控机制、公共卫生应急体系更快更准管控提供源头治理来源。

百度 Apollo 无人智能防疫车在武汉高校隔离点投入使用，和无数坚守在前线的逆行者们并肩作战，用科技力量驰援疫情防控，助力武汉“早日康复”。除了湖北武汉，百度 Apollo 生态合作伙伴新石器在北京海淀医院进行送餐，可服务 100 名一线医护人员，避免了不必要的人与人接触。而在深圳广州两地医院、区政府大院、保税区等地，新石器无人车也已经在重点保护区域和隔离区域进行消杀作业，避免了人类此刻从事高危作业的风险性。

博彦科技智能电子封条监控系统助力疫情监控。本疫情监控隔离解决方案可结合或并行博彦科技疫情大数据平台，生成基于疑患数量、分布区域、增减数据等不同内容的统计报表，方便疑患信息汇总与管理。并通过可视化数据，信息更加直观。

数知科技打造了结合红外热成像体温快速筛检设备和动态人脸识别的无感知人脸测温系统。该系统是专门针对公共空间疫情防控所开发的，其秒级和远距离监测实现了大空间、大流量的无停留体温筛查，在人员无感知的情况下，对访客进行发热识别，还实现了一人一档的管理，形成报表记录分析人们的健康状况。

荣之联推出互联网疫情咨询数据平台。地方疫情实时大数据 H5 有效的助力各地方媒体实时掌握疫情线索并服务于当地民生；地方疫情指挥大屏支持了各相关部门在进行疫情工作指挥时所需的重点信息汇集、信息洞察和多样化的可视化展示形式；地方疫情实时检索帮助媒体从业人员快速获取第一

手的新闻线索、热点素材、疫情趋势分析等并将结果推送给栏目组进行实时新闻采编与生产；地方疫情智能报告从政务、民生、经济、舆情等多维度进行当地疫情宏观分析与结果呈现，为各行业终端用户提供精准的信息定制服务。

百度地图推出复工地图，用户可查看周边超市、餐饮、理发等民生小店营业时间。此外，百度地图通过百度智能外呼系统与商户直接沟通营业情况，运用 AI 技术大大提高了核验效率和信息准确度。

神州数码基于旗下公司因特睿于 2019 年荣获国家技术发明奖一等奖的技术成果转化了燕云 DaaS。燕云 DaaS 可实现系统的互联互通和数据的交互共享，可快速采集病患数据实现疫情数据的互通共享，同时结合疫情数据实现多类型大数据应用，让疫情防控和复工复产科学化、精准化、高效化。燕云 DaaS 将市民纳入城市治理的体系中，并增加了反馈机制保障服务质量和效率，形成了公共服务闭环。

数字政通和华为联合打造网格化社区疫情防控系统，以城市现有网格化城市管理平台或网格化社会治理平台的项目为基础，实施网格化社区疫情防控系统。该系统将社区网格员批量排查统计上来的数据汇总、分类、分析，及时显示在指挥平台上，相关部门可按需调取，从而研判疫情形势。只要将人员出入信息及时填写到 App 即可实现智能化管控，直接提升了疫情防控和复工复产的效率。

美团发布行业内无接触服务领域首个标准——《无接触餐厅服务规范》，该项标准倡导商家在数字化手段支持下实现提供无接触用餐服务，实现餐厅的无接触点餐、无接触取餐全链条解决方案，减少人与人接触，让特殊时期餐厅营业和消费者就餐更安全；标准中的“安心码”建议、全链条的“无接触”解决方案等内容，提供保障了餐饮行业在疫情期间全流程餐饮服务的安全标准。

飞利信公共卫生应急指挥信息系统解决方案为疫情助力。该系统由“一个中心、一个门户、四个系统支撑平台、四个核心应用平台”构成。应急指挥数据中心不仅完成数据的汇总和上报，同时要通过该系统统筹协调医疗资源，统一指挥调度，实时掌握本区救治活动发展变化情况，指导本区突发公共卫生事件医疗救治处理，随时对现有疫情监测数据进行分析，了解各法定传染病在不同地区（空间）、不同时间、不同人群（人间）的分布特征、流行现状及其动态变化等。

东华软件为精准抗击疫情，推出了“微应急平台”、“e 路畅通”、“数村”抗疫平台、“云筛查”、“云·复者”、“豫码通”等程序，为疫情期间智慧城市建设贡献力量。

百度基于领先的复杂场景多人脸检测、戴口罩人脸识别、多人实时体温检测等 AI 技术，打造出企业 AI 入场解决方案，帮助企业构筑防疫屏障，支持疫情防控期间高效、安全、有序的复工入场。该方案可实现远距离人脸识别时，同步完成测温、身份识别及后台校验，整个过程只需短短几秒，而且无须接触、无须停留。

美团启动“商户伙伴佣金返还计划”，对全国范围内优质餐饮外卖商户，尤其是经营情况受疫情影响较大的商户，按不低于 3% ~5% 的比例返还外卖佣金。返还的佣金，将直接打入商户的美团账户，可用于线上营销和流量推广，帮助商户提升单量、增加营收，促进消费复苏。

联想控股上线“空中课堂 + 管控平板”线上教学解决方案，全面助力线上教育。为推进线上教学资源共享和教育教学方式创新，一直深耕科技领域的联想集团与广东新华发行集团展开合作，并正式上线“空中课堂 + 管控平板”线上教学解决方案，为学生搭起线上学习园地。

宇信科技开发“新一代贷后管理系统群”，全面助力贷后难题。受新冠肺炎疫情影响，大量企业受到冲击，银行业短期内贷款逾期和不良贷款率也会小幅上升，客户违约增多。宇信科技利用 AI、区块链、大数据等科技手段开发的智能化、全链条、一站式的贷后管理系统，成为非常时期重要的战“疫”武器，现已在多家金融机构上线运行。

利亚德研发的云视频会诊系统，可实现各级医疗单位、不同科室、科室与病房之间实现互联互通。医疗单位通过此系统，可进行远程高清互动会诊、医疗学术研讨、远程培训等功能，真正做到高水平医护资源对接。

易华录充分发挥在交通运输行业的信息化能力，为交通运输部、全国各省市、重点行业提供了“疫情联防联控系统”智慧化平台、诚信通 App、扫码小程序等创新应用服务，提供交通运输信息应用服务，助力防疫抗疫。

京东联合澎湃新闻依托“春雨行动”，共同发起“买鄂”助力湖北农产品推广月活动，“买鄂”助力湖北农产品推广月电商专区正式上线，已有近 50 种湖北农副产品上线电商专区，网友可下单一键购买。后续还将持续更新更丰富的湖北农副产品上线电商专区销售，供广大网友选购。

联想控股旗下部分成员企业通过积极主动提供多元化的金融信贷及融资服务，在短时间内迅速为抗疫企业和受困企业提供高效精准的金融支持。具体举措如下：1. 推出各类扶持举措助力小微企业渡过难关方面。2. 联想控股旗下君创租赁、联想之星主动为中小微企业提供融资渠道。3. 旗下部分成员企业通过开辟绿色通道、提供专项信贷计划等金融服务有序推动复工复产，保障防控物资供应。

京东上线“新冠病毒”核酸检测在线预约服务。为了给外地返京人员提供更加便捷的服务，京东健康与北京金域医学实验室达成合作，上线“新冠病毒”核酸检测的在线预约服务，成为全国首个提供核酸检测服务在线下单及预约的平台。

东方国信联合联通软件研究院发挥互联网化优势和平台数字化能力，成功推出 5G + 健康监测云平台。该平台基于联通软研院天宫平台研发，将摄像头采集的成像数据视频流、体温数据通过 5G 网络实时上传至云平台，实现现场布控、远端监控、一点全控，达到“测温防疫一盘棋”的目标，为助鄂重启及全面复工复产提供有力支撑。

数知科技研发了数知防疫机器人 ETC－800，集杀菌消毒、垃圾清扫、灰尘收集和尘推保养四大保洁功能于一体，可以在人居环境和充分保护布设物前提下，自动执行空间喷淋消毒，给学生一个干净安全的学习环境。另外，数知红外热成像体温快速筛检设备和动态人脸识别系统也可用于校园疫情防控，其秒级和远距离监测实现了大流量、大空间的无停留体温筛查，在人员无感知的情况下，对人员进行发热识别和报警。

玖富数科集团以AI技术为核心，面向金融机构、中小微企业、个体工商户、教育等多个领域推出智能客服、智能外呼、防疫咨询机器人、小微生意、小微加油站、智能风控、智能营销、智能合约、玖智工场九大智能科技产品，全面助力复工复产，落实国务院常务会议决议的实施普惠金融和小额贷款公司部分税收支持政策，加强对小微企业、个体工商户和农户的普惠金融服务。

好未来教育开放平台面向全国教育培训机构推出“避风港计划”，向开放平台合作机构免费提供直播系统、课程内容、运营维护等支持，帮助培训机构渡过难关。至今已经帮助了全国各地4万多家教培机构的14万名老师，向累计2000万人次学生免费在线授课200万课时，让许多原本在疫情期间停摆的线下教育培训机构看到新的希望。

宝宝树上线新冠核酸检测在线预约服务覆盖20大城市。2020年4月底宝宝树集团于旗下宝宝树孕育App中上线新冠核酸检测在线预约服务。用户完成预约后，将由迪安诊断及伯豪医学检验所，以及复星医疗旗下的武汉济和医院、佛山禅城医院、深圳恒生医院、山东齐鲁检验所等机构提供检测与服务。宝宝树携手战略股东复星上线核酸检测预约服务，是其全面助力母婴家庭抗击疫情的又一积极举措。

亚信科技面向运营商和政府部门提供了很多应用层的App或小程序，比如疫情管控登记免费提供给社区使用，快速赋能帮助政府和三大运营商进行防疫的落地。向政企、运营商行业快速提供了16项防疫抗疫的软件产品。

猎豹移动在第一时间加班加点推出“智能服务机器人疫情防控解决方案”，向包括武汉火神山医院、北京海淀医院等交付“疫情防控机器人”，迅速推出红外测温版智能服务机器人，助力企业、商场等人员流动大的公共场所智能抗疫。在医疗场景，“智能疫情防控协作机器人”豹小秘可实现无人导诊，减少了医护人员与病患频繁直接接触发生交叉感染可能性。

（五）驰援国际疫情

爱奇艺体育向西班牙捐赠首批医疗物资。2020年3月27日，由爱奇艺体育联合当代明诚向西班牙政府捐赠的首批医疗物资已经抵达西班牙驻华使馆指定物资接收点，将火速发往西班牙，支援西班牙新冠肺炎疫情防控。

乐普医疗携手两款疫情相关产品，驰援全球疫情。乐普医疗旗下非接触式红外体温检测设备产品乐普红外测温仪（额温枪）于2020年3月27日获得欧盟符合性声明（Declaration of Conformity，DOC），被允许销往欧洲市场，并且符合美国家电标准（FCC认证）。同时，根据美国近期发布的新冠肺炎相关检测政策指南，乐普医疗新型冠状病毒抗体检测试剂盒即将进军美国市场。乐普医疗新型冠状病毒抗体检测试剂盒已向亚太、欧洲及拉丁美洲地区发货200万余套。

万东驰援国际抗疫一线。随着新冠肺炎疫情在全球的蔓延，许多国家出现防疫物资和医护人员严重短缺。在新冠肺炎疫情面前，全世界需要携手共渡。2020年3月28日，万东移动DR首批国际紧急订单乘专机运往西班牙。为了确保这批设备能安全快速投入一线抗疫，万东医疗专门制作使用教学视频，方便医生快速掌握操作技巧。公司生产的移动DR和CT在抗击疫情中主要大量用于肺部检查，尤其是移动DR，因为行动灵活，方便在病床间自由移动，减少病人间的交叉感染，成为隔离区、ICU、急诊室最重要的诊断设备之一，需求量激增。疫情暴发以来，万东已经累计生产交付向国内近千台医疗设备。随着海外疫情的蔓延，国际订单增长加快，公司将做好准备保证原料供应，全面提高产能并安排员工加班生产，在保证国内需求的情况下，全力以赴助力国际抗疫。

百度健康推出“海外抗疫公益计划”，免费为海外同胞提供线上医疗咨询、心理咨询、专家直播、防御工具等四大服务，帮助广大海外同胞抗击疫情。线上医疗咨询方面，百度健康“问医生”超十万医生向海外免费在线医疗咨询服务。专家直播方面，百度健康将对海外开放“战疫直播间”，邀请权威专家和一线医护人员每天直播，帮助广大海外侨胞和留学生获取防疫知识。肺炎防御工具方面，百度健康面向海外推出包括《新型肺炎智能自测工具》《新冠肺炎防护手册》等。此外百度健康针对海外开放心理援助平台服务，提供7×24小时的免费在线心理咨询服务。

京东健康推出“全球免费健康资讯平台”面向身处海外的同胞提供免费在线问诊和心理疏导服务。在中医专家咨询方面，30 多名中医专家为海外同胞提供中医问诊服务；在援鄂一线医生方面，召集了 38 名在湖北一线抗疫的专家和医生，将过去两个月中经历和积累的最前线疫情防治经验提供给海外民众；在免费心理疏导方面，海外同胞可拨打热线电话获得免费心理疏导服务；同时问诊覆盖包括与疫情紧密相关的感染科、呼吸科在内的全部科室；京东健康打通中药饮片和中成药的采购及配送通道，供海外华人机构、诊所等采买。

推想科技医疗 AI 紧急驰援意大利，彰显中国人工智能医疗创新科技力量。随着患者人数的增加，意大利医疗机构面临巨大压力，利用胸部 CT 影像诊断构筑起疫情筛查的第一道防线势在必行。推想团队接到求援后第一时间驰援意大利。推想科技肺炎智能辅助筛查和疫情监测系统遇到疑似新冠肺炎 CT 影像时，会立刻向医生预警，提高诊断速度，降低疫情扩散的风险，帮助医生准确判断病人病情，提高肺炎诊疗规范与质量。2020 年初，推想科技医疗人工智能产品 InferRead 获得欧盟医疗器械 CE 认证。

联想集团驰援意大利，助力全球抗疫。为助力意大利抗疫，联想集团通过多种渠道为意大利抗疫工作提供各项支持。（1）联想首批捐赠的 150 台电脑已经交付给米兰的部分学校。（2）联想集团向米兰市的 Luigi Sacco 医院捐赠了一笔慈善款项。（3）联想集团独家赞助，意大利博洛尼亚大学孔子学院、博洛尼亚大学出版社、上海科技出版社联合出版的《张文宏教授支招防控新型冠状病毒》意大利语版本一书，将正式在意大利出版发行，将免费向意大利民众发放阅读，共享防疫经验。

乐普医疗驰援海外同胞。美国的新冠肺炎疫情肆虐，确诊人数高居全球首位。了解到波士顿当地留学生及访问学者们物资短缺的情况，乐普医疗紧急向美国波士顿地区的留学生及访问学者捐赠数千套新冠抗体检测试剂盒，为哈佛大学、麻省理工学院等机构的同胞们提供高效、精准的医疗产品及服务，携手共同抗击疫情。

同仁堂集团全球发布“扶正避瘟饮”药方，助 30 个国家地区民众抗疫。目前，同仁堂集团所属同仁堂国药以云发布方式向全球公布“扶正避瘟饮”系列组方，该组方是针对不同国家和地区的气候、温湿度、人体体质、用药习惯等面向30个国家和地区开出的“一国（地区）一策”系列组方或中成药。目前已向意大利、加拿大、新加坡、英国、瑞典等国家调拨了45000付，受到华人华侨、当地民众的欢迎。

百度翻译推出全球抗疫计划：（1）免费对外开放了生物医药垂直领域翻译。截至目前已累计服务上百万用户，累计翻译字符达7.6亿。（2）成立专项小组，开发搭建并免费开放了高效易用的医疗领域定制化翻译产品。同时为千余名防疫志愿者定向提供单独医疗领域页面，包括免费的术语定制、图片翻译、文档翻译等功能。（3）新增包括波斯语在内的172个语种，累计上线语种达200个，累计翻译方向约4万个，覆盖全球约180个国家的74亿人口，让疫情信息的共享更加平等、便捷。（4）免费开放多语种疫情词典。百度翻译新增包括波斯、意大利、英国、韩国、日本等国际疫情严重地区的疫情词典，为驰援海外抗疫的中国志愿者提供更准确的翻译结果。（5）携手中新视频、人人译视界，为国际疫情严峻地区提供防疫视频翻译，包括波斯、意大利、英国、韩国、日本等八种语言，覆盖约76个国家，语种覆盖人口约25.47亿人，让“中国经验”在全球抗疫中发挥更大作用。

搜狗同传独家支持财新国际在线研讨会，助力抗疫专家国际交流。2020年3月26日，财新国际举办了一场抗疫经验分享的在线研讨会。研讨会视频连线了武汉大学中南医院ICU主任彭志勇教授、新加坡卫生部传染病管理司司长李坚明副教授与全球网友分享宝贵抗疫经验。搜狗同传为本次在线研讨会提供中英双语字幕支持以准确、高效、专业的翻译水准助力抗疫专家向全世界分享了在一线抗疫的宝贵经验。

推想科技医疗AI系统助力美国托马斯杰斐逊大学医院抗疫。推想科技医疗AI系统入驻托马斯杰斐逊大学医院，用于辅助医院放射科与胸腔组对于肺部疾病的临床研究工作，同时部署了肺炎智能辅助筛查和疫情监测系统，用于协助疑似新冠肺炎病例排查。截至2020年4月7日，推想肺炎智能辅助筛查和疫情监测系统在全球累计处理肺炎病例超19万例，并在美国、日本、意大利等多个国家成功部署，用科技帮助全世界构建抗疫防线。

同仁堂集团向境外多个国家和地区捐赠抗疫产品 7.9 万人份。随着新冠肺炎疫情在境外多个国家和地区蔓延，同仁堂集团所属同仁堂国药在紧急动员设立在 28 个国家和地区的 149 家同仁堂门店为当地民众提供及时有效的中医药抗疫服务的基础上，近日，又向加拿大、韩国、新加坡和中国香港等国家、地区，中国驻外使领馆捐赠各类防疫产品 7.9 万人份，彰显中国品牌的大爱情怀。

舒泰神启动国际多中心临床试验计划（MRCT）。随着国内疫情得到良好控制，境内新发病例已无法满足临床试验需求，该计划通过在境外多地区展开 BDB－001 注射液的临床试验，科学严谨地优化使用宝贵临床资源并缩短药品研发时间。BDB－001 注射液是针对人 C5a 分子的单克隆抗体药物，能够抑制炎症级联反应、控制炎症发展而不抑制免疫功能。此前该注射液在中国开展的 4 项与新冠病毒相关的临床试验结果表明其安全性良好。

推想科技受邀为北美各界分享战疫经验，助力全球合作抗疫。在全球严峻的疫情阴霾笼罩下，为助力全球合作抗疫，推想科技创始人兼 CEO 陈宽作为中国的企业代表，也是唯一参会的人工智能企业代表受邀为北美各界分享战疫经验。推想科技在短短两个多月的时间，已经为国内外超过 80 家医院提供了对抗疫情的人工智能解决方案。该方案在新冠肺炎病例辅助诊断、确诊病例的监测、定量分析和病程管理等方面都起到突出的作用。

B.8 中关村中概股分析报告（2020）

中关村上市公司协会研究部

摘　要： 本文分析了近三年中关村中概股企业的主要经营业绩及其在资本市场的表现，数据显示：中关村中概股营收规模高速增长；研发投入持续增高，创新意识持续增强。但其资本市场整体表现不尽如人意：近五成中概股跌破首发价；市场活跃度不高，年均换手率集中在1%以下；仅有少数龙头企业得到合理估值，多数企业估值偏低。同时，本文依据港股、科创板及创业板对红筹企业的上市条件，梳理出44家中关村中概股中符合港股上市的企业有30家，符合深交所创业板上市的企业21家，上交所科创板上市的企业23家。为畅通有意愿和符合条件企业的回归，本文建议持续推动资本市场的市场化改革，完善资本市场制度；逐步放宽中概股回归条件；加强对中概股企业的相关上市培训与研讨工作。

关键词： 中概股　中关村上市公司　二次上市

一　中关村中概股发展情况分析

截至2019年底，中关村共有44家中概股①上市公司，其中，纳斯达克

① 此处中概股指美股中概股，即在美国注册和上市，但最大控股权（通常为30%以上）或实际控制人直接或间接隶属于中国内地的民营企业或个人的公司。

证券交易所26家，纽约证券交易所18家。从行业分布来看，中关村中概股上市公司主要分布在信息技术（22家）、可选消费（14家）、医疗保健（3家）三大行业，数量合计占比达88.64%。截至2020年6月30日，共有41家中关村中概股上市公司披露了2019年年报。

（一）中关村中概股经营情况

1. 中关村中概股营收规模高速增长，近八成企业营收规模较高

2019年，披露年报的41家中关村中概股企业实现营业收入8598.67亿元。从营业收入的分布来看，多数中关村中概股营收规模较大。2019年，中关村中概股企业营业收入在10亿元以下的企业共有12家，占比29.27%；接近八成的中关村中概股企业营业收入规模达10亿元及以上，营收规模较高。具体来看，营业收入规模在10亿~20亿元、20亿~30亿元、30亿~50亿元、50亿~100亿元的企业分别有9家、5家、4家、2家，分别占比21.95%、12.20%、9.76%、4.88%；100亿元及以上的企业有9家，占比21.95%，其中，京东和百度的营业收入超过千亿元①（见图1）。

从成长性来看，2017~2019年持续披露营业收入的企业共39家，其中2019年总营业收入为8598.67亿元，同比上涨18.49%。从三年的营业收入规模情况看，相比2017年营业收入，增长50.08%，连续三年营业收入呈现高速增长的趋势（见图2）。

2. 少数亏损企业拖累中概股企业整体业绩

从净利润来看，2019年41家中关村中概股上市公司净利润为65.34亿元，同比下降70.68%。2019年中关村中概股企业净利润的下降受爱奇艺②、

① 2019年，京东和百度的营业收入分别达5768.88亿元和1074.13亿元。

② 爱奇艺（IQ.O）2019年亏损102.77亿元，主要系营业成本增加所致，2019年全年爱奇艺的主营业务成本是303.48亿元。与此同时，爱奇艺在2018年的营业收入为250亿元，成本接近271亿元。

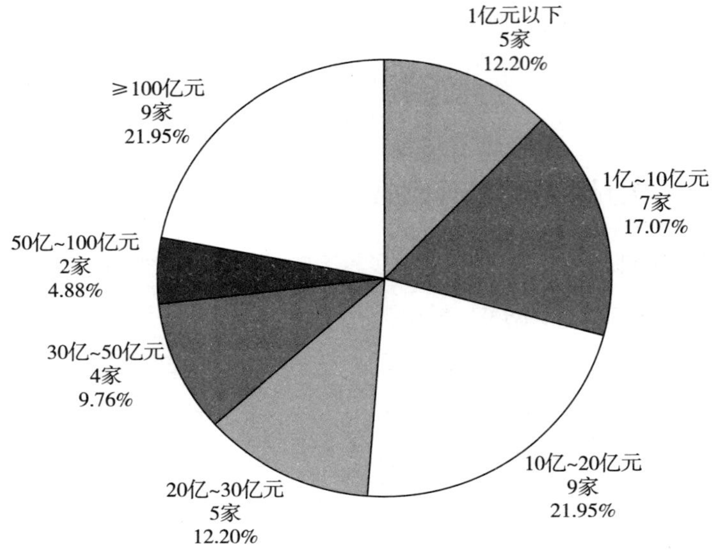

图1　中关村中概股上市公司2019年营业收入分布情况

资料来源：wind，中关村上市公司协会整理。

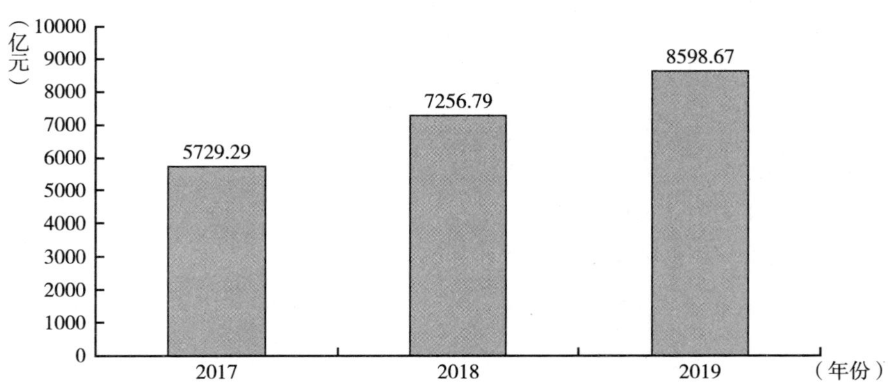

图2　持续经营的中关村中概股企业近三年营业收入情况

资料来源：wind，中关村上市公司协会整理。

百济神州①两家企业亏损影响较大，两家企业亏损额占 2019 年中关村中概股亏损企业亏损额的 59.88%。

从盈利面来看，14 家（34.15%）处于盈利状态；27 家（65.85%）企业处于亏损状态。对企业盈利规模进行分析，6 家公司盈利超过 20 亿元，2 家公司盈利超过 50 亿元（分别为 58 同城的 84.53 亿元和京东的 121.84 亿元）。对企业亏损情况进行分析，其中，2/3 的公司亏损金额在 5 亿元以下，7.41%（2 家）公司亏损 5 亿～10 亿元，18.52%（5 家）公司亏损 10 亿～50 亿元，有两家公司亏损金额超过 50 亿元（见表 1）。

表 1　2019 年中关村中概股上市公司净利润分布情况

单位：家，%

金额	亏损情况		盈利情况	
	数量	占比	数量	占比
1 亿元以下	9	33.33	3	21.43
1 亿～5 亿元	9	33.33	3	21.43
5 亿～10 亿元	2	7.41	2	14.29
10 亿～50 亿元	5	18.52	4	28.57
≥50 亿元	2	7.41	2	14.29

资料来源：wind，中关村上市公司协会整理。

3. 研发投入持续增高，创新意识持续增强

从研发投入情况来看，2017～2019 年连续披露研发费用的 32 家中关村中概股上市公司研发投入持续增长，研发费用从 2017 年的 352.96 亿元增加到 2019 年的 593.94 亿元。从研发强度来看，中关村中概股上市公司研发强

① 百济神州（BGNE.O）2019 年亏损 66.31 亿元，其是一家全球性的、商业阶段的、以研发为基础的生物科技公司，专注于分子靶向和免疫肿瘤疗法的研发，美股、港股两地均上市的药企。公司亏损的主要原因是药品开发的投资具高度投机性。这包含大量的前期资本开支，以及候选药物未能获得监管批准或实现商业可行的重大风险。公司绝大部分的经营亏损均因来自有关研发项目产生的费用以及与业务相关的销售、日常及行政开支所致。

度普遍较高。2019 年 33 家披露研发费用的企业中，研发强度在 20% 及以上的企业有 6 家（18.18%）；研发强度为 10% ～20% 企业有 12 家（36.36%）；研发强度在 5% ～10% 的企业有 11 家（33.33%）；仅有 5 家（12.13%）研发强度低于 5%。总的来说，10% 以上的研发强度在全球范围内处于相对较高的研发投入水平，中关村中概股研发强度达到国际高水平研发强度的企业有 18 家，占比 54.55%（见图 3）。

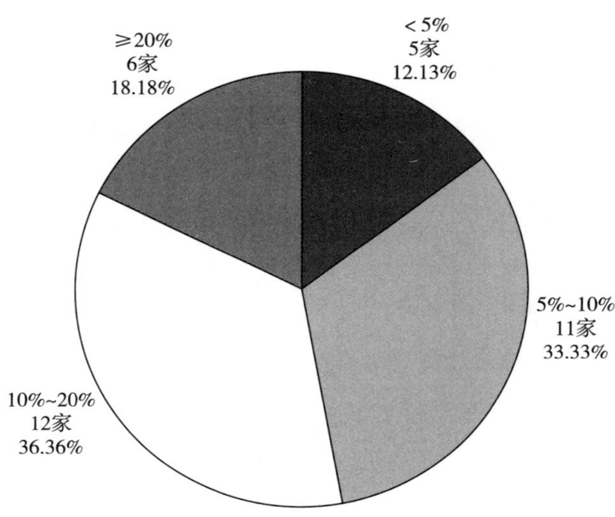

图 3　2019 年中关村中概股上市公司研发强度分布情况

资料来源：wind，中关村上市公司协会整理。

（二）中关村中概股资本市场表现情况

1. 资本市场整体表现不尽如人意，近五成中概股跌破首发价

截至 2020 年 6 月 30 日，剔除 6 家无首发价格的企业外，对其余 38 家企业股价进行分析。相比较首发价格，17 家股价上涨，占比 44.74%；21 家企业股票跌破首发价，占比 55.26%，其中，跌幅 50% 以上的企业有 20 家。反观纳斯达克交易所和纽约证券交易所上市的股票，剔除无首发价格数据的企业外，65.84% 的企业股票高于首发价，仅有不到四成的企业股票跌

破首发价。此组数据说明，超一半的中关村中概股企业股价处于下跌状态，中关村中概股企业在资本市场的表现远低于整体水平。

2. 少数龙头企业得到合理估值，多数中关村中概股估值偏低

2019 年 12 月 31 日，44 家中概股企业总市值合计 15794. 44 亿元。受全球流动性持续宽松的影响，持续经营企业的总市值为 14005. 74 亿元，同比增长 21. 50%（见图 4）。此外，在持续经营企业中，市值排名前三的企业，其市值规模合计占比 61. 64%；排名前五的企业①，其市值规模占比为 76. 40%。此组数据说明，头部企业被市场认可程度较高，但是接近 90% 的中关村中概股市值偏低。

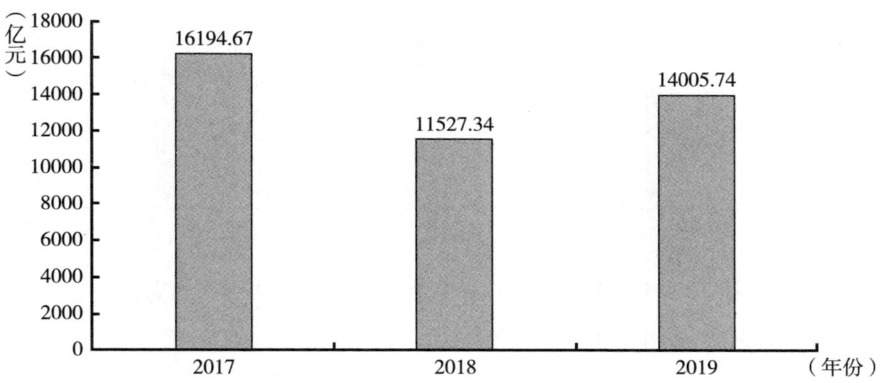

图 4　2017～2019 年中关村 36 家持续经营中概股企业市值状况

资料来源：wind，中关村上市公司协会整理。

为评估中关村中概股上市公司估值的合理性，本文结合行业市盈率对其进行简要分析。数据显示，与美国行业市盈率中值相比，中关村中概股企业的市盈率被严重低估。具体来看，除可选消费行业外，信息技术和医疗保健行业的平均市盈率远低于港股和境内 A 股。

3. 市场活跃度不高，年均换手率集中在1%以下

2019 年，持续经营企业的股票年成交量为 90. 43 亿股，结合 2017 年

---

① 市值排名前五的企业分别是京东、百度、好未来、新东方、微博。

和 2018 年的数据来看，中关村中概股的股票成交情况呈现下降趋势。从年均换手率情况来看，年均换手率在 0～0.5% 的企业共有 18 家，占比 50%；年均换手率处于 0.5%～1% 的企业有 9 家，占比 25%。整体来看，中概股的股票市场活跃度呈现下降趋势，有 75% 的中关村中概股年均换手率在 1% 以下，年均换手率最高也仅有 2.71%，市场活跃度偏低（见图 5）。

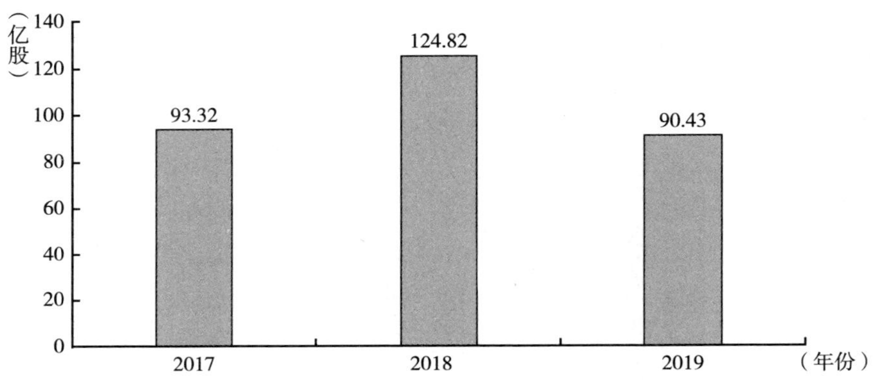

图 5　2017～2019 年持续经营企业连续三年年成交量情况

资料来源：wind，中关村上市公司协会整理。

总之，从中关村中概股企业盈利能力、创新能力、资本市场表现情况看，中关村中概股企业多属于创新能力较高的科技型企业，研发投入较大。但多数中概股企业估值偏低、市场认可度也有待提高。

二　中关村中概股发展路径分析

从 20 世纪 90 年代第一批中概股赴美上市到现在，共计约 500 家中概股公司曾经在美国公开发行股票上市。毫无疑问，美国资本市场相对成熟、退出机制完善，且在美国上市除了没有财务指标的要求、上市周期短、上市成本相对较低，还能给企业带来国际形象以吸引国际高端管理和技术人才，所以企业出于战略发展或其他需要，寻求在美股上市融资。

但数据显示，到目前为止，仅有1/3的企业处于上市挂牌状态，其余2/3的企业或因估值较低而私有化退市、企业经营不善而破产清算、财务造假而被迫退市、遭机构做空而股价长期低迷以致被交易所摘牌。即便依然在挂牌的企业，也不得不面临低估值和市场认可度低的问题。随着中美在科技和经济领域竞争日益激烈，中概股企业面临信息不对称导致的资本市场偏见、部分公司财务造假带来的信任风险及监管日益严格等情况，建议中概股企业诚信经营、严格遵守上市地相关法律法规。此外，随着香港和境内资本市场相继改革，为红筹企业回归和上市创造更多可能性。中概股企业也可以根据自身实际情况，考虑是否需要回归以规避美国政府的打击或分散上市风险。

通过梳理中关村中概股企业，本文认为中概股企业的路径选择可以分为以下四类。一是对于本身受美国资本市场欢迎的企业，或因政策因素不能在境内上市的行业企业，留在美股或赴美国上市未尝不可。二是对于掌握国民数据、拥有高端技术等关乎国家信息安全、战略性新兴产业发展、国民生产生活的企业可着手回归，并积极做好风险应对措施，因为这类企业很可能成为美国政府重点打击的对象。三是对于非第二类、但企业财务数据波动较大或毛利率高于同行业较多的企业（如教育类企业），应积极做好自身财务监管，同时可考虑回归或选择多地上市以分散上市风险。四是对于本身运营发展情况不明朗的企业，应根据企业自身情况及公司战略，合理规划企业发展路径。

本文将从监管因素、技术因素、财务因素和香港及境内资本市场改革等四个方面帮助中概股企业定位，以期助力企业更好发展。

（一）监管因素

在中美关系下行、中概股企业造假引发信任危机的情况下，中概股企业也正面临美国相关部门日趋严格的监管及不平等对待。早在2018年12月，美国证券交易委员会（SEC）和美国公众公司会计监督委员会（PCAOB）发布声明，对非美国上市公司的审计机构监督和审计信息获取问题予以关注。在瑞幸咖啡事件之后，2020 年 4 月 21 日，SEC 官网发表 7 名高管联名声明，声明指出新兴市场上市公司存在信息不对称、披露不充分、无法获取审计底稿等问题，特别是美国公众公司会计监督委员会（PCAOB）无法有效审查中国公司审计稿中的风险，存在重大投资风险。在这则声明中，中国被提及 29 次，预警意味十分明显。2020 年 4 月 22 日，SEC 主席杰伊·克莱顿直接警告称“因为信息披露的问题，投资者近期在调整仓位时，不要将资金投入在美国上市的中国公司股票”。直指中概股公司“比看起来更危险”。2020 年 5 月 20 日，美国通过了《国外公司问责法案》（以下简称《法案》），《法案》规定，如果 PCAOB 连续三年不能检查在美国上市公司会计师事务所，SEC 将禁止该上市公司发行的债券在美国证券交易所进行交易。这也意味着中概股企业可能遭遇被禁止在美国资本市场上交易的风险。

（二）技术因素

2015 年 5 月国务院印发了部署全面推进实施制造强国的战略文件《中国制造 2025》，作为中国实施制造强国战略第一个十年的行动纲领，《中国制造 2025》计划通过重点支持信息技术、航空航天、高端机器与机器人、先进轨道交通、海洋装备与船舶、新能源汽车、电力、农业机械、新材料、生物医药等十个行业，逐渐提升我国制造业竞争力。而同时，美国白宫经济顾问纳瓦罗指出在特朗普政府针对中国的关税调整措施将集中在“中国政府希望力推的高科技行业上”。他表示，该清单将与中国在其《中国制造 2025》战略中所确定的行业保持一致。美国的制裁也证实了《中国制造 2025》不可否认的前瞻性以及对中国制造发展的重要意义。因此在中概股遭遇做空潮、SEC 对美国上市的中国企业发布声明之后，有必要针对该战略重点发展的十大行业中概股做简单分析。

截至 2020 年 6 月 30 日，纳斯达克和纽交所上市的中关村中概股共有 48 家，其中符合《中国制造 2025》战略十大行业的企业共有 9 家（占比

18.75%）。从所属行业来看，这9家企业主要集中在新一代信息技术产业和生物医药及高性能医疗器械两大行业，其中，新一代信息技术产业的中关村中概股有6家（UT斯达康、世纪互联、猎豹移动、国双、金山云、和利时自动化），生物医药及高性能医疗器械3家（科兴生物、百济神州、泛生子）。针对美国已出现或即将出现的制裁，建议这9家中关村中概股企业，尤其是从事较为敏感的网络安全和大数据相关领域的UT斯达康、猎豹移动、国双、金山云做好相应的风险应对措施，以便抵御政治风险和技术风险。

（三）财务因素

2020年春季，多家中概股被做空，标志着又一波中概股做空潮的来袭。被做空机构猎杀的中概股不仅面临高额的公关费用、股价下跌等压力，严重者恐面临美国SEC严监管、私有化退市等风险。

一般来看，企业被做空的原因除了审计事务所名不见经传且信誉不佳、管理层诚信值得怀疑、过度外包等特征外，企业营业业绩波动较大、部分指标（毛利率）远远高于同行业等也成为做空原因。基于此，本报告对近三年营业收入、净利润涨跌幅变化较大且毛利率高于同行业较多的中关村中概股企业进行简要分析，以期提示风险。

截至2020年6月30日，在纳斯达克和纽约证券交易所上市的48只中关村中概股企业中，销售毛利率高于行业均值超过30%的企业共有6家（分别为搜房网、58同城、汽车之家、乐居、尚德机构、跟谁学）。在这6家企业中，近三年营业收入增长幅度远超过100%且近三年净利润大幅亏损的有3家（乐居、尚德机构、跟谁学），2家企业近三年营收、净利均出现增长（58同城、汽车之家），1家近三年营收、净利均出现大幅下降（搜房网）。相对来说，如果企业近三年营收、净利均出现大幅下降且销售毛利率远高于行业均值的情况下，企业管理层应该注意可能存在的做空风险；近三年营业收入增长幅度远超过100%且近三年净利润大幅亏损的3家企业亦是如此。

（四）香港及境内资本市场改革

2018年以来，港交所及国内资本市场出台一系列改革措施，欢迎新经济企业及生物医药行业企业上市，为中关村企业回归甚至引流红筹企业上市融资打开新的渠道。

2018年4月，香港交易所启动25年来最具颠覆性的两项上市改革，一是放开“同股不同权”架构的公司在港交所上市；二是允许未有营业收入的生物科技公司赴港上市。自改革以来，小米集团、美团点评、诺诚健华等新经济企业及生物科技企业先后选择港交所为其首发上市地点；百济神州选择港交所作为其主要上市地点；京东集团则选择在港交所二次上市（见表2）。

2019年7月22日，科创板开板，吸引大批新一代信息技术、高端装备、新材料、新能源、节能环保以及生物医药等高新技术产业和战略性新兴产业的科技创新企业，互联网、大数据、云计算、人工智能和制造业深度融合的科技创新企业。2020年4月30日，证监会公布《关于创新试点红筹企业在境内上市相关安排的公告》，调整了已境外上市的红筹企业在境内上市的市值标准，同时允许存在协议控制框架（VIE架构）的红筹企业发新股票，随后上交所和深交所相继发文披露红筹企业回归相关细则，此举为中概股企业回归境内资本市场提供指引。截至2020年7月22日，科创板开板一年来，科创板上市公司数量由首批25家增长到140家，其中不乏“同股不同权”架构企业、“红筹企业”、“A＋H”上市企业及“CDR”企业。加之创业板注册制改革在即，可以说，境内资本市场改革为中概股回归打开了新的路径。

（五）中关村中概股企业私有化情况

自中概股企业首次遭受做空到现在，面对中概股信任危机、市场流动相对下降等原因，大批企业开启私有化退市之路，其中不乏360、软通动力等优质的中关村企业。据不完全统计，截至2020年6月30日，有17家中关村企业因被低估、流动性低、公司战略调整、不符合上市规则等退市（见表3）。

表 2　二次上市的中关村中概股企业情况

序号	首次上市					二次上市						行业	企业介绍
	证券代码	证券简称	上市日期	上市地点	募资总额（亿元人民币）	证券代码	证券简称	上市日期	上市地点	募资总额（亿元人民币）	二次上市原因		
1	BGNE. O	百济神州	2016 年 2 月 3 日	纳斯达克	10. 3785	6160. HK	百济神州	2018 年 8 月 8 日	港交所	61. 659	一方面积极和外部需求合作获得项目收入,同时渐进式的打造自己的商业化团队。另一方面通过二次上市来获得再融资渠道	医疗保健	公司是一家全球性的生物制药公司。公司致力于新型分子靶向药与肿瘤免疫药研发治疗领域。主要从事研发分子靶向药物、创立免疫肿瘤疗法、优化联合的用药方案
2	JD. O	京东	2014 年 5 月 22 日	纳斯达克	80. 8423	9618. HK	京东集团	2020 年 6 月 18 日	港交所	316. 1551	为了助阵企业未来的长远发展,助力以供应链为基础的关键技术创新,以进一步提升客户体验及提高营运效率	可选消费	京东商城电子商务有限公司是中国最大的自营式电商企业。集团旗下设有京东商城、京东金融、拍拍网、京东智能、O2O 及海外事业部

续表

序号	首次上市					二次上市						行业	企业介绍
	证券代码	证券简称	上市日期	上市地点	募资总额（亿元人民币）	证券代码	证券简称	上市日期	上市地点	募资总额（亿元人民币）	二次上市原因		
3	EDU. N	新东方	2006 年 9 月 7 日	纽约证券交易所	8. 9446	1797. HK	新东方在线	2019 年 3 月 28 日	港交所	8. 9447	新东方在线港交所上市，是公司资本和科技加持下新东方将发力布局全面教育体系的关键一步。新东方在线上市使新东方将充分利用国内、国外资本、资源的力量，继续以教育产品和教学质量为核心，以科技为驱动力，为学生的全面成长创造价值，推动中国教育的变革与发展	可选消费	公司是中国领先的在线教育服务供应商，依托新东方的丰富经验，公司在三个核心分部，即大学、K－12 及学前在线教育领域提供大量的优质的课程，致力为学生们带来优越的在线学习体验

表3　中关村中概股企业私有化情况一览

序号	证券代码	公司简称	公司全称	企业介绍	上市日期	上市地点	退市时间	退市方式	行业	退市原因
1	CCIHY. OO	蓝汛	蓝汛国际控股有限公司	蓝汛国际控股有限公司是中国领先的专业CDN服务提供商，向客户提供全方位网络内容快速分布解决方案	2010年10月1日	纳斯达克	2019年9月4日	不满足交易所规则	信息技术	股价过低被强制退市
2	CYOU. O	畅游	畅游有限公司	畅游有限公司从事开发、运行和特许大型的多人在线角色扮演游戏，使得成千上万玩家在线互动及竞技	2009年4月2日	纳斯达克	2020年4月17日	私有化	信息技术	一是公司市值被低估；二是公司战略调整
3	JMEI. N	聚美优品	聚美国际控股公司	聚美优品是中国第一家专业化妆品团购网站，也是中国最大的化妆品团购网站。聚美优品首创“化妆品团购”模式：每天在网站推荐十几款热门化妆品，并以远低于市场价折扣限量出售	2014年5月16日	纽约证券交易所	2020年4月15日	私有化	可选消费	市值被低估
4	QIHU. N	奇虎360	奇虎360科技有限公司	奇虎360是中国领先的互联网和手机安全产品及服务供应商	2011年3月30日	纽约证券交易所	2016年7月18日	私有化	信息技术	在美国奇虎360曾经频繁遭遇浑水、香橼等美国做空机构做空

续表

序号	证券代码	公司简称	公司全称	企业介绍	上市日期	上市地点	退市时间	退市方式	行业	退市原因
5	DANG. N	当当网	中国当当电子商务有限公司	当当网是全球最大的综合性中文网上购物商城，以销售图书、音像制品为主，兼具发展小家电、玩具、网络游戏点卡等其他多种商品的销售	2010 年 12 月 8 日	纽约证券交易所	2016 年 9 月 21 日	私有化	可选消费	公司市值被严重低估
6	GRO. N	华奥物种	华奥物种集团公司	华奥物种集团公司是一家全球性的农业公司，主要涉及 3 个业务：种子和谷物、农作物保护和农业服务。其中包括高利润产品，例如玉米种子、种羊繁育及种苗等。在强大的研发能力的支持下，华奥已成功开发出多种成功的商业投资组合以及适用于不同气候地区的专利产品	2007 年 11 月 7 日	纽约证券交易所	2016 年 11 月 3 日	不满足交易所规则	日常消费	公司股价已连续 30 天未能达到 1 美元的最低价，不满足纽交所持续交易规则
7	EFUT. O	富基融通	富基融通科技有限公司	富基融通是亚太地区零售和消费品行业的市场领导者，同时也是全渠道及移动互联网解决方案在中国本土的先行和倡导者，为制造商、分销商、批发商、物流公司和零售商提供服务	2006 年 10 月 31 日	纳斯达克	2017 年 1 月 12 日	私有化	信息技术	
8	KUTV. O	酷 6 网	酷 6 传媒有限公司	酷 6 网（www. ku6. com）是目前中国具行业领导地位的视频网站和互联网新媒体	2005 年 2 月 4 日	纳斯达克	2016 年 7 月 13 日	私有化	信息技术	

续表

序号	证券代码	公司简称	公司全称	企业介绍	上市日期	上市地点	退市时间	退市方式	行业	退市原因
9	KZ. O	空中网	空中网	空中网公司是中国的一家业内领先的无线增值服务供应商和无线媒体公司	2004 年 7 月 9 日	纳斯达克	2017 年 4 月 17 日	私有化	信息技术	市值被低估
10	LONG. O	艺龙	艺龙旅行网	艺龙旅行网是中国领先的在线旅行服务提供商之一，致力于为消费者打造专注专业、物超所值、智能便捷的旅行预订平台	2004 年 10 月 28 日	纳斯达克	2016 年 6 月 1 日	私有化	可选消费	
11	QUNR. O	去哪儿网	去哪儿开曼岛有限公司	去哪儿（Qunar. com）是一个旅游搜索引擎中文在线旅行网站，其网站上线于 2005 年 5 月，致力于为中国旅游消费者提供全面、准确的旅游信息服务，促进中国旅游行业在线化发展、移动化发展	2013 年 11 月 1 日	纳斯达克	2017 年 3 月 1 日	私有化	可选消费	
12	ZPIN. N	智联招聘	智联招聘有限公司	智联招聘是一家人力资源服务商，面向大型公司和快速发展的中小企业，提供一站式专业人力资源服务	2014 年 6 月 12 日	纽约证券交易所	2017 年 10 月 2 日		工业	一是出于企业性质和数据安全性两方面的考量；二是企业价值被低估

续表

序号	证券代码	公司简称	公司全称	企业介绍	上市日期	上市地点	退市时间	退市方式	行业	退市原因
13	KANG. O	爱康国宾	爱康国宾集团公司	爱康国宾是中国领先的提供体检和就医服务的健康管理机构	2014 年 4 月 9 日	纳斯达克	2019 年 1 月 23 日	私有化	医疗保健	
14	LKM. N	凌动智行	凌动智行有限公司	凌动智行有限公司定位于创新的品智出行服务运营商，旗下涵盖品智出行和智能汽车平台两大业务，旨在为消费者提供可信智能的服务体验	2011 年 5 月 5 日	纽约证券交易所	2019 年 1 月 9 日	不满足交易所规则	信息技术	股价低于 1 美元，被强制退市
15	STVVY. OO	永新视博	中国永新视博数字电视控股有限公司	中国永新视博数字电视控股有限公司是中国领先的数字电视技术提供商之一，为有线、卫星、地面、IPTV、移动网络平台提供解决方案	2007 年 10 月 5 日	Other OTC	2019 年 6 月 24 日		信息技术	
16	YTEC. O	宇信科技	北京宇信科技集团股份有限公司	公司是中国金融 IT 服务领军企业，主要从事向以银行为主的金融机构提供包括咨询、软件产品、软件开发和实施、运营维护、系统集成等信息化服务	2007 年 3 月 14 日	纳斯达克	2012 年 12 月 28 日		信息技术	
17	CTFO. O	千方科技	北京北大千方科技有限公司	公司主要从事建筑劳务工作，具有资质：建筑智能化工程专业承包叁级，电子工程专业承包叁级。	2008 年 7 月 31 日	纳斯达克	2012 年 11 月 1 日		信息技术	

三　中概股回归路径探究

在中美贸易摩擦、全球疫情肆虐、中概股做空潮等大的经济环境背景下，中概股企业也面临后续发展路径选择。部分巨头企业先后回港二次上市，一些大体量、高市值的头部中概股公司也都传出了准备回归的消息，未来也会有越来越多的中概股选择“回家”。

一般而言，中概股回归大多可以通过以下三种方式。一是中概股在美股先通过私有化退市之后重新在 A 股或者是港股上市。公司选择此路径回归，一般要经历私有化、拆除 VIE 架构、清理海外 SPV 和境内实体间股权关系等操作。二是保留美股，在 A 股或者是港股双重上市。三是保留美股，在 A 股或者是港股市场发行存托凭证二次上市。企业选择不同的路径、回归不同的资本市场也将面临不同的标准。下面分中概股回归港股和境内资本市场的不同情境，简述中概股回归标准和路径。

（一）回归港股

2018 年 4 月，港交所发布《主板上市规则》首次允许同股不同架构公司在港交所上市，允许业务中心在大中华地区的公司可以在港交所二次上市，这一改革为中概股回归港股市场提供了便利。下面将按不同回归路径对中概股回归港股的标准简单概述。

1. 美股退市后港股重新上市

（1）主板标准

对于美股上市的中概股，符合以下标准之一可于港交所主板上市（见表4）。

（2）创业板标准（见表5）。

2. 保留美股上市地位，申请于港股双重主要上市

双重主要上市是指同一家公司在两个证券交易所同时挂牌，且同时满足两地对上市公司的各项监管要求。美国上市公司在港申请双重主要上市（或

表 4　2019 年中概股回归港股主板上市条件

指标	标准一 盈利测试	标准二 市值/收入测试	标准三 市值/收入/现金流量测试
股东应占盈利	过去三个财政年度至少 5000 万港元 1）最近一年盈利至少 2000 万港元 2）前两年累计盈利至少 3000 万港元	—	—
市值	≥5 亿港元	≥40 亿港元	≥20 亿港元
收入	—	最近一财年≥5 亿港元	最近一财年≥5 亿港元
营运业务现金流量	—	—	最近三财年合计≥1 亿港元

表 5　2019 年中概股回归港股创业板上市条件

创业板	创业板申请人必须具备不少于 2 个财政年度的营业记录，并符合下列要求
市值	≥1.5 亿港元
营运业务现金流量	最近两个财年≥3000 万港元

第二上市）只需要董事会批准即可，并在上市后作披露。

双重主要上市的优点是不需要为私有化准备大笔资金，而同时可以在两个市场进行融资。但是，双重主要上市也需要满足两个市场的监管要求，增加企业合规成本。另外，港交所并没有对双重主要上市的申请人施加额外的财务要求。企业只需要符合港股 IPO 的财务要求即可。

此举对港交所而言，意味着上市公司是以美股资本市场为主要的股票交易场所并且仍主要接受其监管，因此被允许在港交所第二上市的公司可自动豁免遵守港交所部分上市规则。

在纽约证券交易所、纳斯达克上市的中概股企业若想申请于港股第二上市，还需要满足以下条件：

（1）企业必须是创新产业公司。

（2）在至少最近两个完整会计年度于合资格交易所①上市的合规纪录良好。

① 合资格交易所指：纽交所、纳斯达克、伦敦证券交易所。

（3）申请人于香港第二上市时的总市值不少于400亿港币，或上市时的总市值不少于100亿港币并且最近一个经审计会计年度的收益不少于10亿港币。

（二）回归A股

2020年4月30日，证监会公布《关于创新试点红筹企业在境内上市相关安排的公告》，调整了已境外上市的红筹企业在境内上市的市值标准，同时允许存在协议控制框架（VIE架构）的红筹企业发行股票。2020年6月5日上交所发布《关于红筹企业申报科创板发行上市有关事项的通知》，2020年6月15日深交所发布《创业板首次公开发行股票注册管理办法（试行）》和《深圳证券交易所创业板股票发行上市审核规则》。相关文件对中概股回归科创板和创业板做了详细规定，具体内容如下。

1. 拆除VIE架构并私有化后回A股上市

（1）创业板标准

表6　2019年中概股私有化回归A股创业板上市条件

指标	标准一	标准二	标准三
净利润	最近2年净利润均>0 且累计净利润≥5000万元	最近1年>0	—
市值	—	≥10亿元	≥50亿元
营业收入	—	最近1年≥1亿元	最近1年≥3亿元

（2）科创板标准

发行人是依法设立且持续经营3年以上的股份有限公司，具备健全且运行良好的组织机构，相关机构和人员能依法履行职责。除此之外，还需要满足五套差异化上市指标中的任意一套（见表7）。

2. 红筹企业回归

若红筹企业符合《国务院办公厅转发证监会关于开展创新企业境内发行股票或存托凭证试点若干意见的通知》（简称《若干意见》），属于互联网、大数据、云计算、人工智能、软件和集成电路、高端装备制造、生物医

表 7　2019 年中概股私有化回归 A 股科创板上市条件

指标	标准一	标准二	标准三	标准四	标准五
市值	≥10 亿元	≥15 亿元	≥20 亿元	≥30 亿元	≥40 亿元
营业收入	最近 1 年≥1 亿元	最近 1 年≥2 亿元	最近 1 年≥3 亿元	最近 1 年≥3 亿元	见附注
净利润	最近 2 年净利润均 >0 且累计净利润≥5000 万元	—	—	—	
研发	—	最近 3 年研发投入合计占最近 3 年营业收入比例≥15%	—	—	
经营性现金流量净额	—	—	最近 3 年累计≥1 亿元	—	

注：主要业务或产品需经国家有关部门批准，市场空间大，目前已经取得阶段性成果，并获得知名机构一定金额的投资。医药行业企业需取得至少一项一类新药二期临床试验批件。其他符合科创板定位的企业需具备明显的技术优势并满足相应的条件。

药等高新技术产业和战略新兴产业，财务数据满足以下条件，则可在创业板上市。

（1）已在境外上市的红筹企业

表 8　2019 年境外上市的红筹企业回归 A 股创业板上市条件

指标	标准一	标准二
市值	≥2000 亿元	≥200 亿元，且拥有自主研发、国际领先技术，科技创新能力较强，同行业竞争中处于相对优势地位
净利润	最近 1 年 >0	—

（2）尚未在境外上市的红筹企业

表 9　2019 年尚未在境外上市的红筹企业 A 股创业板上市条件

指标	标准一	标准二
市值	≥100 亿元	≥50 亿元
净利润	最近 1 年 >0	最近 1 年 >0
营业收入	—	最近 1 年≥5 亿元

（三）小结

按照上交所、深交所和港交所对中概股回归上市的标准，经过筛选，44家中关村中概股符合港股上市的企业有30家（符合港交所主板上市的中关村中概股企业有24家；创业板上市的企业26家），深交所创业板上市的企业21家、上交所科创板上市的企业23家（见图6）。

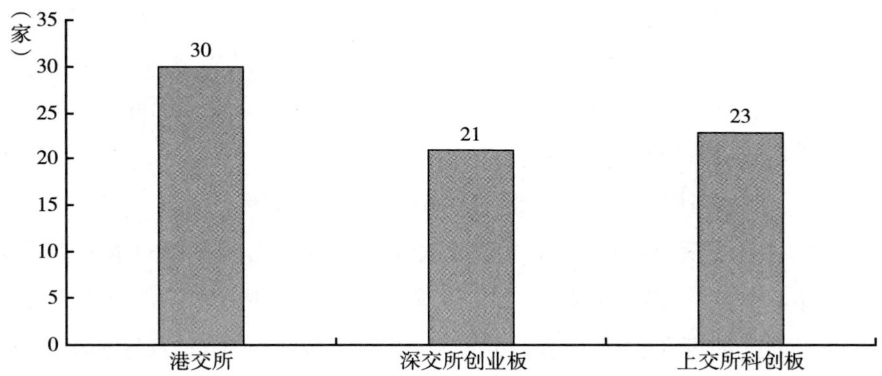

图6　2019年中概股企业符合在各板块上市条件的企业数量

资料来源：Wind，中关村上市公司协会整理。

四　政策建议

1. 建议监管层继续推动资本市场的市场化改革，完善资本市场制度

从科创板设立到新三板精选层开板，我国多层次资本市场的格局逐步成熟；从审核制到科创板及创业板注册制的放开，我国资本市场市场化持续推进。目前，我国资本市场逐步试点科创板和创业板红筹企业上市，建议未来该项制度逐步放开到更多板块。具体建议为，一是借鉴科创板和创业板注册制改革经验，逐步推动其他板块的改革，为优质的红筹企业回归或上市提供更多选择；二是释放积极信号，吸引中概股企业回归或未上市的红筹企业在境内上市。

2. 建议境内资本市场逐步放宽中概股回归条件

对于境外已经上市的红筹企业，如果直接在境内申请上科创板或创业板的，除了满足行业条件外，还需要满足市值应不低于2000亿元人民币。在44家中关村中概股企业中，仅有百度及京东两家企业满足该项标准。另外，对于境外已经上市的红筹企业上科创板，虽然还有一条可选标准为市值在200亿元人民币以上，且拥有自主研发、国际领先技术，科技创新能力较强，同行业竞争中处于相对优势地位，但是也仅有11家（占比仅25%）企业满足该标准。虽然对于境外尚未上市的红筹企业，其财务标准相对较低，但是中概股企业私有化成本太高，且买方难寻，难以完成。因此建议降低对企业市值及财务指标的要求。

3. 建议加强对中概股企业的相关上市培训与研讨工作

一是对中概股企业回归举办专场法律、财务、上市条件等系列培训活动。境外上市企业在财务规范、信息披露等方面与境内多有不同，因此，举办专场培训活动可在中概股企业回归A股时，帮助企业更好适应境内资本市场的监管。二是组织中概股回归企业、证券交易所、监管单位三方系列上市研讨，归纳总结企业回归过程中面临的问题，建立问题册，并建立相关解决机制。

附　　录

Appendices

附录一：2018 ~2019年连续两年营业收入增长且复合增长率大于50%的企业

序号	证券代码	证券简称	所属行业	2019 年营业收入(亿元)	2018 年营业收入(亿元)	2017 ~2019 年复合增长率(%)
1	601390. SH	中国中铁	工业	8508. 84	7377. 14	1. 11
2	601186. SH	中国铁建	工业	8304. 52	7301. 23	1. 10
3	601800. SH	中国交建	工业	5547. 92	4908. 72	1. 07
4	000725. SZ	京东方	信息技术	1160. 60	971. 09	1. 11
5	601992. SH	金隅集团	材料	918. 29	831. 17	1. 20
6	600031. SH	三一重工	工业	756. 66	558. 22	1. 40
7	000938. SZ	紫光股份	信息技术	540. 99	483. 06	1. 18
8	600056. SH	中国医药	医疗保健	352. 85	310. 06	1. 08
9	600968. SH	海油发展	能源	334. 63	289. 75	1. 19
10	300058. SZ	蓝色光标	可选消费	281. 06	231. 04	1. 36
11	002462. SZ	嘉事堂	医疗保健	221. 87	179. 60	1. 25

续表

序号	证券代码	证券简称	所属行业	2019 年营业收入(亿元)	2018 年营业收入(亿元)	2017～2019 年复合增长率(%)
12	600582. SH	天地科技	工业	193. 84	179. 39	1. 12
13	601886. SH	江河集团	工业	188. 05	160. 37	1. 11
14	002271. SZ	东方雨虹	材料	181. 54	140. 46	1. 33
15	600138. SH	中青旅	可选消费	140. 54	122. 65	1. 13
16	000786. SZ	北新建材	材料	133. 23	125. 65	1. 09
17	002707. SZ	众信旅游	可选消费	126. 77	121. 71	1. 03
18	000729. SZ	燕京啤酒	日常消费	114. 68	113. 44	1. 01
19	000065. SZ	北方国际	工业	110. 60	99. 81	1. 07
20	600206. SH	有研新材	材料	104. 52	47. 68	1. 60
21	600062. SH	华润双鹤	医疗保健	93. 81	82. 25	1. 21
22	002701. SZ	奥瑞金	材料	93. 69	81. 75	1. 13
23	000666. SZ	经纬纺机	工业	93. 35	75. 15	1. 21
24	600977. SH	中国电影	可选消费	90. 68	90. 38	1. 00
25	300296. SZ	利亚德	信息技术	90. 47	77. 01	1. 18
26	002065. SZ	东华软件	信息技术	88. 49	84. 71	1. 10
27	002373. SZ	千方科技	信息技术	87. 22	72. 51	1. 87
28	600588. SH	用友网络	信息技术	85. 10	77. 03	1. 16
29	600429. SH	三元股份	日常消费	81. 51	74. 56	1. 15
30	300003. SZ	乐普医疗	医疗保健	77. 96	63. 56	1. 31
31	603613. SH	国联股份	信息技术	71. 98	36. 74	1. 90
32	601226. SH	华电重工	工业	71. 76	58. 35	1. 22
33	300383. SZ	光环新网	信息技术	70. 97	60. 23	1. 32
34	002368. SZ	太极股份	信息技术	70. 63	60. 16	1. 15
35	300038. SZ	数知科技	信息技术	57. 21	54. 54	1. 44
36	603927. SH	中科软	信息技术	54. 99	48. 50	1. 13
37	600386. SH	北巴传媒	可选消费	52. 28	47. 94	1. 13
38	603588. SH	高能环境	工业	50. 75	37. 62	1. 48
39	002955. SZ	鸿合科技	信息技术	48. 30	43. 78	1. 16
40	002755. SZ	奥赛康	医疗保健	45. 19	39. 32	3. 51
41	603970. SH	中农立华	工业	43. 42	37. 35	1. 11
42	603871. SH	嘉友国际	工业	41. 71	41. 01	1. 13
43	002542. SZ	中化岩土	工业	41. 00	35. 64	1. 21
44	002371. SZ	北方华创	信息技术	40. 58	33. 24	1. 35
45	002066. SZ	瑞泰科技	材料	39. 00	37. 86	1. 34
46	300759. SZ	康龙化成	医疗保健	37. 57	29. 08	1. 28

续表

序号	证券代码	证券简称	所属行业	2019年营业收入(亿元)	2018年营业收入(亿元)	2017～2019年复合增长率(%)
47	002392. SZ	北京利尔	材料	37. 42	31. 97	1. 28
48	300418. SZ	昆仑万维	信息技术	36. 88	35. 77	1. 04
49	002649. SZ	博彦科技	信息技术	36. 88	28. 83	1. 28
50	601126. SH	四方股份	工业	36. 81	35. 29	1. 08
51	002153. SZ	石基信息	信息技术	36. 63	30. 98	1. 11
52	002410. SZ	广联达	信息技术	35. 41	28. 62	1. 23
53	300271. SZ	华宇软件	信息技术	35. 10	27. 08	1. 23
54	603979. SH	金诚信	工业	34. 34	31. 05	1. 19
55	603098. SH	森特股份	工业	33. 57	29. 31	1. 25
56	300552. SZ	万集科技	信息技术	33. 51	6. 92	2. 31
57	600161. SH	天坛生物	医疗保健	32. 82	29. 31	1. 36
58	002642. SZ	荣之联	信息技术	32. 57	27. 34	1. 31
59	000008. SZ	神州高铁	工业	32. 20	25. 65	1. 18
60	603986. SH	兆易创新	信息技术	32. 03	22. 46	1. 26
61	002279. SZ	久其软件	信息技术	31. 02	27. 20	1. 25
62	002439. SZ	启明星辰	信息技术	30. 89	25. 22	1. 16
63	002612. SZ	朗姿股份	可选消费	30. 07	26. 62	1. 13
64	600037. SH	歌华有线	可选消费	27. 59	27. 25	1. 01
65	601698. SH	中国卫通	电信服务	27. 34	26. 94	1. 02
66	603803. SH	瑞斯康达	信息技术	26. 60	24. 13	1. 12
67	300674. SZ	宇信科技	信息技术	26. 52	21. 41	1. 28
68	600855. SH	航天长峰	信息技术	25. 92	21. 10	1. 31
69	601858. SH	中国科传	可选消费	25. 08	22. 25	1. 12
70	601016. SH	节能风电	公用事业	24. 87	23. 76	1. 15
71	002554. SZ	惠博普	能源	22. 93	16. 62	1. 24
72	600435. SH	北方导航	工业	22. 93	19. 99	1. 08
73	300166. SZ	东方国信	信息技术	21. 50	19. 96	1. 19
74	603000. SH	人民网	信息技术	21. 50	16. 94	1. 24
75	000931. SZ	中关村	医疗保健	21. 35	17. 74	1. 11
76	601908. SH	京运通	信息技术	20. 57	20. 34	1. 04
77	002599. SZ	盛通股份	工业	19. 53	18. 44	1. 18
78	300496. SZ	中科创达	信息技术	18. 27	14. 65	1. 25
79	300541. SZ	先进数通	信息技术	17. 93	13. 90	1. 33
80	603698. SH	航天工程	工业	17. 76	16. 20	1. 21
81	300465. SZ	高伟达	信息技术	17. 58	15. 92	1. 15

续表

序号	证券代码	证券简称	所属行业	2019 年营业收入(亿元)	2018 年营业收入(亿元)	2017~2019 年复合增长率(%)
82	300036. SZ	超图软件	信息技术	17. 35	15. 18	1. 18
83	002657. SZ	中科金财	信息技术	16. 72	14. 86	1. 17
84	300369. SZ	绿盟科技	信息技术	16. 71	13. 45	1. 15
85	688015. SH	交控科技	工业	16. 52	11. 63	1. 37
86	300011. SZ	鼎汉技术	工业	16. 00	13. 57	1. 14
87	688111. SH	金山办公	信息技术	15. 80	11. 30	1. 45
88	002878. SZ	元隆雅图	可选消费	15. 72	10. 52	1. 39
89	603888. SH	新华网	信息技术	15. 70	15. 69	1. 02
90	300523. SZ	辰安科技	信息技术	15. 65	10. 32	1. 57
91	300231. SZ	银信科技	信息技术	15. 42	12. 20	1. 29
92	300034. SZ	钢研高纳	材料	14. 46	8. 93	1. 46
93	300513. SZ	恒实科技	信息技术	14. 04	10. 91	1. 60
94	300213. SZ	佳讯飞鸿	信息技术	13. 39	12. 16	1. 07
95	603903. SH	中持股份	工业	13. 37	10. 34	1. 59
96	000882. SZ	华联股份	可选消费	12. 54	12. 53	1. 07
97	300309. SZ	吉艾科技	金融	11. 82	8. 62	1. 26
98	002738. SZ	中矿资源	工业	11. 65	8. 67	1. 47
99	002963. SZ	豪尔赛	工业	11. 57	9. 22	1. 54
100	603060. SH	国检集团	工业	11. 07	9. 37	1. 21
101	002362. SZ	汉王科技	信息技术	11. 05	7. 47	1. 35
102	300542. SZ	新晨科技	信息技术	10. 84	8. 19	1. 34
103	603590. SH	康辰药业	医疗保健	10. 66	10. 22	1. 34
104	603267. SH	鸿远电子	信息技术	10. 54	9. 23	1. 20
105	002819. SZ	东方中科	信息技术	10. 30	9. 26	1. 18
106	002467. SZ	二六三	电信服务	10. 14	9. 29	1. 10
107	600055. SH	万东医疗	医疗保健	9. 82	9. 55	1. 05
108	300229. SZ	拓尔思	信息技术	9. 67	8. 45	1. 09
109	300663. SZ	科蓝软件	信息技术	9. 34	7. 53	1. 18
110	300455. SZ	康拓红外	信息技术	9. 28	3. 12	1. 77
111	300150. SZ	世纪瑞尔	信息技术	8. 94	6. 73	1. 31
112	300608. SZ	思特奇	信息技术	8. 60	7. 88	1. 08
113	300384. SZ	三联虹普	工业	8. 41	6. 20	1. 69
114	300406. SZ	九强生物	医疗保健	8. 41	7. 74	1. 10
115	300016. SZ	北陆药业	医疗保健	8. 19	6. 08	1. 25
116	300579. SZ	数字认证	信息技术	7. 94	6. 68	1. 24

续表

序号	证券代码	证券简称	所属行业	2019 年营业收入（亿元）	2018 年营业收入（亿元）	2017～2019 年复合增长率（%）
117	300661. SZ	圣邦股份	信息技术	7. 92	5. 72	1. 22
118	300684. SZ	中石科技	信息技术	7. 76	7. 63	1. 17
119	300593. SZ	新雷能	工业	7. 72	4. 77	1. 49
120	603859. SH	能科股份	工业	7. 66	4. 08	1. 83
121	300352. SZ	北信源	信息技术	7. 22	5. 72	1. 18
122	300456. SZ	耐威科技	信息技术	7. 18	7. 12	1. 09
123	688369. SH	致远互联	信息技术	7. 00	5. 78	1. 22
124	300430. SZ	诚益通	工业	6. 89	6. 89	1. 11
125	300785. SZ	值得买	信息技术	6. 62	5. 08	1. 34
126	600560. SH	金自天正	工业	6. 60	5. 60	1. 11
127	603127. SH	昭衍新药	医疗保健	6. 39	4. 09	1. 46
128	601558. SH	ST 锐电	工业	6. 29	5. 70	2. 11
129	300318. SZ	博晖创新	医疗保健	6. 28	6. 22	1. 19
130	300419. SZ	浩丰科技	信息技术	6. 21	5. 69	1. 07
131	688066. SH	航天宏图	信息技术	6. 01	4. 23	1. 42
132	688033. SH	天宜上佳	工业	5. 82	5. 58	1. 07
133	300399. SZ	京天利	信息技术	5. 65	3. 47	1. 32
134	300719. SZ	安达维尔	工业	5. 52	4. 99	1. 12
135	603138. SH	海量数据	信息技术	5. 51	5. 37	1. 03
136	300797. SZ	钢研纳克	信息技术	5. 46	5. 06	1. 17
137	300379. SZ	东方通	信息技术	5. 00	3. 72	1. 31
138	600980. SH	北矿科技	材料	4. 99	4. 72	1. 07
139	603516. SH	淳中科技	信息技术	3. 71	2. 76	1. 22
140	300667. SZ	必创科技	信息技术	3. 65	2. 10	1. 45
141	300223. SZ	北京君正	信息技术	3. 39	2. 60	1. 36
142	300445. SZ	康斯特	工业	2. 86	2. 40	1. 19
143	688168. SH	安博通	信息技术	2. 49	1. 95	1. 28
144	300799. SZ	左江科技	信息技术	2. 19	1. 34	1. 32
145	603860. SH	中公高科	工业	2. 17	2. 09	1. 06
146	688068. SH	热景生物	医疗保健	2. 10	1. 87	1. 22
147	300191. SZ	潜能恒信	能源	1. 75	1. 09	1. 46
148	688078. SH	龙软科技	信息技术	1. 54	1. 25	1. 20
149	688198. SH	佰仁医疗	医疗保健	1. 46	1. 11	1. 26
150	688058. SH	宝兰德	信息技术	1. 43	1. 22	1. 29

资料来源：wind，中关村上市公司协会整理。

附录二：2018 ~2019年连续两年盈利且平均净利润不低于1亿元的中关村境内上市公司

序号	证券代码	证券简称	Wind 行业分类一级	2019 年净利润（亿元）	2018 年净利润（亿元）	平均净利润（亿元）
1	601390. SH	中国中铁	工业	253. 78	174. 36	214. 07
2	601186. SH	中国铁建	工业	226. 24	198. 38	212. 31
3	601800. SH	中国交建	工业	216. 20	202. 94	209. 57
4	600031. SH	三一重工	工业	114. 94	63. 03	88. 99
5	601992. SH	金隅集团	材料	51. 78	42. 81	47. 30
6	000938. SZ	紫光股份	信息技术	30. 75	29. 33	30. 04
7	600271. SH	航天信息	信息技术	24. 15	27. 72	25. 94
8	002271. SZ	东方雨虹	材料	20. 75	15. 11	17. 93
9	300003. SZ	乐普医疗	医疗保健	17. 24	12. 55	14. 89
10	000666. SZ	经纬纺机	工业	16. 07	20. 79	18. 43
11	600085. SH	同仁堂	医疗保健	15. 62	18. 23	16. 92
12	300070. SZ	碧水源	工业	14. 39	13. 52	13. 95
13	300418. SZ	昆仑万维	信息技术	13. 87	14. 97	14. 42
14	600588. SH	用友网络	信息技术	13. 21	8. 10	10. 66
15	600968. SH	海油发展	能源	13. 03	11. 23	12. 13
16	600582. SH	天地科技	工业	12. 91	13. 51	13. 21
17	600299. SH	安迪苏	医疗保健	12. 57	12. 16	12. 37
18	600056. SH	中国医药	医疗保健	12. 55	18. 21	15. 38
19	600977. SH	中国电影	可选消费	12. 41	16. 22	14. 31
20	002373. SZ	千方科技	信息技术	10. 73	8. 89	9. 81
21	600062. SH	华润双鹤	医疗保健	10. 66	9. 89	10. 28
22	002051. SZ	中工国际	工业	10. 47	11. 79	11. 13
23	300251. SZ	光线传媒	可选消费	9. 47	13. 66	11. 56
24	600138. SH	中青旅	可选消费	9. 10	9. 18	9. 14

续表

序号	证券代码	证券简称	Wind 行业分类一级	2019 年净利润（亿元）	2018 年净利润（亿元）	平均净利润（亿元）
25	600161. SH	天坛生物	医疗保健	8. 94	7. 36	8. 15
26	300552. SZ	万集科技	信息技术	8. 71	0. 06	4. 39
27	300773. SZ	拉卡拉	信息技术	8. 17	6. 06	7. 12
28	300383. SZ	光环新网	信息技术	7. 96	6. 84	7. 40
29	002755. SZ	奥赛康	医疗保健	7. 80	6. 69	7. 24
30	000065. SZ	北方国际	工业	7. 40	6. 18	6. 79
31	300058. SZ	蓝色光标	可选消费	7. 23	4. 12	5. 68
32	300296. SZ	利亚德	信息技术	7. 08	12. 64	9. 86
33	002701. SZ	奥瑞金	材料	6. 93	2. 24	4. 58
34	601698. SH	中国卫通	电信服务	6. 90	7. 45	7. 18
35	002439. SZ	启明星辰	信息技术	6. 82	5. 60	6. 21
36	600764. SH	中国海防	工业	6. 72	0. 67	3. 70
37	002462. SZ	嘉事堂	医疗保健	6. 60	5. 71	6. 15
38	601016. SH	节能风电	公用事业	6. 48	5. 97	6. 23
39	002385. SZ	大北农	日常消费	6. 21	4. 86	5. 53
40	603986. SH	兆易创新	信息技术	6. 05	4. 04	5. 05
41	300271. SZ	华宇软件	信息技术	5. 82	4. 89	5. 35
42	600037. SH	歌华有线	可选消费	5. 82	6. 94	6. 38
43	002065. SZ	东华软件	信息技术	5. 78	7. 98	6. 88
44	300038. SZ	数知科技	信息技术	5. 75	6. 39	6. 07
45	601886. SH	江河集团	工业	5. 40	7. 39	6. 39
46	300759. SZ	康龙化成	医疗保健	5. 31	3. 39	4. 35
47	300166. SZ	东方国信	信息技术	5. 04	5. 30	5. 17
48	603588. SH	高能环境	工业	4. 84	3. 97	4. 40
49	002038. SZ	双鹭药业	医疗保健	4. 79	5. 63	5. 21
50	002153. SZ	石基信息	信息技术	4. 65	5. 43	5. 04
51	601858. SH	中国科传	可选消费	4. 62	4. 26	4. 44
52	000008. SZ	神州高铁	工业	4. 57	3. 42	4. 00
53	000786. SZ	北新建材	材料	4. 57	24. 81	14. 69
54	603000. SH	人民网	信息技术	4. 35	2. 62	3. 48
55	300212. SZ	易华录	信息技术	4. 18	3. 58	3. 88
56	002392. SZ	北京利尔	材料	4. 17	3. 34	3. 76
57	601101. SH	昊华能源	能源	4. 08	8. 26	6. 17
58	688111. SH	金山办公	信息技术	4. 01	3. 11	3. 56

续表

序号	证券代码	证券简称	Wind 行业分类一级	2019 年净利润（亿元）	2018 年净利润（亿元）	平均净利润（亿元）
59	603927. SH	中科软	信息技术	3. 86	3. 21	3. 53
60	600118. SH	中国卫星	工业	3. 83	4. 69	4. 26
61	002573. SZ	清新环境	工业	3. 77	5. 66	4. 72
62	002371. SZ	北方华创	信息技术	3. 70	2. 83	3. 26
63	603871. SH	嘉友国际	工业	3. 46	2. 70	3. 08
64	300016. SZ	北陆药业	医疗保健	3. 42	1. 48	2. 45
65	002368. SZ	太极股份	信息技术	3. 40	3. 15	3. 27
66	600658. SH	电子城	房地产	3. 38	3. 97	3. 67
67	300406. SZ	九强生物	医疗保健	3. 32	3. 01	3. 16
68	002955. SZ	鸿合科技	信息技术	3. 17	3. 38	3. 27
69	603979. SH	金诚信	工业	3. 07	2. 89	2. 98
70	002405. SZ	四维图新	信息技术	3. 06	3. 77	3. 42
71	300365. SZ	恒华科技	信息技术	2. 95	2. 72	2. 84
72	600195. SH	中牧股份	医疗保健	2. 91	4. 50	3. 70
73	603888. SH	新华网	信息技术	2. 88	2. 83	2. 85
74	603267. SH	鸿远电子	信息技术	2. 79	2. 18	2. 49
75	601908. SH	京运通	信息技术	2. 76	4. 35	3. 56
76	300674. SZ	宇信科技	信息技术	2. 73	1. 97	2. 35
77	688033. SH	天宜上佳	工业	2. 71	2. 63	2. 67
78	603590. SH	康辰药业	医疗保健	2. 66	2. 64	2. 65
79	000729. SZ	燕京啤酒	日常消费	2. 63	2. 24	2. 44
80	300324. SZ	旋极信息	信息技术	2. 63	0. 71	1. 67
81	603025. SH	大豪科技	工业	2. 55	3. 71	3. 13
82	002410. SZ	广联达	信息技术	2. 55	4. 33	3. 44
83	002649. SZ	博彦科技	信息技术	2. 51	2. 25	2. 38
84	002542. SZ	中化岩土	工业	2. 47	2. 21	2. 34
85	000970. SZ	中科三环	材料	2. 45	2. 98	2. 71
86	603060. SH	国检集团	工业	2. 37	2. 07	2. 22
87	300496. SZ	中科创达	信息技术	2. 37	1. 67	2. 02
88	300369. SZ	绿盟科技	信息技术	2. 26	1. 67	1. 97
89	601068. SH	中铝国际	工业	2. 23	5. 10	3. 66
90	002963. SZ	豪尔赛	工业	2. 16	1. 71	1. 93
91	300036. SZ	超图软件	信息技术	2. 14	1. 56	1. 85
92	603098. SH	森特股份	工业	2. 12	2. 20	2. 16

续表

序号	证券代码	证券简称	Wind 行业分类一级	2019 年净利润（亿元）	2018 年净利润（亿元）	平均净利润（亿元）
93	603825. SH	华扬联众	可选消费	1. 95	1. 16	1. 55
94	300034. SZ	钢研高纳	材料	1. 95	1. 20	1. 57
95	300384. SZ	三联虹普	工业	1. 87	1. 15	1. 51
96	603613. SH	国联股份	信息技术	1. 87	1. 08	1. 47
97	300200. SZ	高盟新材	材料	1. 86	0. 84	1. 35
98	002467. SZ	二六三	电信服务	1. 83	0. 74	1. 29
99	601126. SH	四方股份	工业	1. 79	2. 01	1. 90
100	603127. SH	昭衍新药	医疗保健	1. 78	1. 08	1. 43
101	603803. SH	瑞斯康达	信息技术	1. 76	1. 24	1. 50
102	300661. SZ	圣邦股份	信息技术	1. 75	1. 04	1. 39
103	300513. SZ	恒实科技	信息技术	1. 72	1. 21	1. 47
104	300523. SZ	辰安科技	信息技术	1. 67	1. 78	1. 73
105	600055. SH	万东医疗	医疗保健	1. 65	1. 49	1. 57
106	300229. SZ	拓尔思	信息技术	1. 62	0. 74	1. 18
107	600429. SH	三元股份	日常消费	1. 59	1. 86	1. 73
108	603698. SH	航天工程	工业	1. 55	2. 27	1. 91
109	300213. SZ	佳讯飞鸿	信息技术	1. 52	1. 31	1. 42
110	002599. SZ	盛通股份	工业	1. 49	1. 26	1. 37
111	603903. SH	中持股份	工业	1. 48	1. 07	1. 28
112	300485. SZ	赛升药业	医疗保健	1. 48	2. 83	2. 15
113	603533. SH	掌阅科技	可选消费	1. 47	1. 36	1. 41
114	300455. SZ	康拓红外	信息技术	1. 43	0. 76	1. 09
115	600536. SH	中国软件	信息技术	1. 42	1. 21	1. 31
116	300379. SZ	东方通	信息技术	1. 41	1. 22	1. 32
117	300465. SZ	高伟达	信息技术	1. 41	1. 11	1. 26
118	002658. SZ	雪迪龙	信息技术	1. 39	1. 80	1. 59
119	002738. SZ	中矿资源	工业	1. 39	1. 10	1. 24
120	002933. SZ	新兴装备	工业	1. 36	1. 41	1. 38
121	300231. SZ	银信科技	信息技术	1. 35	1. 13	1. 24
122	002878. SZ	元隆雅图	可选消费	1. 33	0. 98	1. 16
123	300075. SZ	数字政通	信息技术	1. 30	1. 13	1. 22
124	000931. SZ	中关村	医疗保健	1. 26	1. 21	1. 24
125	603970. SH	中农立华	工业	1. 24	1. 15	1. 20
126	300684. SZ	中石科技	信息技术	1. 23	1. 41	1. 32

续表

序号	证券代码	证券简称	Wind 行业分类一级	2019 年净利润（亿元）	2018 年净利润（亿元）	平均净利润（亿元）
127	300803. SZ	指南针	信息技术	1. 20	1. 27	1. 24
128	300072. SZ	三聚环保	工业	1. 20	5. 88	3. 54
129	300785. SZ	值得买	信息技术	1. 19	0. 96	1. 07
130	600435. SH	北方导航	工业	1. 17	1. 28	1. 22
131	300456. SZ	耐威科技	信息技术	1. 11	1. 00	1. 05
132	600386. SH	北巴传媒	可选消费	1. 04	1. 31	1. 17
133	600855. SH	航天长峰	信息技术	1. 03	1. 12	1. 08
134	300065. SZ	海兰信	信息技术	1. 01	1. 37	1. 19
135	002350. SZ	北京科锐	工业	0. 99	1. 07	1. 03
136	300386. SZ	飞天诚信	信息技术	0. 93	1. 34	1. 13
137	002310. SZ	东方园林	工业	0. 44	15. 91	8. 18
138	002612. SZ	朗姿股份	可选消费	0. 41	2. 04	1. 23
139	601558. SH	ST 锐电	工业	0. 35	1. 85	1. 10

资料来源：wind，中关村上市公司协会整理。

附录三：2019年中关村上市公司行业分布状况

单位：家

一级行业	家数	二级行业	家数	三级行业	家数	四级行业	家数
信息技术	1 41	半导体与半导体生产设备	6	半导体产品与半导体设备	6	半导体产品	5
						半导体设备	1
		公用事业Ⅱ	1	独立电力生产商与能源贸易商Ⅲ	1	新能源发电业者	1
		技术硬件与设备	33	电脑与外围设备	4	电脑存储与外围设备	1
						电脑硬件	3
				电子设备、仪器和元件	21	电子设备和仪器	14
						电子元件	4
						技术产品经销商	3
				通信设备Ⅲ	8	通信设备	8
		软件与服务	101	互联网软件与服务Ⅲ	27	互联网软件与服务	27
				软件	41	家庭娱乐软件	4
						系统软件	3
						应用软件	34
				信息技术服务	33	数据处理与外包服务	4
						信息科技咨询与其他服务	29
工业	79	软件与服务	1	信息技术服务	1	信息科技咨询与其他服务	1
		商业和专业服务	17	商业服务与用品	12	环境与设施服务	10
						商业印刷	1
						综合支持服务	1
				专业服务	5	调查和咨询服务	5
		运输	2	公路与铁路运输	1	公路运输	1
				航空货运与物流Ⅲ	1	航空货运与物流	1
		资本货物	59	电气设备	16	电气部件与设备	13
						重型电气设备	3

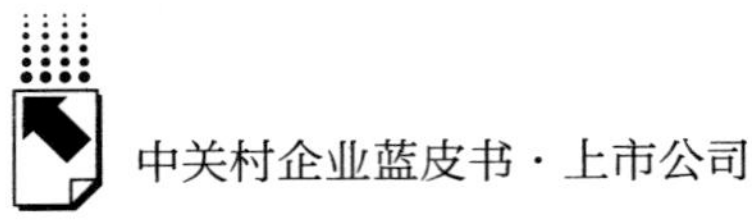

续表

一级行业	家数	二级行业	家数	三级行业	家数	四级行业	家数
工业	79	资本货物	59	航空航天与国防Ⅲ	9	航天航空与国防	9
				机械	8	工业机械	7
						建筑机械与重型卡车	1
				建筑产品Ⅲ	5	建筑产品	5
				建筑与工程Ⅲ	16	建筑与工程	16
				贸易公司与工业品经销商Ⅲ	3	贸易公司与工业品经销商	3
				综合类Ⅲ	2	综合类行业	2
可选消费	49	零售业	9	多元化零售	1	百货商店	1
				互联网与售货目录零售	5	互联网零售	5
				消费品经销商Ⅲ	1	消费品经销商	1
				专营零售	2	电脑与电子产品零售	1
						汽车零售	1
		媒体Ⅱ	17	媒体Ⅲ	17	出版	3
						电影与娱乐	4
						广播	1
						广告	7
						有线和卫星电视	2
		耐用消费品与服装	6	纺织品、服装与奢侈品	6	服装、服饰与奢侈品	6
		汽车与汽车零部件	2	汽车	2	汽车制造	2
		消费者服务Ⅱ	15	酒店、餐馆与休闲Ⅲ	2	酒店、度假村与豪华游轮	2
				综合消费者服务Ⅲ	13	教育服务	13
医疗保健	34	医疗保健设备与服务	12	医疗保健设备与用品	9	医疗保健设备	6
						医疗保健用品	3
				医疗保健提供商与服务	3	保健护理产品经销商	2
						保健护理设施	1
		制药、生物科技与生命科学	22	生命科学工具和服务Ⅲ	2	生命科学工具和服务	2
				生物科技Ⅲ	10	生物科技	10
				制药	10	西药	8
						中药	2

续表

一级行业	家数	二级行业	家数	三级行业	家数	四级行业	家数
材料	16	材料Ⅱ	16	化工	3	基础化工	2
						特种化工	1
				建材Ⅲ	7	建材	7
				金属、非金属与采矿	5	金属、非金属	5
				容器与包装	1	金属与玻璃容器	1
能源	7	能源Ⅱ	7	能源设备与服务	6	石油天然气设备与服务	6
				石油、天然气与供消费用燃料	1	煤炭与消费用燃料	1
公用事业	6	公用事业Ⅱ	6	独立电力生产商与能源贸易商Ⅲ	3	新能源发电业者	3
				复合型公用事业Ⅲ	1	复合型公用事业	1
				燃气Ⅲ	1	燃气	1
				水务Ⅲ	1	水务	1
日常消费	5	食品、饮料与烟草	5	食品	4	农产品	2
						食品加工与肉类	2
				饮料	1	啤酒	1
房地产	3	房地产Ⅱ	3	房地产管理和开发	3	房地产服务	1
						房地产开发	2
电信服务	3	电信服务Ⅱ	3	多元电信服务	3	非传统电信运营商	2
						综合电信服务	1
金融	1	多元金融	1	资本市场	1	多元资本市场	1

资料来源：wind，中关村上市公司协会整理。

附录四：第三批中关村抗击疫情新技术新产品新服务清单

序号	企业名称	产品分类	产品名称	产品功能描述	已应用案例及应用场景
1	北京小眼探索科技有限公司	01. 体温检测及筛查	全自动红外热成像体温监测系统	该产品是基于 AI 开发的在线式精确测温红外热像仪，解决市场上现有的红外热成像产品存在的单位时间筛查的“低流量”、报警延迟、支持网络协议少、不能提供二次开发等痛点。 具有以下特点：多区域人脸检测识别，可以实现每分钟 100 人次的筛查；区域温度计算和告警，通过特殊算法，实现对体温异常人群的抓取，并实时报警；支持多项网络协议，如 100/1000Base，支持 TCP、UDP、IP、DHCP、RTSP、ONVIF 等协议，兼容主流 NVR 产品，提供 SDK 开发包；支持二次开发	应用案例：昆明市、昆山市等研究所、政府机构等。 应用场景：体温筛查如办公楼等
2	北京领邦智能装备股份公司	01. 体温检测及筛查	AI 大场面红外人体发热筛查仪	该产品利用红外高分成像和动态阈值测温技术，对大场面多人流进行快速体温的异常者排查并报警。可实现像素级的人脸检测，不受口罩、眼镜、帽子、衣服等因素干扰。精度高，速度快，多人头，无接触，可以更有效地为公共场所的疫情防范提供保障。非黑体红外 AI 面部快速抓取技术，通过语义分割 AI 算法，动态阈值分析，高分辨率 640 × 512，单光技术，免安装，测温精度 ± 0.2℃，测温距离支持 4 ~ 10 米。综合效率 12000 人/小时。云训练、端训练均可；云训练抓脸准确度更高，抗干扰能力更强，更适用于复杂环境。 具有以下特点：强算力 AI + 高分 640 红外 + 动态阈值分析 + 免黑体、无须安装	应用案例：海淀区行政服务中心 - 八里庄分中心、物美超市—龙岗路店、昆山市（城西）共青路政务服务中心、赣州金力永磁股份有限公司。 应用场景：人流大的地方，如地铁、火车站、机场、商超、学校、医院、工厂、楼宇、政务大厅等

续表

序号	企业名称	产品分类	产品名称	产品功能描述	已应用案例及应用场景
3	触景无限科技（北京）有限公司	01. 体温检测及筛查	触景瞬视人体测温仪	该产品每帧可同时检测16个人的体温，每分钟可通行900人，适合大流量场景。触景瞬视人体测温仪集成热成像、测温、人脸智能侦测等多项核心技术于一体。热成像高精度人体测温精度≤0.2℃，测温距离3～5米，内置自动测温修正，彻底消除温度漂移，可长年稳定工作。 具有以下特点：实时测温，支持多达16个测温目标同步自动测量，响应时间在30毫秒以内，实现被检测人流经过检测区域的动态检测，杜绝漏检、漏测智能人体测温。自动人脸检测、戴口罩检测，智能超温报警和定位，声光报警，快速筛查追踪体温异常者，与盾悟系统无缝集成可实现高精度前端人脸识别和轨迹追踪	应用案例：宁波政府、宁波市医院2所、重庆保税港、广东阳江。 应用场景：政府、医院、港口等
4	北京遥感设备研究所	01. 体温检测及筛查	高精度智能化多光谱体温测量设备	该产品采用高精度制冷红外成像+基于深度学习的人工智能技术+可见光图像融合技术+精准测温技术，结合灰度－额温－体温映射理论与海量数据统计，无须黑体等参照物就可实现人体温度的精确测量，测温精度能够达到±0.1℃，测温速度不大于0.1s，可快速检测高温发热人群。 具有以下特点：测温精度高（±0.1℃），不需要黑体标校，环境适应性好，测温速度快（小于0.1s）	应用案例：航天中心医院、航天二院等。 应用场景：机场、车站、医院、园区、校园、地铁等
5	北京市商汤科技开发有限公司	01. 体温检测及筛查	SenseNebula星云智能测温筛查系统	该产品由星云智能测温筛查终端、双目热成像摄像机、黑体等配件和商汤智能测温筛查系统组成，可在机场、车站、地铁、学校、办公楼宇、社区等多种场景下实现非接触式筛查，实现对体温异常、未戴口罩提示等异常事件的告警和人员识别，提高公共场所体温异常人群筛查效率，减少疫情传播的可能性。 具有以下特点：精度误差在±0.3℃以内，未戴口罩检出率>99%	应用案例：首都机场3号航站楼站、上海交大、上海申通地铁、深圳市南山区登良社区、中国移动广州信息大厦、深圳市南山区区政府、眉山天府新区、眉山市政府等。 应用场景：机场、车站、地铁、学校、办公楼宇、社区等

续表

序号	企业名称	产品分类	产品名称	产品功能描述	已应用案例及应用场景
6	北京都是科技有限公司	01. 体温检测及筛查	高密度人群高温排查联控系统	该产品为无感人脸识别、非接触式身体测温系统，可对高密度人群人脸识别、人体温度智能高温排查；可实现1.5～2.5米，基于人脸检测的高密度身体测温；精度智能测温，温差范围在±0.3℃；通过边缘计算，无须服务器，无须云接入。 具有以下特点：低延时、高帧率、高性能，精准应对大流量人群监控，大数据联动，即时反馈，可实现多种报警设备联动接入，实时警铃、警灯同步预警	应用案例：西单图书大厦、中关村左岸公社、大兴医院、北京计算科学研究中心、裕惠大厦、智象云、视域。 应用场景：机场、车站、小区、园区、校园、医院、商场、超市、酒店、公交、地铁等
7	北京维联众诚科技有限公司	01. 体温检测及筛查	红外热成像体温快速筛检系统	该产品通过高精度红外热成像体温检测仪对进出人员进行非接触式检测，支持大面积多人快速检测，温度精确度为±0.3℃，通过AI人脸识别技术对进出人员进行自动建档，自动匹配身份、温度等信息。 具有以下特点：体温数据可视化，体温异常时可实时报警	应用案例：保利集团、北控集团、歌华集团。 应用场景：政府、学校、医院、社区、写字楼、厂区、公共场馆等
8	爱国者电子科技有限公司	01. 体温检测及筛查	智能非接触式快速体温监测系统	该产品是一套完整的红外体温测量+AI人脸识别+大数据统计的整体解决方案。通过AI红外测温仪能快速地将图像中的人脸信息及对应区域温度信息抓取，通过智能终端计算出人体体温，识别到人脸，并在终端上显示。当摄像头预览范围内的人员者体温超过或低于设定的正常体温后即发出警报声，实时提醒体温异常人员及医护人员进行处理，同时把异常数据上传到管理后台进行数据统计。该系统可应用于人群逐一通过的关卡式场景，即需要特殊控制的场所（例如机场、火车站、医院、地铁安检入口等），可实时通过报表查看所管辖范围内的使用单位的人员发热情况。 具有以下特点：非接触红外测温、快速高效检测、人脸识别、异常报警、全天监测数据同步	应用案例：北京首都机场、驻港部队、军委大院、深圳麒麟山庄、广东中医院、湖北随州卫生系统下属医院等。 应用场景：机场、火车站、医院、地铁、校园、商场、超市、酒店、小区等

续表

序号	企业名称	产品分类	产品名称	产品功能描述	已应用案例及应用场景
9	北京盛开互动科技有限公司	01. 体温检测及筛查	开开智联－智慧通行与测温系统	该产品在智慧园区通行管理系统的基础上融合了“人脸识别与红外热成像测温技术”，实时识别人员身份，实时采集体温数据（非接触式、测温精度 ±0.3℃），同步上传数据到管理后台，满足各类复工复产复学场所的日常疫情防控监测应用需求。 具有以下特点：非接触人脸识别与体温检测，降低感染风险；智能识别，戴口罩人脸识别，多目标同时测温，高效通行；统一管控，统一平台，多级权限，通行与测温双管控；快速部署，安装部署简单、快速易操作，可单机不联网部署；高性能，识别与测温精度高、响应快，实时监控、自动预警；易扩展，可配合闸机、门禁使用	应用案例：中关村创业大街、北环中心大厦。 应用场景：政府、机关、街道、各类园区、社区、学校等，复工/复学企事业单位等
10	北京星云环影科技有限责任公司	01. 体温检测及筛查	中通量快速人体温度筛查系统	该产品采用前端双光谱、氧化钒焦平面、高精度温度感知探头，采用美国的 FLIR 红外芯片技术，不需要外置黑体，由内置自动校准技术完成。达到 ±0.1℃高精度温感，探测距离可达 5 米，覆盖宽度可达 5 米，更方便智能，可用于户外。同时对红外光及可见光两种图像采集。 具有以下特点：支持多目标同时检测。内嵌轻量化卷积云神经网络深度学习算法（CNN），集成高精度热成像测温芯片，图像 ISP 处理技术于一体的 AI 智能产品。集图像采集、人脸检测、口罩检测、人脸识别比对、体温检测于一体	应用案例：中国空军司令部、中国海军司令部、农业农村部、商务部、西郊机场、国家中医药管理局、中国电信集团、中国邮政集团、亦庄管委会、陈经纶中学 21 所分校、北京首创融资担保有限公司、北京市机电产品标准质量检测中心、中关村智造大街、物美超市、超市发超市、山姆会员店等单位。 应用场景：适用于人流大的公共场所，特别适合于学校、医院、商超、楼宇、食堂等人群聚集的地方

续表

序号	企业名称	产品分类	产品名称	产品功能描述	已应用案例及应用场景
11	软通动力信息技术（集团）有限公司	01. 体温检测及筛查	疫控精灵	该产品是一款解决大客流时无接触测温、依托智能视频分析获取人流数量和人流热力，实现重点人轨迹追踪，提供疫情信息发布、应急指挥服务的产品。平台由本地端和云端两部分组成。本地端负责实时查验管控，云端汇总集中管控应急响应，实现了高温人员在整个园区的活动轨迹及接触分析，并能够回溯分析疑似病例的接触范围，对疫情防控及接触人员的重点观察及隔离有重要意义。 具有以下特点：疫情管控平台采用人工智能将热成像与人脸检测相结合，支持无接触对人群进行筛查，采用大数据、智能视频分析重点人员行动轨迹，实现疫情的应急管理	应用案例：杭州临平新城管委会、上地街道紫城嘉园小区、中芯国际集成电路制造有限公司园区。 应用场景：政府、园区、社区、企业
12	长扬科技（北京）有限公司	01. 体温检测及筛查	视觉 AI 防疫监测系统	该系统是基于视觉深度学习、大数据、热成像测温技术，构建专有的人员头部发热、口罩识别安全监测预警模型，及时发现疑似发热人员与违规不戴口罩行为，为疫情防护控制、正常作业保驾护航，为企业安全生产赋能。 具有以下特点：双光人员匹配告警抓拍疑似追踪；节省人力排查避免疲惫筛查纰漏；非接触式监测防止交叉感染风险；远距离大面积多人同时快速预警；7×24 小时连续值守监测；可多点多通道集中监控管理；开箱即用，精度 ±0.3℃	应用案例：中国石油长庆井下作业公司，通过人工智能等高科技手段为井队建立一个非接触式、长期的，便捷的、可移动的防疫监测系统，自动检测、智能报警、自动统计、减少人员压力，为井队人员健康安全提供保障。 应用场景：可面向石油石化、电力、煤炭、烟草等行业机关、厂区，建筑工地，园区，轨交车站、商超等采购群体，实现进快速部署，实时监测

续表

序号	企业名称	产品分类	产品名称	产品功能描述	已应用案例及应用场景
13	北京声智科技有限公司	01. 体温检测及筛查	5G 自校准 AI 数字人红外高精度测温仪	该产品融合红外测温、超声波检测、环境温度检测、人脸检测、人脸识别、声纹识别和 5G 技术，形成在线自校准的红外测温+人脸/声纹/身份证识别+虚拟数字人智能分析/播报/交互的整体解决方案，带先进算法的红外成像双光摄像头配合黑体校准，测温精度 ±0.3℃。43 寸一体大屏支持 TTS 语音提示测温，测温结果 TTS 播报，疑似记录报警，还有比主流的红外热成像设备的优点是无须工作人员盯着屏幕上的温度，实现了 AI 数字人自动结果播报，不但有效减轻了执勤人员的工作负荷，减少出错，而且加速了大人流量下测温和通过的效率。 具有以下特点：快速部署、自动化程度高、体验友好、大人流测温效率高等特点，同时支持疫情等通知信息的发布展示，可以纠正测量姿势并预警测量结果，既能避免检测和被测人员聚集问题，还能减缓被测群体的焦虑和恐慌情绪，有利于公共场所日常的监测需求	应用案例：国网信通集团、江门市唯是半导体、四川省转业军官培训中心、成都数创物联、青岛信息科技研究院、青岛科技研发服务中心等单位。 应用场景：包括但不限于医院、办公楼、政府机关、企业群体、社区街道等
14	北京天创科林科技有限公司	01. 体温检测及筛查	AI 多人群无感体温监测筛查系统	该产品基于 AI 智能算法，采用红外无接触测温人脸识别技术（可识别戴口罩、戴眼镜等人员），对通道出入口进行非接触式无感体温监测筛查，对体温异常者可实时报警，后台生成记录表单，多终端统计数据生成的疫情管理大数据模型，以驾驶舱版面展现；对常驻人群、流动访客全程无接触出入记录管理。测温误差≤0.3℃，测温距离 1～5 米；具有桌面部署，立式部署、壁挂部署等多形态，便于出入口快速体温筛查。 具有以下特点：测温精度高、无感、全程非接触、无须配合、高人流量通行，简便直观	应用案例：内蒙古自治区政府、舟山市属 41 所小学、上海市部分中小学、施耐德中国工厂、京东总部及分职场等。 应用场景：企事业单位、机场、车站、小区、园区、校园、医院、商场、超市、酒店、公交厂站、地铁等

续表

序号	企业名称	产品分类	产品名称	产品功能描述	已应用案例及应用场景
15	北京中星微人工智能芯片技术有限公司	01. 体温检测及筛查	CH－FZ4－7 寸人脸识测温门禁	该产品采用红外测温结合可见光智能视频技术，进行非接触式体温采集和实时监测，并提供整体监控指挥平台数据汇总、智能分析、实时展示等优势，使用 5 寸全视角 IPS 高清屏。人脸识别距离 0.5～2.0 米，支持检测目标大小过滤调整，对体温异常者可实时报警。测温误差≤0.2℃，测温距离 0.5～1.0 米；具有固定安装，临时安装于三脚架、手持式及安检门式等多种形态。 具有以下特点：结合人脸识别、视频结构化等计算机视觉技术和产品，可实现对固定人群精准识别、温度数据统计等平台能力	应用案例：深圳龙岗中海创新产业城园区等。 应用场景：住宅小区、园区、校园、医院、商场、超市、酒店、公交、地铁等
16	北京谷东网科技有限公司	01. 体温检测及筛查	谷东 G300AR 眼镜移动体温检测系统	该产品基于自动实时温度漂移修正方法，实现高精度热成像人体温度的精准测量。同时实现异常体温数据的可视化显示和实时预警，实现非接触式人体体温的移动高精度测量。 具有以下特点：温度误差 0.5 摄氏度，隐蔽式无感测温，避免交叉近距离检测感染风险，测温距离 3～5 米，支持多人同时测温	应用案例：广州地铁、上海交警等。 应用场景：大型室内公共环境、商场、候车厅以及候机厅等
17	触景无限科技（北京）有限公司	01. 体温检测及筛查	触景 AI 红外测温人脸门禁考勤机（5 寸横屏、7 寸竖屏）	该系统可以实现多人体温检测，医用级别测温模块精度±0.2℃，测温距离 0.5～0.6 米，非配合全屏测温，用可靠高效的非接触式体表温度检测方式，快速筛查，避免交叉感染，对体温超出一定阈值的人员，系统进行异常警示，现场输出语音报警。每台设备每分钟通行 40～60 人，可适用于低通量场景。多台设备可同时使用，4 台设备可每分钟通行 160～240 人。 具有以下特点：支持五万人脸识别，平台实时生成体温检控人脸抓拍流水和报表，一览掌握全员健康信息。支持双目活体检测，支持未戴口罩检测，支持戴口罩库内人脸对比，支持企业微信，支持 WiFi，支持只进行体温和口罩检测，支持云平台部署	应用案例：北京实创、北京妇产医院、3E 国际学校、清华大学、成都蒲江中学、重庆邮电大学。 应用场景：医院、学校、园区等

续表

序号	企业名称	产品分类	产品名称	产品功能描述	已应用案例及应用场景
18	北京微点至信科技有限公司	01. 体温检测及筛查	智能远程隔离病房体温监测云平台	该产品结合多种 IoT 通信技术，可规模实现无线监测病患体温医疗数据，可同时满足数万人甚至更大规模的监测需求，实现大规模实时集中式病房监护。将大量的基础生命体征监测工作改为无人监护云平台集中式管理，减少医护人员与病人直接接触，将医护人员从烦琐且危险的测量工作解放出来，提高工作效率的同时，降低医护人员被感染风险。 具有以下特点：采用工业级数字化温度传感器，精度高，实现更加精确的病患体温监测；无线传输，大大减少部署难度；成形的数据采集云平台，无须二次开发，同时可以接入病房空气监测等参数；技术成熟稳定，扩展性强	应用案例：协和医院、敦化医院、港珠澳大桥、国家粮食储备库、中国烟草、建设银行等重点工程中成功应用。 应用场景：政府、医院、园区、办公楼等
19	北京敏源传感科技有限公司	01. 体温检测及筛查	可穿戴蓝牙体温贴	该产品可用于 7 × 24 小时连续实时监控密集人群的体温情况，通过蓝牙网关采集终端温度数据，通过 4G 上传数据中心。拥有：体温变化；当用户不舒服时可以通过按键救助呼叫；通过蓝牙定位等功能。 具有以下特点：测温基于公司自主开发的高精度数字体温芯片，精度 ±0.1℃，电池可连续续航 6 ~ 12 个月	应用案例：医院住院部、发烧门诊病人实时体温监测。 应用场景：学校、监狱、工厂等人员密集处、实时体温监测、及时报警规避疾病传播风险
20	北京久好电子科技有限公司	01. 体温检测及筛查	高精度人体温度传感器芯片 - JHM3000	该产品是一款针对人体温度测量的高精度温度传感器电路，它通过三个引脚的简单接口与外部连接，以单线数字通信协议输出 14bit 温度测量数据，可以方便地连接各种单片机的 GPIO。用户通过简单的单个温度点校准。 具有以下特点：JHM3000 可在 32℃ ~ 42℃ 范围内达到 ± 0.1℃的测量精度，温度分辨率可小于 0.01℃	应用案例：深圳市刷新智能电子有限公司（可穿戴电子体温计）、深圳乐测物联网科技有限公司（智能体温贴）、深圳鸿益生物科技有限公司（小儿智能体温计）。 应用场景：基于可穿戴体温计的体温集中检测系统、体温集中监测系统、家庭、医院、公司、公共交通等

续表

序号	企业名称	产品分类	产品名称	产品功能描述	已应用案例及应用场景
21	中科微机电技术（北京）有限公司	01. 体温检测及筛查	红外热成像传感器芯片及模组	该芯片具有温度探测功能，可以探测 ±0.05℃的温度变化，同时通过红外光学系统呈现视场内各个点的实时温度。该芯片及模组是红外热成像测温设备必需的核心组件，也决定了红外热成像测温设备的性能和成本。 具有以下特点：红外热成像测温设备通过该芯片的热探测成像功能，可以实现对人群大范围远距离、非接触、实时无感测温，可以在机场、车站、出入口、通道等人流密集区域进行人体体温筛查	应用案例：北京市世纪科贸大厦、北京市昌平区南口鑫盛达超市、深圳市荣超经贸中心写字楼、江苏常州华达科捷工厂等多地。 应用场景：以红外热成像传感芯片为核心的红外热像仪在写字楼、超市、机场、车站、小区、园区、校园、医院、商场、超市、酒店、公交、地铁等人流密集场所
22	北京幸福益生再生医学科技有限公司	02. 杀菌消毒及净化	福方无醇免洗手消毒液	该产品主要起效成分为多胍类高分子聚合物，在水溶液中能产生电离，其亲水基部分含有强烈的正电性，吸附通常呈负电性的各类细菌、病毒，进入细胞膜后可抑制膜内脂质体合成，造成菌体凋亡，达到最佳的杀菌效果。用于手及其他皮肤部位的杀菌消毒，可有效杀灭肠道致病菌、化脓性球菌、致病性酵母菌等致病菌。 具有以下特点：无醇，免洗手，方便快捷；regesi 再生医学材料，能够促进组织修复	应用案例：国家卫生健康委员会、北京市卫生健康监督所、国家知识产权局、北京市平谷区政府、浙江杭州邵逸夫医院、北京市海淀区育新小学。 应用场景：手及其他皮肤部位的杀菌消毒
23	北京君联合环境科技有限公司	02. 杀菌消毒及净化	缓释气态二氧化氯凝胶	该产品采用 SRCD 缓释凝胶技术，减缓二氧化氯气体的释放速度，可以持续 1～2 个月释放低浓度的二氧化氯气体，能实现对空间持续、有效的净化。 具有以下特点：安全无毒，有效成分为公认的安全无毒绿色消毒剂；缓释持久，产品有效周期持续 1～2 个月；高效快速，对病毒及细菌的灭活率比臭氧和含氯消毒剂更有效快速；颜色可见，通过凝胶颜色变化，轻松掌握使用进度	应用案例：武汉市卫生健康委员会、国家移民局、北京清华长庚医院、北京市铁路局、青岛铁路局、济南铁路局、清华大学、天津市经开区政府、北京海淀区东升政府。 应用场景：出租车、医院、商场、超市、普通民众、政府机关、企业群体、社区街道等

续表

序号	企业名称	产品分类	产品名称	产品功能描述	已应用案例及应用场景
24	北京中科东亚纳米材料科技有限公司	02. 杀菌消毒及净化	复合消毒剂	该产品采用纳米负载技术，通过氧化作用实现对细菌芽孢、细菌繁殖体、真菌等多种病菌的消毒杀菌效果，是一种高效、广谱、新型内吸性杀菌剂。可用于浸泡消毒，也可用于空气喷雾消毒和表面消毒。使用安全、简便、用量少、药效持续时间长，喷洒表面30分钟或者浸泡10分钟后即可完成灭杀。 具有以下特点：低腐蚀性，甚至可以接触皮肤。无异味，基本没有特别气味。效率高，相对于传统消毒剂起效更快。杀菌力强，刺激性弱，稳定性高，穿透力显著。抑菌时效长久，复合纳米银，充分发挥纳米银抑菌高效作用，相对于喷洒间隔时间可以比传统消毒剂扩大3～5倍时长	应用案例：北京南口医院、湖北省襄阳市中心医院、湖北省孝感市疾病预防控制中心、湖北省孝感市中心医院、农工党宜昌市委会、湖北省民主党派办、农工党黄冈市委会、贵州省大方县工业和信息化局、襄阳市卫健委、甘肃文博服务中心、中科航天人才服务公司、中国兵器集团等数十个企业机构。 应用场景：医院、宾馆、公司等
25	中竞同创能源环境科技集团股份有限公司	02. 杀菌消毒及净化	清达欣防护消毒液	该产品是以牛磺罗定为主要成分的消毒液，具有广谱抗菌、杀菌、消毒，治疗严重微生物感染的作用。 具有以下特点：无毒、无害、无腐蚀、无污染，安全可靠；快速杀菌、消毒；通过喷雾的方式，可多范围、多场所、不受条件限制的使用	应用案例：华夏幸福创新中心写字楼、北京出租车司机、应急部队、绵竹工厂、公安干警。 应用场景：所有封闭、密闭空间，如高铁、飞机、地铁、出租车、医院、学校、幼儿园以及办公楼等，个人（眼、鼻、口）、口罩消毒
26	北京白象新技术有限公司	02. 杀菌消毒及净化	过氧化氢低温等离子体灭菌器	该产品可用于内镜医疗器械、非耐热医疗器械、金属医疗器械、玻璃医疗器械、陶瓷医疗器械、医用电子器械及导线、医用玻璃器皿的灭菌。 具有以下特点：在真空状态下，将过氧化氢注入灭菌舱内气化扩散至被灭菌物品表面，在55℃下可杀灭各种微生物，然后进入等离子体状态，协同灭菌，并降解物品表面的过氧化氢	应用案例：北京航天总医院、航天中心医院等三甲医院、湖北六七二中西医结合骨科医院、协和东西湖人民医院、武汉科技大学附属普仁医院、武汉市黄陂区人民医院等。 应用场景：医院消毒供应中心

续表

序号	企业名称	产品分类	产品名称	产品功能描述	已应用案例及应用场景
27	北京白象新技术有限公司	02. 杀菌消毒及净化	脉动真空蒸汽灭菌器	该产品可用于医疗机构对敷料织物、手术器械、医用液体灭菌，杀灭细菌芽孢。 具有以下特点：灭菌器以饱和的水蒸气作为灭菌介质，采用机械强制脉动真空的空气排除方式，经多次抽真空多次注入蒸汽交替作用将内室冷空气强制排空，消除灭菌室的冷点，再注入饱和蒸汽，达到灭菌所有的温度并保持一定的时间，对灭菌物品进行灭菌，最后再通过灭菌器保温层的温度及抽真空对设备进行高温烘干，确保灭菌后物品干燥	应用案例：北京航天总医院、航天中心医院等三甲医院、武汉市东西湖区妇幼保健院、松滋市人民医院、盐利县第五人民医院等。 应用场景：医院消毒供应中心
28	北京白象新技术有限公司	02. 杀菌消毒及净化	清洗消毒器	该产品可用于对手术器械、玻璃器皿、麻醉器械、塑料制品的清洗消毒和干燥。 具有以下特点：在循环泵的作用下，通过旋转喷臂将水和清洗剂喷射到器械的表面及官腔进行冲洗，达到清洁，通过热力消毒或消毒剂对器械进行消毒。低温和高温清洗消毒程序可对金黄色葡萄球菌、大肠杆菌、白色念珠菌进行杀灭，化学消毒程序可对枯草杆菌黑色变种芽孢进行杀灭	应用案例：北京航天总医院、航天中心医院等三甲医院、武汉市东西湖区妇幼保健院、鄂钢医院、黄石市爱康医院、汉川市人民医院等。 应用场景：医院消毒供应中心
29	北京白象新技术有限公司	02. 杀菌消毒及净化	空气消毒机	该产品可用于对空气进行杀菌、消毒、净化。当室内空气通过进风口进入机器后，预过滤器首先过滤除去大颗粒物，然后通过高强度紫外线照射或 IFD 静电吸附装置与光触媒过滤网进一步滤除微小颗粒物并杀灭细菌、病毒，除臭网或活性过滤器分解、吸附过滤臭氧等有害气体，负离子发生器产生对人体有益的氧负离子，使空气更加清新。 具有以下特点：产品智能安全可靠，紫外线泄漏量和臭氧残留量均在国家标准要求以下，对人体和环境安全	应用案例：北京市健宫医院、首都医科大学附属北京友谊医院平谷医院、武汉市十一医院、武汉通城县人民医院、武汉市东西湖妇幼、黄冈市第二人民医院等。 应用场景：医院消毒供应中心、发热门诊、住院病房、洁净室及家庭

续表

序号	企业名称	产品分类	产品名称	产品功能描述	已应用案例及应用场景
30	北京易净星科技有限公司	02. 杀菌消毒及净化	抑菌防雾医用擦巾	该产品含有特殊表面活性成分，用其擦拭镜片后，会在镜片表面形成一层特殊的亲水纳米膜，可起到防雾、防病毒、防菌的效果。可解决医护在医治病患过程中护目镜、隔离镜等镜片起雾和黏附病毒、细菌的困扰。 具有以下特点：防雾，有效防止镜片凝结水汽；安全，质地柔软不损伤镜片；除尘，纳米技术轻松去污；便捷，独立包装便于携带	应用案例：清华长庚医院、武汉金银潭医院等近300家医院。 应用场景：护目镜、隔离镜等各类眼镜
31	北京华纳高科科技有限公司	02. 杀菌消毒及净化	纳米银抗菌膜	该产品为一款透明纳米银线抗菌膜，对大肠杆菌、淋球菌、沙眼衣原体等650多种致病微生物都有强烈的抑制和杀灭作用，而且不会产生耐药性。 具有以下特点：具备长效持久性，可至少保持1年以上	应用案例：方舱医院试用、宁波出租车公司试用。 应用场景：公共交通、车体的透明门窗，地铁售票机的触控界面，电子产品的显示触摸屏，方舱医院无菌舱，透明抗菌
32	北京中科普金特种材料技术发展有限公司	02. 杀菌消毒及净化	抗感染抗菌不锈钢材料	该产品包括含有铁素体(430 - Cu)、奥氏体(304 - Cu)和马氏体(420 - Cu)等三种类型含Cu抗菌不锈钢(包括抗菌合金材料)，具有强烈的广谱抗菌性，力学性能和耐蚀性能均与普通对照不锈钢相当。这种新型材料在医疗、奶制品、水处理、食品器械等环境的使用，可以解决目前存在的重金属超标、腐蚀、生物安全等问题，对于普通不锈钢具有很强的替代优势。 具有以下特点：整体上具有持久和很强的抗菌功能，在制备工艺、抗菌特性、抗菌原理、应用领域和使用条件等诸多方面，与传统抗菌材料(塑料、陶瓷等)相比，均具新颖性和创新性。这种自身带有抗菌性能的新型材料在医疗环境和医疗设备领域的应用将减少交叉感染	应用案例：南京市医院抗菌手术室、抗菌病房。原沈阳军区移动救生舱、不锈钢手术器械、消毒水槽、抗菌不锈钢卫浴、公共防护设施等。 应用场景：医院、机场、车站、小区、园区、校园、商场、超市、酒店、公交、地铁等

续表

序号	企业名称	产品分类	产品名称	产品功能描述	已应用案例及应用场景
33	九逸（北京）信息技术有限公司	03. 防疫机器人	智能配药机器人	该产品可使操作人员在配置药物过程中，不直接接触药物，避免药物交叉感染和空气污染和气溶胶吸入，从而避免职业伤害，降低整体医疗行业医护人员职业伤害成本。 具有以下特点：高效配药，解放劳动力，提高工作效率；精准配置，避免药物残留、漏液，确保药物有效性、时效性，实现静脉药物调配流程的精准化、程序化、规范化，精准用药剂量	应用案例：北京大学第三医院、北大国际医院、上海仁济医院、湖南湘雅医院、浙江大学第二附属医院、山东齐鲁医院、天津市人民医院、陕西省人民医院、辽宁省肿瘤医院、辽宁省人民医院、蚌埠医学院第一附属医院、吉林大学第一医院、吉林大学第三医院、河南省肿瘤医院等全国200多家医院。 应用场景：医院等
34	北京福瑶科技有限公司	03. 防疫机器人	远控（自主）防疫消毒机器人	该产品可自动喷洒消毒剂，具有智能自主模式及远程控制双模式人机隔离作业、有效降低感染及传播风险。自动喷头可多角度立体化喷射，覆盖全面，超细雾化消毒，弥散性好。 云控版：可远程不限距离控制。 智能版：可设置任务时间、路线、内容，消毒频率、任务规划等。 具有以下特点：低成本、无须预先部署、无须专业操作及运维人员、开箱即用，操作简单方便，适合疫情期间人员在封闭隔离的形势下快速应用	应用案例：山东齐河科技园区、北京航空航天大学、联想等。 应用场景：出租车、公交、地铁、商超、学校、医院、车间、小区、大院、服务大厅、实验室、机场、企业、酒店等公共交通设施和场所
35	北方天途航空技术发展（北京）有限公司	03. 防疫机器人	疫情防治无人机	该产品可实现大载重高续航，提升了单台设备作业时长。云平台调度管控，数据及时更新，低药量报警系统，降低工作人员走动巡查，减少人员流动。高密度雾滴加大药物沉降，有效通过雾滴吸附达到快速消杀效果。 具有以下特点：超大载重量，远程感知，智能全自动高空喷洒，云数据平台分析记录及实时调度	应用案例：山东潍坊临朐县新冠肺炎防治喷洒，四川绵阳市培城区新冠肺炎防治工作。 应用场景：机场、车站、小区、园区、校园、医院、商场、超市、酒店、公交、地铁等

续表

序号	企业名称	产品分类	产品名称	产品功能描述	已应用案例及应用场景
36	创新工场（北京）企业管理股份有限公司	03. 防疫机器人	全自主消毒机器人/医疗物资运送机器人	该产品可用于公共场所消毒灭菌工作，可实现全天候无人值守工作，按时按量的完成消毒工作。可实现医院医疗物资的自动运输（口罩、药品、仪器等），办公楼的物料运输（快递、外卖等），避免人为感染。 具有以下特点：自主导航，智能调度，立体避障，定位精准，自主充电，无须环境改动，快速部署	应用案例：一汽大众佛山分公司、重庆宗申动力机械动力股份有限公司等。 应用场景：机场、车站、小区、园区、校园、医院、商场、超市、酒店、地铁站等
37	蓝色传感（北京）科技有限公司	03. 防疫机器人	环境监测消毒机器人	该产品具有检测功能，机器人检测到污染物超标后，系统会自动判断与提示，自动上传 Oneuro. cn 计算单元进行数据计算与展示。同时，具有消毒清洁功能，通过搭载消毒清洁系统，配备相关消毒管理软件，能够自动根据空间面积计算消毒时间，并自主围绕消毒目标进行 360°无死角消毒。 具有以下特点：可实现对患者、医护、医废的高频活动区域进行消毒，保障操作人员的安全的同时，也解放了医院、隔离区的人手压力。同时，还可以对一些公共场所进行 7×24 小时不间断消毒作业	应用案例：首都医科大学、中石油某油田、南方电网变电站、某燃气站等巡检机器人项目、中国联通总部 5G 巡检机器人项目、监狱安防机器人项目。 应用场景：医院等
38	北京凌天智能装备集团股份有限公司	03. 防疫机器人	智能防疫消毒机器人	该产品具有远程杀毒、灭菌的功能，可用于公用场所的消毒机器人。 具有以下特点：双化油器 + 双挡位，功率更大、雾化效果更好，功率大小可调。电控一键式启动。模块化药桶，可根据实际需求更换容积。可旋转 360 度喷药。消杀面积 1 万平方米/小时以上。履带式行走通过性强	应用案例：徐州安全科技产业园等。 应用场景：机场、车站、小区、园区、校园、医院、商场、超市、酒店、公交、地铁等
39	达闼科技（北京）有限公司	03. 防疫机器人	5G 云端消毒清洁机器人	该产品为具有消毒功能的清洁机器人，可实现无人驾驶、安全避障、云平台监控、上下电梯工作；清洁能力为 20L～50L 消毒液迷雾，覆盖 1000 平方米/4h 喷洒量；替代 3～5 人工作业。 具有以下特点：高效群控管理、精准导航定位、超大地图创建、自动寻路部署、移动连接、自动充电	应用案例：武汉协和医院、同济天佑医院、上海第六人民医院、上海儿童医院等。 应用场景：医院等

续表

序号	企业名称	产品分类	产品名称	产品功能描述	已应用案例及应用场景
40	东软集团(北京)有限公司	03. 防疫机器人	东软消毒安全卫士	该产品为具有强劲灭菌效力的安全环保类机器人。能自主完成建图导航,智能避障,完成消毒任务后可智能充电。同时可实时监控消毒流程,生成完整工作日志,保证室内卫生的消毒工作安全、高效地进行。 具有以下特点:消灭彻底、安全环保、自主导航、消毒路径可追等	应用案例:西安国际医学中心、西安高新医院、澳新齿科等。 应用场景:机场、车站、园区、校园、医院、商场、超市、酒店等
41	北京韦加智能科技股份有限公司	03. 防疫机器人	韦加八爷喷药无人机	该产品为喷药无人机,具有载药量大,喷幅宽的优点,作业面积大。 具有以下特点:搭载的新一代自主开发飞控系统,保证飞机稳定飞行,质量可靠	应用案例:已在陕西、黑龙江、宁夏、山东投入使用。 应用场景:医院病房、疾控中心、普通民众、政府机关、企业群体、社区街道等人员密集处
42	博云视觉(北京)科技有限公司	03. 防疫机器人	智慧社区疫情防控网格化管理平台	该产品可实现人体测温快速筛查、未戴口罩预警、陌生人员预警、人员/车辆出入管控(人员进出记录、异常人员聚集等)、疫情信息采集上报与分析等功能。 具有以下特点:基于监控的人、车、物精准感知,实现对非本省/社区车辆、陌生人员的出现告警和轨迹刻画,可配合双光非接触人体测温产品使用。通过智慧社区疫情防控网格化管理平台,助力社区(街道)打造从信息采集、全面监控、应急指挥、应急处置、群防群治、信息协同的全面防控体系。实现疫情数据感知准,信息上报数字化,责任到人可回溯,网格化联防联控。24 小时机器人巡检,移动体温检测,消毒喷雾,防疫宣讲,无佩戴口罩、异常聚集行为喊话,防疫巡检机器人在最后 1 公里帮助社区管理人员全面提升工作效率,降低交叉风险	应用案例:北京市海淀区"燕归园"社区、北京奥北科技园等。 应用场景:社区、机场、车站、地铁、校园、办公区等人流密度大的场景

续表

序号	企业名称	产品分类	产品名称	产品功能描述	已应用案例及应用场景
43	北京眸视科技有限公司	03. 防疫机器人	防疫巡检机器人	该产品可实现对车站、机场、医院、园区、社区、检查站等人流密集场所进行全区域、全时段人体温度检测、人员佩戴口罩检测及场所区域消毒等功能。通过搭载红外体温检测仪、高清可见光摄像头、消毒清洁系统等，可在疫情高风险区域及人流密集场所进行全自主往复、非接触、远距离、大范围的主动式筛查，如有体温异常者可及时告警，如有不佩戴口罩人员可通过喊话的方式及时提醒，还可以24小时不间断对公共场所进行消毒作业，同时防疫巡检机器人与运维管理云平台相连接，可实现对历史数据的回溯与数据分析，对关键区域的状态进行全覆盖实时精准监测，使疫情管控人员及时掌控日常疫情状态。 具有以下特点：自主成图、巡检，无须人工参与即可完成相关任务，如发现情况异常则自动报警	应用案例：海淀医院新冠肺炎定点医院隔离病房区等。 应用场景：车站、机场、医院、园区、社区、检查站等
44	达闼科技（北京）有限公司	03. 防疫机器人	5G云端巡逻防疫机器人	该产品具有体温识别、人脸识别抓拍、未戴口罩识别、消毒喷洒、防疫广播、降低传染风险等功能。 具有以下特点：云端智能控制、汽车4轮底盘仿真技术、大负载驱动及控制技术、精准室外激光导航、远距离人脸识别+体温检测	应用案例：武汉协和医院、同济天佑医院等。 应用场景：医院等

续表

序号	企业名称	产品分类	产品名称	产品功能描述	已应用案例及应用场景
45	新石器慧通（北京）科技有限公司	03. 防疫机器人	防疫型无人车	该产品车身宽 1 米，辆载重 500kg，货箱容积 2.4m，配备最高容量为 200L 消毒液的雾状喷洒器、红外热成像摄像头等设备，可实现环境消毒及人群体温监测管控双重功能。 具有以下特点：具备 L4 级无人驾驶能力及 60Tflops 的 AI 算力，采用激光雷达与视觉融合的感知技术，支持 5/4G 多模式通信，可实现完全无人化自动驾驶，模块化的设计可根据不同场景的需求，灵活配置 5G 高清视频监控，人脸识别、体态识别等设备，通过 5G 网络实时传输至后台监控平台，实现区域内人群的精准管控，通过扬声器及 LED 显示屏等，还可实现广播和图像宣传防疫等功能	应用案例：北京海淀医院、北京国贸中心区域、武汉雷神山医院、武汉商学院、江汉大学、上海张江人工智能岛、上海金桥园区、上海嘉定汽车城、深圳宝安区政府、深圳南山区政府、深圳市第三人民医院、深圳市儿童医院、浙江嘉善县罗星街道、西安航天基地、菁蓉汇园区、广州南沙碧桂园天玺湾、苏州高铁新城等。 应用场景：防疫一线、医院、大型园区、居民小区、校园、商圈等
46	东软集团（北京）有限公司	03. 防疫机器人	东软医护助理机器人	该产品面向医疗行业服务，以交互式引导、视频展示、语音对话为重点工作，在无人值守的情况下，应用其无人分诊及导航等功能。 具有以下特点：快速分诊发热及有症状疾病患者，推荐患者就医路线与科室，让患者通过院内导航询问，直观引导到就诊位置。让医护人员在抗击新冠肺炎疫情的同时，保护好自身安全，尽量减少与传染源相关的不必要接触。还提供了诸如挂号、缴费、紧急沟通、科教视频物价查询等一系列的暖心操作	应用案例：北京市大兴人民医院、复旦大学附属肿瘤医院、江西省人民医院、南昌市第五医院、陕西省人民医院、西安高新医院等。 应用场景：医院、社区门诊等
47	达闼科技（北京）有限公司	03. 防疫机器人	5G 云端医护助理机器人	该产品具有导诊分诊、高清视频对讲、体温检测、实时动态监控病房、病房送药、疫情相关问答交互的功能。 具有以下特点：高清视频系统、5G 云端管理平台，精准导航定位、实时语音交互系统	应用案例：武汉协和医院、同济天佑医院、北京地坛医院。 应用场景：医院等

续表

序号	企业名称	产品分类	产品名称	产品功能描述	已应用案例及应用场景
48	北京福瑶科技有限公司	03. 防疫机器人	智能云协作防疫机器人—运输版	该产品利用自主模式及远程控制双模式，在智能隔离条件下运输物资，包括向隔离区内运送食物、药品等，向隔离区外运输医疗垃圾等。 具有以下特点：低成本、无须预先部署、无须专业操作及运维人员、开箱即用，操作简单方便，适合疫情期间，人员封闭隔离的形势下快速应用	应用案例：山东齐河科技园区、北京航空航天大学、联想等。 应用场景：小区、园区、校园、医院、商场、超市、酒店等隔离运输物资
49	北京中云智车科技有限公司	03. 防疫机器人	防疫专用无人运输车	该产品针对防疫需求，在一代、二代无人物流车基础上进行远程驾驶功能扩展，推出防疫专用无人运输车。 具有以下特点：针对已隔离的医院和采取封闭式管理的小区或园区，可提供安全、高效的园区内物资运输与配送，降低抗击疫情工作中的人员直接接触风险	应用案例：河北、广东、浙江、重庆国际博览中心、德清国际会议中心等多个地标性园区投放。 应用场景：园区、会议中心等
50	东软集团（北京）有限公司	03. 防疫机器人	东软医疗配送服务机器人	该产品是一款应用于医疗场景的配送类机器人，让医生将药物或餐食通过机器人精准无误地送进特殊病房，减少人工接触传染源的危险。 具有以下特点：承重范围大，身份扫码开锁，箱体封闭状态杜绝污染，采用温度锁定保护特殊物品的存放。配送骑士效率是人工配送的 10 倍以上，保证疫情暴发期间，配送工作的精准、高效	应用案例：上海同济医院。 应用场景：医院、酒店等
51	灵动科技（北京）有限公司	03. 防疫机器人	AMR 智能搬运机器人	该产品可在医院递送器材、药品、化验单等，替代医护人员暴露在病毒环境下的工作时间，减轻工作量，减少对各种医疗防护器具的使用量。同时，还可在病房中运送必要物资，如三餐、医疗器械等，为医患有效隔离提供帮助。 具有以下特点：可低速自主移动、自动跟随主人行驶、智能避障、具有可视化的交互界面，可在多种环境搬运物资，可落地在物流、生产线、医院、学校等多个场景	应用案例：目前已在 10 余家世界 500 强公司落地应用。 应用场景：医院等

续表

序号	企业名称	产品分类	产品名称	产品功能描述	已应用案例及应用场景
52	达闼科技(北京)有限公司	03. 防疫机器人	5G 云端智能运输机器人	该产品为可远程控制的人形机器人,可代替医护人员进入隔离病房,递送物品、药品、食品,避免交叉感染。机器人定时提醒医护人员为患者提供药品、医护人员根据医嘱为患者抓药,并放入机器人背包。医护人员语音命令机器人送药品去病床。机器人根据指令,运送药品进入隔离病区,准确的送药至相应的患者。 具有特点:承重量大、自主完成送餐,激光雷达与自主视觉传感结合、灵活避障,自主充电、人脸识别、电梯控制、多机器人同时运行	应用案例:武汉协和医院、同济天佑医院、浙大医学院附属第二医院。 应用场景:医院等
53	新石器慧通(北京)科技有限公司	03. 防疫机器人	智能配送型无人车	该产品车身宽 1 米,辆载重 500kg,货箱容积 2.4m^3,可适应城市最后一公里的物资配送。通过后台小程序,餐饮企业及其用户可实现一键下单点餐,程序内提醒取餐的功能,车身配置的 LCD 交互屏,方便用户自助式取餐、取货。可在防疫期间提供无人化自动化的餐饮、物资等的运输保障,在降低交叉感染的同时,减轻疫情期间最后一公里的物资转运压力。 具有以下特点:车辆具备 L4 级无人驾驶能力及 60Tflops 的 AI 算力,采用激光雷达与视觉融合的感知技术,支持 5/4G 多模式通信,可实现完全无人化自动驾驶。通过车身配备的扬声器及 LED 显示屏等,可实现广播和图像宣传防疫等功能	应用案例:北京海淀医院、北京国贸中心区域、武汉雷神山医院、武汉商学院、江汉大学、上海张江人工智能岛、上海金桥园区、上海嘉定汽车城、深圳宝安区政府、深圳南山区政府、深圳市第三人民医院、深圳市儿童医院、浙江嘉善县罗星街道、西安航天基地、菁蓉汇园区、广州南沙碧桂园天玺湾、苏州高铁新城等全国多地。 应用场景:防疫一线、医院、大型园区、居民小区、校园、商圈等

续表

序号	企业名称	产品分类	产品名称	产品功能描述	已应用案例及应用场景
54	北京万方百润网络科技有限公司	03. 防疫机器人	中医智能系统：诊断及方案建议	该产品为可视化、量化人体经络信息诊断系统（气血寒、热、虚、实等），智能辨证得出证型，并推送饮片、中成药、食疗等调理方案，复制并推广专家治疗某种专病的成熟经验（智能推送专家方案），操作全程自动。 具有以下特点：识别人体12正经、奇经八脉左右40条经络信息与人体整体阴阳状态，使之可视化与量化；高度自动化。机械手自动贴穴，数据采集的一致性、重复性和准确性好。已研发“平衡方”饮片调理方案。可完美将专家方案复制于设备，便于推广使用	应用案例：301医院、东方医院、宣武医院、中西医结合医院、安定医院等。 应用场景：医院等
55	北京韦加智能科技股份有限公司	04. 危废处置与环境监测	韦加智能生态可移动式马桶	该产品对疫情的控制具有以下优势：通过离网式设计，有效避免了粪便中病毒的传播，并通过马桶内工作菌群将其固定，进而灭活，通过设置工作温度（56℃以上）持续时间（30min以上）可有效杀灭病毒	应用案例：农村厕所改造，在河北，西藏等地已投入使用。 应用场景：医院病房、疾控中心、普通民众、政府机关、企业群体、社区街道等人员密集处
56	北京华胜天成科技股份有限公司	04. 危废处置与环境监测	监测平台建设+数据采集监测设备+一体式智慧医废转运车	该产品利用先进的AI智能、大数据、物联网等技术手段监控医疗废物从产生、收集、交接、运送、暂存、移交出库到医废收运、医废在途运输、医废处置的闭环管理，形成医废在线监管闭合的多级监督管理，确保人民群众健康安全，进一步加强医疗机构自主规范管理，将医疗废物事故率降到最低；对运转于集中隔离医学观察点的医废垃圾进行全程远程监控，确保目标医废垃圾及时清理	应用案例：北京市佑安医院、南京定点收治新冠肺炎病人医院、江西省卫生监督所、南京建邺区、玄武区等监督所及下属医疗机构、溧水中医院等大型医疗机构。 应用场景：三级十等医疗机构、小型诊所、村镇卫生院、疾控中心、社区诊所

续表

序号	企业名称	产品分类	产品名称	产品功能描述	已应用案例及应用场景
57	北京佳格天地科技有限公司	04. 危废处置与环境监测	数字乡村－农村人居环境监测应用	该产品是农村人居环境监测应用，通过卫星遥感＋App多手段相配合，以卫星遥感定期自动更新监测、移动端采集验证为基础，通过深度学习对农村人居环境问题（污水、垃圾违规堆放、河岸违建等）实现多维度监测，形成“监测＋整治＋核查＋可视化展示”的全方位人居环境整治业务闭环，在此基础上实现村庄保洁员数字化管理考核。 具有以下特点：具有遥感定期监测、移动端上报核查、可视化分析展示、整治专题报告4个功能模块。尤其是结合“新冠肺炎疫情”的主要传播和防控要点，应用本产品高效完成对疫区农村厕所改造和粪污排放的监测及隔离消毒工作的上报和检查	应用案例：肇源县数字农业大数据监测系统，在疫情发生后，着重应用于农村基础设施短板－人居环境的监测和整治工作。 应用场景：地、市、县级政府，在推进人居环境治理和“厕所革命”的相关基层管理部门
58	北京泰宁科创雨水利用技术股份有限公司	04. 危废处置与环境监测	高效节水型隐蔽式水箱技术	该产品可实现坐便器不穿楼板，拥有本层户内排水的核心技术。 具有以下特点：解决马桶排水渗漏至下一户，造成污染、能很好地改善水力条件及通气效果、选用高势能排水技术的隐藏式水箱设置为3升/6升，可控及即冲即停的冲水按板，并配有内壁光滑的高密度聚乙烯（HDPE）管道	应用案例：北京青龙湖A02地块住宅项目、北京南苑医院大楼、北京新金山公寓酒店、北京奥林匹克国家会议中心等100多个国家及省市重点工程。 应用场景：医院、学校、公寓、保障安置房、办公楼、酒店以及地产类项目建筑厨卫间排水系统
59	北京泰宁科创雨水利用技术股份有限公司	04. 危废处置与环境监测	雨水收集储存及处理排放系统	该产品用于疫区和医院类建设保障，为疫区和医院类项目中的雨水系统提供全流程技术及产品服务。 具有以下特点：医院内所有面积的雨水收集储存系统、对于有污染的雨水进行处理后，达标排放、采用全自动智能控制监控系统，对水量、水质在线监测，智能调控雨水、根据气象预报，对未来降雨经销测算，进行自动预警削峰调蓄	应用案例：先后完成北京、武汉、常德、嘉兴、池州、遂宁在内的多个国家级及省级试点城市的水环境和海绵城市重点项目，累计雨水调蓄池规模30万立方米，公司已配备专业产品及工程安装力量，对疫情地区医院类建设项目的快速建造提供支持。 应用场景：疫区和医院类项目雨水收集、储存、处理及外排技术及产品服务

续表

序号	企业名称	产品分类	产品名称	产品功能描述	已应用案例及应用场景
60	北京韦加智能科技股份有限公司	04. 危废处置与环境监测	韦加智能有机垃圾消毒处理箱	该产品对疫情的控制具有以下优势：通过离网式设计，有效避免了厨余垃圾中病毒的传播，并通过处理器内工作菌群将其固定，进而灭活，通过设置工作温度（56℃以上）持续时间（31min以上）可有效杀灭病毒	应用案例：农贸市场、公司食堂已投入使用。 应用场景：医院病房、疾控中心、普通民众、政府机关、企业群体、社区街道等人员密集处
61	北京盈安信息服务有限公司	04. 危废处置与环境监测	低温磁化分解垃圾处理设备（SRG－1.5）	该产品是低温磁化分解垃圾处理设备（SRG－1.5）属于分布式垃圾处理设备，在应急病区垃圾产生的源头场所，即可直接对各种有机废弃物进行高效、节能的分解处理，无须再集中收储、运输，避免运输过程中的二次污染。 具有以下特点：设备可处理除金属、陶瓷、玻璃、混凝土之外几乎所有的有机物，包括医疗防护服、口罩等常见的医疗垃圾以及场所内产生的生活垃圾。 该设备每小时仅耗能3度电，处理过程中不需要添加燃料，无其他能源消耗。 尾气及残渣已通过环保检测对环境无害，残渣量很少，仅需定期收集，大大减少垃圾清运工作量。设备运行12个小时可处理1.5吨垃圾（含水量不超过30%），处理效率高，可大大缓解应急病区的垃圾处理问题	应用案例：浙江嘉善姚庄垃圾中转站。 应用场景：医院、社区、写字楼、环卫集团、工厂、酒店、餐饮、产业园区、商业综合体等

续表

序号	企业名称	产品分类	产品名称	产品功能描述	已应用案例及应用场景
62	中国恩菲工程技术有限公司	04. 危废处置与环境监测	危险废物高效焚烧处置技术装备	该产品用于医疗废物、医药废物等危险废物的高温焚烧处置，属于彻底污染控制技术。提供危险废物，尤其是疫情期间暴发性增长的医疗废物的安全环保的灵活解决方案，杜绝医疗废物中细菌及病毒的传播。 具有以下特点：①对疫情产生的医疗废物达到高温彻底焚烧，避免细菌蔓延。该技术利用有色冶金行业炉窑核心技术代替国外进口的焚烧炉。②对危险废物适应性强。③传热传质效率高，耐火材料寿命长，节能环保。④源头上控制二噁英产生。⑤自动化、智能化、安全环保	应用案例：宁夏危废处置中心、昆明医疗废物处置中心、孝感固废处置中心（在建）等。 应用场景：化工园区、环保产业园区、危险废物处置中心等
63	北京广泰源合嘉环保工程有限公司	04. 危废处置与环境监测	环保隔离防渗技术服务	该产品能通过隔离防渗技术，解决污染物对土壤造成的环境危害。 具有以下特点：可将未来医院使用过程中可能产生的污染物与土地隔离，从而保护地下水、土壤，保护工程地自然环境	应用案例：已在武汉火神山医院圆满完成防渗系统工程。 应用场景：医院场区基底的防渗隔离，防止医院投入使用期间的生活污水、医疗废水等对土壤造成污染
64	北京泰宁科创雨水利用技术股份有限公司	04. 危废处置与环境监测	防溢 PE 地漏	该产品采用 HDPE 材质，确保水封高度≥5 厘米，安装高度仅需 9 厘米。 具有以下特点：防止反臭，防止楼宇病毒相互传播、与管道采用焊接方式避免渗漏、多种外观样式可供选择、内置的特殊存水弯结构使地漏具有防干涸、溢流、虹吸等功能	应用案例：北京青龙湖 A02 地块住宅项目、北京南苑医院大楼、北京新金山公寓酒店、北京奥林匹克国家会议中心等 100 多个国家及省市重点工程。 应用场景：医院、学校、公寓、保障安置房、办公楼、酒店以及地产类项目建筑厨卫间排水系统

续表

序号	企业名称	产品分类	产品名称	产品功能描述	已应用案例及应用场景
65	北京泰宁科创雨水利用技术股份有限公司	04. 危废处置与环境监测	建筑排污同层排水系统技术	该产品是系统技术，即在建筑物排水系统中，器具排水管和排水支管不穿越本层结构楼板到下层空间、与卫生器具同层敷设并接入排水立管的排水系统，器具排水管和排水支管沿墙体敷设或敷设在本层结构楼板和最终装饰地面之间。 具有以下特点：同层技术在各粪口端口设置深水封存水弯装置，水封高度可以在 5 ~7.5 厘米定制，彻底阻断楼宇间病毒相互传播的风险；彻底解决传统式排水技术暴露出的各种弊端，同层技术在各粪口端口设置高效水封装置，彻底阻断楼宇间病毒相互传播的风险、传统排水系统噪音大，解决排水噪音，不影响睡眠质量、解决管道穿透楼板，造成渗漏、异味，难检修、解决房屋产权不清晰，邻里间易产生纠纷、解决卫生死角，清理不方便、解决器具受预留坑位限制，布局很难调整、解决返臭气等隐患	应用案例：曹妃甸首堂创业家、青岛福瀛天麓湖、北京青龙湖 A02 地块住宅项目等项目；北京南苑医院大楼、北京新金山公寓酒店、北京奥林匹克国家会议中心等 100 多个国家及省市重点工程。 应用场景：医院、学校、公寓、保障安置房、办公楼、酒店以及地产类项目建筑厨卫间排水系统
66	北京碧水源科技股份有限公司	04. 危废处置与环境监测	智能一体化污水净水系统（ICWT）	该产品适用于各种中小规模的分散性生活污水和与之类似的工业有机废水处理。为了满足不同需求，可通过多种工艺流程与基本模块任意组合而成。系统出水主要污染物指标可满足城镇污水处理厂污染物排放标准中一级 A 标准，高于常规的医院污水排放标准。 具有以下特点：出水水质好，水质稳定；设备高度集成，占地面积小，运输便捷；功能区可任意组合，安装快捷；App 智能控制，远程监测	应用案例：武汉开发区军山方舱医院。 应用场景：医院、学校、村镇、住宅小区、写字楼、景区、生态园区、应急截污/黑臭水体等

续表

序号	企业名称	产品分类	产品名称	产品功能描述	已应用案例及应用场景
67	尚川（北京）水务有限公司	04. 危废处置与环境监测	固液秒分离机	该产品可在5秒内同时去除污水中泥渣砂、油脂、毛发等污染物的快速高效分离设备，可有效防止微生物气溶胶的逸散，是医疗废水处理场站和市政污水处理厂预处理的核心设备。SSgo对于控制气溶胶的逸散具有明显优势。 具有以下特点：SSgo水力停留时间极短，有效缩短了气溶胶产生时间；SSgo降低了污水中有毒有害微生物通过气泡爆裂形成微生物气溶胶的概率；处理面积小，进一步减少了气溶胶的释放量；SSgo设备采用全封闭式设计，可以有效控制气溶胶向外部环境逸散。设备顶部可对接通风管路，将内部少量气溶胶、臭气等通过封闭管路排出处理，有效控制预处理区的病毒气溶胶扩散，降低运营人员感染风险	应用案例：北控水务成都某污水处理厂、北控水务新疆某污水处理厂、碧水源北京某污水处理厂、北京排水集团南宁某污水处理厂、中持水务河北某污水处理厂、启迪环境科技湖北某污水处理厂、启迪环境科技湖北乡镇连片治理项目和北京市副中心通州区某污水处理厂等。 应用场景：市政污水处理厂、工业污水处理厂和医疗废水处理场站等

资料来源：中关村国家自主创新示范区中关村科技园区管理委员会官网。

附件五：中关村中概股符合回归企业一览

企业信息		美股上市公司拆除 VIE 架构并私有化后是否能够在港股/境内上市												红筹企业				
		港交所				深交所创业板			上交所科创板					是否可在港交所第二上市		是否可在深交所创业板上市		
证券代码	证券简称	主板标准一	主板标准二	主板标准三	创业板标准	标准一	标准二	标准三	标准一	标准二	标准三	标准四	标准五（存疑）	标准一	标准二	已在境外上市	尚未在境外上市标准一	尚未在境外上市标准二
JD. O	京东	—	是	是	是	—	是	是	—	—	是	是	是	是	是	是	是	是
BIDU. O	百度	是	是	是	是	是	是	是	是	是	是	是	是	是	是	是	是	是
TAL. N	好未来	—	是	是	是	—	—	是	—	—	是	是	是	是	是	—	—	—
EDU. N	新东方	是	是	是	是	是	是	是	是	—	是	是	是	是	是	—	是	是
IQ. O	爱奇艺	—	是	是	是	—	—	是	—	—	是	是	是	是	是	—	—	—
WB. O	微博	是	是	是	是	是	是	是	是	是	是	是	是	是	是	—	是	是
BGNE. O	百济神州	—	是	—	—	—	—	是	—	是	—	是	是	是	是	—	—	—
WUBA. N	58 同城	是	是	是	是	是	是	是	是	—	是	是	是	是	是	—	是	是
ATHM. N	汽车之家	是	是	是	是	是	是	是	是	是	是	是	是	是	是	—	是	是
MOMO. O	陌陌	是	是	是	是	是	是	是	是	—	是	是	是	是	是	—	是	是
GSX. N	跟谁学	—	是	是	是	是	是	是	是	—	是	是	是	是	是	—	是	是
SINA. O	新浪	—	是	是	是	—	—	是	—	是	是	是	是	—	是	—	—	—
JFU. O	玖富	—	是	是	是	—	—	是	—	—	是	是	是	—	是	—	—	—

续表

企业信息		美股上市公司拆除 VIE 架构并私有化后是否能够在港股/境内上市												红筹企业				
		港交所				深交所创业板			上交所科创板					是否可在港交所第二上市		是否可在深交所创业板上市		
证券代码	证券简称	主板标准一	主板标准二	主板标准三	创业板标准	标准一	标准二	标准三	标准一	标准二	标准三	标准四	标准五（存疑）	标准一	标准二	已在境外上市	尚未在境外上市标准一	尚未在境外上市标准二
SOGO. N	搜狗	是	是	是	是	是	是	是	是	是	是	是	是	—	是	—	是	是
DAO. N	有道	—	是	—	—	—	—	是	—	是	—	是	是	—	是	—	—	—
BITA. N	易车	—	是	是	是	—	—	是	—	—	是	是	是	—	—	—	—	—
HOLI. O	和利时自动化	是	是	是	是	是	是	是	是	—	是	是	是	—	—	—	—	是
VNET. O	世纪互联	—	是	是	是	—	—	是	—	—	是	是	是	—	—	—	—	—
UXIN. O	优信	—	是	—	—	—	—	—	—	—	—	是	是	—	—	—	—	—
SVA. O	科兴生物	是	是	是	是	是	是	—	是	—	是	是	是	—	—	—	—	—
CMCM. N	猎豹移动	—	—	是	是	—	—	—	—	是	是	是	—	—	—	—	—	—
SOHU. O	搜狐	—	—	是	是	—	—	—	—	是	是	是	—	—	—	—	—	—
STG. N	尚德机构	—	—	是	—	—	—	—	—	—	是	是	—	—	—	—	—	—
KRKR. O	36 氪	—	—	—	—	—	—	—	—	—	—	—	—	—	—	—	—	—
LEJU. N	乐居	—	—	—	是	—	是	—	—	—	—	—	—	—	—	—	—	—
DL. N	正保远程教育	是	—	是	是	是	是	—	是	—	—	—	—	—	—	—	—	—
SFUN. N	搜房网	—	—	—	是	—	—	—	—	—	—	—	—	—	—	—	—	—
JT. N	简普科技	—	—	—	—	—	—	—	—	—	—	—	—	—	—	—	—	—
COE. N	无忧英语（51TALK）	—	—	—	是	—	—	—	—	—	—	—	—	—	—	—	—	—

续表

企业信息		美股上市公司拆除 VIE 架构并私有化后是否能够在港股/境内上市														红筹企业				
		港交所				深交所创业板			上交所科创板					是否可在港交所第二上市		是否可在深交所创业板上市		
证券代码	证券简称	主板标准一	主板标准二	主板标准三	创业板标准	标准一	标准二	标准三	标准一	标准二	标准三	标准四	标准五（存疑）	标准一	标准二	已在境外上市	尚未在境外上市标准一	尚未在境外上市标准二
RYB. N	红黄蓝	—	—	—	是	—	—	—	—	—	—	—	—	—	—	—	—	—
FENG. N	凤凰新媒体	—	—	—	—	—	—	—	—	—	—	—	—	—	—	—	—	—
TEDU. O	达内科技	—	—	—	是	—	—	—	—	—	—	—	—	—	—	—	—	—
TC. O	团车	—	—	—	—	—	—	—	—	—	—	—	—	—	—	—	—	—
UTSI. O	UT 斯达康	—	—	—	—	—	—	—	—	—	—	—	—	—	—	—	—	—
BRQS. O	BORQS TECHNO-LOGIES	—	—	—	是	—	—	—	—	—	—	—	—	—	—	—	—	—
AACG. O	ATA 公司	—	—	—	—	—	—	—	—	—	—	—	—	—	—	—	—	—
GSUM. O	国双	—	—	—	—	—	—	—	—	—	—	—	—	—	—	—	—	—
SEED. O	奥瑞金种业	—	—	—	—	—	—	—	—	—	—	—	—	—	—	—	—	—
CNET. O	中网在线	—	—	—	—	—	—	—	—	—	—	—	—	—	—	—	—	—
RETO. O	瑞图生态	—	—	—	—	—	—	—	—	—	—	—	—	—	—	—	—	—
RENN. N	人人网	—	—	—	—	—	—	—	—	—	—	—	—	—	—	—	—	—

续表

企业信息		美股上市公司拆除 VIE 架构并私有化后是否能够在港股/境内上市													红筹企业				
		港交所				深交所创业板			上交所科创板					是否可在港交所第二上市		是否可在深交所创业板上市		
证券代码	证券简称	主板标准一	主板标准二	主板标准三	创业板标准	标准一	标准二	标准三	标准一	标准二	标准三	标准四	标准五（存疑）	标准一	标准二	已在境外上市	尚未在境外上市标准一	尚未在境外上市标准二
ANTE. O	悦航阳光网络科技	—	—	—	—	—	—	—	—	—	—	—	—	—	—	—	—	—
HHT. O	新奥混凝土	—	—	—	—	—	—	—	—	—	—	—	—	—	—	—	—	—
LLIT. O	联络智能	—	—	—	—	—	—	—	—	—	—	—	—	—	—	—	—	—

资料来源：wind，中关村上市公司协会整理。

附件六：近三年营业收入和净利润复合增长率均超过30%的中关村境内上市公司的基本情况

中关村上市公司作为行业领军、产业链龙头企业，其中既有像百度、京东等成熟的大公司，也有像千方科技、拉卡拉、利亚德等高成长性企业。为展现中关村上市公司的高成长性，本部分从营业收入和净利润指标着手，选取近3年[①]营业收入和净利润的复合增长率均在30%以上的中关村境内上市公司，并从公司基本信息、核心竞争力、基本财务指标及上市以来股价的走势等方面着手，以期呈现高成长企业的基本面貌及其高速增长的背后因素。数据显示，符合上述筛选条件的中关村上市公司共26家。剔除因借壳上市而导致业绩大幅增长的宝新置地，剩余25家高成长性的上市公司介绍如下（排名不分先后）。

一　奥赛康（002755. SZ）

（一）公司基本信息

北京奥赛康药业股份有限公司（简称“奥赛康”）成立于1996年，2015年于深圳证券交易所中小企业板上市发行（股票代码：002755. SZ）。截至2020年6月30日，奥赛康市值为175. 42亿元。

公司主营业务为消化类、抗肿瘤类及其他药品的研发和销售。公司专注于中国医药细分市场，目前产品剂型主要定位于冻干粉针制剂，在国内抗消

① 近三年指的是2017～2019年。营业收入和净利润资料来源于Wind数据库。

化性溃疡药物质子泵抑制剂注射剂产品细分领域市场占有率第一，是国内最大的质子泵抑制剂（PPIs）注射剂生产企业。

公司客户集中度不高，2019 年公司前五大客户产生的销售收入占当年营业收入的比重分别为 2.15%、1.57%、1.49%、1.31%、1.25%，合计 7.77%，非常分散。公司未披露 2019 年前五大客户名单。

（二）核心竞争力分析

1. 研发底蕴深厚，创新能力强

奥赛康药业是起源于江苏省最早的民营药物研发机构，研发底蕴深厚，创新能力突出，每年用于科技研发的投入费用远高于行业平均水平；公司被认定为国家企业技术中心，国家技术创新示范企业，工业企业知识产权运用试点企业等。公司在国内外建有研发机构，构建了化学药物研发和生物医药研发两大平台，拥有手性药物、靶向药物、生物药、高端制剂等研发技术及产业化能力。

2. 秉承 QbD 理念，质量保障体系先进

公司一直以来坚持“质量源于设计”（QbD）的理念，对标原研药，严格按照 GMP 规范组织生产活动，通过对关键工艺条件、主要技术参数的持续监控，保证工艺方法的稳定性、可靠性和重现性，使产品及生产工艺始终处于受控状态且质量可溯。2019 年，公司获得 3 份《药品 GMP 证书》，已经连续 26 次通过 GMP 认证。

3. 全面推进卓越绩效管理，创建了“以健康为本的‘头尾创新’奥赛康管理模式”

践行新发展理念，坚持稳中求进、推动高质量发展，瞄准国际标准导入国际优秀企业通行的卓越绩效管理，创建了“以健康为本的‘头尾创新’奥赛康管理模式”，有机地将企业家精神和工匠精神融合在一起，既重视“头部创新”，实现突破性的原始创新、集成创新，又重视“尾部创新”，实现改进创新、继承创新，使“尾部创新”与“头部创新”互相融合、相得益彰。通过倡导全员创新，提高精益管理水平，打造卓

越绩效组织，奠定企业在医药市场细分领域的领导地位，确保企业高质量持续发展。

4. 独特的企业文化，有效的激励机制

公司以“为健康，健康行”为企业使命，以“铸造幸福奥赛康”为企业愿景，秉承“研究为源，健康为本”的企业理念。同时，公司采取了多种方法，制定多种措施进行人才激励，实现了对高忠诚度、高绩效人员的有效激励，使其利益与企业长远发展紧密结合，实现企业可持续发展。

（三）财务分析

1. 基本财务数据

近3年，公司总资产、营业收入和净利润均稳步大幅增长，2018年经营活动现金流量净额扭亏为盈并保持增长，公司发展态势良好（见表1）。

表1　2017～2019年奥赛康基本财务数据情况

单位：万元

项目	2019年	2018年	2017年
总资产	369209.70	295825.45	86657.42
归属母公司的股东权益	251354.80	183821.83	51918.27
营业收入	451863.17	393188.17	36593.39
净利润	77990.17	66890.37	1726.17
经营活动现金流量净额	53461.60	49715.88	-5030.17

资料来源：Wind，中关村上市公司协会整理。

2. 主要财务指标

2018年，公司完成了重大资产重组，借壳上市，主营业务由工程勘察和岩土工程施工服务变更为消化类、抗肿瘤类及其他药品的研发。销售毛利率和净利率得到大幅提升。资产负债率、流动比率和速动比率均保持在较为良好的水平，偿债能力较强（见表2）。

表 2　2017～2019 年奥赛康主要财务指标情况

项目	2019 年	2018 年	2017 年
销售毛利率(%)	92.56	92.94	26.66
销售净利率(%)	17.26	17.01	4.72
资产负债率(%)	31.84	37.77	32.49
流动比率	2.44	1.99	2.63
速动比率	2.23	1.82	2.51
应收账款周转率(次)	6.98	7.92	0.96

资料来源：Wind，中关村上市公司协会整理。

3. 收入结构

公司近 3 年主营业务收入按项目分类情况如表 3 所示。

表 3　2017～2019 年奥赛康主营业务收入分布情况

单位：万元，%

项目	2019 年		2018 年		2017 年	
	金额	比例	金额	比例	金额	比例
消化类	336619.50	74.50	301082.43	76.57		
抗肿瘤类	101920.09	22.55	83192.58	21.16		
岩土工程	—	—	—	—	16592.61	45.34
勘察业务	—	—	—	—	12971.58	35.44
设计服务	—	—	—	—	4100.78	11.21
公路改建工程	—	—	—	—	2640.73	7.22
其他	11690.87	2.59	5841.36	1.49	—	—
其他业务	1632.71	0.36	3071.81	0.78		0.79
合计	451863.17	100.00	393188.18	100.00	36305.70	100.00

资料来源：Wind，中关村上市公司协会整理。

2018 年，公司借壳上市后，主营业务由工程勘察和岩土工程施工服务变更为消化类、抗肿瘤类及其他药品的研发。

（四）股票行情

公司自上市以来股价走势见图 1。

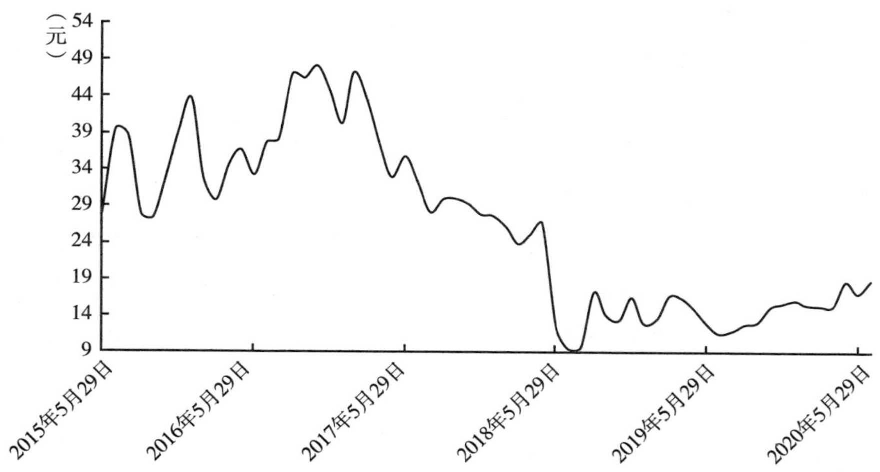

图 1　奥赛康上市以来至 2020 年 6 月底股价走势

资料来源：Wind，中关村上市公司协会整理。

二　中国海防（600764. SH）

（一）公司基本信息

中国船舶重工集团海洋防务与信息对抗股份有限公司（简称“中国海防”）成立于 1993 年，1996 年于上海证券交易所主板上市发行（股票代码：600764. SH）。截至 2020 年 6 月 30 日，中国海防市值为 179. 79 亿元。

公司主营业务聚焦于电子防务装备领域、电子信息装备领域、专业技术服务领域，并在这些领域中开展特装电子、智能装备、环保新能源及特种电源等方向上的研发生产并提供相关专业技术服务。

公司客户集中度一般，2019 年公司前五大客户产生的销售收入占当年营业收入的比重合计 39. 10%。公司未披露 2019 年前五大客户名单。

（二）核心竞争力分析

1. 资源优势

公司控股股东是全球最大的造船集团，同时也是我国海军装备业务覆盖面最广泛的大型综合性企业集团，是中国海军主战装备总体研发设计单位和总装建造、系统集成的骨干力量，拥有完备的海军装备研制开发、设备配套和售后保障能力。公司依托控股股东强大的资源优势，可以通过多渠道、多层次、多维度的资源整合和技术创新，形成综合性的竞争力优势。

2. 技术研发优势

公司继承了控股股东旗下电子信息板块业务所拥有的强大科技创新能力和较为完备的科技创新体系，积累了大批前沿科技成果。在水声电子技术方向上，其自主技术覆盖水声算法、硬件、软件、系统集成、产品化、工程化以及试验保障应用全产业链。此外，公司旗下资产还在智能制造、智能交通、卫星通导、环保新能源及油气相关设备等方向上拥有核心关键技术及自主研发能力，相关产品的技术研发优势与产品化能力均处于国内领先地位。

3. 品牌优势

公司旗下企业在所属行业及领域已发展数十年，其相关特装电子类产品目前已经广泛装备到我国各类水面舰艇、潜艇以及其他各类海洋防务装备及海洋信息化装备之上，应用多个国家战略新兴产业中。此外，公司旗下企业还拥有国内智能交通行业优秀系统集成商、信号控制器行业十大优秀企业、中国交通信号控制器行业最具影响力品牌等多个名优品牌称号。公司在业务领域中所拥有的知名品牌及良好的业界口碑，为中国海防各项主营业务可持续高质量稳步发展奠定了坚实的品牌基础。

（三）财务分析

1. 基本财务数据

2019 年，公司实现重大资产重组，购买海声科技、辽海装备等全部或部分股权，从而控股合并标的资产，总资产和净利润均有较大幅度增长，经营较为良好和稳健（见表4）。

表4 2017～2019年中国海防基本财务数据情况

单位：万元

项目	2019年	2018年	2017年
总资产	768480.39	147312.41	161538.37
归属母公司的股东权益	415822.53	106470.40	109986.20
营业收入	407396.51	35055.86	36275.04
净利润	67229.92	6749.32	8991.95
经营活动现金流量净额	7031.66	-14658.28	-5618.69

资料来源：Wind，中关村上市公司协会整理。

2. 主要财务指标

近3年，公司流动比率和速动比率保持在较为良好的水平，资产负债率有所增加，偿债能力较强；但应收账款周转率偏低，账款回收较为困难（见表5）。

表5 2017～2019年中国海防主要财务指标情况

项目	2019年	2018年	2017年
销售毛利率(%)	36.32	49.71	43.62
销售净利率(%)	16.50	19.25	24.79
资产负债率(%)	45.89	27.72	28.64
流动比率	2.01	3.08	2.87
速动比率	1.45	2.64	2.55
应收账款周转率(次)	3.04	1.01	2.34

资料来源：Wind，中关村上市公司协会整理。

3. 收入结构

公司近3年主营业务收入按项目分类情况如表6所示。

近3年，公司业务有较大调整，但均以特装电子产品为主，占比在60%以上。2019年，公司增加了智能装备产品业务且业务占比超两成。

表 6　2017～2019 年中国海防主营业务收入分布情况

单位：万元，%

项目	2019 年		2018 年		2017 年	
	金额	比例	金额	比例	金额	比例
特装电子产品	257818.98	63.28	30121.51	85.92	28073.10	77.39
智能装备产品	91966.90	22.57	—	—	—	—
压载水等特种电源	22900.17	5.63	1515.99	4.32	1972.03	5.44
其他主营业务	16223.14	3.98	—	—	—	—
环保设备	14902.47	3.66	—	—	—	—
其他业务	3584.86	0.88	1091.09	3.11	2680.05	7.39
电动工具	—	—	1447.20	4.14	1516.75	4.18
试验检测服务	—	—	651.55	1.86	1557.50	4.29
汽车电子产品	—	—	228.53	0.65	475.61	1.31
合计	407396.52	100.00	35055.87	100.00	36275.04	100.00

资料来源：Wind，中关村上市公司协会整理。

（四）股票行情

公司自上市以来股价走势见图 2。

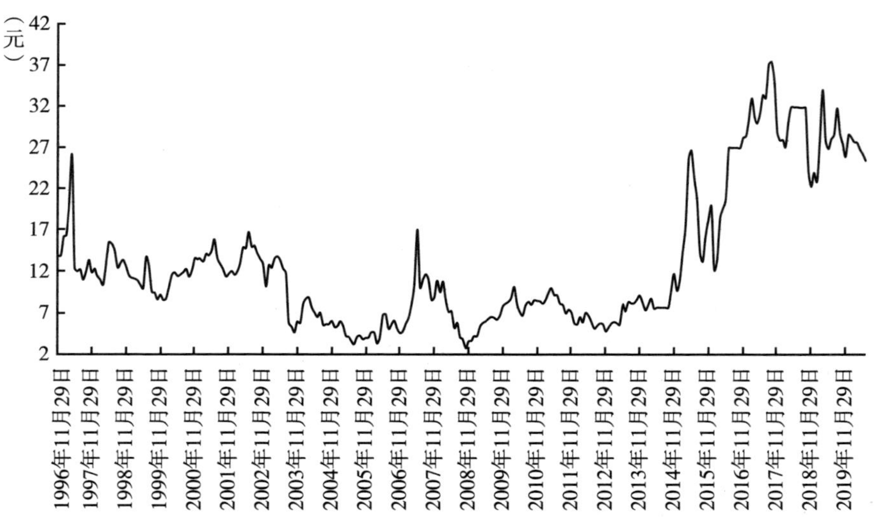

图 2　中国海防上市以来至 2020 年 6 月底股价走势

资料来源：Wind，中关村上市公司协会整理。

三　万集科技（300552. SZ）

（一）公司基本信息

北京万集科技股份有限公司（简称“万集科技”）成立于1994年，2016年于深圳证券交易所创业板上市发行（股票代码：300552. SZ）。截至2020年6月30日，万集科技市值为84. 26亿元。

公司是国内领先的智能交通产品与服务提供商，专业从事智能交通系统（ITS）技术研发、产品制造、技术服务，为公路交通和城市交通客户提供ETC、激光检测、智能网联、动态称重系列产品的研发和生产，以及相关的方案设计、施工安装、软件开发和维保等相关服务，同时在车联网、大数据、云平台、边缘计算及自动驾驶等多个领域积累了大量自主创新技术，为智慧高速、智慧城市提供全方面综合的解决方案、系统、产品及服务。

公司客户集中度较低，2019年公司前五大客户产生的销售收入占当年营业收入的比重分别为11. 66%、6. 55%、5. 02%、3. 55%、3. 22%，合计30. 00%。公司2019年前五大客户分别为：广东联合电子服务股份有限公司、山东高速信联支付有限公司、河北冀翔通电子科技有限公司、华为技术有限公司、重庆通慧网联科技有限公司。

（二）核心竞争力分析

1. 技术与研发优势

公司坚持自主研发和创新，每年持续增加研发投入。公司在北京、武汉设立了两个研究院，北京研究院侧重于ETC、多线束激光雷达、智能网联、汽车电子、动态称重等技术和产品的研发，武汉研究院侧重于单线束激光雷达等技术和产品的研发。

2. 营销网络优势

公司拥有覆盖全国的销售网络，在北京、上海、重庆、广州等一、二线城市成立了分公司，以分公司为支点建立了覆盖区域的销售网络。公司建立了从分公司经理、销售部经理到销售骨干的销售梯队，分公司经理和销售部经理经验丰富、积极敬业，能与客户保持充分、及时的沟通，深入了解市场动态，理解客户需求，有较强的市场开拓能力。

3. 资质优势

公司拥有计算机信息系统集成企业二级资质、建筑企业资质、安全生产许可证、全国工业产品生产许可证，通过了 ISO 9001 质量管理体系认证、ISO 27001 信息安全管理体系认证、QC080000 有害物质管理体系认证、ISO 14001 环境管理体系认证以及 OHSAS 18001 职业健康安全管理体系认证，通过了汽车电子供应商所必备的 IATF 16949 汽车件质量管理体系符合性认证，取得了 CMMI－DEV ML5 级评估认证和 CNAS 实验室认证。

4. 服务优势

针对公司实施项目多、项目定制化程度高、服务项目分散等特点，公司设立了技术服务多级管理体系：在总部设立客户服务中心，在各区域设立了区域服务管理中心，在 30 个城市设立服务中心、服务站，由总部客户服务中心对全国的施工、服务项目进行统一协调和管理。

5. 管理人才优势

公司管理团队具有丰富的管理经验、专业素质和行业资源，对行业、产品技术发展方向的把握有较高的敏感性和前瞻性，同时公司核心技术团队已成为行业专家并经常参与行业标准起草。

6. 数字化管理优势

公司通过使用 SAP 系统，实现了运营、采购、生产、物流等各环节的有效联动，建立了公司各层面统一、集成、共享的信息系统管理平台，实现业务数据信息的集中管理和共享，提高公司自身管理水平，提升项目及产品交付客户满意度。

（三）财务分析

1. 基本财务数据

近 3 年，公司资产、营收和净利均整体保持较好的增长态势。2019

年，由于全国撤销高速公路省界收费站，ETC 建设的大力推广普及，公司营收和净利实现大幅增长，经营活动现金流量净额也扭亏为盈（见表7）。

表 7　2017～2019 年万集科技基本财务数据情况

单位：万元

项目	2019 年	2018 年	2017 年
总资产	301822.29	125098.61	111671.82
归属母公司的股东权益	164510.18	75787.40	75747.79
营业收入	335120.77	69226.15	62856.69
净利润	87117.95	618.88	3790.33
经营活动现金流量净额	47081.12	-2473.34	-7746.32

资料来源：Wind，中关村上市公司协会整理。

2. 主要财务指标

近 3 年，公司毛利率保持在较好水平且 2019 年有所提高，流动比率和速动比率均保持在较为良好的水平，偿债能力较强；但应收账款周转率偏低，账款回收较为困难（见表 8）。

表 8　2017～2019 年万集科技主要财务指标情况

项目	2019 年	2018 年	2017 年
销售毛利率(%)	45.85	34.69	38.66
销售净利率(%)	26.00	0.89	6.03
资产负债率(%)	45.36	39.14	32.17
流动比率	2.01	2.27	2.51
速动比率	1.50	1.82	2.13
应收账款周转率(次)	3.55	1.37	1.51

资料来源：Wind，中关村上市公司协会整理。

3. 收入结构

公司近 3 年主营业务收入按项目分类情况如表 9 所示。

近3年，公司主营业务突出，以专用短程通信和动态秤重为主，2019年，专用短程通信业务占比超九成。

表9 2017～2019年万集科技主营业务收入分布情况

单位：万元，%

项目	2019年		2018年		2017年	
	金额	比例	金额	比例	金额	比例
专用短程通信	301765.94	90.05	30138.92	43.54	22117.56	35.19
动态称重	28455.31	8.49	33848.67	48.90	34663.63	55.15
激光检测系列	2615.82	0.78	2937.89	4.24	6043.05	9.61
系统集成	1945.64	0.58	1957.25	2.82	—	—
其他业务	338.05	0.10	343.41	0.50	32.45	0.05
合计	335120.76	100.00	69226.14	100.00	62856.69	100.00

资料来源：Wind，中关村上市公司协会整理。

（四）股票行情

公司自上市以来股价走势见图3。

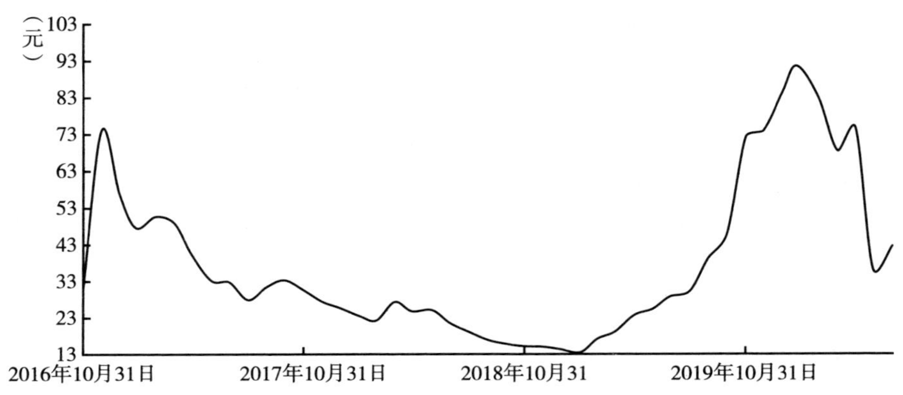

图3 万集科技上市以来至2020年6月底股价走势

资料来源：Wind，中关村上市公司协会整理。

四　北京君正（300223. SZ）

（一）公司基本信息

北京君正集成电路股份有限公司（简称“北京君正”）成立于2005年，2011年于深圳证券交易所创业板上市发行（股票代码：300223. SZ）。截至2020年6月30日，北京君正市值为455. 03亿元。

公司是一家集成电路设计企业，拥有全球领先的32位嵌入式CPU技术和低功耗技术。公司主营业务为微处理器芯片、智能视频芯片等ASIC芯片产品及整体解决方案的研发和销售。成立以来在嵌入式CPU、视频编解码、影像信号处理、神经网络处理器、AI算法等领域持续投入，形成自主创新的核心技术。

公司客户集中度较高，2019年公司前五大客户产生的销售收入占当年营业收入的比重分别为29. 82%、14. 75%、6. 17%、2. 92%、2. 84%，合计56. 50%。公司未披露2019年前五大客户名单。

（二）核心竞争力分析

1. 技术优势

公司拥有很强的研发基因，在核心技术领域一直坚持自主创新的研发策略。经过十几年的持续投入，公司在嵌入式CPU、视频编解码、影像信号处理、神经网络处理器、AI算法等领域逐步形成了自主关键技术。

2. 产品优势

公司坚持在核心技术上自主研发的策略，研发出的产品具有自主可控、不依赖，性价比高，高性能、低功耗特质及可持续发展性等优势特征。

3. 团队及人才优势

公司持续加大内部培养和外部引进人才的力度，加强员工岗前培训和团队建设培训，建立了科学化、规范化、系统化的人力资源培训体系。同时，公司积极培养复合型人才，形成合理的人才梯队，培养了一批具有领军精神的人才，带领团队勇于钻研、敢于创新、吃苦耐劳，为公司进一步的发展提供了有效的支持。

（三）财务分析

1. 基本财务数据

近3年，公司资产、营收和净利均实现稳步增长。2019年，公司不断加强技术与产品的研发，加大市场推广力度，提高经营管理水平，公司总体销售收入持续增长，净利润较去年同期显著增长（见表10）。

表10　2017～2019年北京君正基本财务数据情况

单位：万元

项目	2019年	2018年	2017年
总资产	130946.86	119798.02	115676.00
归属母公司的股东权益	123536.38	114192.69	112482.76
营业收入	33935.12	25967.01	18446.70
净利润	5865.97	1351.54	650.11
经营活动现金流量净额	1518.59	3637.07	-3069.40

资料来源：Wind，中关村上市公司协会整理。

2. 主要财务指标

近3年，公司毛利率保持在较好水平，资产负债率较低，流动比率和速动比率较高，资产变现能力较强（见表11）。

表11　2017～2019年北京君正主要财务指标情况

项目	2019年	2018年	2017年
销售毛利率(%)	39.78	39.86	37.01
销售净利率(%)	17.29	5.20	3.52
资产负债率(%)	5.66	4.68	2.76
流动比率	18.99	39.45	49.63
速动比率	16.76	36.00	43.51
应收账款周转率(次)	14.87	14.60	12.72

资料来源：Wind，中关村上市公司协会整理。

3. 收入结构

公司近3年主营业务收入按项目分类情况如表12所示。

表12 2017～2019年北京君正主营业务收入分布情况

单位：万元，%

项目	2019年		2018年		2017年	
	金额	比例	金额	比例	金额	比例
智能视频芯片	17854.25	52.61	9948.55	38.31	8122.33	44.03
微处理器芯片	14680.70	43.26	14482.46	55.77	9026.84	48.93
其他业务	1021.62	3.02	1066.32	4.11	1028.98	5.58
技术服务	285.55	0.84	115.22	0.44	104.80	0.57
其他	92.99	0.27	354.47	1.37	163.75	0.89
合计	33935.11	100.00	25967.02	100.00	18446.70	100.00

资料来源：Wind，中关村上市公司协会整理。

近3年，公司主营业务突出，以智能视频芯片和微视频处理芯片为主，2019年，智能视频芯片业务收入超过微视频处理芯片。

（四）股票行情

公司自上市以来股价走势见图4。

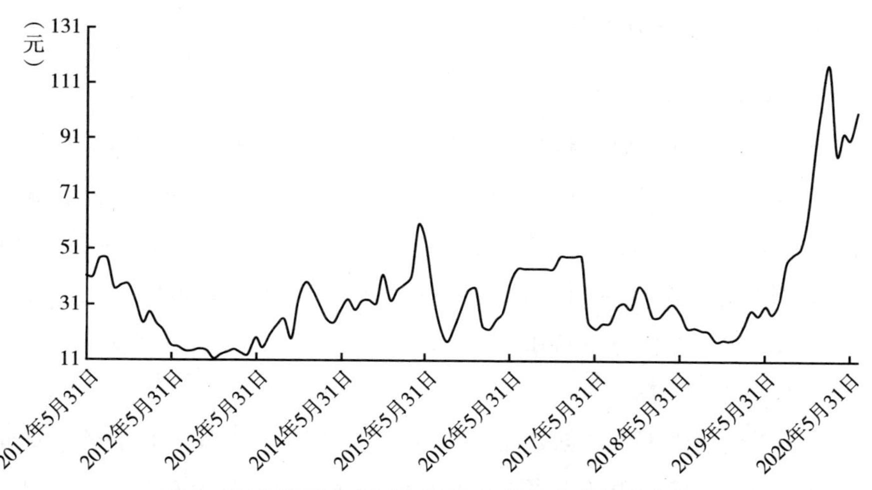

图4 北京君正上市以来至2020年6月底股价走势

资料来源：Wind，中关村上市公司协会整理。

五　安博通（688168. SH）

（一）公司基本信息

北京安博通科技股份有限公司（简称“安博通”）成立于2007年，2019年于上海证券交易所科创板上市发行（股票代码：688168. SH）。截至2020年6月30日，安博通市值为49. 91亿元。

公司是国内领先的网络安全系统平台与安全服务提供商，主营业务为网络安全核心软件产品的研究、开发、销售以及相关技术服务。公司依托于自主开发的应用层可视化网络安全原创技术，围绕核心ABT SPOS网络安全系统平台，为业界众多网络安全产品提供操作系统、业务组件、分析引擎、关键算法、特征库升级等软件支撑及相关的技术服务。

公司客户集中度较高，2019年公司前五大客户产生的销售收入占当年营业收入的比重分别为14. 02%、7. 78%、6. 87%、6. 71%、5. 41%，合计40. 79%。公司未披露2019年前五大客户名单。

（二）核心竞争力分析

1. 领先的技术研发优势

经过多年的技术研发和业务经验的积累，公司形成一支拥有丰富经验的安全核心技术专业团队，具有较强的团队研发和技术攻坚能力，能够满足客户的场景需求，提供专业化的产品和服务。公司已申请发明专利共179项，其中17项已取得发明专利证书，拥有计算机软件著作权80项，已形成了具有自主知识产权的核心技术和知识产权体系。

2. 优质的客户基础

公司凭借领先理念、创新能力及技术服务能力，紧贴客户业务场景提供高质量产品和专业化服务，赢得了客户的信赖。经过多年发展，公司积累了一大批行业内知名客户。

3. 快速的上游技术响应和服务

公司设置专业的售前售后技术服务部门，团队深入客户业务场景了解和传递需求，为用户提供技术指导和支撑，产品和研发部门快速响应需求，使得产品快速迭代创新，支撑客户快速多变的业务发展。

（三）财务分析

1. 基本财务数据

近 3 年，公司营收和净利均实现稳步增长，经营活动现金流量净额均为正且整体增长。2019 年公司总资产大幅增加主要系公司首次公开发行股票募集资金所致（见表 13）。

表 13　2017～2019 年安博通基本财务数据情况

单位：万元

项目	2019 年	2018 年	2017 年
总资产	106499.73	31163.37	24736.62
归属母公司的股东权益	99966.59	25541.81	20394.88
营业收入	24873.18	19534.65	15075.63
净利润	7306.87	5964.39	3536.88
经营活动现金流量净额	2294.01	1803.20	1934.21

资料来源：Wind，中关村上市公司协会整理。

2. 主要财务指标

近 3 年，公司毛利率保持在较高水平，资产负债率较低，流动比率和速动比率较高，资产变现能力和短期偿债能力较强。（见表 14）

表 14　2017～2019 年安博通主要财务指标情况

项目	2019 年	2018 年	2017 年
销售毛利率(%)	65.62	65.88	66.15
销售净利率(%)	29.38	30.53	23.46
资产负债率(%)	6.04	17.48	16.08
流动比率	15.98	5.05	5.78
速动比率	15.63	4.78	5.47
应收账款周转率(次)	1.45	1.69	1.87

资料来源：Wind，中关村上市公司协会整理。

3. 收入结构

公司近 3 年主营业务收入按项目分类情况如表 15 所示。

表 15　2017～2019 年安博通主营业务收入分布情况

单位：万元，%

项目	2019 年		2018 年		2017 年	
	金额	比例	金额	比例	金额	比例
嵌入式安全网关	13586.36	54.62	11194.58	57.31	8872.31	58.85
虚拟化安全网关	5009.10	20.14	4973.60	25.46	3233.64	21.45
安全管理	4670.02	18.78	2519.41	12.90	2631.45	17.45
硬件销售	820.35	3.30	—	—	—	—
网络安全服务	772.59	3.11	847.05	4.34	338.23	2.24
其他业务	14.76	0.06	—	—	—	—
合计	24873.18	100.01	19534.64	100.01	15075.63	99.99

资料来源：Wind，中关村上市公司协会整理。

近 3 年，公司业务结构稳定，以嵌入式安全网关、虚拟化安全网关、安全管理业务为主。

（四）股票行情

公司自上市以来股价走势见图 5。

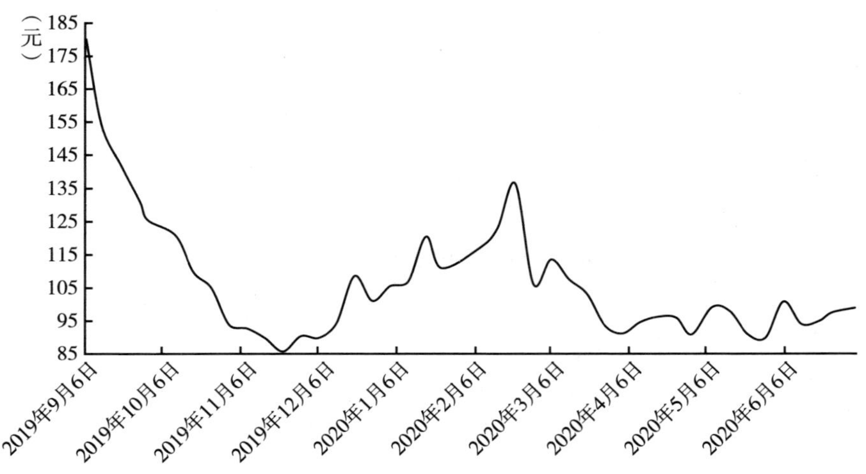

图 5　安博通上市以来至 2020 年 6 月底股价走势

资料来源：Wind，中关村上市公司协会整理。

六　国联股份（603613. SH）

（一）公司基本信息

北京国联视讯信息技术股份有限公司（简称“国联股份”）成立于2002年，2019年于上海证券交易所主板上市发行（股票代码：603613. SH）。截至2020年6月30日，国联股份市值为191. 93亿元。

公司定位于B2B电商和产业互联网平台，以工业电子商务为基础，以互联网大数据为支撑，为相关行业客户提供工业品和原材料的网上商品交易、商业信息服务和互联网技术服务。公司主要业务板块：B2B信息服务平台－国联资源网；B2B垂直电商平台－涂多多、卫多多、玻多多等多多平台；产业科技服务－行业软件、物联网、云计算、大数据、金融科技。

公司客户集中度较低，2019年公司前五大客户产生的销售收入占当年营业收入的比重合计为26. 13%。公司未披露2019年前五大客户名单。

（二）核心竞争力分析

1. 价值交互协同优势

公司各个主营业务板块相互之间具有良好的价值交互协同优势。国联资源网作为公司基础业务已经成为公司核心业务——多多电商的发展基础和孵化器，为多多电商提供行业、资源、团队等核心支撑和客户转化的会员基础。国联云技术板块通过技术和数据的沉淀积累，积极向外部输出更多数字化工具和应用。公司主营业务板块之间可以有效实现相互推广引流、客户资源转化、技术能力共享等高效协同。

2. 线上线下协同优势

公司针对各细分行业特点，有效结合线下各类供需对接和技术活动，为促进企业合作和整合资源提供直接高效的优质服务，同时各多多平台通过精准举办集合采购沙龙，可以高效积累种子用户，积极促进线上交易的拓展。

3. 管理团队优势

公司的管理团队结构合理稳定，在公司十余年发展期间未发生过重大变更，主要管理人员在行业内均有10年以上的从业经历，多年以来在技术、管理、销售等方面均积累了大量经验，能够准确把握行业的变化趋势。自公司成立以来，管理团队不断根据技术发展和市场变化逐步转型，形成了公司现在特有的商业模式，也推动了公司业绩的逐步增长。

4. 独特组织架构优势

公司的前中后台组织架构具有较好的竞争优势。公司各业务板块、行业团队既能保持高度的专业性和良好的自主创造性，又与公司整体密不可分，高效稳定。

5. 技术优势

公司拥有一定规模的成熟技术团队，和多所大专院校建立合作关系，建设自己的后备技术人才培养基地。公司已自主研发出具备国内领先水平的多项应用技术产品和数百项软件著作权，不断提高平台服务的便捷性、安全性和稳定性。

6. 客户资源优势

公司国联资源网已成为在行业内专业数据、客户数量、访问量、注册收费会员量、线上线下服务能力等方面具有较强影响力的信息服务平台；涂多多、卫多多、玻多多也迅速成长为垂直行业领先的电商平台。

7. 多多电商的竞争优势

多多电商已形成高凝聚力的市场份额，形成强大的先发优势。公司具备深度结合行业特点的技术积累和平台系统研发能力，为客户提供的云ERP、电子合同、在线支付、智慧物流、智慧工厂等平台数字化服务，形成了显著的技术优势。

（三）财务分析

1. 基本财务数据

近 3 年，公司营收和净利均实现稳步大幅增长，经营活动现金流量净额 2018 年由负转正并保持良好增长。2019 年公司总资产、净资产大幅增加主要系公司首次公开发行股票募集资金所致（见表 16）。

表 16　2017～2019 年国联股份基本财务数据情况

单位：万元

项目	2019 年	2018 年	2017 年
总资产	222861.55	84025.83	62145.65
归属母公司的股东权益	107946.76	43679.88	34293.74
营业收入	719768.01	367360.48	199977.35
净利润	18660.57	10798.27	6217.92
经营活动现金流量净额	37972.28	7730.47	-8794.88

资料来源：Wind，中关村上市公司协会整理。

2. 主要财务指标

近 3 年，公司流动比率和速动比率保持在良好水平，资金运用能力及短期偿债能力良好（见表 17）。

表 17　2017～2019 年国联股份主要财务指标情况

项目	2019 年	2018 年	2017 年
销售毛利率（%）	6.30	8.30	9.97
销售净利率（%）	2.59	2.94	3.11
资产负债率（%）	49.04	44.82	42.77
流动比率	2.00	2.14	2.22
速动比率	1.99	2.07	2.14
应收账款周转率（次）	115.84	95.23	79.20

资料来源：Wind，中关村上市公司协会整理。

3. 收入结构

公司近 3 年主营业务收入按项目分类情况如表 18 所示。

表 18　2017～2019 年国联股份主营业务收入分布情况

单位：万元，%

项目	2019 年		2018 年		2017 年	
	金额	比例	金额	比例	金额	比例
网上商品交易业务	705864.45	98.07	349951.78	95.26	184286.40	92.15
商业信息服务	10027.44	1.39	2944.51	0.80	3065.32	1.53
互联网应用服务	3876.12	0.54	—	—	—	—
营销通会员	—	—	4587.68	1.25	5103.53	2.55
电子商务进农村项目	—	—	3103.97	0.84	1851.71	0.93
其他	—	—	6772.54	1.85	5670.39	2.84
合计	719768.01	100.00	367360.48	100.00	199977.35	100.00

资料来源：Wind，中关村上市公司协会整理。

近 3 年，公司业务结构稳定，以涂多多、卫多多、玻多多等网上商品交易业务为主，业务占比均在九成以上。

（四）股票行情

公司自上市以来股价走势见图 6。

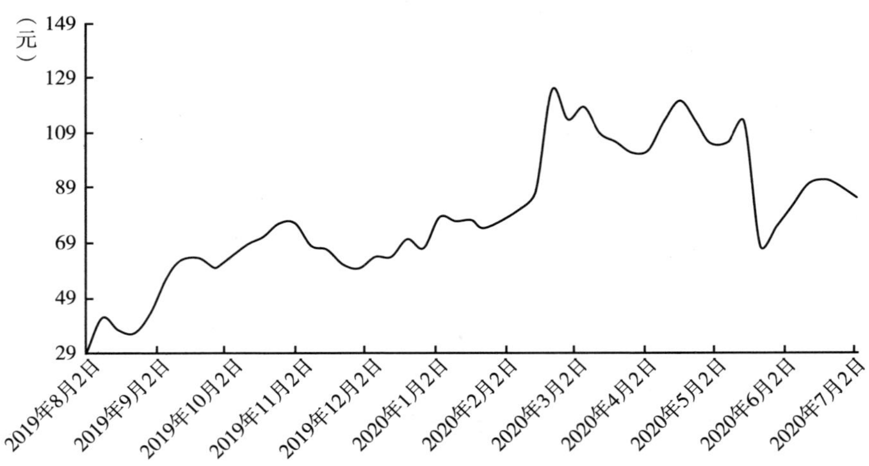

图 6　国联股份上市以来至 2020 年 6 月底股价走势

资料来源：Wind，中关村上市公司协会整理。

七　数知科技（300038. SZ）

（一）公司基本信息

北京数知科技股份有限公司（简称“数知科技”）成立于2004年，2010年于深圳证券交易所创业板上市发行（股票代码：300038. SZ）。截至2020年6月30日，数知科技市值为95.62亿元。

公司是一家提供通信塔产品整体解决方案的高新技术企业。公司主要业务为信息基础设施投资与运营（通信相关业务）、通信网络基础设施产品及运维服务、通信基础设施投资运营、网络优化系统集成及设备销售、各类通信塔研发设计、生产制造、安装维护等基本业务。

公司客户集中度较高，2019年公司前五大客户产生的销售收入占当年营业收入的比重分别为41.82%、9.45%、8.89%、2.87%、2.41%，合计65.44%。公司未披露2019年前五大客户名单。

（二）核心竞争力分析

1. 团队优势

2017年公司成立大数据研究院，作为公司大数据布局的研发中心，负责技术和知识产权的积累，同时主要面向政府、高校及企业提供专业服务，并作为人工智能领域的高层次人员培育基地；2019年公司新引进的信用、环保和应急团队，具有多年的政府、行业及项目资源，为公司新业务的开展提供了重要支撑。

2. 技术优势

公司建立了世界级数据挖掘和机器学习技术水平，在国内首推了三管通信塔，并参与了多项行业标准的制定工作；开发了城市级和场景化智慧灯杆综合管控服务平台。同时，公司BBHI在其“超级标签”“机器学习”“实时竞价”等方面拥有较强技术优势，可通过精准投放有效提高媒体主千次展示收入（RPM）及广告主点击通过率（CTR），使广告主投放效果及媒体主收入均远高于行业水平。

3. 市场优势

公司面向政府、高校及企业提供专业服务，目前已与北京、海南、广西、天津等多地形成了良好的合作关系。公司与国内外行业领先的主设备供应商进行长期、稳定的战略合作。同时，BBHI 在全球范围内吸引了超过 20000 多家媒体资源来与其合作。

（三）财务分析

1. 基本财务数据

近 3 年，公司资产、营收整体实现良好增长。2019 年公司经营活动现金流量净额下降明显，主要原因是根据业务战略定位和调整，加大了业务发展；同时在业务发展过程中，为了抢占市场，提前储备了一些媒体资源和数据流量（见表 19）。

表 19　2017～2019 年数知科技基本财务数据情况

单位：万元

项目	2019 年	2018 年	2017 年
总资产	1467262. 13	1343359. 92	1203909. 30
归属母公司的股东权益	1096854. 34	1051529. 93	988685. 24
营业收入	572146. 52	545408. 86	275132. 79
净利润	57541. 45	63890. 55	49552. 18
经营活动现金流量净额	－11182. 23	9968. 72	28955. 67

资料来源：Wind，中关村上市公司协会整理。

2. 主要财务指标

近 3 年，公司流动比率和速动比率保持在良好水平，资金运用能力及短期偿债能力良好。但应收账款周转率偏低，账款回收较为困难（见表 20）。

表 20　2017～2019 年数知科技主要财务指标情况

项目	2019 年	2018 年	2017 年
销售毛利率(%)	23.99	24.96	29.03
销售净利率(%)	10.06	11.71	18.01
资产负债率(%)	24.56	20.98	17.33
流动比率	2.21	2.37	2.69
速动比率	2.18	2.19	2.34
应收账款周转率(次)	2.31	3.42	2.58

资料来源：Wind，中关村上市公司协会整理。

3. 收入结构

公司近 3 年主营业务收入按项目分类情况如表 21 所示。

表 21　2017～2019 年数知科技主营业务收入分布情况

单位：万元，%

项目	2019 年		2018 年		2017 年	
	金额	比例	金额	比例	金额	比例
媒体端智能营销平台	365117.59	63.81	360462.44	66.09	172382.40	62.66
数据智能应用与服务	136546.25	23.87	102480.53	18.79	1075.52	0.39
通信产品	70482.69	12.32	82465.89	15.12	80294.74	29.18
需求端智能营销平台	—	—	—	—	21380.14	7.77
合计	572146.53	100.01	545408.86	100.00	275132.80	99.99

资料来源：Wind，中关村上市公司协会整理。

近 3 年，公司业务结构相对稳定，以媒体端智能营销平台为主，业务占比均在六成以上。

（四）股票行情

公司自上市以来股价走势见图 7。

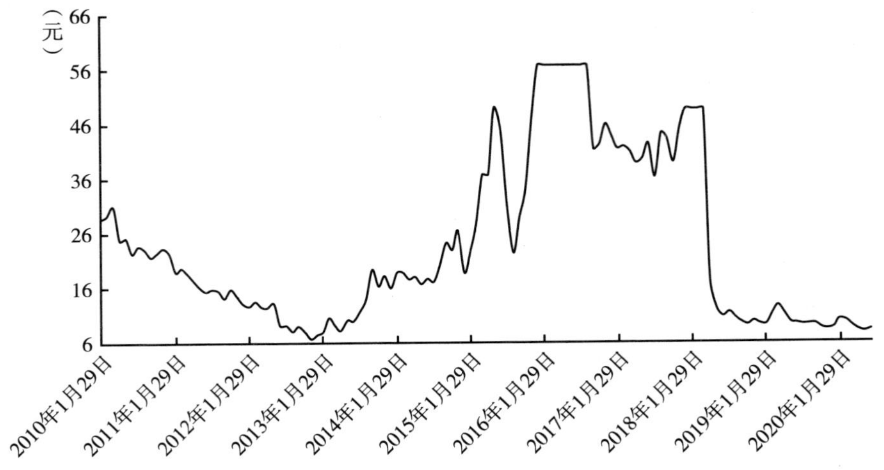

图 7　数知科技上市以来至 2020 年 6 月底股价走势

资料来源：Wind，中关村上市公司协会整理。

八　左江科技（300799. SZ）

（一）公司基本信息

北京左江科技股份有限公司（简称“左江科技”）成立于 2007 年，2019 年于深圳证券交易所创业板上市发行（股票代码：300799. SZ）。截至 2020 年 6 月 30 日，左江科技市值为 59. 28 亿元。

公司致力于国家网络信息安全领域核心技术的研发与应用，主要从事网络信息安全应用相关的硬件平台、板卡的设计、开发、生产与销售。公司在持续提升自身满足客户需求能力的同时，积累了大量国家网络信息安全相关领域系统和设备的研制经验，实现了技术的持续创新和业务领域的不断拓展，建立并巩固了公司在细分行业内的领先地位。

公司客户集中度非常高，2019 年公司前五大客户产生的销售收入占当年营业收入的比重合计 99. 57%。公司未披露 2019 年前五大客户名单。

（二）核心竞争力分析

1. 人才优势

公司是一家以资深行业领军人物为核心、业界顶尖人才为基础创办的高新技术企业。通过多年来在行业内稳步发展，公司培养了一支具有竞争力的核心团队。团队核心技术人员均在信息安全、数据通信等领域内拥有丰富的从业经验。核心团队对于网络信息安全行业的深刻理解助力公司实现长期的价值。

2. 研发与技术优势

公司具有十余年的信息安全设备研制的从业经验，特别在国家网络信息安全设备研制领域的细分领域一直走在行业的前端，具有深厚的技术积淀。截至2019年底，公司已获授权专利4项，外观专利4项，正在申请中专利9项。公司建立了体系化的网络信息安全平台研发支撑设计能力，通过硬件化网络安全设计和高水准的仿真验证设计能力，为客户提供系统化的信息安全解决方案。

3. 产品与质量优势

在国家网络信息安全领域，公司研发的产品在技术及质量上始终保持在行业的前端水平。公司长期深耕于国家网络信息安全行业，客户向公司采购的产品主要为专用定制产品。在产品技术方面，公司对于客户复杂多样的使用需求和严苛的使用环境理解较为系统和全面。

4. 资质优势

由于对安全性、稳定性有非常高的要求，国家网络信息安全产品的科研生产活动需要通过一系列复杂且严格的质量体系认证，并在涉及国家网络信息安全产品业务时实行资格审查与许可管理制度。公司是国家网络信息安全装备的供应商与研制单位，具备生产经营所必需的全部资质。

（三）财务分析

1. 基本财务数据

近3年，公司总资产、归属母公司的股东权益、营业收入和净利润均稳步增长，整体发展态势良好。2019年营业收入及净利润的上升主要是因为随着国家网络信息安全建设力度加大以及国家信息安全产业的快速发展，公司销售规模随之增长。另外，2019 年经营活动现金流量净额为负值主要是因为客户付款流程变长，及公司销售规模、人员规模的增长，公司所支付的采购款及员工薪酬增加所致（见表 22）。

表 22　2017～2019 年左江科技基本财务数据情况

单位：万元

项目	2019 年	2018 年	2017 年
总资产	72632.52	27898.13	21003.72
归属母公司的股东权益	62352.75	21566.65	15118.36
营业收入	21876.50	13424.33	12565.60
净利润	8870.83	6448.29	4837.47
经营活动现金流量净额	-10461.37	3413.46	626.02

资料来源：Wind，中关村上市公司协会整理。

2. 主要财务指标

近 3 年，公司销售毛利率、流动比率及速动比率都在上升，资产负债率逐步下降，整体财务结构趋好（见表 23）。

表 23　2017～2019 年左江科技主要财务指标情况

项目	2019 年	2018 年	2017 年
销售毛利率(%)	81.62	73.07	64.45
销售净利率(%)	40.55	48.03	38.50
资产负债率(%)	14.15	22.70	28.02
流动比率	6.60	3.88	3.14
速动比率	6.27	3.34	2.77
应收账款周转率(次)	1.05	1.24	2.07

资料来源：Wind，中关村上市公司协会整理。

3. 收入结构

公司近 3 年主营业务收入按项目分类情况如表 24 所示。

近 3 年，公司主营业务收入逐年增加，其主营业务结构发生重大变化，其数据统计口径发生较大调整。

表 24　2017～2019 年左江科技主营业务收入分布情况

单位：万元，%

项目	2019 年		2018 年		2017 年	
	金额	比例	金额	比例	金额	比例
信息安全产品	21765.23	99.49	—	—	—	—
安全异构双主机平台整机及部件	—	—	9388.22	69.93	7043.30	56.05
单板卡安全产品	—	—	2118.19	15.78	1667.28	13.27
安全同构双主机平台整机及部件	—	—	1589.76	11.84	1681.28	13.38
单板卡安全平台技术方案	—	—	133.70	1.00	1249.67	9.95
改进型安全异构双主机技术方案	—	—	112.22	0.84	611.84	4.87
专用芯片技术方案	—	—	—	—	236.42	1.88
其他业务	111.28	0.51	82.24	0.61	75.81	0.60
合计	21876.51	100.00	13424.33	100.00	12565.60	100.00

资料来源：Wind，中关村上市公司协会整理。

（四）股票行情

公司自上市以来股价走势见图 8。

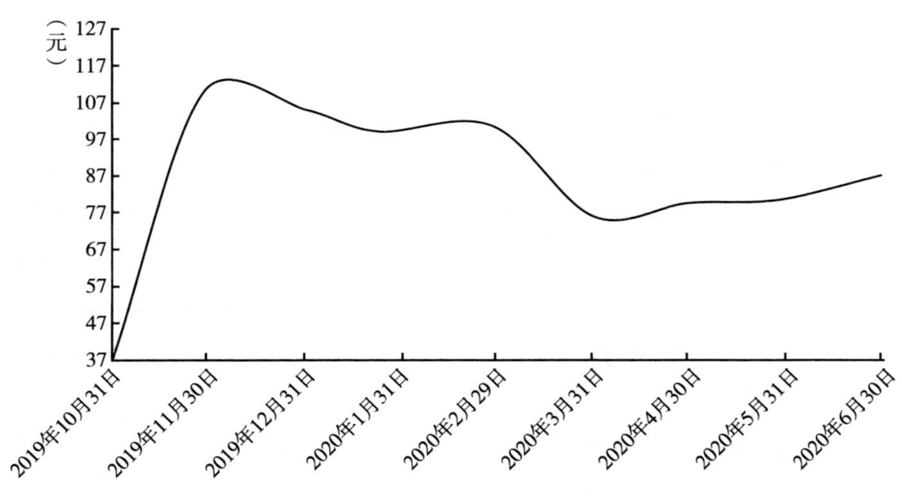

图 8　左江科技上市以来至 2020 年 6 月底股价走势

资料来源：Wind，中关村上市公司协会整理。

九　恒实科技（300513. SZ）

（一）公司基本信息

北京恒泰实达科技股份有限公司（简称“恒实科技”）成立于2000年，2016年于深圳证券交易所创业板上市发行（股票代码：300513. SZ）。截至2020年6月30日，恒实科技市值为40. 18亿元。

公司是国内领先的智能大数据综合解决方案提供商和运营商，为国家机关及能源、交通、金融、电信等行业的信息化和智能化建设贡献力量。公司在数据采集领域，拥有综合监控解决方案和软件产品；在数据传输领域，拥有通信规划设计能力和宽带电力线载波芯片系列产品；在数据存储、管理和处理领域，拥有智能控制中心解决方案和综合数据平台、实时数据库平台等产品。

公司客户集中度较高，2019年公司前五大客户产生的销售收入占当年营业收入的比重分别为18. 70%、6. 63%、2. 54%、2. 18%、2. 08%，合计32. 13%。

（二）核心竞争力分析

1. 全国领先的通信规划设计能力

公司在5G规划设计方面技术领先、设计资质卓越、客户资源及市场优势明显。公司曾完成各类工程设计项目万余项、工程可行性研究和网络规划咨询项目近千项。公司参与制定国家标准2项、行业标准10项；获得国家级、部级奖项73项；获得发明专利7项，实用新型专利26项；拥有软件著作权95项。

2. 深厚的物联网大数据产品技术储备

公司通过近20年在电力行业的深耕细作，逐步积累形成了以丰富的互联协议积累和应用模型积累的物联网大数据分析基础平台（H－iLINK）。该平台纵向打通从数据采集、数据传输、数据存储及治理、数据分析及展现的大数据所有环节，由于采用灵活的微服务架构，可以高效、便捷的生成各类物联网大数据应用。

3. 良好的客户口碑与品牌信誉

报告期内恒实科技重构了客户至上、奋斗为本、创新为先、责任筑基的企业核心价值观，并通过领先的行业应用结合能力带来客户黏性。公司的核心技术产品通过在用户现场的持续改进和完善已经具备了应对国家工业互联网+战略转型的能力，其服务内涵也覆盖了从前期规划设计、应用技术研发、大型系统集成到运营支持服务的全链条。

（三）财务分析

1. 基本财务数据

2018 年，公司总资产、归属母公司的股东权益、营业收入、净利润及经营活动现金流量净额均较 2017 年大幅增长，是因为公司在 2018 年度完成了对辽宁邮电的收购，该项收购是公司完善产业链布局的重大举措（见表 25）。

表 25　2017～2019 年恒实科技基本财务数据情况

单位：万元

项目	2019 年	2018 年	2017 年
总资产	372038.55	314072.23	88383.34
归属母公司的股东权益	247022.81	226011.21	56971.24
营业收入	140358.87	109092.44	54554.75
净利润	17222.46	12109.04	3560.38
经营活动现金流量净额	6276.89	10056.71	-5531.62

资料来源：Wind，中关村上市公司协会整理。

2. 主要财务指标

近 3 年，公司销售毛利率基本保持稳定，销售净利率逐步上升，流动比率及速动比率也保持在较为合理的水平（见表 26）。

表 26　2017～2019 年恒实科技主要财务指标情况

项目	2019 年	2018 年	2017 年
销售毛利率(%)	30.70	30.99	29.42
销售净利率(%)	12.27	11.10	6.53
资产负债率(%)	31.41	25.76	28.81
流动比率	2.15	2.06	3.28
速动比率	1.72	1.81	2.79
应收账款周转率(次)	1.38	1.69	1.56

资料来源：Wind，中关村上市公司协会整理。

3. 收入结构

公司近 3 年主营业务收入按项目分类情况如表 27 所示。

表 27　2017～2019 年恒实科技主营业务收入分布情况

单位：万元，%

项目	2019 年		2018 年		2017 年	
	金额	比例	金额	比例	金额	比例
系统集成业务	52651.35	37.51	43481.33	39.86	25709.92	47.13
通信网络设计	39512.19	28.15	29849.92	27.36	—	—
商品销售业务	23069.70	16.44	16073.07	14.73	10166.39	18.64
技术服务业务	12706.74	9.05	9385.77	8.60	8212.37	15.05
软件开发	6252.78	4.45	4255.53	3.90	4178.15	7.66
软件产品销售	4546.24	3.24	4661.44	4.27	5740.57	10.52
其他业务	1619.88	1.15	1385.38	1.27	547.35	1.00
合计	140358.88	99.99	109092.44	99.99	54554.75	100.00

资料来源：Wind，中关村上市公司协会整理。

近 3 年，公司主营业务收入逐年增长，主营业务构成未发生明显变化。

（四）股票行情

公司自上市以来股价走势见图 9。

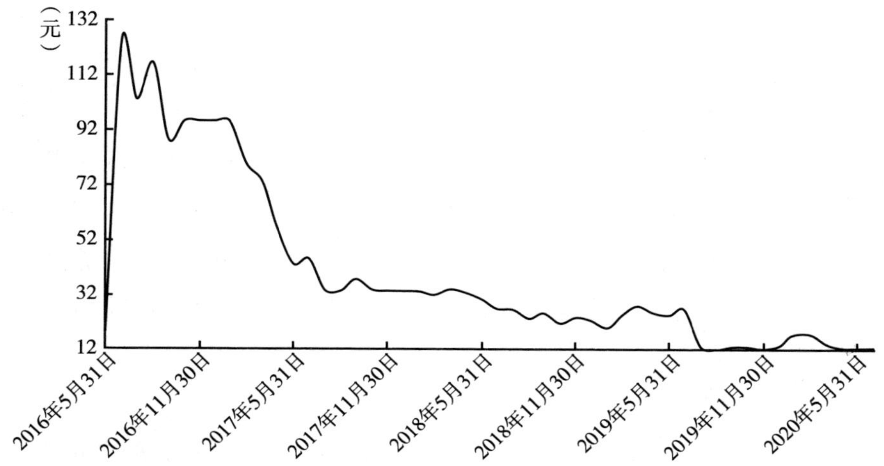

图 9　恒实科技上市以来至 2020 年 6 月底股价走势

资料来源：Wind，中关村上市公司协会整理。

十　值得买（300785. SZ）

（一）公司基本信息

北京值得买科技股份有限公司（简称“值得买”）成立于 2011 年，2019 年于深圳证券交易所创业板上市发行（股票代码：300785. SZ）。截至 2020 年 6 月 30 日，值得买市值为 101. 30 亿元。

公司是一家集导购、媒体、工具、社区属性为一体的消费领域门户型网站服务平台，集导购、媒体、工具、社区属性于一体，主营业务是运营内容类导购平台什么值得买网站及相应的移动客户端，为电商、品牌商等提供信息推广服务，并以此为延伸提供海淘代购平台服务和互联网效果营销平台服务。

公司客户集中度较高，2019 年公司前五大客户产生的销售收入占当年营业收入的比重分别为 27. 02%、21. 72%、11. 41%、4. 36%、3. 96%，合计 68. 47%。公司未披露 2019 年前五大客户名单。

（二）核心竞争力分析

1. 优质内容优势

经过多年的积累，公司的内容体系已经形成了较为良性的循环系统，推动公司内容规模、用户规模、客户规模以及盈利规模不断增长，具备了难以复制的网络效应。相比于复制什么值得买平台内大量的优质内容，形成良性的循环机制以及具有网络效应更加困难，因此这也成为公司较高的行业壁垒。

2. 用户群体优势

自成立以来，公司一直致力于用优质的消费类内容、创新的多元化互动方式和持续改进的产品运营机制为用户提供多品类、一站式的消费决策支持。经过多年的用心经营和积累，公司已经拥有了一批受教育程度高、消费能力强、忠诚度和活跃度很高的用户群体。

3. 技术优势

通过多年的实践和积累，公司已经研发并储备了多项核心技术和自主知识产权。截至 2019 年底，公司拥有 93 项软件著作权、18 项经登记的作品著作权。公司的技术研发保障了网站整体运营、数据处理效率方面的稳定性，并能保障内部信息系统的持续优化与完善，以及用户体验的不断提升。

4. 管理优势

公司核心管理团队拥有丰富的互联网企业运作经验，对于内容和电子商务行业拥有极大的热情与独特的洞察力，在产品开发、内容运营和团队建设等方面具有出色的能力。同时，公司十分重视内容和技术团队的建设，打造了具有深刻用户洞察力和卓越选品能力的内容运营团队。

（三）财务分析

1. 基本财务数据

2019 年，公司总资产同比增长 100.62%，主要原因是 2019 年公司完成首次公开发行股票，募集资金到位。此外，公司加强对应收账款管理力度，经营活动产生的现金流量净额 1.30 亿元，较上年同期增加 143.11%（见表 28）。

表 28　2017～2019 年值得买基本财务数据情况

单位：万元

项目	2019 年	2018 年	2017 年
总资产	103949.51	51813.19	33554.43
归属母公司的股东权益	75086.13	32768.18	25396.26
营业收入	66202.92	50759.38	36700.43
净利润	11902.93	9571.92	8624.14
经营活动现金流量净额	13004.60	5349.32	11204.20

资料来源：Wind，中关村上市公司协会整理。

2. 主要财务指标

近 3 年，公司销售毛利率虽然有所降低但是仍然保持在较高水平；流动比率及速动比率也较高，表明公司短期偿债能力强（见表 29）。

表 29　2017～2019 年值得买主要财务指标情况

项目	2019 年	2018 年	2017 年
销售毛利率(%)	71.57	73.68	84.01
销售净利率(%)	17.98	18.86	23.50
资产负债率(%)	27.77	36.76	24.31
流动比率	4.70	3.19	4.39
速动比率	4.66	3.19	4.36
应收账款周转率(次)	3.90	4.69	4.88

资料来源：Wind，中关村上市公司协会整理。

3. 收入结构

公司近 3 年主营业务收入按项目分类情况如下。

近 3 年，公司主营业务收入逐年上升，公司发展态势较好，另外，2019 年公司主营业务统计口径发生变化（见表 30）。

表 30　2019 年值得买主营业务收入分布情况

单位：万元，%

项目	2019 年		2018 年		2017 年	
	金额	比例	金额	比例	金额	比例
信息推广收入	44876.78	67.79	—	—	—	—
互联网效果营销平台服务	21260.15	32.11	9971.21	19.64	4824.51	13.15
广告展示收入	—	—	30670.79	60.42	22826.36	62.20
佣金收入	—	—	10046.47	19.79	8930.14	24.33
海淘代购平台服务	—	—	69.07	0.14	119.41	0.33
其他收入	65.99	0.10	1.84	0.00	—	—
合计	66202.92	100.00	50759.38	99.99	36700.42	100.01

资料来源：Wind，中关村上市公司协会整理。

（四）股票行情

公司自上市以来股价走势见图 10。

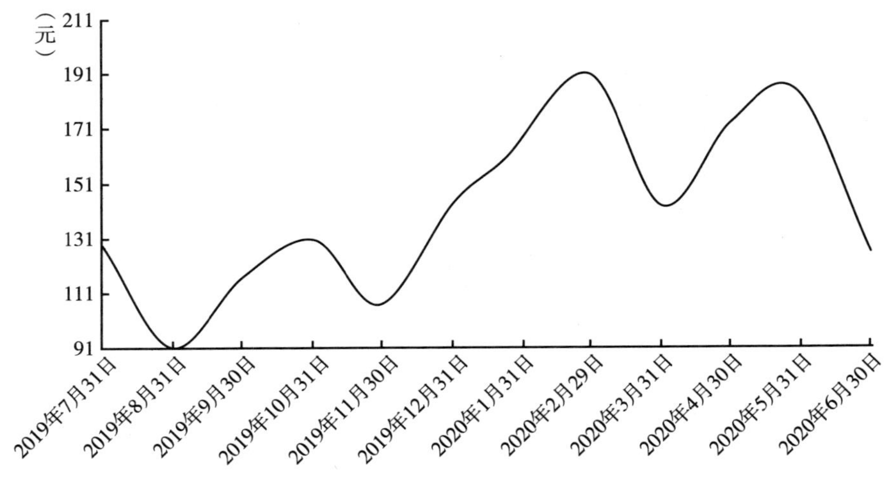

图 10　值得买上市以来至 2020 年 6 月底股价走势

资料来源：Wind，中关村上市公司协会整理。

十一　北方华创（002371. SZ）

（一）公司基本信息

北方华创科技集团股份有限公司（简称“北方华创”）成立于2001年，2010年于深圳证券交易所中小企业板上市发行（股票代码：002371. SZ）。截至2020年6月30日，北方华创市值为846.20亿元。

公司是一家以电子专用设备和电子元器件为主要产品，集研发、生产、销售及服务于一体的大型综合性高科技公司，是中国最大的电子装备生产基地和高端电子元器件制造基地。电子专用设备方面，公司以大规模集成电路制造工艺技术为核心；高精密电子元器件则广泛应用于精密仪器仪表、自动控制等领域。

公司客户集中度较高，2019年公司前五大客户产生的销售收入占当年营业收入的比重分别为11.70%、8.53%、6.27%、3.99%、3.82%，合计34.31%。公司未披露2019年前五大客户名单。

（二）核心竞争力分析

1. 核心技术能力增强，专利授权量高

公司在多年业务发展过程中，积累了大量的电子工艺装备及电子元器件核心技术，形成了以刻蚀技术、精密气体计量及控制技术、晶体生长技术和高可靠电子元器件技术等为主的核心技术体系，有效增强了企业技术创新能力。截至2019年末，公司累计申请专利4288项，其中申请发明专利2834项；累计授权专利2369项，其中授权发明专利1476项。

2. 产品体系丰富且有竞争力

公司已建立起丰富而有竞争力的产品体系，广泛应用于半导体、材料生长及热处理、新能源、航空航天、铁路和船舶等领域。

3. 管理团队经验丰富

目前，公司拥有一支与业务发展相匹配的管理和技术团队，形成了以高端管理人才、高端技术人才和海外专家为核心的多层次、多梯度的人才队伍，在企业发展战略选择、经营管理和技术研发方面具备了更加专业的能力。

（三）财务分析

1. 基本财务数据

近3年，公司总资产、归属母公司的股东权益、营业收入和净利润均稳步增长，公司发展态势良好（见表31）。

表31　2017～2019年北方华创基本财务数据情况

单位：万元

项目	2019年	2018年	2017年
总资产	1373476.28	1000149.07	814539.00
归属母公司的股东权益	585589.56	354770.96	330768.54
营业收入	405831.29	332385.10	222281.85
净利润	36965.35	28284.87	16738.32
经营活动现金流量净额	-94147.33	-2044.76	3162.07

资料来源：Wind，中关村上市公司协会整理。

2. 主要财务指标

近3年，公司销售毛利率及销售净利率、速动比率、应收账款周转率呈平稳上升趋势（见表32）。

表32　2017～2019年北方华创主要财务指标情况

项目	2019年	2018年	2017年
销售毛利率(%)	40.53	38.38	36.59
销售净利率(%)	9.11	8.51	7.53
资产负债率(%)	55.59	62.49	57.27
流动比率	1.77	1.27	1.50
速动比率	1.01	0.59	0.81
应收账款周转率(次)	4.56	4.21	3.11

资料来源：Wind，中关村上市公司协会整理。

3. 收入结构

公司近 3 年主营业务收入按项目分类情况如表 33 所示。

表 33　2017～2019 年北方华创主营业务收入分布情况

单位：万元，%

项目	2019 年		2018 年		2017 年	
	金额	比例	金额	比例	金额	比例
电子工艺装备	319135. 65	78. 64	252122. 67	75. 85	—	—
电子元件	84742. 90	20. 88	78755. 33	23. 69	—	—
半导体设备	—	—	—	—	113384. 92	51. 01
电子元件	—	—	—	—	76289. 59	34. 32
真空设备	—	—	—	—	20083. 92	9. 04
锂电设备					10041. 78	4. 52
其他业务	1952. 74	0. 48	1507. 09	0. 45	2481. 64	1. 12
合计	405831. 29	100. 00	332385. 09	99. 99	222281. 85	100. 01

资料来源：Wind，中关村上市公司协会整理。

近 3 年，公司主营业务收入逐年上升。

（四）股票行情

公司自上市以来股价走势见图 11。

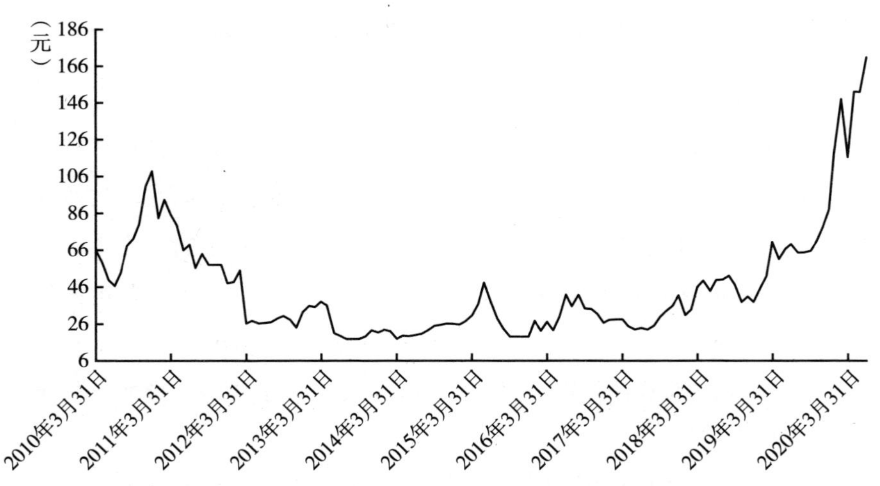

图 11　北方华创上市以来至 2020 年 6 月底股价走势

资料来源：Wind，中关村上市公司协会整理。

十二　康龙化成（300759. SZ）

（一）公司基本信息

康龙化成（北京）新药技术股份有限公司（简称“康龙化成”）成立于2004年，2019年于深圳证券交易所创业板上市发行（股票代码：300759. SZ）。截至2020年6月30日，康龙化成市值为747.74亿元。

公司是一家领先的全流程一体化医药研发服务平台，业务遍及全球，致力于协助客户加速药物创新。公司在药物发现、临床前及早期临床开发服务方面处于领先地位，并一直致力于拓展下游业务，包括临床后期开发及商业化生产等服务。公司不断扩大医药研发服务领域，并掌握主要研发学科的专业知识以覆盖各研发阶段的主要里程碑，协助客户加快推进研发计划。

公司客户集中度不高，2019年公司前五大客户产生的销售收入占当年营业收入的比重分别为5.28%、5.07%、4.21%、4.18%、2.40%，合计21.14%。公司未披露2019年前五大客户名单。

（二）核心竞争力分析（公司业务概要－核心竞争力分析）

1. 领先的全流程一体化医药研发服务平台

公司拥有成熟的小分子创新药物发现阶段的研发服务平台，在此基础上将公司的专业能力扩展到药物开发及生产的各个阶段。公司在药物发现、临床前及早期临床研究方面处于领先地位。在扩大研发服务的过程中，公司从单一的实验室化学服务供应商成功发展为业务立足中国、美国及英国的端到端医药研发服务平台。

2. 利用丰富的全球研发服务经验和服务设施，以最先进的技术提供定制化的解决方案

公司通过位于中国、美国、英国的实验室、临床及生产设施开展全球业务。为跻身科技前沿及保持竞争力，公司致力于通过内部研发、与大学院校

及专业机构合作、与客户协作及收购的方式，进一步提升技术实力，能够向客户提供将技术专长与高效服务相结合的独特方案。

3. 信誉良好、忠诚且不断扩大的客户群，有助于公司可持续增长及加强商业合作

公司的全流程一体化解决方案及对客户需求的深刻理解使公司能根据客户需求为客户提供定制化的医药研发服务，随着现有客户的项目进一步推进，忠诚且持续增长的客户群将使我们能够在药物开发及早期临床阶段拓展新服务。

4. 敬业、稳定且富有远见的管理团队及经验丰富的人才库

公司通过海外引进及内部培养，拥有近百名学科带头人，其中入选国家“千人计划”3 人、北京市“海聚人才”14 人。公司技术精湛、经验丰富、国际化的管理团队成员凭借多元化专长及渊博知识，为公司机构知识库的增长做出了重大贡献。

（三）财务分析

1. 基本财务数据

近 3 年，公司总资产、归属母公司的股东权益、营业收入和净利润及经营活动产生的现金流量净额均稳步上升。2019 年，公司总资产同比增加 114.79%，主要原因是公司在 2019 年在创业板上市成功，收到募集资金所致（见表 34）。

表 34　2017～2019 年康龙化成基本财务数据情况

单位：万元

项目	2019 年	2018 年	2017 年
总资产	993503.83	462547.92	391917.40
归属母公司的股东权益	776706.34	232892.80	199767.36
营业收入	375716.01	290812.30	229411.81
净利润	53067.38	33902.58	22702.38
经营活动现金流量净额	93858.63	73725.84	55221.53

资料来源：Wind，中关村上市公司协会整理。

2. 主要财务指标

近 3 年，公司销售毛利率及应收账款周转率基本保持平稳。因为公司在 2019 年正式登陆创业板，获得募集资金。其流动比率和速动比率上升明显，资产负债率下降明显。

表 35　2017～2019 年底康龙化成主要财务指标情况

项目	2019 年	2018 年	2017 年
销售毛利率(%)	35.52	32.48	32.74
销售净利率(%)	14.12	11.66	9.90
资产负债率(%)	21.11	49.37	48.71
流动比率	4.68	1.02	1.15
速动比率	4.56	0.92	1.05
应收账款周转率(次)	4.97	4.86	4.92

资料来源：Wind，中关村上市公司协会整理。

3. 收入结构

公司近 3 年主营业务收入按项目分类情况如表 36 所示。

表 36　2017～2019 年康龙化成主营业务收入分布情况

单位：万元，%

项目	2019 年		2018 年		2017 年	
	金额	比例	金额	比例	金额	比例
药物发现与研究	237950.92	63.33	189575.45	65.19	—	—
CMC	90157.58	24.00	64582.42	22.21	56289.15	24.54
临床研究服务	45626.46	12.14	34750.44	11.95	22517.39	9.82
其他业务	1981.05	0.53	1903.99	0.65	1617.68	0.71
实验室化学	—	—	—	—	105440.35	45.96
生物科学	—	—	—	—	34073.03	14.85
药物安全评价	—	—	—	—	9474.21	4.13
合计	375716.01	100.00	290812.30	100.00	229411.81	100.01

资料来源：Wind，中关村上市公司协会整理。

近 3 年，公司主营业务收入逐年上升，公司发展态势良好。

（四）股票行情

公司自上市以来股价走势见图12。

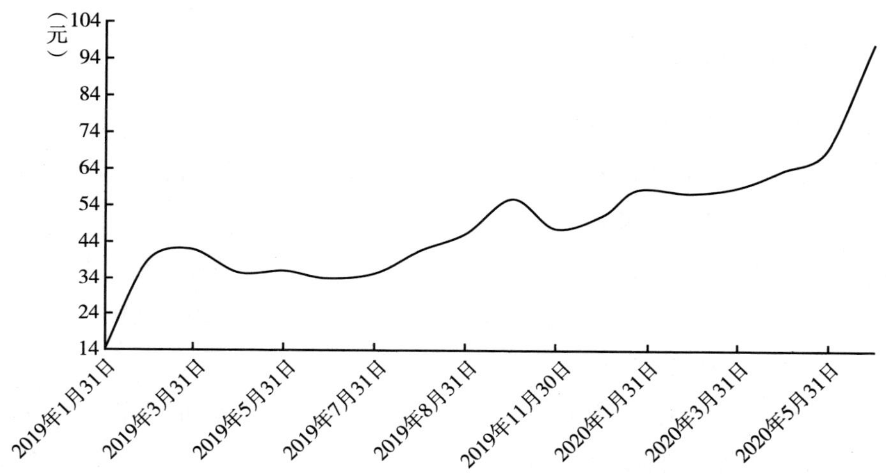

图12　康龙化成上市以来至2020年6月底股价走势

资料来源：Wind，中关村上市公司协会整理。

十三　千方科技（002373. SZ）

（一）公司基本信息

北京千方科技股份有限公司（简称“千方科技”）成立于2002年，2010年于深圳证券交易所创业板上市发行（股票代码：002373. SZ）。截至2020年6月30日，千方科技市值为357. 60亿元。

公司致力于构建车路人云自主协同一体化的下一代智慧交通、视频监控产业生态，引领智慧城市产业全面繁荣。公司业务覆盖智能基础设施、智慧路网、智慧航港、汽车电子、智慧城市·交通脑等行业前沿领域，形成从产品到解决方案、从硬件基础设施到软件智慧中枢的完整产业链条，是智慧交通、智慧安防行业的领先者。

公司客户集中度不高，2019 年公司前五大客户产生的销售收入占当年营业收入的比重分别为 6.50%、5.49%、4.79%、3.68%、3.28%，合计 23.74%。公司未披露 2019 年前五大客户名单。

（二）核心竞争力分析

1. 股东结构进一步优化，协同优势显著

公司通过引入阿里成为战略股东，股东结构得到进一步优化，双方的协同合作将通过资本纽带持续深化。阿里将在技术、解决方案、市场资源及品牌等多个层面更好的赋能千方，双方的合作也将形成覆盖云、边、端的完整体系，共同打造国内领先的综合解决方案，并通过双方优势市场资源的整合实现全国范围内的落地推广。

2. 客户资源及生态资源丰富，价值场景落地优势显著

公司致力于智慧交通和智能物联行业发展多年，产业链布局完善，产品及解决方案的成效得到业内广泛认可，形成了较好的优质客户基础，客户黏性较高。同时，公司持续推进外部战略合作，与阿里、中信兴业、吉林高速、黑龙江交投等业内领先企业达成合作，技术、市场、数据等行业生态资源持续丰富。

3. 构建持续技术创新的研发体系，技术领先优势持续强化

公司一贯重视技术创新对企业发展的重要意义，持续加大研发投入力度，关键技术能力取得持续突破，专利、重大专项课题等研发成果显著。截至 2019 年 12 月 31 日，公司累计获得国家及省级科技类（未包含品牌荣誉类）奖项 18 项，承担了国家省部级重大专项 55 项，累计申请专利 2478 项，其中发明专利 1941 项，拥有软件著作权 986 项。

4. 营销服务网络覆盖广泛，供应链布局持续优化

公司供应链布局持续优化，供应链管理体系日益成熟，产品质量保障体系不断完善，桐乡智能制造基地的打造进一步强化市场需求快速响应能力，生产制造能力显著提升。

5. 核心人才优势显著

公司深入落实人才为本的发展理念，不断优化人才体系建设，加快高端技术人才引进，强化核心人才培养机制，为精兵强将的核心人才开辟更加宽

广的发展空间，不断完善多层次的绩效考核和薪酬分配体系，推动限制性股票激励、创新子公司股权等多样化激励体制建设，保障核心人才稳定性和积极性，为企业未来长期发展提供有力的人才保障。

（三）财务分析

1. 基本财务数据

近3年，公司总资产、归属母公司的股东权益、营业收入、净利润和经营活动现金流量净额均有所增长，且2018年增幅较大，主要是因为公司当年完成了对智能安防领先企业宇视科技的并购（见表37）。

表37　2017～2019年千方科技基本财务数据情况

单位：万元

项目	2019年	2018年	2017年
总资产	1622041.29	1360133.79	654318.90
归属母公司的股东权益	900466.56	794663.07	345349.19
营业收入	872218.98	725129.53	250426.08
净利润	107281.21	88948.94	44531.79
经营活动现金流量净额	93720.72	19148.14	20167.43

资料来源：Wind，中关村上市公司协会整理。

2. 主要财务指标

近3年，公司流动比率及速动比率虽有所下降，但整体来看也相对合理（见表38）。

表38　2017～2019年千方科技主要财务指标情况

项目	2019年	2018年	2017年
销售毛利率(%)	30.99	32.87	28.17
销售净利率(%)	12.30	12.27	17.78
资产负债率(%)	42.57	37.51	41.35
流动比率	1.53	1.72	2.03
速动比率	1.11	1.27	1.59
应收账款周转率(次)	3.00	4.04	2.52

资料来源：Wind，中关村上市公司协会整理。

3. 收入结构

公司近 3 年主营业务收入按项目分类情况如表 39 所示。

表 39　2017～2019 年底千方科技主营业务收入分布情况

单位：万元，%

项目	2019 年		2018 年		2017 年	
	金额	比例	金额	比例	金额	比例
产品销售	588909.91	67.52	459802.14	63.41	47248.48	18.87
系统集成	237918.80	27.28	201999.15	27.86	146595.12	58.54
技术开发及服务	44040.69	5.05	52239.57	7.20	51878.54	20.71
建造合同	1332.70	0.15	11067.28	1.53	4703.96	1.88
其他业务	16.88	0.00	21.38	0.00		
合计	872218.98	100.00	725129.53	100.00	250426.08	100.00

资料来源：Wind，中关村上市公司协会整理。

近 3 年，公司主营业务收入逐渐上升，且 2018 年同比增长 189.56%，主要系公司完成对智能安防领先企业宇视科技的并购所致。

（四）股票行情

公司自上市以来股价走势见图 13。

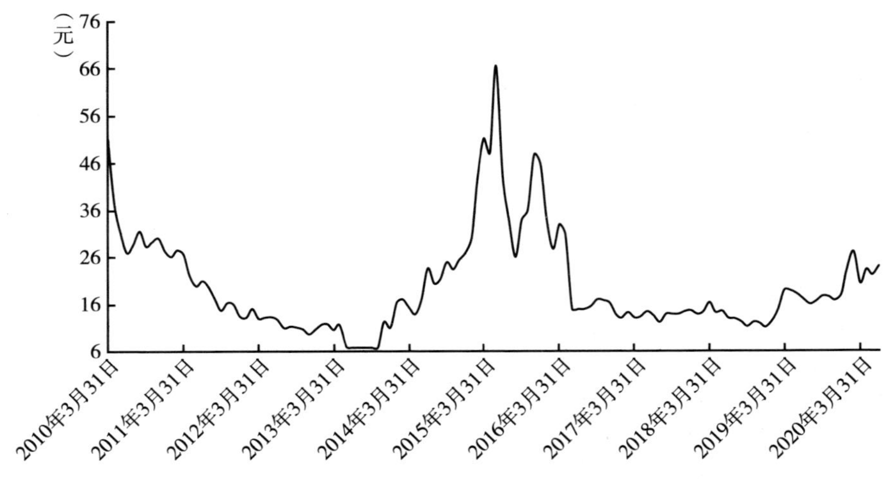

图 13　千方科技上市以来至 2020 年 6 月底股价走势

资料来源：Wind，中关村上市公司协会整理。

十四　航天宏图（688066. SH）

（一）公司基本信息

航天宏图信息技术股份有限公司（简称“航天宏图”）成立于2008年，2019年于上海证券交易所科创板上市发行（股票代码：688066. SH）。截至2020年6月30日，航天宏图市值为84. 90亿元。

公司是国内领先的遥感和北斗导航卫星应用服务商，业务主要集中在卫星应用产业链中游和下游，依托国家投资建设的上游卫星数据资源，为军民卫星数据中心等中游客户提供空间基础设施的规划和研制服务；为产业链下游的行业客户提供系统研发、数据分析服务和产品销售；为大中型企业用户提供数据监测分析和大数据挖掘于一体的卫星云服务。

公司客户集中度较高，2019年公司前五大客户产生的销售收入占当年营业收入的比重分别为15. 91%、11. 11%、5. 20%、4. 45%、3. 45%，合计40. 12%。公司未披露2019年前五大客户名单。

（二）核心竞争力分析

1. 技术积累及行业经验

公司经历了从“十二五”到“十三五”，从单星设计到多星综合设计，从光学载荷到微波、SAR、高分多模，从小型化到综合集成化，从传统的数据处理模式到“云＋大数据”的新型模式的转变，在空间基础设施规划与建设方面积累了丰富的技术成果和行业经验，形成自身独特的竞争优势。

2. 平台型业务优势

公司通过自主研发卫星应用基础软件平台的方式与国内众多“项目型”公司形成差异化发展道路，经过长时间的持续投入，已形成自己独特的核心优势和核心竞争力。

3. 人才和研发优势

公司重视人才队伍建设，组建了一只以博士、硕士为主的研发团队。利用人才优势，公司组建了以北京为首的研发中心，建立完善的产品研发体系，构建了“研发引领应用、应用提升研发”的研发生态，保证公司产品与市场的有效结合，同时，公司与众多知名高校进行“产、学、研”合作，与高校的研发力量相结合，推动公司技术发展。

4. 营销网络优势

公司不断加强和完善营销网络建设，在全国32个省份均设立子公司或办事处，可以将国家部委、省级单位以及其他有关部门使用的成熟PIE系列产品，向其下属单位快速推广。2020年初，公司陆续在中国香港、澳大利亚、英国设立分支机构，逐步拓展海外业务。

（三）财务分析

1. 基本财务数据

近3年，公司总资产、营业收入和净利润均稳步大幅增长，表现出较好的发展潜力。公司经营性现金流净额为负，原因是公司主要客户为政府部门、科研院所、国有企业或部队，受其财政预算、内部付款审批程序等的影响，付款周期较长，回款较慢，但其信誉状况良好（见表40）。

表40　2017～2019年航天宏图基本财务数据情况

单位：万元

项目	2019年	2018年	2017年
总资产	152573.17	78015.19	56543.19
归属母公司的股东权益	120396.96	47855.35	41729.53
营业收入	60117.15	42333.04	29634.74
净利润	8339.87	6352.78	4623.79
经营活动现金流量净额	-14080.42	-1145.83	413.29

资料来源：Wind，中关村上市公司协会整理。

2. 主要财务指标

公司销售毛利率和销售净利率情况较高，企业销售的盈利能力较好。资产负债率相对较低，一定程度上反映了公司的负债情况相对稳健。流动比率和速动比率过高，一方面公司的短期偿债能力能够得到保障，但是公司的流动资产占用过多，从而没能得到较好的运用，结合公司的应收账款周转率和应收账款情况看，公司也存在一定数量的应收账款（见表41）。

表41　2017～2019年航天宏图主要财务指标情况

项目	2019年	2018年	2017年
销售毛利率(%)	55.82	61.70	59.63
销售净利率(%)	13.87	15.01	15.60
资产负债率(%)	21.03	38.54	26.23
流动比率	5.03	2.73	3.96
速动比率	4.56	2.47	3.71
应收账款周转率(次)	1.25	1.22	1.30

资料来源：Wind，中关村上市公司协会整理。

3. 收入结构

公司近3年主营业务收入按项目分类情况如表42所示。

表42　2017～2019年底航天宏图主营业务收入分布情况

单位：万元，%

项目	2019年		2018年		2017年	
	金额	比例	金额	比例	金额	比例
系统设计开发	48097.21	80.01	—	—	—	—
数据分析应用服务	10685.81	17.77	—	—	—	—
自有软件销售	1334.13	2.22	—	—	—	—
系统咨询设计	—	—	21591.08	52.50	3616.36	12.34
遥感行业应用系统	—	—	12437.84	30.24	19845.69	67.73
北斗行业应用系统	—	—	2339.74	5.69	4420.64	15.09
监测分析服务	—	—	2238.79	5.44	411.61	1.40
遥感图像处理基础软件平台PIE	—	—	1542.29	3.75	475.13	1.62
信息挖掘服务	—	—	978.67	2.38	—	—
数据处理加工服务	—	—	—	—	532.85	1.82
合计	60117.15	100.00	41128.41	100.00	29302.28	100.00

资料来源：Wind，中关村上市公司协会整理。

2019 年相比较 2018 年和 2017 年，公司的业务收入发生一定变化，主要原因系“十三五”已进入收官之年，国家空间基础设施及其他重大项目大部分已由可研初设阶段，转化为项目实施阶段，导致公司系统设计开发的收入结构发生变化。

（四）股票行情

公司自上市以来股价走势见图 14。

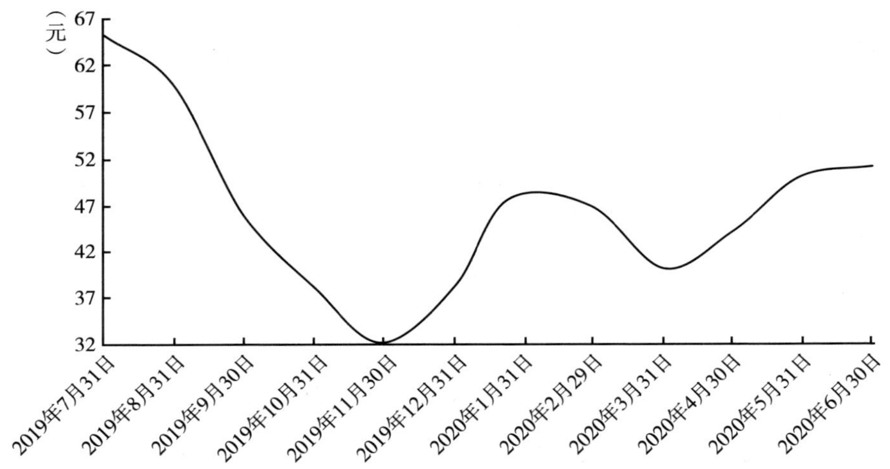

图 14　航天宏图上市以来至 2020 年 6 月底股价走势

资料来源：Wind，中关村上市公司协会整理。

十五　乐普医疗（300003. SZ）

（一）公司基本信息

乐普（北京）医疗器械股份有限公司（简称“乐普医疗”）成立于 1999 年，2009 年于深圳证券交易所创业板上市发行（股票代码：300003. SZ）。截至 2020 年 6 月 30 日，乐普医疗市值为 650. 66 亿元。

公司是一家专业从事冠脉支架、PTCA 球囊导管、中心静脉导管及压力传感器的研发、生产和销售的企业，是国内高端医疗器械领域能够与国外产品形成强有力竞争的为数较少的企业之一。公司围绕着建立中国领先的包括心血管医疗器械、医药、医疗服务和新型医疗业态四大业务板块的心血管大健康生态型平台企业的战略目标，公司整体业务较同期继续保持高速增长。

公司客户集非常分散，2019 年公司前五大客户产生的销售收入占当年营业收入的比重分别为 2. 45%、1. 60%、1. 49%、1. 33%、0. 85%，合计 7. 72%。

（二）核心竞争力分析

1. 技术领先优势

公司心血管医疗器械领域自主研发核心重磅产品，技术领先优势明显，尤其心血管领域“介入无植入”技术，引领中国甚至世界的行业发展；现有产品市场占有率继续稳健攀升，进一步扩大与竞争伙伴的领先地位。公司现有产品和在研的国际化创新器械产品形成了领先的技术竞争力，及其市场龙头地位的稳固和领先地位的进一步扩大，从技术和市场两个维度，进一步加强了“护城河”。

2. 战略和策略优势

乐普管理层认识到要维持企业长期稳定可持续发展，就必须战略性、前瞻性评判企业各板块业务的成长周期，依次及时建立各板块的创新产品的增长动力和建设新的心血管及其技术相关领域业务板块去共同对冲其业务板块未来的成长乏力周期。经过这几年的实践，公司战略和策略非常有效。在集采后，也未改变公司的增长逻辑，更能显示此策略的重要性和有效性。通过坚持不懈的重大器械创新研发，预研一代，临床一代，注册销售一代，公司将与时俱进的安排一系列心血管领域重大创新器械为未来年度新的核心成长动力。

3. 零售门店的竞争优势

乐普医疗是第一个走向市县医院的器械企业，目前在全国已经运营 190

家市县医院合作心血管介入医疗中心；国家DRGs按疾病诊断相关分组付费试点及推广将导致医院药品的销售，特别是慢病口服药的销售，将逐渐从医院转移至零售门店，企业在零售门店的竞争优势，才能保障公司未来的成长。乐普医疗也是第一个建立单独的OTC营销团队，主要深耕药品零售市场的专业处方药生产企业。国家医保局药品集采政策的实施和推进，进一步使得原来属于高端仿制药快速向普药过渡，加快推进了基层医疗机构和普通患者对该类药品的用药需求，基层市场用药未来2~3年内将持续大幅放量，给公司药品营销带来新的市场机遇。

4. 公司药品管线协同效应显著

上市和在研药品覆盖心血管疾病全领域，在医保控费大背景下，公司的全种类、全品种心血管疾病用药较单一品种的企业，整体和长期看，竞争优势更加突出和持续；随着公司重磅药品氯吡格雷和阿托伐他汀钙片全国集采的中标，公司已申报、在研“抗血栓、降血脂、降血压、降血糖和抗心衰”心血管药品管线丰富。

（三）财务分析

1. 基本财务数据

近3年，公司总资产、营业收入和净利润均稳步大幅增长，2019年经营活动现金流量净额状况较好并保持增长，公司发展态势良好（见表43）。

表43　2017~2019年乐普医疗基本财务数据情况

单位：万元

项目	2019年	2018年	2017年
总资产	1592629.09	1511329.27	1279072.10
归属母公司的股东权益	748277.66	636162.96	642966.69
营业收入	779552.94	635630.48	453764.27
净利润	172379.17	125487.39	99367.99
经营活动现金流量净额	199025.51	150050.89	91313.25

资料来源：Wind，中关村上市公司协会整理。

2. 主要财务指标

表 44　2017～2019 年乐普医疗主要财务指标情况

项目	2019 年	2018 年	2017 年
销售毛利率(%)	72.23	72.75	67.23
销售净利率(%)	22.11	19.74	21.90
资产负债率(%)	49.74	56.41	45.06
流动比率	1.10	1.13	1.60
速动比率	0.91	0.97	1.39
应收账款周转率(次)	3.77	3.53	3.18

资料来源：Wind，中关村上市公司协会整理。

2019 年，公司的流动比率和速动比率均保持在较为良好的水平，偿债能力较强。2017～2019 年公司的资产负债率也处于较为合理的区间，公司速动比率合理，虽然公司的流动比率偏低，但公司整体的短期偿债能力合理。从近 3 年的应收账款周转情况看，公司的应收账款周转率不断提升，企业应收账款回收能力提升，相应资金占用减少（见表 44）。

3. 收入结构

公司近 3 年主营业务收入按项目分类情况如表 45 所示。

表 45　2017～2019 年底乐普医疗主营业务收入分布情况

单位：万元，%

项目	2019 年		2018 年		2017 年	
	金额	比例	金额	比例	金额	比例
药品－制剂	318782.51	45.86	—	—	—	—
支架系统	179105.13	25.77	141346.53	27.73	117144.12	28.38
药品－原料药	66078.59	9.51	52321.32	10.27	37104.52	8.99
器械产品代理配送业务	48516.29	6.98	—	—	—	—
其他自产器械产品	42997.04	6.19	51128.08	10.03	—	—
体外诊断试剂	39624.01	5.70	—	—	27820.23	6.74
药品－硫酸氢氯吡格雷	—	—	117986.80	23.15	68006.26	16.48
药品－阿托伐他汀钙片	—	—	88502.51	17.37	36375.23	8.81
其他药品	—	—	58375.95	11.45	—	—
其他代理业务	—	—	—	—	126263.30	30.60
合计	695103.57	100.01	509661.19	99.99	412713.66	99.99

资料来源：Wind，中关村上市公司协会整理。

2019 年公司药品板块的销售量、生产量增加，主要系公司药品业务销售规模继续扩大所致；药品板块库存量增加主要系随着公司药品销售规模预计进一步增长、考虑安全库存等因素进行合理准备。

（四）股票行情

公司自上市以来股价走势见图 15。

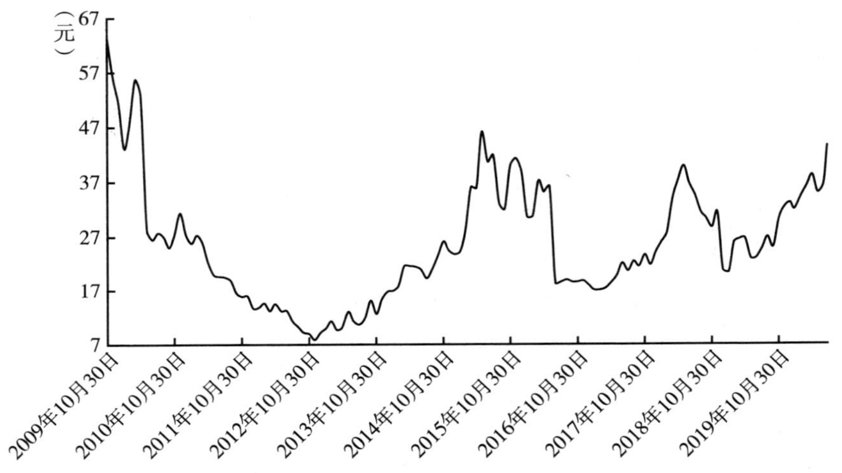

图 15　乐普医疗上市以来至 2020 年 6 月底股价走势

资料来源：Wind，中关村上市公司协会整理。

十六　光环新网（300383. SZ）

（一）公司基本信息

北京光环新网科技股份有限公司（简称“光环新网”）成立于 1999 年，2014 年于深圳证券交易所创业板上市发行（股票代码：300383. SZ）。截至 2020 年 6 月 30 日，公司市值为 402. 30 亿元。

公司是业界领先的互联网综合服务提供商，主营业务为互联网数据中心服务（IDC 及其增值服务、IDC 运营管理服务）、互联网宽带接入服务（ISP）以及云计算等互联网综合服务，是北京最具影响力的互联网服务商之一。公司建设的 IDC 机房相对于基础运营及其他网络资源，更能适应商企用户的高端需求，几大数据中心无论在地理位置上还是在硬件设施上均具有突出优势。

公司客户集中度不高，2019 年公司前五大客户产生的销售收入占当年营业收入的比重分别为 9.02%、5.34%、4.31%、3.88%、3.79%，合计 26.34%，较为分散。公司未披露 2019 年前五大客户名单。

（二）核心竞争力分析

1. 数据中心资源优势

公司积极推进 IDC 业务战略布局，京津冀地区和长三角地区的 IDC 业务布局已初步完成。公司在北京、上海及其周边地区拥有多处高品质数据中心，各项目达产后，公司将拥有约 10 万个机柜的服务能力，数据中心资源优势明显。

2. 技术服务创新优势

公司在技术方面拥有数据中心运营技术服务优势、云计算服务技术创新优势等显著优势，报告期内公司及子公司取得的软件著作权 55 项。

3. 市场资源优势

在行业内树立了较好的市场形象，客户认可度高，客户群体稳定性强。同时，公司不断利用资本市场优势，通过并购重组等方式进一步扩充企业规模，扩大业务范围，丰富客户资源，提高市场占有率，增强综合竞争力。

4. 管理团队及人才优势

公司始终把人才培养作为发展战略的重要组成部分，报告期内，公司通过内部培养和外部引进，进一步扩充了管理团队，主要管理人员具有丰富的行业管理经验，对客户需求及产业发展具有较深的理解和较强的判断力，具有敏锐的市场嗅觉，能够快速的把握行业市场趋势及需求，顺应行业及政策的变化，为公司持续发展奠定了基础。

（三）财务分析

1. 基本财务数据

近3年，公司总资产、营业收入和净利润均稳步大幅增长，2019年经营活动现金流量净额状况良好并保持增长，公司发展态势良好（见表46）。

表46　2017～2019年光环新网基本财务数据情况

单位：万元

项目	2019年	2018年	2017年
总资产	1223320.66	1138689.35	1061356.62
归属母公司的股东权益	834840.39	750064.35	643105.14
营业收入	709717.26	602316.45	407716.87
净利润	79625.15	68397.09	44427.83
经营活动现金流量净额	60296.69	58693.13	40569.75

资料来源：Wind，中关村上市公司协会整理。

2. 主要财务指标

近3年公司销售净利率、销售毛利率呈现稳步上升的趋势，资产负债率、流动比率和速动比率均保持在较为良好的水平，偿债能力较强（见表47）。

表47　2017～2019年光环新网主要财务指标情况

项目	2019年	2018年	2017年
销售毛利率(%)	21.54	21.28	20.83
销售净利率(%)	11.22	11.36	10.90
资产负债率(%)	31.78	34.09	35.67
流动比率	1.83	1.86	2.16
速动比率	1.83	1.85	2.16
应收账款周转率(次)	4.00	4.62	5.27

资料来源：Wind，中关村上市公司协会整理。

3. 收入结构

公司近3年主营业务收入按项目分类情况如表48所示。

表 48　2017～2019 年底光环新网主营业务收入分布情况

单位：万元，%

项目	2019 年		2018 年		2017 年	
	金额	比例	金额	比例	金额	比例
云计算	521192.22	73.44	437577.59	72.65	287132.87	70.42
IDC 及其增值服务	156076.75	21.99	129238.60	21.46	87448.70	21.45
IDC 运营管理服务	19812.75	2.79	19632.64	3.26	20447.69	5.02
其他主营业务	5803.89	0.82	9675.40	1.61	6354.85	1.56
宽带接入服务	5467.05	0.77	6192.23	1.03	4192.42	1.03
其他业务	1364.60	0.19	—	—	2140.33	0.52
合计	709717.26	100.00	602316.46	100.01	407716.86	100.00

资料来源：Wind，中关村上市公司协会整理。

2019 年，公司营业务收入主要来源于云计算，收入规模达到 521192.22 万元，占比 73.44%。公司近 3 年的收入结构基本相似，没有发生大的变化。

（四）股票行情

公司自上市以来股价走势见图 16。

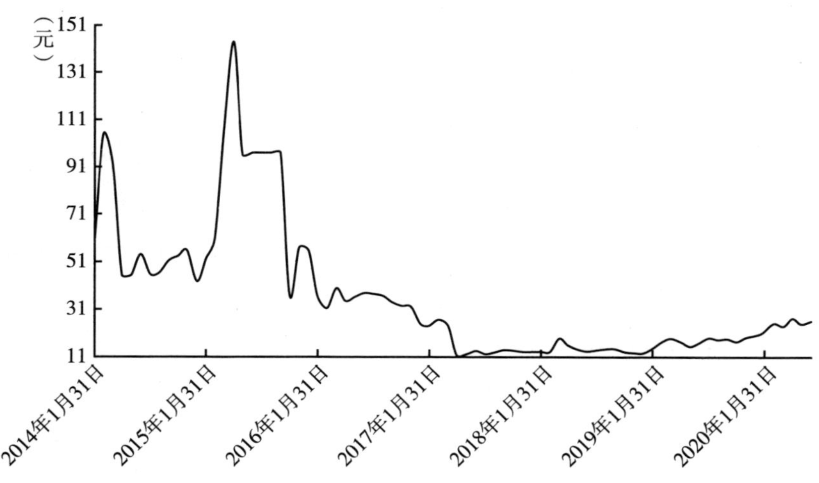

图 16　光环新网上市以来至 2020 年 6 月底股价走势

资料来源：Wind，中关村上市公司协会整理。

十七　拉卡拉（300773. SZ）

（一）公司基本信息

拉卡拉支付股份有限公司（简称“拉卡拉”）成立于2005年，2019年于深圳证券交易所创业板上市发行（股票代码：300773. SZ）。截至2020年6月30日，拉卡拉市值为178. 17亿元。

公司是国内知名的第三方支付公司，专注于为实体小微企业提供收单服务和为个人用户提供个人支付服务。公司主营业务涉及第三方支付，跨境支付等多项业务资质。由于其所处行业的特殊性和专业性，行业主管部门制定了较为严格的行业监管政策，公司是国内领先的综合普惠金融科技平台，首批获得了央行颁发的第三方支付牌照。

公司客户集中度很低，2019年公司前五大客户产生的销售收入占当年营业收入的比重分别为1. 23%、0. 99%、0. 69%、0. 64%、0. 57%，合计4. 12%，非常分散。公司未披露2019年前五大客户名单。

（二）核心竞争力分析

1. 发展战略坚定清晰

公司制定了清晰的发展战略，并且拥有强大的战略执行能力。从成立之初，公司就专注于以支付为切入，整合信息科技，全维度服务商户的战略。公司不仅拥有央行颁发的《支付业务许可证》，而且取得了国家外管局批准的跨境外汇支付业务资格。

2. 创新能力强大

公司创新性推出了为便利店赋能的自助缴费终端智能POS、MPOS、拉卡拉Q码、收钱宝盒以及超级收款宝等产品，上市以来，公司基于自身优势和积累，结合新零售、云分销等技术，创新推出“云小店”“汇管店”“收款码”“云收单”等为中小微商户经营赋能的SaaS产品。既解决了用户的需求，也为公司打开了新的市场。

（三）财务分析

1. 基本财务数据

近3年，公司总资产、营业收入和净利润均稳步大幅增长，经营活动现金流量净额良好并保持增长，公司发展态势良好（见表49）。

表49　2017～2019年拉卡拉基本财务数据情况

单位：万元

项目	2019年	2018年	2017年
总资产	1118686.52	503821.73	421668.87
归属母公司的股东权益	495604.19	291497.52	231504.29
营业收入	489942.16	567941.16	278521.24
净利润	81693.34	60638.26	46429.28
经营活动现金流量净额	111295.54	62174.80	55439.86

资料来源：Wind，中关村上市公司协会整理。

2. 主要财务指标

连续3年，公司销售毛利率和净利率均维持在较高水平。资产负债率、流动比率和速动比率基本保持正常水平，短期偿债能力较强，而资产负债券（见表50）。

表50　2017～2019年拉卡拉主要财务指标情况

项目	2019年	2018年	2017年
销售毛利率(%)	44.43	44.85	55.40
销售净利率(%)	16.67	10.68	16.67
资产负债率(%)	55.15	41.79	44.91
流动比率	1.43	1.47	1.25
速动比率	1.43	1.47	1.24
应收账款周转率(次)	18.17	21.18	16.30

资料来源：Wind，中关村上市公司协会整理。

3. 收入结构

公司近3年主营业务收入按项目分类情况如表51所示。

表 51　2017～2019 年拉卡拉主营业务收入分布情况

单位：万元，%

项目	2019 年		2018 年		2017 年	
	金额	比例	金额	比例	金额	比例
个人支付业务	434625.97	88.71	10788.58	1.90	9487.95	3.41
商户经营业务	44174.03	9.02	—	—	—	—
其他收入	11142.16	2.27	—	—	—	—
收单业务	—	—	507106.64	89.29	237166.23	85.15
硬件销售及服务	—	—	48241.60	8.49	31654.72	11.37
其他衍生业务	—	—	1804.34	0.32	212.33	0.08
合计	489942.16	100.00	567941.16	100.00	278521.23	100.01

资料来源：Wind，中关村上市公司协会整理。

2019 年主动调整商户拓展、优化收入结构，个人支付业务成为公司收入的主要构成。

（四）股票行情

公司自上市以来股价走势见图 17。

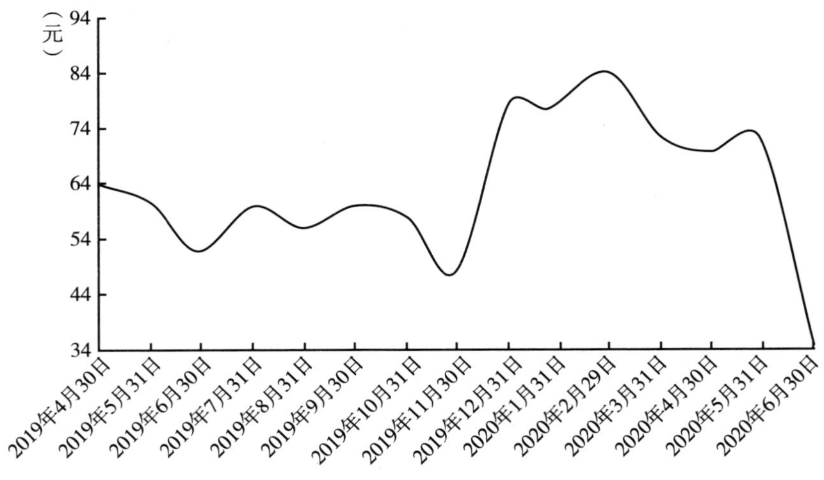

图 17　拉卡拉上市以来至 2020 年 6 月底股价走势

资料来源：Wind，中关村上市公司协会整理。

十八　嘉友国际（603871. SH）

（一）公司基本信息

嘉友国际物流股份有限公司（简称“嘉友国际”）成立于2005年，2018年于上海证券交易所主板上市发行（股票代码：603871. SH）。截至2020年6月30日，嘉友国际市值为47. 39亿元。

公司是跨境多式联运综合物流服务及供应链贸易服务的提供商，主营业务包括跨境多式联运、大宗矿产品物流、智能仓储等跨境多式联运综合物流服务及供应链贸易服务。

公司客户集中度较高，2019年公司前五大客户产生的销售收入占当年营业收入的比重合计63. 35%，较为集中。公司未披露2019年前五大客户名单。

（二）核心竞争力分析

1. 技术及信息化管理优势

经过持续开发运用和迭代创新，形成了跨境综合物流业务管理系统、公路网络运输管理系统、集装箱运输管理系统、报关管理系统、智能仓储管理系统、智能卡口管理信息系统等物流信息管理应用系统模块以及17项软件著作权和9项专利。通过利用移动互联网、云计算、大数据等前沿技术自行开发的嘉盈吉运智慧物流共享平台上线以来，以“运费竞价交易”的模式，撮合“货主和司机双向选择”的机制，大大降低了运输成本，实现了“降本增效”。

2. 商业模式的优势——多式联运

公司商业模式的优势就是通过国际多式联运业务形态参与市场竞争。在业务区域关键物流节点投资核心物流资源，大力开发全球货运代理网络，具有整合物流市场资源的能力，并以物流信息系统建设作为提升服务质量和服务增值的重要手段，轻资产重服务，培养积累公司跨境多式联运业务专业技能、国际业务管理能力、实现国际多式联运业务操作高效务实。

3. 复制核心区域的先发优势

二连浩特、甘其毛都陆运口岸是中蒙国际跨境物流的核心节点。公司在发展初期即规划并获批建设的海关保税库、海关监管场所等陆港核心资产对中蒙跨境物流业务起到物流中枢的作用，在成本控制和运营管理上体现出公司中蒙跨境综合物流服务的先发优势，很难被同行业其他竞争对手超越，率先成为内陆国家和地区跨境综合物流服务的领先企业。

（三）财务分析

1. 基本财务数据

近3年，公司总资产、营业收入和净利润均稳步大幅增长，经营活动现金流量净额出现一定幅度的增长，公司发展态势良好（见表52）。

表52　2017～2019年嘉友国际基本财务数据情况

单位：万元

项目	2019年	2018年	2017年
总资产	239697.95	214044.74	89430.33
归属母公司的股东权益	186618.37	157702.34	57368.68
营业收入	417061.15	410086.27	324424.93
净利润	34593.46	26982.77	20589.05
经营活动现金流量净额	39347.78	428.94	20475.67

资料来源：Wind，中关村上市公司协会整理。

2. 主要财务指标

公司近3年销售毛利率和净利率整体呈现上升趋势。资产负债率、流动比率和速动比率较高，流动资金占用不高，短期偿债能力较好（见表53）。

表53　2017～2019年嘉友国际主要财务指标情况

项目	2019年	2018年	2017年
销售毛利率(%)	10.93	8.71	9.43
销售净利率(%)	8.29	6.58	6.35
资产负债率(%)	19.26	26.28	35.72
流动比率	3.93	3.14	2.07

续表

项目	2019 年	2018 年	2017 年
速动比率	3.71	2.87	1.84
应收账款周转率(次)	24.59	40.16	45.56

资料来源：Wind，中关村上市公司协会整理。

3. 收入结构

公司近 3 年主营业务收入按项目分类情况如表 54 所示。

表 54　2017～2019 年嘉友国际主营业务收入分布情况

单位：万元，%

项目	2019 年		2018 年		2017 年	
	金额	比例	金额	比例	金额	比例
供应链贸易服务	309907.91	74.31	339822.31	82.87	267497.76	82.45
跨境多式联运综合物流服务	107106.41	25.68	70263.96	17.13	56927.18	17.55
其他业务	46.83	0.01	—	—	—	—
合计	417061.15	100.00	410086.27	100.00	324424.94	100.00

资料来源：Wind，中关村上市公司协会整理。

公司主营业务主要集中在供应链贸易服务、跨境多式联运综合物流服务两大板块。其中，供应链贸易服务业务始终在公司业务收入中占比超过 70%。

（四）股票行情

公司自上市以来股价走势见图 18。

十九　恒华科技（300365. SZ）

（一）公司基本信息

北京恒华伟业科技股份有限公司（简称“恒华科技”）成立于 2000 年，2014 年于深圳证券交易所创业板上市发行（股票代码：300365. SZ）。截至 2020 年 6 月 30 日，恒华科技市值为 61.80 亿元。

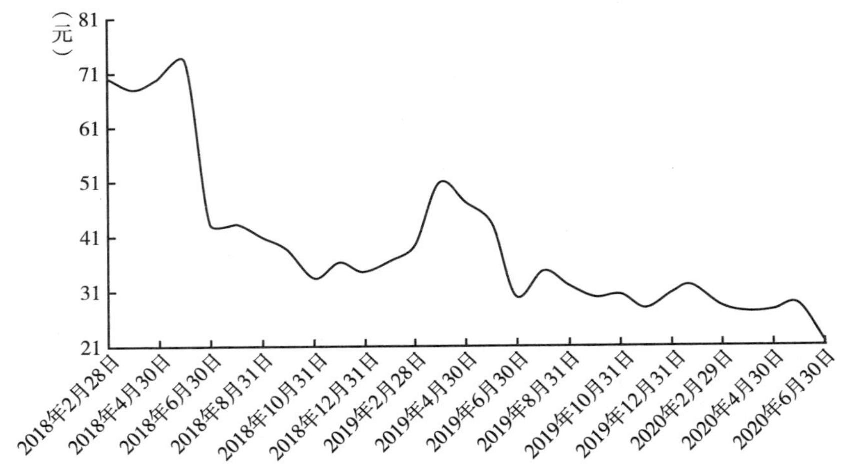

图 18 嘉友国际上市以来至 2020 年 6 月底股价走势

资料来源：Wind，中关村上市公司协会整理。

公司属于国家火炬计划重点高新技术企业、国家规划布局内重点软件企业。公司围绕智慧能源、智能交通、智慧环保、智慧城市四大领域，实现软件产品及服务、工程设计与服务、工程总承包/项目管理三大业务，致力于提供前期项目咨询、中期工程建设、后期运行管理等全价值链的一体化服务。

公司客户集中度较高，2019 年公司前五大客户产生的销售收入占当年营业收入的比重分别为 30.93%、3.09%、2.90%、2.40%、2.33%，合计 41.65%，较为集中。公司未披露 2019 年前五大客户名单。

（二）核心竞争力分析

1. 云服务平台产品体系逐步完善，线上服务能力不断提升

公司积极布局电力能源互联网建设，构建了面向电力行业的云服务平台，全面推进公司互联网服务转型的发展战略。公司凭借多年来服务智能电网全生命周期信息化经验和技术的积累，构建了面向电力行业完善的云服务产品体系，将原有项目服务模式转向提供标准化的 SaaS 软件产品，采用私有云或公有云的方式，为用户提供便捷、高效的整体信息化服务；通过打造

电+智联服务云平台，进一步整合行业资源，汇聚产业链上下游服务供应商，构建了多方共赢的能源互联网生态圈。

2. 线上、线下服务模式相结合，实现电力行业全产业链一体化服务

公司积极探索符合行业发展趋势及公司优势的经营模式，制定了全面互联网服务转型的发展战略，将现有业务体系进行全面整合，通过设计、基建管理、配售电三大业务版块，实现电力行业线上、线下有机结合的全产业链服务模式。

3. 成熟高效的研发创新体系，为企业发展提供原动力

公司自成立以来将研发和创新视为企业发展的原动力。公司先后成立了企业技术中心和研发中心，不断完善科技创新管理机制，建立了一支专业、相当数量、稳定的研发团队；通过多年的系统建设，公司核心技术产品研发取得阶段成果，并已形成了一套成熟高效的研发和创新体系，从多个方面保证了本公司能够持续的创新，不断加强公司的核心竞争优势。

（三）财务分析

1. 基本财务数据

近3年，公司总资产、营业收入和净利润均稳步大幅增长，公司盈利状况较好、盈利能力较强（见表55）。

表55　2017～2019年恒华科技基本财务数据情况

单位：万元

项目	2019年	2018年	2017年
总资产	281879.53	248585.66	201680.88
归属母公司的股东权益	214263.16	181829.47	155171.36
营业收入	112317.24	118392.21	85574.75
净利润	29531.77	27240.69	19212.63
经营活动现金流量净额	-6352.36	-3413.17	-4012.81

资料来源：Wind，中关村上市公司协会整理。

2. 主要财务指标

公司连续3年销售毛利率和净利率得到大幅提升，企业盈利能力进一步增强（见表56）。

表 56　2017～2019 年恒华科技主要财务指标情况

项目	2019 年	2018 年	2017 年
销售毛利率(%)	51.54	43.25	44.24
销售净利率(%)	26.29	23.01	22.45
资产负债率(%)	23.90	26.77	22.99
流动比率	3.69	3.24	3.82
速动比率	3.50	3.03	3.63
应收账款周转率(次)	0.97	1.37	1.38

资料来源：Wind，中关村上市公司协会整理。

3. 收入结构

公司近 3 年主营业务收入按项目分类情况如表 57 所示。

表 57　2017～2019 年恒华科技主营业务收入分布情况

单位：万元，%

项目	2019 年		2018 年		2017 年	
	金额	比例	金额	比例	金额	比例
软件服务	54923.72	48.90	51128.98	43.19	48973.07	57.23
建造合同	32059.03	28.54	32117.44	27.13	17263.11	20.17
技术服务	12806.42	11.40	18961.81	16.02	15252.45	17.82
软件销售	10820.67	9.63	11541.98	9.75	3483.29	4.07
硬件销售	1707.39	1.52	4642.00	3.92	602.83	0.70
合计	112317.23	99.99	118392.21	100.01	85574.75	99.99

资料来源：Wind，中关村上市公司协会整理。

公司连续 3 年收入结构基本没有太大变化，软件服务、建造合同、技术服务始终收入占比中较高，三个收入合计占比始终高于 85%。

（四）股票行情

公司自上市以来股价走势见图 19。

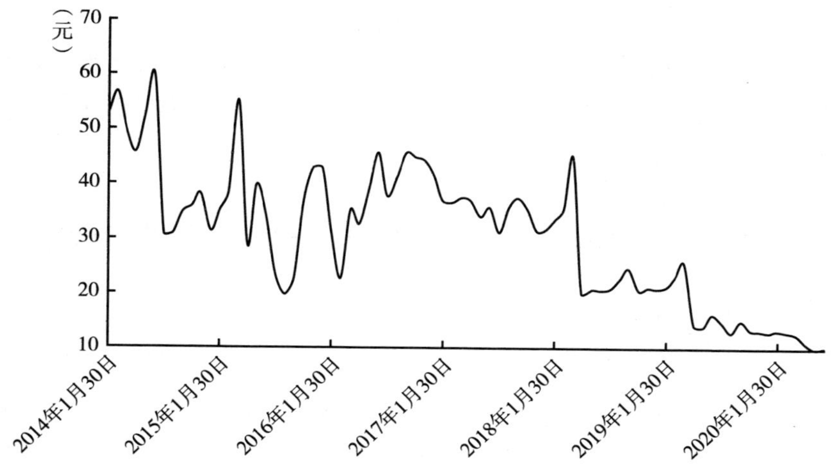

图 19　恒华科技上市以来至 2020 年 6 月底股价走势

资料来源：Wind，中关村上市公司协会整理。

二十　紫光股份（000938. SZ）

（一）公司基本信息

北京紫光股份有限公司（简称“紫光股份”）成立于 1999 年，1999 年于深圳证券交易所中小企业板上市发行（股票代码：000938. SZ）。截至 2020 年 6 月 30 日，紫光股份市值为 878. 04 亿元。

公司是主营信息电子产业的中国高科技 A 股上市公司。核心业务覆盖硬件方面的智能网络设备、存储系统、全系列服务器等为主的面向未来计算架构的先进装备。公司结合全球信息产业的发展趋势及自身优势业务的特点，将公司战略聚焦于 IT 服务领域，致力于打造一条完整而强大的“云—网—端”产业链，向云计算、移动互联网和大数据处理等信息技术的行业应用领域全面深入，并成为集现代信息系统研发、建设、运营、维护于一体的全产业链服务提供商。公司是国家重点高新技术企业、国家 863 计划成果产业化基地、历年入选中国电子信息百强企业。

公司客户集中度不高，2019 年公司前五大客户产生的销售收入占当年营业收入的比重分别为 5.65%、5.31%、4.78%、4.27%、3.76%，合计 23.77%，较为分散。公司未披露 2019 年前五大客户名单。

（二）核心竞争力分析（公司业务概要－核心竞争力分析）

1. 一站式数字化解决方案端到端交付能力

公司顺应云计算、5G、人工智能的发展趋势，全面深度布局“云网”产业链，从硬件、软件、解决方案行业、行业生态等各个层面为客户数字化转型提供强有力的支撑。根据 IDC2019 年相关统计数据，公司 H3C 品牌交换机、路由器、WLAN 产品在国内企业级占有率分别为 35.5%、27.9%、30.9%；服务器市场占有率 16.3%；安全硬件市场占有率 9.3%，均位居市场前三。公司 2016～2018 年连续三年在中国云管理平台市场保持市场份额第一，2019 年中国私有云厂商竞争力象限图中位于“领导者象限”，技术能力国内排名首位，2019 年中国 SDN（软件）市场占有率 31.9%，连续四年蝉联市场第一。

2. 领先的场景化应用服务能力

随着数字经济的发展和来临，公司不断赋能政府、电信、互联网、金融、教育、医疗、能源、交通、制造等众多行业客户的信息化建设升级和数字化转型。

公司承建了 22 个省级政务云、300 余个地市区县政务云和 15 个国家部委级政务云；为国内大型运营商建设超过 30 个高等级大型数据中心及云基地；与国内众多互联网巨头形成战略合作；服务全部 985 和 211 高校、80% 的教育城域网，帮助校园 IT 管理 10 万个用户终端；公司网络产品占全国三甲医院 60% 以上份额，数字化产品在医疗行业市场综合占有率超 80%，数据中心解决方案在全国近 500 多家大型三甲医院得到成熟应用，超融合解决方案应用于全国 600 多家医疗卫生机构；服务国家电网、南方电网、中石油、中石化、中海油等电力、能源 30 强；服务于 50 余家民航机场、百余条高速公路、百余条铁路和所有在建地铁的城市。

3. 突出的产品与技术创新能力

公司在全国重要城市设有研发中心，具有多支丰富经验和优秀技术能力的研发团队，研发人员占总公司人数超过30%。2019年公司研发投入达到39.41亿元，专利申请总量累计超过10000件。公司是OpenStack黄金会员、中国网络空间安全协会理事会员、中国可信计算联盟理事会成员、中国云安全联盟（C－CSA）成员单位，并参与制定国家信息安全委员会新一代防火墙、安全态势感知两项国家技术标准。

4. 覆盖全球的销售网络

公司积累了广泛而稳定的渠道资源，拥有遍布全国的销售网络，在全国设立40余家办事处，拥有3000余名销售人员，合作分销商超过2万家，为业务规模扩张奠定了良好的基础。随着海外业务的不断扩展，公司海外子公司的数量和渠道数量将不断增加。

（三）财务分析

1. 基本财务数据

近3年，公司总资产、营业收入和净利润均稳定增长，连续3年经营活动现金流量净额为正，公司发展态势良好（见表58）。

表58　2017～2019年紫光股份基本财务数据情况

单位：万元

项目	2019年	2018年	2017年
总资产	5473925.72	4855957.83	4257569.09
归属母公司的股东权益	2818254.95	2655968.99	2514717.11
营业收入	5409905.77	4830578.59	3907104.09
净利润	307463.42	293323.48	263087.04
经营活动现金流量净额	169890.79	486944.23	29745.70

资料来源：Wind，中关村上市公司协会整理。

2. 主要财务指标

2019年，公司销售毛利率基本保持稳定，销售净利率近3年略有下降，主要系企业积极开发市场带来销售费用、财务费用、管理费用等费用支出的增加（见表59）。

表59　2017～2019年底紫光股份主要财务指标情况

项目	2019年	2018年	2017年
销售毛利率(%)	20.91	21.24	21.97
销售净利率(%)	5.68	6.07	6.73
资产负债率(%)	40.89	37.21	32.14
流动比率	1.51	1.64	1.67
速动比率	1.13	1.28	1.27
应收账款周转率(次)	6.96	7.65	8.14

资料来源：Wind，中关村上市公司协会整理。

3. 收入结构

公司近3年主营业务收入按项目分类情况如表60所示。

表60　2017～2019年紫光股份主营业务收入分布情况

单位：万元，%

项目	2019年		2018年		2017年	
	金额	比例	金额	比例	金额	比例
信息电子类产品	3198044.75	59.11	3006263.51	62.23	2819332.73	72.16
IT服务	2902430.85	53.65	2168435.09	44.89	1598100.37	40.90
其他业务	17831.95	0.33	172645.86	3.57	70969.31	1.82
总部与投资	—	—	6428.57	0.13	6336.02	0.16
合并抵消	-708401.79	-13.09	-523194.44	-10.83	-587634.34	-15.04
合计	5409905.76	100.00	4830578.59	99.99	3907104.09	100.00

资料来源：Wind，中关村上市公司协会整理。

2019年，公司IT服务类营收占比逐年提升，信息电子类产品收入逐年下降，公司主营业务逐渐向IT服务倾斜。

（四）股票行情

公司自上市以来股价走势见图20。

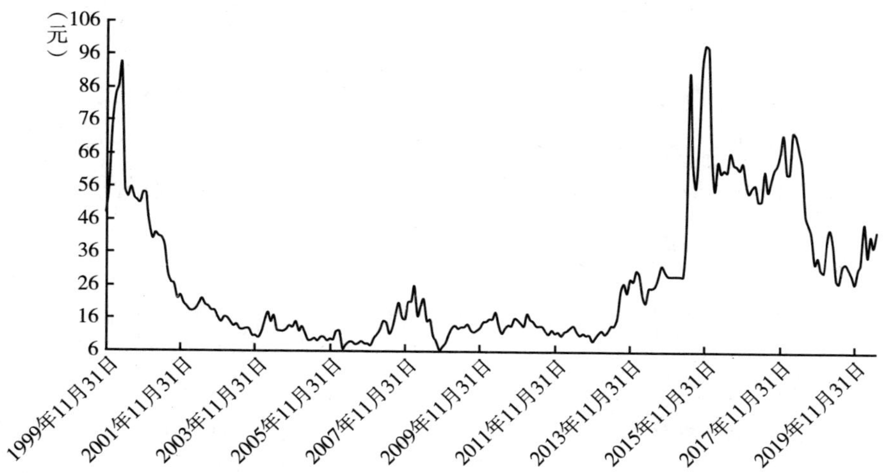

图 20　紫光股份上市以来至 2020 年 6 月底股价走势

资料来源：Wind，中关村上市公司协会整理。

二十一　华宇软件（300271. SZ）

（一）公司基本信息

北京华宇软件股份有限公司（简称“华宇软件”）成立于 2001 年，2011 年于深圳证券交易所中小企业板上市发行（股票代码：300271. SZ）。截至 2020 年 6 月 30 日，华宇软件市值为 229. 08 亿元。

公司是一家以软件与信息服务为主营业务的信息技术企业，面向众多期待信息技术的行业与领域，提供优秀的软件和卓越的服务。公司的业务范围涵盖法院、检察院、司法行政、食品安全、各级党委和政府部门以及各行业大型企事业单位；服务内容覆盖信息系统的全生命周期，为客户提供信息化顶层设计与规划咨询、应用软件开发、系统集成、运维服务和运营服务等全方位专业服务。公司是“中国软件和信息技术服务综合竞争力百强”企业；是中关村科技园区管理委员会认定的“中关村国家自主创新示范区十百千工程企业”“中关村国家自主创新示范区核心区重点创新型企业”。

公司客户集中度不高，2019 年公司前五大客户产生的销售收入占当年营业收入的比重分别为 2.27%、1.58%、1.46%、1.39%、0.97%，合计 7.67%，非常分散。公司披露了 2019 年的第四大客户为上海市高级人民法院，其他客户未披露。

（二）核心竞争力分析（公司业务概要－核心竞争力分析）

1. 产品优势

公司业务理解深入，核心产品应用效果好。产品的业务理解深入、功能实用灵活，软件的设计合理、完成度高、易用性强。同时，新技术赋能行业应用，产品快速迭代创新。公司准确把握市场需求和客户需要，积极投入产品研发、应用创新、引领行业。另外，公司通过先进的产品研发管理体系和软件工程管理能力，充分发挥人力资源优势，合理运用先进技术，精益求精、推陈出新。

2. 服务优势

公司的客户服务体系完善，持续聚焦客户价值。服务完整覆盖了咨询、研发、集成、运营的系统生命周期，建设了覆盖全国的综合服务体系，实现了本地化的高水平软件服务，擅长于向客户交付完整解决方案，积累了丰富的特大型应用总集成案例。同时，公司的服务管理体系先进，是国家信息技术服务标准化工作的主要推动者之一。

3. 技术优势

公司准确把握产业发展方向，广泛开展交流合作，保持了较高的技术研发投入，技术体系合理、先进、完整。建立了健全的软件技术体系与系统技术体系，持续推进新技术的应用与创新，应用能力与工程能力达到国内一流水平。同时，公司在科技研究方面，以自主创新促进技术发展和业务发展。公司积极参与行业标准和产业标准的研制和推广，提升应用能力与工程能力，扩大行业影响力。目前公司在全国布局落地 4

个研究院、8个研发中心，软件研发质量可靠、本地化快速响应、成本可控，保持了高效和相对充足的软件交付能力。基于网络应用平台、研发测试平台、大数据平台、非结构化数据应用等长期积累，公司在人工智能、私有云、业务中台、数据和智能中台、信创技术等应用创新领域保持了国内先进水平。

4. 市场优势

公司是国内法律科技市场的领导企业，长期保持市场占有率的领先地位；公司在教育信息化、智慧政务等重要的软件服务市场取得了领先优势。公司在所属行业内，长期积累了较高的品牌影响力和客户满意度，企业实力受到行业管理机构和产业研究机构的高度认可。近10年，公司发展速度显著高于行业平均水平。自2011年上市以来，保持了年均近30%的净利润的复合增长率。

（三）财务分析

1. 基本财务数据

近3年，公司总资产、营业收入和净利润均稳步大幅增长，经营活动现金流量净额稳定为正，公司发展态势良好（见表61）。

表61　2017～2019年华宇软件基本财务数据情况

单位：万元

项目	2019年	2018年	2017年
总资产	730997.63	583078.20	513104.49
归属母公司的股东权益	593668.51	424814.96	370323.48
营业收入	351014.79	270849.62	233814.51
净利润	58194.74	48875.72	37484.46
经营活动现金流量净额	47310.77	32016.13	49152.33

资料来源：Wind，中关村上市公司协会整理。

2. 主要财务指标

表 62　2017～2019 年华宇软件主要财务指标情况

项目	2019 年	2018 年	2017 年
销售毛利率(%)	40.70	43.42	40.59
销售净利率(%)	16.58	18.05	16.03
资产负债率(%)	17.99	25.96	26.52
流动比率	3.46	2.18	2.04
速动比率	2.91	1.72	1.65
应收账款周转率(次)	3.46	3.46	4.32

资料来源：Wind，中关村上市公司协会整理。

3. 收入结构

公司近 3 年主营业务收入按项目分类情况如表 63 所示。

表 63　2019 年华宇软件主营业务收入分布情况

单位：万元，%

项目	2019 年		2018 年		2017 年	
	金额	比例	金额	比例	金额	比例
软件应用	164640.09	46.90	131562.19	48.57	112713.74	48.21
系统建设服务	126354.92	36.00	91404.70	33.75	83581.22	35.75
运维服务	60019.78	17.10	47882.73	17.68	37519.55	16.05
合计	351014.79	100.00	270849.62	100.00	233814.51	100.01

资料来源：Wind，中关村上市公司协会整理。

近年来，公司的主营业务收入逐年增加，发展前景较好。

（四）股票行情

公司自上市以来股价走势见图 21。

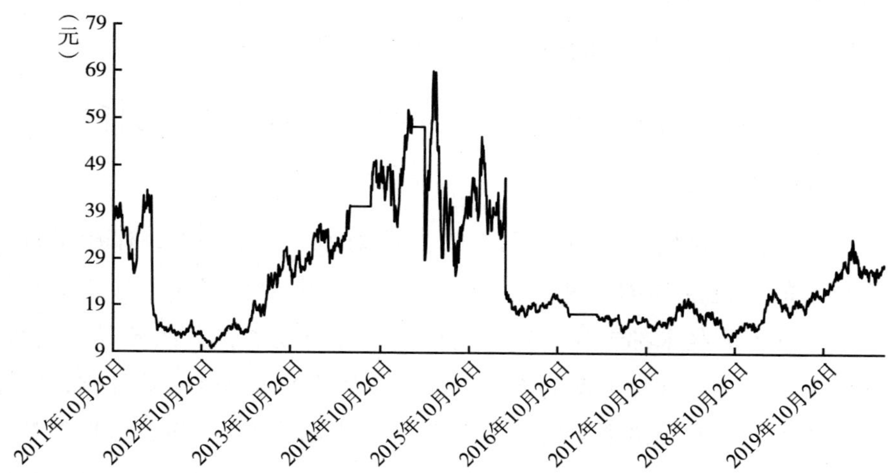

图 21　华宇软件上市以来至 2020 年 6 月底股价走势

资料来源：Wind，中关村上市公司协会整理。

二十二　超图软件（300036. SZ）

（一）公司基本信息

北京超图软件股份有限公司（简称“超图软件”）成立于 1997 年，2009 年于深圳证券交易所中小企业板上市发行（股票代码：300036. SZ）。截至 2020 年 6 月 30 日，超图软件市值为 113. 19 亿元。

公司是亚洲领先的地理信息系统平台软件企业，从事地理信息系统软件的研究、开发、推广和服务，是我国 GIS 行业最具技术实力的企业。主营业务贯穿 GIS 软件产业链的三个组成部分，在国内 GIS 软件行业保持优势竞争地位，国产 GIS 基础平台软件市场份额第一。研发的 GIS 基础平台软件具有良好的通用性，既可直接销售给最终用户，也可销售给增值开发商。GIS 基础软件是公司的核心业务。

公司客户集中度不高，2019 年公司前五大客户产生的销售收入占当年营业收入的比重分别为 2.58%、1.00%、0.99%、0.93%、0.92%，合计 6.42%，非常分散。公司未披露 2019 年前五大客户名单。

（二）核心竞争力分析（公司业务概要－核心竞争力分析）

1. 领先的产品技术优势

公司坚持立足用户需求，紧跟 IT 发展趋势，自主创新，保持了自身技术体系的先进性和创造性，在 GIS 技术发展中，公司的组件式 GIS 技术、服务式 GIS 技术都走在了业界的前列，并建立了长久的差异化优势。公司产品获得工信部重大发明奖、地理信息科技进步奖唯一特等奖，国家科技进步奖二等奖等诸多奖项，技术实力得到认可。未来随着信息创新政策的进一步落地，公司产品技术竞争力将得到进一步释放，进而进一步稳固公司竞争力。

2. 先进科学的研发管理体系以及管理体系优势

公司自主研发了精益敏捷研发管理体系，该体系将精益质量管控模式与敏捷研发模式完美融合，为业界独创的先进研发质控系统，引领软件研发管理创新潮流。该体系由自动测试、代码审查和持续集成构成，构建了基于持续集成和自动化测试技术的“测试农场”，5 万多个测试程序 7×24 小时运行，自动测试，自动报错提示开发工程师修改缺陷，能够有效配置和合理使用资源，对产品的质量管理更严格。

3. 品牌优势

经过多年的积累和建设，公司在行业内形成了突出的品牌优势。在产业链最具核心技术的 GIS 基础软件领域，无论技术水平还是市场份额，公司均处于国内领先水平。公司经过多年的国内市场及国际化开拓，不仅赢得了众多用户，形成多项典型成功案例，也大幅提升了公司在国内市场的品牌影响力。

4. 行业应用优势

公司结合 GIS 技术优势，自成立后为智慧城市、资源资产、统计、气象、水利、环保等行业提供应用软件及解决方案，多次参与部委级项目，并形成覆盖数百城市的信息化案例，积累了丰富的行业经验，对行业应用有着深刻的理解。所承接的部分项目获得国家级科技进步奖、省部级科技进步奖，诸多项目获得 GIS 优秀工程金奖，GIS 优秀工程奖的获奖数量数年蝉联第一。

（三）财务分析

1. 基本财务数据

近 3 年，公司总资产、营业收入和净利润均稳步大幅增长，2018 年经营活动现金流量净额为正并保持增长，公司发展态势良好（见表 64）。

表 64　2017～2019 年超图软件基本财务数据情况

单位：万元

项目	2019 年	2018 年	2017 年
总资产	306199.44	282279.34	262972.81
归属母公司的股东权益	212797.16	193513.62	180589.42
营业收入	173502.20	151778.82	124975.85
净利润	21402.70	15620.25	18914.09
经营活动现金流量净额	22003.71	16622.76	24936.08

资料来源：Wind，中关村上市公司协会整理。

2. 主要财务指标

公司的销售毛利率和净利率保持稳定，资产负债率、流动比率和速动比率均保持在较为良好的水平，偿债能力较强（见表 65）。

表 65　2017～2019 年超图软件主要财务指标情况

项目	2019 年	2018 年	2017 年
销售毛利率(%)	54.79	55.07	59.20
销售净利率(%)	12.34	10.29	15.13
资产负债率(%)	30.63	31.52	30.97
流动比率	1.94	2.04	2.28
速动比率	1.93	2.03	2.26
应收账款周转率(次)	3.14	3.31	3.52

资料来源：Wind，中关村上市公司协会整理。

3. 收入结构

公司近3年主营业务收入按项目分类情况如表66所示。

表66　2017~2019年超图软件主营业务收入分布情况

单位：万元，%

项目	2019年		2018年		2017年	
	金额	比例	金额	比例	金额	比例
GIS软件	171335.27	98.75	149857.56	98.73	119917.04	95.95
GIS配套用品	—	—	—	—	3161.54	2.53
其他业务	2166.92	1.25	1921.27	1.27	1897.28	1.52
合计	173502.19	100.00	151778.83	100.00	124975.86	100.00

资料来源：Wind，中关村上市公司协会整理。

公司主营收入结构近年来并无明显变化，GIS软件部分的收入仍为主要收入。

（四）股票行情

公司自上市以来股价走势见图22。

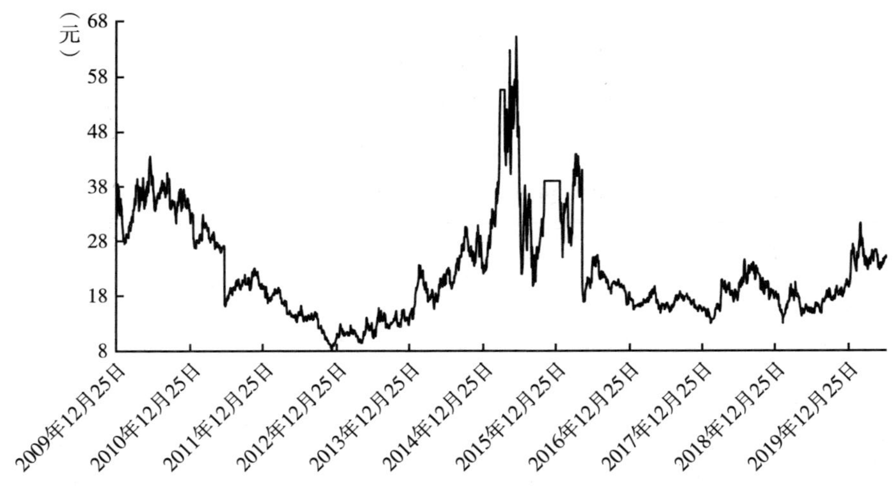

图22　超图软件上市以来至2020年6月底股价走势

资料来源：Wind，中关村上市公司协会整理。

二十三　利亚德（300296. SZ）

（一）公司基本信息

北京利亚德光电股份有限公司（简称“利亚德”）成立于1995年，2012年于深圳证券交易所中小企业板上市发行（股票代码：300296. SZ）。截至2020年6月30日，利亚德市值为154. 35亿元。

公司是全球视听科技产品及其应用平台的领军企业，是一家专业从事LED应用产品研发、设计、生产、销售和服务的高新技术企业，致力于为客户提供高效、节能、可靠的LED应用产品及其整体解决方案。公司在全国各地承建了数千个项目，安装了数十万块显示屏，逐步成为LED视频及信息发布显示屏领域的引领者。公司业务主要覆盖智能显示、景观亮化、文旅新业态及虚拟现实四大领域。先后被授予：国家技术创新示范企业，中国电子信息百强企业、国家文化科技融合示范企业、北京信息产业十强等多重荣誉。

公司客户集中度不高，2019年公司前五大客户产生的销售收入占当年营业收入的比重分别为5. 31%、2. 34%、1. 91%、1. 47%、1. 39%，合计12. 42%，较为分散。公司未披露2019年前五大客户名单。

（二）核心竞争力分析

1. 技术优势

公司于2012年推出的LED小间距产品为公司首创的原发技术，目前仍处于全球领先地位。2016～2018年连续3年蝉联全球LED显示市占率第一，小间距市占率第一，户内LED市占率第一。2019年初，公司采用自主研发的巨量转移技术率先推出可小批量生产的Mini/Micro LED显示产品。同时无论对于自发光显示还是背光显示模组，无锡基地将利用巨量转移技术与AM驱动的玻璃基板相结合，实现Mini/Micro LED在消费品电子市场的应用。在VR领域，公司拥有全球领先的光学动作捕捉技术。

2. 知识产权优势

公司重视知识产品的保护。截至目前，公司拥有上百件的显示类国内外的发明专利以及软件著作权。在照明、文化和 VR 领域，公司也拥有具有竞争力的专利发明。

3. 资质优势

公司在智能显示、景观照明、文化旅游等业务板块拥有大量的专业资质，为公司成为业内领先的 LED 应用整体解决方案提供商奠定了重要基础。集团旗下的照明企业，多数具备“照明工程设计专项甲级”和“城市及道路照明工程专业承包壹级”双资质。其中利亚德（西安）智能系统同时拥有建筑智能化行业“电子与智能化工程专业承包壹级资质，建筑智能化系统设计专项甲级资质”及照明行业“城市及道路照明工程专业承包壹级资质，照明工程设计专项甲级资质”，行业内称为“双双甲”资质，是全国建筑智能化和照明行业内少有的拥有“双双甲”资质的企业之一，为公司承接大型项目提供绝对的竞争优势。

4. 品牌价值及业绩优势

公司以做“全球视听科技领创者”为目标，秉承“高品质、有服务、重诚信、尽职责，服务一切让客户满意”的经营理念，持续推动行业的发展，持续为客户提供优质产品，经过 25 年的沉淀，已在全球范围内树立起良好的品牌声誉，成为国家重大政治文化活动实效显示服务商，并先后为国庆 50 周年、60 周年、70 周年庆典，2008 年北京奥运会、2010 年上海世博会、2014 年 APEC 峰会、2017 年厦门金砖国家峰会、2018 年上海合作组织青岛峰会、第七届世界军人运动会，以及第 20 届央视春晚等国内外重大活动、赛事提供视效服务和整体解决方案。

（三）财务分析

1. 基本财务数据

近 3 年，公司总资产和营业收入均稳步大幅增长，2019 年净利润下降明显，主要原因系公司的成本费用没有严格控制。公司经营活动现金流量净额稳步增长，公司发展态势良好（见表67）。

表67 2017～2019年利亚德基本财务数据情况

单位：万元

项目	2019年	2018年	2017年
总资产	1537800.11	1459372.26	1265774.76
归属母公司的股东权益	838497.97	775884.32	561988.68
营业收入	904746.92	770062.15	647080.33
净利润	70793.39	126385.20	121088.71
经营活动现金流量净额	91322.38	82053.87	77891.52

资料来源：Wind，中关村上市公司协会整理。

2. 主要财务指标

2019年，公司的销售毛利率和净利率下降明显，主要原因系行业竞争加大和成本没有严格控制所致。资产负债率、流动比率和速动比率均保持在较为良好的水平，偿债能力近年来有所改善（见表68）。

表68 2017～2019年利亚德主要财务指标情况

项目	2019年	2018年	2017年
销售毛利率(%)	34.11	38.75	40.48
销售净利率(%)	7.82	16.41	18.71
资产负债率(%)	45.33	46.75	55.49
流动比率	1.83	1.73	1.39
速动比率	1.10	1.00	0.85
应收账款周转率(次)	3.22	3.37	3.41

资料来源：Wind，中关村上市公司协会整理。

3. 收入结构

公司近3年主营业务收入按项目分类情况如表69所示。

表 69　2017～2019 年利亚德主营业务收入分布情况

单位：万元，%

项目	2019 年		2018 年		2017 年	
	金额	比例	金额	比例	金额	比例
智能显示	644417.06	71.23	511735.28	66.45	385256.93	59.54
LED 产品销售－照明产品	135006.53	14.92	153142.60	19.89	172664.78	26.68
文化旅游	83291.42	9.21	69436.40	9.02	61172.15	9.45
VR 体验	40233.43	4.45	33746.23	4.38	24103.05	3.72
其他主营业务	1798.48	0.20	2001.64	0.26	3883.42	0.60
合计	904746.92	100.01	770062.15	100.00	647080.33	99.99

资料来源：Wind，中关村上市公司协会整理。

近 3 年，公司主管业务收入逐年增加，智能显示的营收占比逐渐提高，LED 产品的营收占比销售逐年下降。综合主营收入结构无明显变化。

（四）股票行情

公司自上市以来股价走势见图 23。

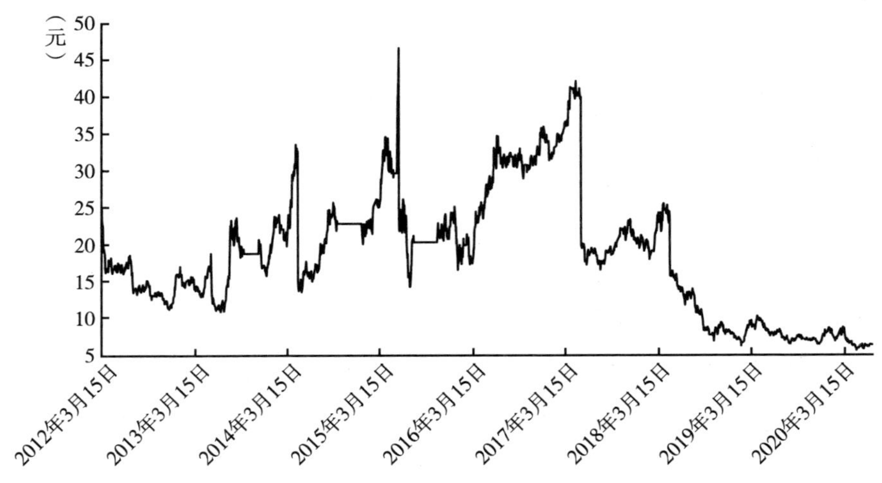

图 23　利亚德上市以来至 2020 年 6 月底股价走势

资料来源：Wind，中关村上市公司协会整理。

二十四　神州高铁（000008. SZ）

（一）公司基本信息

北京神州高铁技术股份有限公司（简称“神州高铁”）成立于1989年，1992年于深圳证券交易所中小企业板上市发行（股票代码：000008. SZ）。截至2020年6月30日，神州高铁市值为81. 76亿元。

公司是一家轨道交通运营检修维护装备领域覆盖全产业链的上市公司，是中国高铁及城轨运营检修维护装备制造产业的领军供应商。拥有核心产品400余项，其中26项处于国内、国际领先地位，多项核心技术填补了国际空白。通过运营维护智能装备、大数据系统研发，致力于轨道交通云运营及智能检修维护体系的搭建和复制推广。逐渐形成了独有的轨道交通运维产业板块，与轨道交通另外两大产业板块协同互补并构成差异化的产业格局，成为轨道交通产业新的一极。公司不断拓展海外业务版图，并与中国铁建、中国交建等央企深入合作，在东南亚、非洲、东欧、拉美等地区取得了稳健业绩。

公司客户集中度不高，2019年公司前五大客户产生的销售收入占当年营业收入的比重分别为7. 65%、7. 58%、4. 49%、3. 70%、3. 37%，合计26. 79%，较为分散。公司未披露2019年前五大客户名单。

（二）核心竞争力分析

1. 轨道交通运营维保后市场长期战略布局和产业积累

公司通过并购整合了行业多个细分领域的领军企业，实现了全专业领域精通、全生命周期覆盖、全产业链打通的产业布局。同时，公司广泛吸纳轨道交通行业各专业领域及运营管理的复合型人才，打造了轨道交通整线只能运营维保服务的领军队伍。公司经过了长期检验的技术及行业资质，形成了较高的知识产权壁垒，目前，公司已有百余项产品通过国铁集团、各铁路局集团及城市轨道交通行业资质评审或认证，具有该领域的顶级资质。

2. 运营维保全产业链智能装备系统

公司拥有中国乃至世界唯一的车辆、线路、信号、供电、站场全产业链运维装备系统平台，积累了丰富的行业经验、获得了良好的市场口碑。公司智能设备研发推广已起步五年，在五个专业领域形成了众多智能及数据产品，五大专业智能运维平台初具雏形。智能运营维保装备系统全面应用，可有效减少人员投入，降低成本，提高效率，实现模式升级，为公司开展整线智能运营维保服务奠定基础，形成了公司独有的、不可复制的优势。

3. 整线智能运营维保服务模式

公司成功布局天津地铁 7 号线、三洋货运铁路、台州市域铁路 S1 号线、杭绍台高铁、唐山港铁路专用线等项目，率先完成了整线智能运营维保服务商战略升级。公司以智能运营维保装备系统为依托，独创性地提出“运营 + N”的盈利策略，通过打造示范线，以轻资产模式扩张，实现轨道交通连锁式运营维保创新模式。

4. 央企控股背景为开展轨道交通整线智能运营维保服务提供平台支持

公司作为国投集团混合所有制试点企业，央企股东背景使神州高铁的社会公信力、品牌影响力、资源整合力以及资信实力都得到显著提升。公司控股股东国投高新和第二大股东海淀国投将公司作为发展轨道交通相关业务的唯一平台，积极导入资源，大力支持，增强公司核心竞争力，推动公司整线智能运营维保战略升级，合力将公司打造成为创新型轨道交通产业混合所有制企业发展典范。

（三）财务分析

1. 基本财务数据

近 3 年，公司总资产、营业收入稳步增长，2019 年经营活动现金流量净额由页转正，公司发展态势良好（见表 70）。

表 70　2017～2019 年神州高铁基本财务数据情况

单位：万元

项目	2019 年	2018 年	2017 年
总资产	1204454.31	1046636.48	1067831.52
归属母公司的股东权益	745779.93	731302.60	710544.10
营业收入	322014.30	256490.13	233093.22
净利润	45741.67	34188.97	88960.99
经营活动现金流量净额	531.93	-59056.94	-5295.90

资料来源：Wind，中关村上市公司协会整理。

2. 主要财务指标

近两年销售毛利率和净利率保持稳定，销售净利率较 2017 年有所下降的原因主要系公司积极开拓市场导致销售与研发费用等非直接成本的大幅增长。资产负债率上升、流动比率和速动比率近年来逐渐下滑，反映了偿债能力有小幅下降（见表 71）。

表 71　2017～2019 年神州高铁主要财务指标情况

项目	2019 年	2018 年	2017 年
销售毛利率(%)	48.64	48.92	48.90
销售净利率(%)	14.20	13.33	38.17
资产负债率(%)	37.10	29.25	32.69
流动比率	1.61	2.03	1.89
速动比率	1.40	1.78	1.69
应收账款周转率(次)	0.96	0.92	1.12

资料来源：Wind，中关村上市公司协会整理。

3. 收入结构

公司近 3 年主营业务收入按项目分类情况如表 72 所示。

近 3 年来，机车车辆运营维护系列的营收占比有小幅提升，工程维护系列和供电系统运营维护系列的营收占比有所下降。

表 72　2017～2019 年神州高铁主营业务收入分布情况

单位：万元，%

项目	2019 年		2018 年		2017 年	
	金额	比例	金额	比例	金额	比例
机车车辆运营维护系列	200072. 44	62. 13	159355. 33	62. 13	114882. 28	49. 29
轨道交通信号系统	54622. 87	16. 96	47118. 02	18. 37	39909. 39	17. 12
工务维护系列	44360. 99	13. 78	28550. 36	11. 13	49784. 01	21. 36
其他	15071. 51	4. 68	13322. 47	5. 19	13938. 21	5. 98
供电系统运营维护系列	7886. 49	2. 45	7773. 89	3. 03	14579. 33	6. 25
融资租赁收入	—	—	370. 07	0. 14	—	—
合计	322014. 30	100. 00	256490. 14	99. 99	233093. 22	100. 00

资料来源：Wind，中关村上市公司协会整理。

（四）股票行情

公司自上市以来股价走势见图 24。

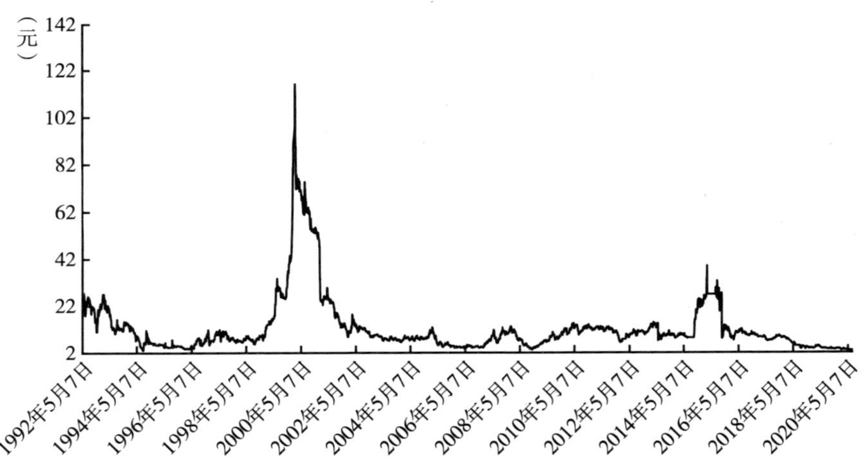

图 24　神州高铁上市以来至 2020 年 6 月底股价走势

资料来源：Wind，中关村上市公司协会整理。

二十五　旋极信息（002755. SZ）

（一）公司基本信息

北京旋极信息技术股份有限公司（简称“旋极信息”）成立于1997年，2012年于深圳证券交易所中小企业板上市发行（股票代码：002755. SZ）。截至2020年6月30日，旋极信息市值为116. 75亿元。

公司是专业从事嵌入式系统领域的高科技公司。主要提供面向国防军工的嵌入式系统测试产品及技术服务、嵌入式信息安全产品和嵌入式行业移动终端产品及技术服务。公司是中关村科技园区高新技术企业、北京市双软认定企业、中关村信用联盟星级会员、国家军用标准GJB9001A质量体系认证企业、军工保密资格认证单位。公司还获得了国家密码管理局颁发的“商用密码产品销售许可证”“商用密码产品生产定点单位”证书，航天一院合格供应商称号。

公司客户集中度不高，2019年公司前五大客户产生的销售收入占当年营业收入的比重分别为8. 56%、3. 72%、1. 84%、1. 53%、1. 46%，合计17. 11%。较为分散。公司未披露2019年前五大客户名单。

（二）核心竞争力分析

1. 业务综合优势

公司依托嵌入式系统开发测试、时空信息网格大数据融合处理和信息安全三大核心技术，持续推出系统测试、通信、装备健康管理、税控装置及服务、智慧能源、智能设备等产品和服务，为智慧防务、税务信息化、智慧城市等行业提供先进、可控、高效、安全的数字化、智能化整体解决方案。

2. 技术研发优势

公司是国内较早自主开发面向国防军工领域嵌入式系统相关的系列化测试软件和工具的企业，在嵌入式系统故障注入，装备系统建模、故障诊断与健康评估，高速航电总线，高密度机载处理和记录单元、发控、复杂环境高可靠无线自组网通信协议等领域拥有长期技术积累，并且在电子元器件检测，核心通信网接入平台，智能网平台资源接入与管理开发，行业信息化应用等方面具有雄厚实力，在国内同类产品中处于领先地位。

3. 成本价格优势

公司组建了专业的采购及商务团队，并通过积累多年的合作伙伴关系，与上游供应商议价能力较强。同时上游市场开放，产品供应充足，厂商间竞争充分，产品替代性强，并且行业的技术进步、新产品推陈出新均对公司的商务活动产生一定优势。

4. 行业客户优势

公司主营业务主要围绕国防信息化和行业信息化领域展开，公司主导并参与了一系列重大国防及民生项目，积累了丰富的行业经验和优质客户资源，满足客户定制化及专业用户的个性化需求，可为客户提供技术方案咨询、定制开发、系统集成等内容。

（三）财务分析

1. 基本财务数据

近 3 年，公司总资产、营业收入和净利润均保持稳定，2019 年经营活动现金流量净额由负转正并保持增长，公司发展态势良好（见表 73）。

表 73　2017～2019 年旋极信息基本财务数据情况

单位：万元

项目	2019 年	2018 年	2017 年
总资产	795530. 57	814073. 63	788746. 04
归属母公司的股东权益	525013. 63	488802. 97	520362. 62
营业收入	332939. 38	385995. 79	329714. 08
净利润	26312. 12	7101. 19	51068. 88
经营活动现金流量净额	65986. 06	-6626. 61	66611. 01

资料来源：Wind，中关村上市公司协会整理。

2. 主要财务指标

表 74　2017～2019 年旋极信息主要财务指标情况

项目	2019 年	2018 年	2017 年
销售毛利率(%)	34.03	34.21	42.08
销售净利率(%)	7.90	1.84	15.49
资产负债率(%)	32.76	39.11	30.79
流动比率	1.79	1.73	2.17
速动比率	1.44	1.46	1.89
应收账款周转率(次)	3.21	3.90	4.22

资料来源：Wind，中关村上市公司协会整理。

3. 收入结构

公司近 3 年主营业务收入按项目分类情况如表 75 所示。

表 75　2017～2019 年旋极信息主营业务收入分布情况

单位：万元，%

项目	2019 年		2018 年		2017 年	
	金额	比例	金额	比例	金额	比例
智慧建筑业务	158135.84	47.50	188018.16	48.77	139702.35	42.37
税务信息化产品及服务	54542.93	16.38	83645.44	21.70	102807.71	31.18
其他收入	38660.73	11.61	16757.37	4.35	14453.66	4.38
嵌入式系统测试产品	30818.36	9.26	25772.81	6.69	15541.40	4.71
电子元器件测试筛选服务	16699.23	5.02	13068.88	3.39	17842.30	5.41
能源信息化业务	12979.63	3.90	30005.10	7.78	20451.64	6.21
嵌入式系统测试服务	10572.39	3.18	14345.49	3.72	9060.55	2.75
智慧交通业务	8806.13	2.64	13186.23	3.42	9630.06	2.92
其他信息安全产品及服务	1724.13	0.52	715.88	0.19	224.40	0.07
合计	332939.37	100.01	385515.36	100.01	329714.07	100.00

资料来源：Wind，中关村上市公司协会整理。

近年来，税务信息化产品及服务和能源信息化业务的营收占比逐年递减，而其他产品和嵌入式系统测试产品的营收占比逐年递增，营收结构无明显变化。

（四）股票行情

公司自上市以来股价走势见图 25。

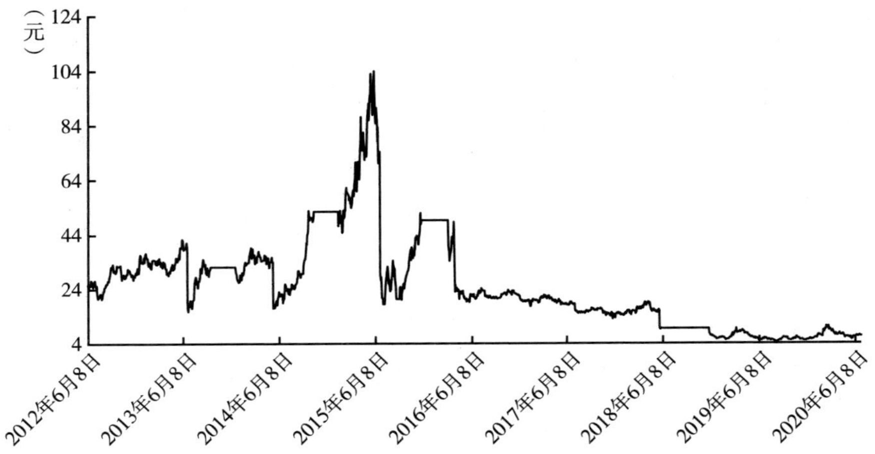

图 25　旋极信息上市以来至 2020 年 6 月底股价走势

资料来源：Wind，中关村上市公司协会整理。

附件七：中关村上市公司协会介绍

中关村上市公司协会

中关村上市公司协会（以下简称“协会”）是为推动中关村国家自主创新示范区建设，提升资本市场服务效能，支持中关村上市公司做大做强，由百度、360、联想、京东方、搜狐、新东方等中关村境内外知名上市公司发起设立，2012 年 8 月 16 日在北京市民政局正式注册的全国性社团组织，业务指导单位为中关村管委会，下设“新三板分会”。协会服务对象包括中关村 400 多家上市公司及 1000 多家新三板企业。

协会以“协助政府传达政策、促进企业资源共享”为宗旨，搭建智库研究、投融资、企业交流服务、对外合作等平台，建立政府相关部门、资本市场监管机构、上市公司和投资者便捷沟通渠道，从政策、资金、项目、人才、信息等方面，为中关村上市公司和新三板挂牌企业提供高效、专业服务。

协会是 2018 年唯一一家被北京市工商联授予参政议政智库基地的社会组织，与深交所联合开发、共同维护中关村 A 股综合指数、中关村 50 指数、中关村 60 指数，连续多年发布的中英文版《中关村上市公司竞争力报告》和《中关村新三板企业成长力报告》已成为中关村品牌报告。经过 8 年的不懈努力，协会已经成为政府与企业在政策引导、模式创新、产业升级、资源对接等方面的重要桥梁和较具影响力的专业智库。在国家科技金融创新中心、全国科技创新中心建设和资本市场全面深化改革中发挥着积极作用。

新三板分会

应广大中关村新三板公司的发展需求，在中关村管委会的大力支持下，中关村上市公司协会于2015年年度理事会中通过成立中关村上市公司协会新三板分会的决议，并于2017年11月21日正式召开成立大会。新三板分会将致力为会员企业提供政策对接、金融服务、专业培训、区域创新合作、打造品牌等多项服务。

协会定位

■ 权威数据观察研究，打造中关村全球定位

协会通过分析上市公司及新三板挂牌企业成长数据、总结其发展规律，发布中关村上市公司年度竞争力报告、中关村新三板企业年度成长力报告，协助政府有关部门、会员单位以及投资人完成相关专题研究，帮助会员企业制定发展策略。

■ 搭建沟通桥梁

协会致力于成为中关村企业之间、中关村企业与投资者之间、市场监管机构以及政府之间的沟通桥梁，使得各方能够更好地了解彼此需求和建议，从而实现共赢乃至多赢。

■ 扶持创新企业

推动中关村的创新型企业发展，大力支持创业板、科创板板块企业，促进中关村的科技创新。

■ 推动中关村与中关村企业国际化

举办国际性会议和活动，组织企业进行海外路演和参观访问，促进会员企业乃至整个中关村的国际化水平，提升区域国际影响力。

重要工作成果

■ 专业研究团队连续多年深度研究中关村上市公司和新三板企业，并出版年度《中关村上市公司竞争力报告》和《中关村新三板企业成长力报告》中英文版本

为客观反映中关村上市公司及新三板企业的经营状况及发展状况，协会

每年组织专业的研究团队编写中关村企业蓝皮书系列：《中关村上市公司竞争力报告》和《中关村新三板企业成长力报告》。其中，上市公司报告已连续发布八年，新三板报告连续发布两年。同时，为了更好地完整呈现中关村创新生态发展状况，协会与北大光华管理学院教授团队在 2017 年联合编著出版了《中关村模式：科技 + 资本双引擎驱动》一书，该书通过数据、案例、事实和政策文本客观、真实地反映中关村上市公司的基本现状，从而概括提炼中关村上市公司和中关村创新生态的发展路径和模式。

此外，为让国际资本市场对中关村企业能有更深入、全面客观地了解，协会研究团队也将《中关村模式：科技 + 资本双引擎驱动》一书及每年的两本报告都组织翻译成英文版本，均由 SPRINGER NATURE 出版社在海外进行发行，提升了中关村企业的国际影响力，也加强了中关村和国际资本市场的互动。

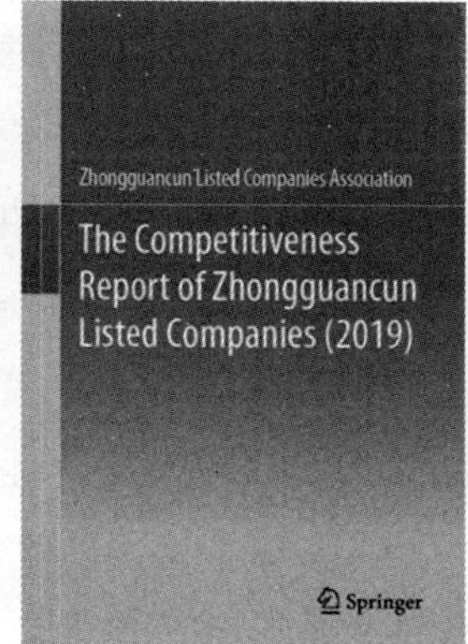

■ 编制并发布中关村系列指数，与嘉实基金联合推出中关村 A 股 ETF

为更好地推动中关村创新创业企业与资本市场的互动，同时打造中关村企业在资本市场的名片，中关村上市公司协会与深交所合作编制中关村系列股票指数。继 2015 年 2 月发布的中关村 A 股综合指数、中关村 A 股 50 指数之后，中关村民企 60 指数于 2017 年 1 月 10 日正式发布，该指数可反映深市中关村民营上市企业的市场表现。

自 2015 年中关村 A 股指数公布以来，指数表现得到了各方的认可，为了进一步让资本市场了解和分享中关村高科技企业的高成长，在中关村管委会的大力支持下，中关村上市公司协会与嘉实基金联合推出中关村 A 股 ETF。2017 年 5 月 4 日，中关村 A 股 ETF 投资论坛召开；2017 年 6 月 7 日，中关村 A 股 ETF 正式成立。

中关村 A 股 ETF 圆桌论坛

中关村 A 股 ETF 摸球仪式

■ 搭建中关村中小企业融资服务平台

为助力解决中小微企业融资难问题，促进中小微企业稳健持续发展，2018 年 6 月，中关村上市公司协会联合天逸金融服务集团共同搭建中关村中小企业融资服务平台（http：//rz. zlca. org/），该平台汇集银行、保理、基金等金融机构，引进完整的金融服务产业链，涉及资金融通、资产管理、融资中介、资产配套、上市辅导、政策性资金申报等方向，发布金融机构产品、提供对接讯息等，能为中关村中小微企业提供丰富和个性化的金融服务。2018 年至今，针对平台产品，协会组织对接座谈会多次，累计 30 余家企业参加，累计帮助企业融资 2000 万元人民币。当前，平台共有金融产品 19 种。

平台首页展示

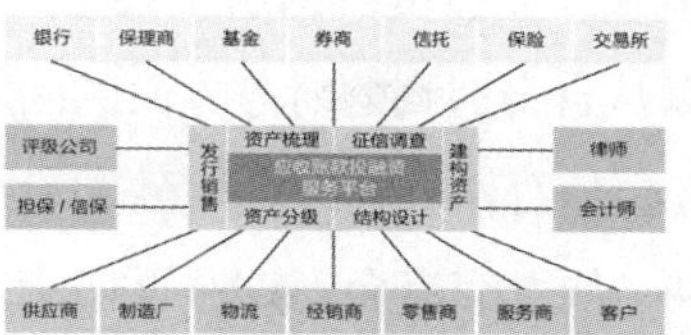

平台汇集资源

■ 定期举办投融资路演活动

“中关村企业投融资路演活动”是基于协会与深交所旗下深圳证券信息有限公司的战略合作关系，结合双方科技金融服务与企业基础数据，在政府部门、高新园区、资本市场、创投机构等团体之间实现了信息共享、流程互通、功能互补。该活动旨在促进中关村优质企业项目与投资机构即时沟通交流，丰富企业的融资途径，帮助投资机构近距离接触项目。截至 2020 年下半年，该活动已成功举办 20 余期。

中关村企业投融资路演嘉宾合影

投融资路演活动现场

■ 组织开展投融资培训及对接活动

协会致力为会员开拓资源打造多层次资本市场平台，每年均分主题举办需求调研、专家培训、银企对接等活动。基于会员企业在投融资方面的诉求，利用协会银行、券商等专业会员资源，协会积极帮助企业广泛对接各类银行信贷、战略性股权投资，积极帮助企业解决融资难、融资贵问题。为进一步满足中关村科技园区内公司融资诉求，中关村上市公司协会联合民生银行、兴业银行、北京银行、渣打银行、工商银行、交通银行、平安银行、中关村银行等多家专业会员机构组织银企一对一系列金融服务方案闭门交流会活动，企业可以从自身遇到的财务方面的问题分别与各家银行面对面沟通并进一步探讨融资和授信合作可能性。截至2020年上半年，协会已经成功举办线下对接交流会四期、线上交流会三期，近四十家企业对接参会。根据参会银行及企业反馈，共有10余家企业获得20余亿元授信，开展多项业务。同时，协会联合天逸金融服务集团推出"中国移动集团供应链业务"融资产品服务，以较低的融资成本、简单的审批流程，为目标企业提供中国移动应收账款的保理业务。

（一对一银企对接会活动图片）

■　组织与中关村各园区对接交流活动

协会致力于推动中关村各园区积极对接交流，帮助中关村企业寻求更多的发展空间及适宜各行业企业拓展业务的区域。协会组织与中关村各园区开展对接活动，目前已完成与延庆园、平谷园的对接，促进了中关村各园区间进一步的交流和合作。

■　举办中关村上市公司联合校园招聘会

自2014年10月份以来，中关村上市公司协会与"雁行中国"公益组织合作，搭建起为会员单位招聘优秀实习生、员工的公益平台。目前该活动已成功举办11期，六年以来，协会先后为会员单位推荐、输送近万份优秀大学生简历，已入职的实习生、员工也得到用人单位的赞扬和认可。

参观平谷高新技术企业

企业代表与区领导互动交流

招聘会宣讲现场

企业与学生互动交流

■ 开展中关村上市公司协会雁行青少年公益展翅计划

2014 年起，中关村上市公司协会与公益励学项目“雁行中国”开启会员企业管理储备者展翅计划——“中关村上市公司协会雁行青少年公益展翅计划”，目前已成功举办 6 期。本计划通过“雁行中国”的公益平台，结合中关村上市公司协会的企业资源，组织企业家青年子女和来自雁行中国合作的清华、北大等十余所知名高校的在校大学生进行相互交流和学习，组织会员及相关青少年子女参与企业间的培训、参访及实习活动，帮助企业家青年子女提高企业管理认知及技能，为企业管理储备者提供更好的展翅起飞平台，让优秀青年们一起飞！

未来工作重点

■ 深入制作《中关村上市公司竞争力报告》《中关村新三板企业成长力报告》——强化数据收集、整理及分析深度

野外素质拓展

参观利亚德集团

——加强历年数据比较研究

——增加专家学者专题评论

——组织热点专题研讨

■ 推进中关村系列指数编制、宣传及运营工作

——中关村 50、A 指、60 指数的维护、宣传

——相关指数基金产品的合作、开发

——中关村创业板指数、港股指数、美股指数等其他指数的开发

■ 推动中关村企业在各资本市场上市融资

——上市培训：改制、路演、实战经验分享——增资培训：高端分享、实操解剖——政策法规培训：相关金融政策、市场监管等法律法规

■ 推动中关村上市公司在京津冀投资

——通过多种方式增强在京津冀的投资——积极配合相关政府部门，推动中关村上市公司总部园项目

协会架构

指导单位：

中关村科技园区管理委员会

支持单位：

中国证券监督管理委员会、上海证券交易所、中国上市公司协会、全国中小企业股份转让系统

中国证券监督管理委员会北京监管局、北京市地方金融监督管理局、北

京市海淀区政府、海淀区金融服务办公室、朝阳区金融服务办公室

合作单位：

深圳证券交易所、北京大学光华管理学院、中关村知识产权促进局

会长：

李　军　利亚德集团董事长兼总裁

执行会长：

李　蓬　联想控股股份有限公司总裁

段宏伟　中关村科技租赁股份有限公司董事长

杜　朋　启迪控股股份有限公司副总裁

副会长（排名不分先后）：

李卫国　北京东方雨虹防水技术股份有限公司董事长

刁志中　广联达软件股份有限公司董事长

彭永东　贝壳找房（北京）科技有限公司首席执行官

刘　敏　百度在线网络技术（北京）有限公司党委副书记/公共事务部执行总经理

王　佳　北京启明星辰信息技术股份有限公司董事长

周儒欣　北京北斗星通导航技术股份有限公司董事长

文剑平　北京碧水源科技股份有限公司董事长

孙陶然　拉卡拉支付股份有限公司董事长

刘学林　太极计算机股份有限公司总裁

陈为群　北京旋极信息技术股份有限公司董事长

王志全　神州高铁技术股份有限公司董事长

郭　阳　金山云网络技术有限公司营销总监

刘迎建　汉王科技股份有限公司董事长

王　旭　北京北陆药业股份有限公司董事长

何仕达　北京淳中科技股份有限公司董事长

王东辉　荣联科技集团股份有限公司董事长

牛文文　创业黑马（北京）科技股份有限公司董事长

赵一弘　碧生源控股有限公司董事长

刘天文　软通动力信息技术（集团）有限公司董事长

俞　渝　北京当当网信息技术有限公司董事长

谢强华　北京银行股份有限公司中关村分行行长助理

监事长：

薛向东　东华软件股份公司董事长

秘书长：

郭伟琼　中关村上市公司协会

副秘书长：

刘　峻　中关村上市公司协会

如何加入协会

理事会员（执行会长、副会长）

全体会员均可提名或申请，经理事会批准成为理事单位。理事单位代表全体会员审核由秘书处提交的有关管理、财务等报告，并针对重大决策进行讨论表决。

专业会员

证券公司、金融中介机构以及科研院所等中关村企业需要、具有良好社会声誉和影响力、有热情参与协会工作的企事业单位，通过两名以上会员推荐，可申请成为协会专业会员，与协会会员享有同等权益。

普通会员

在中关村示范区内，凡经批准公开发行股票并在证券交易所上市的公司或在代办股份转让系统挂牌交易的非上市股份有限公司，以及境外上市的公司均可通过登记成为协会会员。

Abstract

In 2019, under the background of long-term Sino-US trade friction and constant pressure on macro economy, China's capital market launched a series of basic system reform measures. From the launch of STAR market to the revision of securities law and the promotion of registration system, China's capital market is further strengthened under the guidance of STAR market. At the same time, Zhongguancun's listed companies have handed out brilliant transcripts in the past year. The overall development of listed companies in Zhongguancun in 2019 is as follows:

The number of newly added listed companies reached a new high, and the STAR market became the highlight. As of December 31, 2019, the total number of listed companies in Zhongguancun reached 362, up 9.7% year-on-year. The number of listed companies in Zhongguancun has greatly increased. There are 25 domestic listed companies were added (11 listed companies on the STAR market, 5 main boards, 7 GEM and 2 Small and Medium-sized boards), and the number of new listed companies exceeded 3 times that of 2018; The number of newly listed companies in Hong Kong stocks and US stocks is 3 and 2 respectively, which is 1 and 4 less than that in 2018.

The stock market was bullish in 2019, and the total market value of listed companies in Zhongguancun reached a record high. The growth of the total market value of listed companies in Zhongguancun is the result of the contribution of existing enterprises. The total market value of Zhongguancun listed companies was 6.60 trillion on December 31, 2019, with a year-on-year increase of 44.10%. The total market value of going concern companies was 5.72 trillion yuan with a year on year 28.43% return. From the perspective of growth, the total market value of over 60% of the enterprises that are going concern shows different degrees of growth. Among them, the market value of 46 companies increased by more than 5 billion yuan; The market value of 34 companies increased by more than 10 billion yuan; The market value of 6 companies increased by more than 50 billion yuan (the market value of Meituan Review and BOE exceeded 100 billion yua n).

The performance of going concern enterprises increased steadily. In 2019, the operating income and net profit of Zhongguancun listed companies were 624.89 billion yuan and 212.4 billion yuan, respectively, with an increase of 14.00% and 4.27% year-on-year; The operating income and net profit of going concern enterprises reached 6071.606 billion yuan and 202.279 billion yuan respectively, up by 13.16% and -3.15% respectively. It can be seen that the growth of total operating income of Zhongguancun listed companies is not only the contribution of incremental enterprises, but also related to the performance growth of existing enterprises; The net profit of the top two enterprises with declining net profit decreased by 40.591 billion yuan compared with 2018, which lowered the overall net profit scale of Zhongguancun listed companies. From the perspective of growth, among the 308 going concern enterprises, nearly 70% of the enterprises achieved an increase in operating income, and 40% of the companies with increased revenue achieved a growth rate of more than 20%; Eighty percent of the companies are profitable, and over 70 percent of the companies are profitable for two consecutive years.

R&D input and output continued to grow. In 2019, 314 Zhongguancun listed companies disclosed research and development expenses, and their total research and development expenses were 196.9 billion yuan, up 22.15% year-on-year; The average R&D intensity is 3.65%, which is higher than that of the whole society. A detailed analysis is made of 276 Zhongguancun listed companies that have disclosed their R&D expenses for two consecutive years. In 2019, the R&D expenses of Zhongguancun listed companies that have continuously disclosed their R&D expenses are 185.785 billion yuan, up 21.76% year-on-year, while their operating income has increased by 13.36% year-on-year, indicating that the growth rate of R&D expenses is much higher than the growth rate of operating income, and Zhongguancun listed companies are not afraid of the downward pressure of economy and continue to build core competitiveness.

Accounts receivable continued to grow, and the turnover rate was lower than the national level. In 2019, the total accounts receivable of listed companies in Zhongguancun was 1065. 833 billion yuan, up 9. 33% year-on-year. The accounts receivable of going concern enterprises amounted to 1004. 533 billion yuan, up 7. 00% year on year. Among the domestic listed companies that continue to operate, the accounts receivable of state-owned enterprises and private enterprises are 476. 142 billion yuan and 157. 651 billion yuan respectively, up 5. 70% and 5. 57% year on year. According to the accounts receivable turnover rate, the accounts receivable turnover rate of Zhongguancun listed companies was 6. 18 in 2019, which was significantly lower than the accounts receivable turnover rate of 9. 92 for all A shares.

Financing activities are slowing down, and private enterprises are relatively difficult to finance. In 2019, the cash flow generated by the financing activities of Zhongguancun listed companies was 100. 495 billion yuan, down 56. 96% year-on-year; The cash flow from the financing activities of the going concern enterprises was 66. 42 billion yuan, down 70. 06% year on year. From the perspective of private placement, the funds raised by Zhongguancun listed companies through private placement and bond issuance were 30. 809 billion yuan and 63. 033 billion yuan respectively in 2019, up 35. 00% and 22. 90% year-on-year. From the perspective of enterprise attributes, the total private placement financing of private enterprises and state-owned enterprises is 6. 284 billion yuan and 24. 004 billion yuan respectively, accounting for 20. 40% and 77. 91% respectively; The scale of funds raised by private enterprises and state-owned enterprises through issuing bonds is 1. 300 billion yuan and 61. 733 billion yuan respectively, accounting for 2. 06% and 97. 94% respectively. It can be seen that the total amount of funds raised by state-owned enterprises far exceeds that of private enterprises, and private enterprises are relatively difficult to raise funds.

Generally speaking, despite the ups and downs of Sino-US economic and trade frictions and the increasing downward pressure on macro economy, the listed companies in Zhongguancun still performed brilliantly in various key performance indicators in the past year, showing strong development resilience and great potential. At the same time, the financing difficulties of private listed companies in

Zhongguancun and the continuous growth of enterprise accounts receivable require the attention of the government and enterprises. In view of the problems faced by Zhongguancun listed companies, the following suggestions are put forward:

In view of the financing difficulties of private listed companies in Zhongguancun, this paper puts forward policy suggestions from increasing the proportion of direct financing of enterprises, changing the existing rating standards of enterprises and encouraging enterprises to innovate financing methods. Specific suggestions are as follows: First, it is suggested that relevant departments relax the threshold of corporate IPO and refinancing of listed companies, and increase the proportion of direct financing of enterprises. The launch of STAR market provides a new financing channel for enterprises with strong Innovation capacity of science and technology and high growth. However, according to the survey conducted by ZLCA, the listing conditions of STAR market are relatively high for biomedical enterprises. Therefore, it is suggested to further lower the threshold of listed companies of STAR market, so that more science and technology enterprises and biomedical enterprises can enjoy the dividends brought by capital market reform. Second, change the traditional credit rating method and fully consider the future development prospects of enterprises. Third, it is suggested that the government should encourage enterprises to innovate financing methods, and gradually broaden the financing channels of enterprises by trying various ways such as intellectual property pledge financing, financial leasing, splitting and listing subsidiary companies.

In view of the increase in the scale of accounts receivable, this paper puts forward policy suggestions from the aspects of strengthening debt clearing, encouraging supply chain financing and promoting the construction of blockchain confirmation center. First, the government increased the debt clearing efforts of central enterprises and state-owned enterprises to private enterprises, especially private listed companies, so as to revitalize the accounts receivable of enterprises in the whole industrial chain from point to area. The specific measures are as follows: 1) It is recommended that the central government set up a leading group for "revitalizing the private economy", with the Politburo Standing Committee as the team leader, and coordinate with the National Development and Reform

Commission, the Ministry of Industry and Information Technology, the Ministry of Finance and other relevant departments to solve various problems faced by private enterprises in the development process; 2) In view of the arrears owed by local government departments to private enterprises, it is suggested that local governments issue special bonds to repay the accounts owed to private enterprises, and the regulatory authorities should strictly supervise the use of the funds raised by bonds to ensure that the funds can be returned to private enterprises. Second, it is suggested that the Beijing Municipal Government should guide and encourage enterprises to carry out supply chain financing, and give corresponding subsidies to enterprises that carry out supply chain financing, so as to promote the establishment of supply chain financial ecology, promote the financing of small and medium-sized enterprises in the upstream and downstream of the industrial chain through accounts receivable, revitalize assets, and ensure the daily operation of enterprises. Third, it is suggested that the Beijing Municipal Government speed up the promotion of the application of blockchain confirmation center in the whole city. Scientific and technological means are used to promote the confirmation of core enterprises and protect the rights and interests of accounts receivable of upstream enterprises and their industrial chain enterprises.

In addition, it is suggested that Zhongguancun listed companies seize the important window of capital market reform opportunities and embrace the opportunities for enterprise development. Specific suggestions are as follows: First, it is suggested that the assets related to high-tech industries and strategic emerging industries that are in line with the national strategy should be listed on the GEM, so as to promote the optimization, integration, transformation and upgrading of resources for high-quality enterprises in Zhongguancun. Second, it is suggested that the subsidiaries of Zhongguancun listed companies that meet certain conditions should be split and listed in China, so as to achieve business focus and balanced development. Third, it is suggested that some companies in Zhongguancun should have orderly Return and spread the listing risks.

Keywords: Zhongguancun Listed Companies; Operational Condition; Innovation Capacity; Competitiveness

Contents

Ⅰ General Report

Abstract: In 2019, the overall operating conditions of Zhongguancun Listed Companies were stable. The number of newly listed companies has reached the new high, and the STAR Market plays the pivotal role; The stock market has raised collectively, and the total market value of Zhongguancun listed companies has reached a record high; The performance has grown steadily, and domestic listed companies have performed better than Hong Kong stocks and US stocks; R&D investment and output continue to increase, and the industry characteristics are obvious; More than 70% of corporate liabilities are current liabilities, and their solvency is higher than that of the whole country; Cash and cash equivalence continue to grow, and private enterprises are relatively difficult to finance; Accounts receivable continue to grow, and the turnover rate is lower than the national level; The number of employees continues to rise, and the per capita output is excellent and reflects industry differences. In the face of the above situation, this report states: increase the intensity of debt clearing and reduce the scale of accounts receivable; Broaden financing channels and increase capital to support private enterprises; Further reduce the tax burden of enterprises and reduce the pressure on enterprises.

Keywords: Zhongguancun Listed Companies; Market Performance; Operating Condition

Ⅱ Operating Ability Reports

Abstract: This chapter analyzes the profitability of listed companies in Zhongguancun, describes and analyzes the overall profitability of listed companies in Zhongguancun from five main indicators: operating income, gross profit, net profit, return on total assets and return on net assets, and makes in-depth research from multiple dimensions such as capital market and industry, so as to comprehensively and carefully reflect the profitability of enterprises. The report shows that the operating income, gross profit and net profit of Zhongguancun listed companies still maintained a relatively high growth rate, and their profitability was still relatively strong in 2019; At the same time, the return on total assets and return on net assets of Zhongguancun listed companies are steadily declining, and the overall asset utilization ability needs to be further improved.

Keywords: Zhongguancun Listed Companies; Profitability; Asset Utilization

Abstract: This chapter analyzes the asset structure and quality of listed companies in Zhongguancun in detail, and measures their overall solvency by indicators such as asset-liability ratio, cash flow-debt ratio and current ratio. Its operational capability is presented through average collection period, inventory turnover days, total assets turnover days and other indicators. Through the corresponding research, it is found that the overall debt ratio of Zhongguancun listed companies is low and the solvency is good; All kinds of assets have high turnover efficiency and strong operational capability.

Keywords: Zhongguancun Listed Companies; Solvency; Operating Capacity

B. 4 Research Report on Governance Ability of Zhongguancun Listed Companies in 2019

ZLCA Research Department / 093

Abstract: The long-term development of enterprises cannot be separated from a reasonable and efficient corporate governance structure. The exploration of the competitiveness of listed companies in Zhongguancun from the perspective of corporate governance capacity enriches the evaluation results based on short-term business performance and presents the competitiveness of listed companies in Zhongguancun comprehensively. This chapter explores the governance situation of listed companies in Zhongguancun from two perspectives of ownership structure and board structure, and finds the following conclusions: the main board listed companies have higher equity concentration and lower equity check and balances, while the GEM listed companies are opposite; There is still a difference between the overall shareholding ratio of institutions and the overall A-shares in China; The board structure of listed companies on the Main Board is more perfect, the board size is larger than the other three sectors as a whole, the number of independent directors is larger as a whole, and the leadership structure of the board is relatively mature.

Keywords: Zhongguancun Listed Companies; Corporate Governance; Equity Structure; Board Structure

B. 5 Research Report on Innovation Capacity of Zhongguancun listed Companies in 2019

Zhongguancun intellectual property bureau / 106

Abstract: This report analyzes the Innovation capacity of Zhongguancun listed companies from two dimensions: R& D investment and innovation output. The research conclusion shows that the innovation input and output of Zhongguancun have been increasing continuously in recent five years, and the innovation achievements of enterprises are fruitful, the Innovation capacity is rising and the awareness of intellectual property protection is enhanced. In 2019, the listed companies in Zhongguancun continued to stimulate the innovation vitality of enterprises, and the number of patents granted increased steadily. The listed companies in Zhongguancun have outstanding Innovation capacity and high level of innovation and research and development.

Keywords: Zhongguancun Listed Companies; R& D Input; Innovation output

Abstract: This report focuses on the cash and investment and financing ability of Zhongguancun listed companies, and makes a detailed analysis from three dimensions: cash and its equivalents, cash flow changes and financing situation. The results show that the cash and cash equivalents of listed companies in Zhongguancun have increased year by year, and have accumulated to a large scale, but they are mainly concentrated in the hands of state-owned enterprises, while private enterprises have relatively little cash. In addition, the net operating cash flow and net investment cash flow of listed companies in Zhongguancun increased to a certain extent in 2019, but net financing cash flow decreased. At the same time, due to the introduction of STAR Market system and the reform of domestic capital market, Zhongguancun enterprises are more inclined to list in China.

Keywords: Zhongguancun Listed Companies; Cash Content; Cash Flow Change; Financing Situation

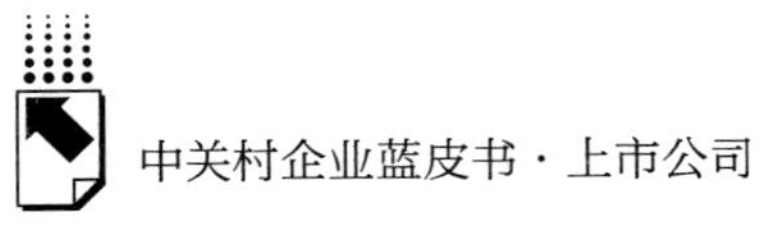

Ⅲ Special Topics

Abstract: At the beginning of 2020, the sudden outbreak of pneumonia in COVID -19 brought a great impact on the economic and social development of China and the world, which affected the operating performance of Zhongguancun listed companies. However, they did not fear difficulties and actively fought against the epidemic by relying on their own resources and technological advantages, which reflected a great sense of social responsibility. The data shows that, the overall performance of listed companies in Zhongguancun declined in the first quarter of 2020, but 30% of enterprises mainly based on STAR Market and health care industries achieved contrarian growth; The asset-liability ratio of 90% companies is at a reasonable level, and the asset-liability ratio of private enterprises is significantly lower than that of state-owned enterprises; R&D expenditure has increased steadily, leading enterprises have obvious R&D advantages, and high-tech industries attach importance to R&D; The cash flow situation is damaged, the willingness to invest is reduced, and the amount of funds raised is greatly increased; The risk of equity pledge still exists.

Keywords: Zhongguancun Listed Companies; Epidemic Situation; Operating Performance

Abstract: Under the background of stricter overseas supervision and decoupling between China and the United States, Chinese stock companies listed in the United States are facing an increasingly unfriendly market environment. Chinese stock companies face difficulties from overseas investors or short-selling institutions such as low valuation, discrimination and malicious short selling. With the relaxation of different rights of the same shares in HKEX, the listing conditions of unprofitable biomedical enterprises, the opening of STAR Market in domestic A-share market and the implementation of GEM registration system, Hong Kong and domestic capital markets have shown unprecedented sincerity in welcoming Return. In this context, "Return" is undoubtedly the best choice for some Chinese stock companies. This chapter analyzes the main business performance of Zhongguancun Chinese stock companies in recent three years and their performance in the capital market. According to the listing conditions of Hong Kong stocks, STAR Market and Growth Enterprise Market for red-chip enterprises, the chapter sorts out the number of Zhongguancun Chinese stock companies that meet each listed sector, and puts forward policy suggestions on the problems in the Return process, with a view to promoting the Return of Zhongguancun Chinese stock companies.

Keywords: Chinese Concept Share; Return Path; Dual Listing

Ⅳ Appendices

皮 书

智库报告的主要形式
同一主题智库报告的聚合

皮书定义

皮书是对中国与世界发展状况和热点问题进行年度监测，以专业的角度、专家的视野和实证研究方法，针对某一领域或区域现状与发展态势展开分析和预测，具备前沿性、原创性、实证性、连续性、时效性等特点的公开出版物，由一系列权威研究报告组成。

皮书作者

皮书系列报告作者以国内外一流研究机构、知名高校等重点智库的研究人员为主，多为相关领域一流专家学者，他们的观点代表了当下学界对中国与世界的现实和未来最高水平的解读与分析。截至 2020 年，皮书研创机构有近千家，报告作者累计超过 7 万人。

皮书荣誉

皮书系列已成为社会科学文献出版社的著名图书品牌和中国社会科学院的知名学术品牌。2016 年皮书系列正式列入“十三五”国家重点出版规划项目；2013~2020 年，重点皮书列入中国社会科学院承担的国家哲学社会科学创新工程项目。

中国皮书网

（网址：www.pishu.cn）

发布皮书研创资讯，传播皮书精彩内容
引领皮书出版潮流，打造皮书服务平台

栏目设置

◆ **关于皮书**

何谓皮书、皮书分类、皮书大事记、
皮书荣誉、皮书出版第一人、皮书编辑部

◆ **最新资讯**

通知公告、新闻动态、媒体聚焦、
网站专题、视频直播、下载专区

◆ **皮书研创**

皮书规范、皮书选题、皮书出版、
皮书研究、研创团队

◆ **皮书评奖评价**

指标体系、皮书评价、皮书评奖

◆ **互动专区**

皮书说、社科数托邦、皮书微博、留言板

所获荣誉

◆ 2008 年、2011 年、2014 年，中国皮书网均在全国新闻出版业网站荣誉评选中获得“最具商业价值网站”称号；

◆ 2012 年，获得“出版业网站百强”称号。

网库合一

2014年，中国皮书网与皮书数据库端口合一，实现资源共享。

权威报告·一手数据·特色资源

皮书数据库

ANNUAL REPORT(YEARBOOK) DATABASE

分析解读当下中国发展变迁的高端智库平台

所获荣誉

- 2019年，入围国家新闻出版署数字出版精品遴选推荐计划项目
- 2016年，入选“‘十三五’国家重点电子出版物出版规划骨干工程”
- 2015年，荣获“搜索中国正能量 点赞2015”“创新中国科技创新奖”
- 2013年，荣获“中国出版政府奖·网络出版物奖”提名奖
- 连续多年荣获中国数字出版博览会“数字出版·优秀品牌”奖

成为会员

通过网址www.pishu.com.cn访问皮书数据库网站或下载皮书数据库APP，进行手机号码验证或邮箱验证即可成为皮书数据库会员。

会员福利

- 已注册用户购书后可免费获赠100元皮书数据库充值卡。刮开充值卡涂层获取充值密码，登录并进入“会员中心”—“在线充值”—“充值卡充值”，充值成功即可购买和查看数据库内容。
- 会员福利最终解释权归社会科学文献出版社所有。

中国社会发展数据库（下设 12 个子库）

整合国内外中国社会发展研究成果，汇聚独家统计数据、深度分析报告，涉及社会、人口、政治、教育、法律等 12 个领域，为了解中国社会发展动态、跟踪社会核心热点、分析社会发展趋势提供一站式资源搜索和数据服务。

中国经济发展数据库（下设 12 个子库）

围绕国内外中国经济发展主题研究报告、学术资讯、基础数据等资料构建，内容涵盖宏观经济、农业经济、工业经济、产业经济等 12 个重点经济领域，为实时掌控经济运行态势、把握经济发展规律、洞察经济形势、进行经济决策提供参考和依据。

中国行业发展数据库（下设 17 个子库）

以中国国民经济行业分类为依据，覆盖金融业、旅游、医疗卫生、交通运输、能源矿产等 100 多个行业，跟踪分析国民经济相关行业市场运行状况和政策导向，汇集行业发展前沿资讯，为投资、从业及各种经济决策提供理论基础和实践指导。

中国区域发展数据库（下设 6 个子库）

对中国特定区域内的经济、社会、文化等领域现状与发展情况进行深度分析和预测，研究层级至县及县以下行政区，涉及地区、区域经济体、城市、农村等不同维度，为地方经济社会宏观态势研究、发展经验研究、案例分析提供数据服务。

中国文化传媒数据库（下设 18 个子库）

汇聚文化传媒领域专家观点、热点资讯，梳理国内外中国文化发展相关学术研究成果、一手统计数据，涵盖文化产业、新闻传播、电影娱乐、文学艺术、群众文化等 18 个重点研究领域。为文化传媒研究提供相关数据、研究报告和综合分析服务。

世界经济与国际关系数据库（下设 6 个子库）

立足“皮书系列”世界经济、国际关系相关学术资源，整合世界经济、国际政治、世界文化与科技、全球性问题、国际组织与国际法、区域研究 6 大领域研究成果，为世界经济与国际关系研究提供全方位数据分析，为决策和形势研判提供参考。

法律声明